城市轨道交通 CBTC 系统调试与维护

徐劲松　主编

中国建筑工业出版社

图书在版编目（CIP）数据

城市轨道交通 CBTC 系统调试与维护/徐劲松主编. —北京：中国建筑工业出版社，2017.7
ISBN 978-7-112-20866-1

Ⅰ.①城… Ⅱ.①徐… Ⅲ.①城市铁路-轨道交通-自动控制系统-调试方法②城市铁路-轨道交通-自动控制系统-维修 Ⅳ.①U239.5

中国版本图书馆 CIP 数据核字（2017）第 139828 号

CBTC 信号系统是基于无线通信的列车自动控制系统，本书重点描述 CBTC 系统全生命周期内设备的调试与维护工作，分析了每个过程需要攻克的核心与共性技术问题，建立安全、系统的调试流程与方法。本书本着突出安全实用的原则，强调内容的针对性、实用性和有效性，充分反映了新技术、新材料、新工艺、新设备及新标准、新规程；力求贴近现场实际，并应用案例教学的手法，用直观的案例和图示进行分析和说明；突出非正常情况下应急处理能力的训练。

本书适用于从事城市轨道交通 CBTC 信号系统调试和维护的设计、施工、监理、运营管理等工作的工程技术人员、管理人员使用，也可供相关院校师生作为教学参考。

责任编辑：曾　威
责任校对：焦　乐　李美娜

城市轨道交通 CBTC 系统调试与维护
徐劲松　主编
*
中国建筑工业出版社出版、发行（北京海淀三里河路 9 号）
各地新华书店、建筑书店经销
北京科地亚盟排版公司制版
北京建筑工业印刷厂印刷
*
开本：880×1230 毫米　1/32　印张：16¾　字数：547 千字
2017 年 9 月第一版　2017 年 9 月第一次印刷
定价：**70.00** 元
ISBN 978-7-112-20866-1
（30508）

版权所有　翻印必究
如有印装质量问题，可寄本社退换
（邮政编码 100037）

本书编委会

主　　编：徐劲松

副 主 编：徐金平　于小四　徐　建　孙晋敏

技术顾问：何华武

主编单位：宁波轨道交通运营分公司

参编单位：中铁七局集团有限公司

　　　　　卡斯柯信号有限公司

参编人员：孙晋敏　汪小勇　徐　健　刘宏泰

　　　　　侯学辉　阳六兵　胡　俊　孙志法

　　　　　焦良博　周　茂　聂　晓

序

　　1949年，新中国成立，我国铁路事业翻开了全新的篇章，铁路信号系统，也从地面人工信号、地面主体信号、机车辅助信号发展为具备ATP超防、车地联动的轨道交通行车指挥系统。20世纪90年代开始，我国城市轨道交通进入了快速发展的持续期，在吸取国际、国内铁路信号系统先进经验的基础上，城市轨道交通信号系统也从初期的固定闭塞发展到了移到闭塞，基于无线自由传输的CBTC信号系统已经成为城市轨道交通的行车指挥中枢。

　　信号系统是轨道交通智能化的重要体现。在系统调试阶段，经过科学、细致的调试流程，实现CBTC信号系统的全功能开通，是系统建设好的一个重要标志。新线建设是阶段性的工作，而运营维护好，确保信号系统能够从影响行车变成行车安全、市民出行的保障，则是长期持续性的工作。我国轨道交通运营时间只有50多年，关于CBTC信号系统从调试流程到设备维护具有系统性指导的专著又很少，因此把信号系统成功调试开通及维护的经验进行总结提炼就很有必要。

　　《城市轨道交通CBTC信号系统调试与维护》是全体参编人员广泛调研了CBTC信号系统在国内的成功开通实例，深入总结CBTC信号系统维护经验，提炼出从调试好设备确保全系统开通到维护好系统设备保障行车的流程，并结合宁波轨道交通1、2号线开通维护的实践所形成的著作。

　　本著作遵照我国现行的国家标准、行业标准及有关规定编写而成，非常适用于信号系统的新线开通调试以及运营维护，对城市轨道交通信号系统的调试与维护，具有建设性的作用。

中国科学技术协会副主席
中国工程院院士
中国铁路总公司总工程师
2017年2月16日

前　言

根据国务院批准的中国铁路总公司《中长期铁路网规划》和中国城市轨道交通"十三五"规划，我国铁路和轨道交通新一轮大规模建设强力推进，在建设客运专线、发展城际客运轨道交通的同时，加快城市轨道交通和市域轨道的建设。在此背景下，《城市轨道交通 CBTC 信号系统调试与维护》总结了我国城市轨道交通 CBTC 信号系统多年来调试与维护的经验从实践应用出发编写而成。

本书以实用为原则，强调内容的针对性、实用性和有效性，以专业知识为主要内容，充分反映轨道交通 CBTC 信号系统调试与维护的新技术、新材料、新工艺、新设备及新标准、新规程；力求贴近现场实际，并应用案例教学的手法，用直观的案例和图示进行分析和说明，努力提高质量和效果；突出对非正常情况下应急处理能力的训练；同时，本着"少而精"的原则，知识以必需、够用为度，描述力求生动、通俗易懂，图文并茂。

全书共分三章：第一章为城市轨道交通信号系统概述；第二章为 CBTC 系统调试；第三章为 CBTC 系统维护。理论与实践相结合，内容丰富，实用操作性强。

本书由徐劲松主笔，徐金平、于小四、孙晋敏等同志参与了编写工作。中国建筑业协会专家、享受国务院政府特殊津贴专家于小四为本书的出版发行进行了策划；中国科学技术协会副主席、中国铁路总公司总工程师、中国工程院院士何华武为本书作序，在此一并表示感谢！

由于编者的调试和维护经验及编写水平所限，书中缺点和错误在所难免，敬望广大读者提出宝贵意见。

作者　徐劲松

目 录

第一章 城市轨道交通信号系统概述 ………………………………… 1

第一节 概述 …………………………………………………… 1
第二节 CBTC 信号系统介绍 ………………………………… 3
  一、CBTC 信号系统功能及基本原理 ………………………… 4
  二、CBTC 信号系统基本结构及内部接口 …………………… 4
  三、CBTC 信号系统与外部接口 ……………………………… 5
第三节 代号缩写 ……………………………………………… 6

第二章 CBTC 信号系统调试 ………………………………………… 13

第一节 CBTC 系统调试总述 ………………………………… 13
  一、目标 ………………………………………………………… 13
  二、范围 ………………………………………………………… 13
第二节 调试组织机构 ………………………………………… 13
  一、轨道交通建设方与运营方 ………………………………… 13
  二、信号系统集成商 …………………………………………… 13
  三、监理单位 …………………………………………………… 14
  四、施工单位 …………………………………………………… 14
  五、与信号系统接口各供应商 ………………………………… 14
第三节 运营新线参建工作 …………………………………… 14
  一、新线参建的目的 …………………………………………… 14
  二、新线参建注意的问题 ……………………………………… 15
  三、新线参建信号系统调试的工作 …………………………… 15
第四节 CBTC 系统现场调试 ………………………………… 16
  一、安全风险 …………………………………………………… 17
  二、静态调试 …………………………………………………… 18
  三、动态调试（动车测试） …………………………………… 46

四、接口测试 ………………………………………………………… 78
　　五、系统联调联试及专家测试 ………………………………………… 109
　　附录：联调联试评估范本 …………………………………………… 294

第三章　CBTC信号系统维护 …………………………………………… 330

第一节　城市轨道交通信号系统维护概述 ……………………………… 330
　　一、维护目标及要求 …………………………………………………… 330
　　二、维护范围 …………………………………………………………… 330

第二节　城市轨道交通信号系统维护管理 ……………………………… 331
　　一、新建轨道交通线路面临的困难 …………………………………… 332
　　二、维护管理办法研究 ………………………………………………… 332

第三节　站场设备维护 …………………………………………………… 337
　　一、站场室内信号设备维护 …………………………………………… 338
　　二、轨行区信号设备维护 ……………………………………………… 373

第四节　车载设备维护 …………………………………………………… 407
　　一、前置条件 …………………………………………………………… 408
　　二、车载信号设备维护 ………………………………………………… 408
　　三、车载信号设备维护结果 …………………………………………… 414

第五节　中心设备维护 …………………………………………………… 414
　　一、一般要求 …………………………………………………………… 414
　　二、中央信号设备维护 ………………………………………………… 415
　　三、中央信号设备维护结果 …………………………………………… 415

第六节　信号系统故障处理流程 ………………………………………… 416
　　一、设备运行等级划分 ………………………………………………… 416
　　二、设备故障管理办法 ………………………………………………… 416
　　三、设备故障处理一般程序 …………………………………………… 417
　　四、设备故障抢修流程 ………………………………………………… 420
　　五、应急预案 …………………………………………………………… 422
　　六、重大活动及节假日保驾方案 ……………………………………… 440

第七节　典型故障分析 …………………………………………………… 443
　　一、车载故障分析 ……………………………………………………… 444
　　二、轨旁故障分析 ……………………………………………………… 490

第一章　城市轨道交通信号系统概述

城市轨道交通信号系统是指挥列车运行、保证行车安全、提高运输效率的关键设备。只有在列车运行前方的轨道区段没有列车占用、道岔位置正确、敌对或相抵触的进路没有建立等条件满足，才允许向列车发出允许前行的信号，列车只要严格遵循信号的指示行车，就能确保列车安全运行，反之将导致事故。

随着信息技术的不断发展，特别是计算机技术、现代网络技术、无线和移动通信技术以及一体化的信息控制技术等现代化技术的广泛应用，信号系统发生了革命性的变化，轨旁的地面信号已由车载信号所代替，信号的内容也已发生了根本性的变化，列车接收的目标速度、目标距离由车载系统直接控制列车自动运行，实现列车超速防护和车站程序自动定位停车等。近几年基于无线通信的列车自动控制系统（CBTC），在各大新建轨道交通城市中广泛应用，提高了列车运行效率。此外，LTE 技术承载 CBTC 综合业务，也已在城市轨道交通信号系统采用，将进一步提高了信号系统的安全性和稳定性。

第一节　概　　述

城市轨道交通以其安全、可靠、准点、便捷等诸多优势已成为城市居民出行的首选，并得到大规模发展，目前我国城市轨道交通的规模和数量均已位居世界前列。城市轨道交通信号系统作为列车运行的安全防护和运行控制系统，在保证安全、提高效率方面起着至关重要的作用，它的建设和维护水平直接关系到轨道交通的运营服务水平。城市轨道交通信号系统从最初的机械控制系统演进到最新的 CBTC（基于无线通信的列车控制）系统，其控制精度和自动化水平得到了很大的提高，对维护的要求也越来越高。本文基于最新制式的信号系统——CBTC 系统，对其基本原理、结构和接口进行介绍，并在此基础上对 CBTC 系统的调试和维护进行重点描述，期望对 CBTC 系统运行质量的提升有所帮助。

城市轨道交通信号系统也称为列车自动控制系统（Automatic Train Control），简称为 ATC 系统。它实现行车指挥和列车运行自动化，能最大限度地确保列车运行安全，提高运输效率，减轻运营人员的劳动强度，充分发挥城市轨道交通的运载能力。目前国内城市轨道交通信号系统普遍采用 CBTC，正线信号系统采用基于移动闭塞的 CBTC 系统，车地通信采用无线通信方式。系统包括列车自动监控（ATS）、列车自动防护（ATP）、列车自动驾驶（ATO）、计算机联锁（CI）、数据通信（DCS）、维护支持（MSS）等子系统以及培训设备和电源设备。同时，具备降级使用（包括后备运营）模式。

CBTC 系统采用多重冗余技术，其中凡涉及行车安全的正线地面计算机系统一般采用"三取二"或"二乘二取二"热备的安全冗余结构，且必须满足"故障-安全"原则。所有安全系统的供货商必须对提供的用于运营的系统出示独立权威安全认证机构出具的安全认证证书。

车载信号设备采用首尾配置，可实现首尾无缝切换。首尾车载设备切换过程中对列车进行实时监控，不影响列车正常运行或司机正常驾驶。在无人自动折返时能实现自动换端。

信号系统主要子系统的安全完整性等级（SIL）详见表 1-1。

信号系统主要子系统的安全完整性等级表　　　　表 1-1

子系统名称	安全完整性等级
列车自动保护子系统（ATP）	4 级
计算机联锁子系统（CI）	4 级
计轴设备（AC）	4 级
列车自动监控子系统（ATS）	2 级
列车自动驾驶子系统（ATO）	2 级

城市轨道交通信号系统遵循右侧行车原则，设备按 24h 不间断运行设计，满足每天运营时间。

信号系统的设备配置应有利于行车组织和运营管理，正线、折返线、渡线、存车线、出入段/场线及试车线均按双线正常运行方向人工/全自动驾驶运行设计。正线所有进路、试车线进路均具有 ATP/ATO 功能，ATO 定点停车、ATS 发车计时器仅按正方向设置。

联锁设备与 ATS 系统相结合,能实现中央 ATS 和本地的两级控制。试车线具备测试信号设备 ATP/ATO 功能的完整能力。

与其他线路的联络线,采用人工驾驶模式实现转线作业,以联锁控制方式进入其他线路运行。

具有完善的远程故障自诊断功能,应对全线的中央设备、车站设备、轨旁设备、车载设备以及车地通信设备进行实时监督和故障报警,应能准确报警到可更换单元(插拔件)等,便于及时更换,并能根据用户需要在维修中心实施远程故障报警和故障诊断。

第二节 CBTC 信号系统介绍

基于通信技术的列车控制(简称 CBTC—Communication Based Train Control)不依靠轨道电路向列控车载设备传递信息,而是利用通信技术实现"车地通信"并实时地传递"列车定位"信息。通过车载设备、轨旁通信设备实现列车与车站或控制中心之间的信息交换,完成速度控制。系统通过建立车地之间连续、双向、高速的通信,使列车命令和状态可以在车辆和地面之间进行实时可靠的交换,并确定列车的准确位置及列车间的相对距离,保证列车的安全间隔。CBTC 系统速度距离曲线见图 1-1。

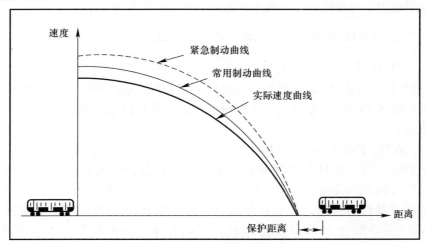

图 1-1 CBTC 系统速度距离曲线示意

一、CBTC 信号系统功能及基本原理

CBTC 信号系统管理轨道和列车资源，实现安全、高效的列车运行，为乘客和外部其他系统提供丰富的信息。CBTC 信号系统主要功能包括列车运行调度的管理、列车运行的安全防护和列车运行的辅助操作等运营相关功能，同时为系统的维护提供维护管理功能。列车运行调度管理功能是以实现对列车运行计划的管理、监控线路和列车运行的状态、为操作人员提供调整运行的手段。列车安全防护功能基于故障导向安全的原则防止列车间的冲突、超速及其他危险场景的发生，列车安全防护功能是列车运行的调度管理和辅助操作的前提。列车运行的辅助操作功能在列车安全防护功能的基础上为列车的驾驶提供辅助操作，辅助操作功能根据线路的自动化等级有所不同，基本的辅助操作功能如列车运行过程中自动控制车辆实施牵引、制动或惰行、控制列车自动在站台精确停车、控制列车车门自动开关等。

CBTC 信号系统基于主动列车定位技术，通过车载与轨旁区域控制器的实时通信将自身的定位发送给区域控制器，区域控制器根据列车所在区域的轨旁其他设备状态及其前车的位置为该车计算移动授权，并通过无线发送给车载，由车载实施列车的安全防护。CBTC 信号系统采用移动闭塞的方式，列车间的间隔基于列车的当前位置实时计算，在保证安全前提下有效地缩小了列车间隔，提高了行车效率。

二、CBTC 信号系统基本结构及内部接口

CBTC 信号系统主要由 ATS 子系统、CI（联锁）子系统、ATC（列车自动防护 ATP 和列车自动运行 ATO 子系统）、MSS（维护支持）子系统和 DCS（数据通信）子系统组成，其典型的系统结构图如图 1-2 所示。

ATC 子系统包括 ATP 和 ATO 子系统。ATP 子系统主要负责列车定位、列车位移和速度测量、超速防护和防护点防护、临时限速、运行方向和倒溜监督、退行监督、停稳监督、车门监督及释放、紧急制动、站台门监控、紧急停车按钮监控、防淹门、列车完整性监督。ATO 子系统主要负责自动驾驶、精确停车、列车调整、主动列车识别。

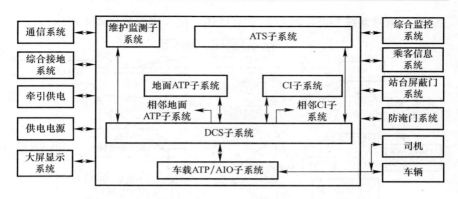

图 1-2 CBTC 系统结构图

CI 子系统主要负责进路控制、自动闭塞控制、紧急关闭、扣车、进路的自动功能、信号机控制、轨道空闲处理、道岔控制、本地监控、信号设备的监督报警及故障诊断。

ATS 子系统主要负责系统监视（显示）、进路操作、临时限速、列车描述、列车运行调整、时刻表/运行图编辑和管理、列车运用计划及管理、车站发车指示、维护和报警、运营记录和统计报表、系统管理、回放。

MSS 子系统主要负责设备管理、设备运行状态检测、维护管理、外部接口管理、系统配置。

DCS 子系统主要为整个系统提供通信通道，并具备网络配置及管理功能，由于 DCS 子系统并不直接参与信号系统的逻辑，只是为信号系统间的信息传输提供通道，因此相对于 CBTC 信号系统的逻辑功能而言是透明的。

CBTC 信号系统各子系统间采用标准协议进行接口，这些安全协议和编码方式具备高安全性、可靠性并符合国际标准。各子系统接口间传递的信息如图 1-3 所示。ATS 和 CI 之间交换的信息为进路和设备的控制命令及其状态，ATS 和 ATC 间交换的信息为列车的控制命令及其状态，CI 和 ATC 间交换的信息为轨旁设备的控制及状态和列车占用的状态。

三、CBTC 信号系统与外部接口

CBTC 系统与外部的接口主要包括 CI 与轨旁设备的接口，ATC 与车辆的接口及 ATS 与外部信息系统的接口，接口详细内容在后续

"CBTC 信号系统与外部接口"章节详述，接口概况如图 1-4 所示。

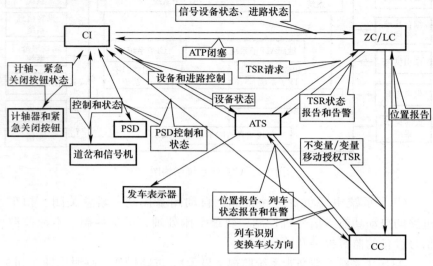

图 1-3　核心子系统接口示意

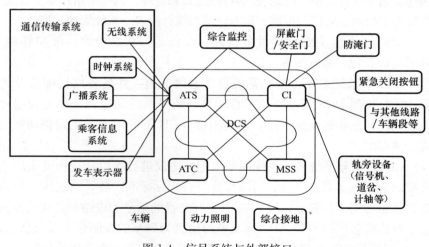

图 1-4　信号系统与外部接口

第三节　代号缩写

城市轨道交通 CBTC 信号系统代号详见表 1-2。

第一章 城市轨道交通信号系统概述

城市轨道交通 CBTC 信号系统代号缩写表　　　表 1-2

代号	含义
AC	计轴 Axle Counter
ANSI	美国国家标准协会 American National Standards Institute
AP	自动保护 Automatic Protection
ATB	自动折返 Automatic Turn Back
ATC	列车自动控制 Automatic Train Control
ATO	列车自动操作 Automatic Train Operation
ATP	列车自动保护 Automatic Train Protection
ATS	列车自动监控 Automatic Train Supervision
BM	点式降级模式 Block Mode
CAD	计算机辅助设计 Computer Aided Design
CI	计算机联锁 Computer based Interlocking
CBTC	基于通信的列车自动控制系统 Communication Based on Train Control system
CC	车载控制器 Carborne Controller
DCC	车辆段控制中心 Depot Control Centre
DCS	数据传输系统 Data Communication System
DMI	驾驶室显示屏 Driving Monitor Interface
DTI	发车计时器 Dwell Time Indicator

续表

缩写	中英文全称
EB	紧急制动 Emergency Brakes
EMC	电磁兼容性 Electro magnetic Compatibility
EMCT	光电转换器 Electric Media ConvertT
EOA	授权终点 End Of Authority
ESA	紧急停车区域 Emergency Stop Area
ESB/ESP	紧急停车按钮 Emergency Stop Button/Emergency Stop Plunger
FAT	工厂验收测试 Factory Acceptance Tests
GB	中国国家标准 Guo Biao
HILC	高等级完整性控制 High Integrity Level Control
IBP	综合后备盘 Integrate Backup Panel
IEC	国际电工委员会 International Electrotechnical Commission
IEEE	电子与电气工程师协会 Institute of Electrical and Electronics Engineers
IP	Internet 协议 Internet Protocol
ISCS	综合监控系统 Integrated Supervisory Control System
ISO	国际标准化组织 International Standards Organization
LAN	局域网 Local Area Network
LATS	车站 ATS 分机 Local ATS

续表

缩写	说明
LC	轨旁 ATP/ATO 线路控制器（线路控制功能）Line Controller
LCD	液晶显示器 Liquid Crystal Display
LED	发光二极管 Light Emitting Diode
LEU	欧式编码器 Local Eurobalise Encoder Unit
LRU	线路可替换单元 Line Replaceable Unit
MMS	微机监测系统 Maintenance Monitoring System
MSS	维护支持系统 Maintenance Support System
MCB	小型电路断路器 Miniature Circuit Breaker
MTIB	列车运行初始化信标 Moving Train Initialization Beacon
NA	不适用 Not Applicable
NMS	网络管理系统 Network Management System
OCC	控制中心 Operation Control Centre
OMAP	车载调试软件 Outil de Mise Au Point（法语）
PA	广播 Public Address
PC	个人计算机 Personal Computer
PDU	配电装置 Power Distribution Unit
PIS	旅客信息系统 Passenger Information System

续表

PLC	可编程控制器 Programmable Logic Controller
PSBa	用于进站的精确停车信标 Precise Stop Beacon for arriving
PSD	车站屏蔽门/安全门 Platform Screen Door
PSR	永久速度限制 Permanent Speed Restrictions
RAM	可靠性、可用性、可维护性 Reliability, Availability, Maintainability
RAMS	可靠性、可用性、可维护性及安全性 Reliability, Availability, Maintainability, Safety
RB	重新定位信标 Relocalization Beacon
RF	射频 Radio Frequency
RM	限制人工驾驶模式 Restricted Manual mode
RS	车辆 Rolling Stock
SCADA	电力监控系统 Supervisory Control And Data Acquisition
SDH	光同步数字传输系统 Synchronous Digital Hierarchy
SDM	诊断和维护子系统 System Diagnosis and Maintenance
SER	信号设备室 Signaling Equipment Room
SGD	静态轨旁数据（轨道描述） Static Guideway Database (Track description)
SIG	信号系统 Signaling
SIL	安全完善度等级 Safety Integrity Level

续表

SRU	可替换单元	Shop Replaceable Unit
SSP	运营停车点	Service Stopping Point
T&C	试验 & 调试	Testing & Commissioning
TCMS	列车管理信息系统	Train Control Management System
TDCL	车门关闭锁紧信息	Train Doors Closed Locked
TDMS	列车数据管理系统	Train Data Management System
TDT	发车表示器	Train Departure Timer
TIMS	列车集成管理系统	Train Integrated Management System
TMS	列车管理信息系统	Train Management System
TRE	轨旁无线设备	Trackside Radio Equipment
TSR	临时速度限制	Temporary Speed Restrictions
UPS	不间断供电系统	Uninterruptible Power Supply
VIO	安全输入输出	Vital Input Output
V&V	验证与确认	Verification and Validation
WAN	广域网	Wide Area Network
WLAN	无线局域网	Wireless Local Area Network
ZC	轨旁ATP/ATO控制器（区域控制功能）	Zone Controller

续表

ZLC	区域逻辑计算机 Zone Logic Computer	
ZVBA	零速制动施加 Zero Velocity Breaking Applied	
ZVI	零速信息 Zero Velocity Information	
2oo2	2取2通道配置 2 out of 2 channel configuration	
2oo3	3取2通道配置 2 out of 3 channel configuration	

第二章　CBTC 信号系统调试

第一节　CBTC 系统调试总述

一、目标

在信号系统室内外设备安装基本完成后，进入系统调试阶段，是对信号系统性能和功能的一次全面检查。信号系统调试的目的是为了对安装后的设备进行上电和配置，验证信号系统设备及软件数据可用，使系统的性能和功能满足功能规格书的要求，以确保信号系统能正常工作，满足正常运营的需求。

二、范围

信号系统调试包括系统调试、接口调试、综合联调联试以及专家测试。

第二节　调试组织机构

一、轨道交通建设方与运营方

建设方业主代表主要是跟踪调试进度，确保系统调试按照预定计划进行；协调系统调试过程中的各类问题等。

运营方新线参加人员主要是提早参与新线调试发现隐患，熟悉设备性能，了解现场施工情况。

二、信号系统集成商

根据合同，按期组织设计联络、工厂测试、设备供货、系统测试，实现按期交付系统，并进行试运行配合及联调联试的配合工作。

三、监理单位

确保所有安装在现场的信号设备、线缆及固件等设备都经过检验合格，对信号设备的安装过程和安装工艺进行全程监督。

四、施工单位

根据合同，按照图纸对信号设备进行安装、配线等工作，针对安装配线过程中的问题进行记录和反馈，调试期间配合信号系统集成商进行相关调试，提交竣工图、分部分项报告等资料，并进行试运行配合及开通后的质保工作。

五、与信号系统接口各供应商

车辆供应商：按期交付性能良好的车辆用于信号调试，配合排查及整改信号调试过程中的各种车辆故障及异常。

通信系统集成商：与信号供应商进行设计联络，完成通信系统与信号的接口调试，实现相关功能。

综合监控系统集成商：与信号供应商进行设计联络，完成综合监控系统与信号的接口调试，实现相关功能。

第三节　运营新线参建工作

目前国内随着轨道交通的不断发展，在轨道交通建设过程中，引入了轨道交通运营单位在建设后期设备安装调试阶段参与工程建设的管理思路，充分利用了运营单位的工作经验，促进了新线安装、调试质量的提升。

一、新线参建的目的

工程建设期间是建设质量控制最重要的环节，是发现问题、跟踪问题落实的重要阶段。适时、合理地参与建设，不但能够保证工程的质量，同时还能够让运营人员提前熟悉新线运用的新系统、新设备。

根据宁波既有线开通的经验，事实证明，通过合理组织运营人员参与新线建设，不仅能够提前熟悉工程情况，了解设备性能，掌握设备操作技能，同时能够跟踪工程建设的质量，发现问题，对工程建设起到了很好的促进作用。

二、新线参建注意的问题

（1）要找准提前介入的时机，轨道交通工程的复杂性决定了运营人员参建需要分阶段、分专业适时的介入，无论是介入过早还是过晚，都会失去提前介入的意义，发挥不了应有的作用。因此，运营人员力求在最适合的时间点全面充分的介入，以发挥最大的力量和优势。

（2）要明确运营人员提前介入的目的是什么，方法有哪些，解决问题的对接方式及渠道都是什么，以便于工程介入工作的顺利开展。

三、新线参建信号系统调试的工作

（一）工作内容

（1）学习掌握新系统、新设备的性能及操作方式。

（2）关注设备房及设备环境卫生，确保在试运行前设备房无建设遗留垃圾、设备内部及表面无灰尘等。

（3）跟踪设备安装及施工质量，确保设备安装牢固、接地线可靠、绝缘符合要求、孔洞封堵等。

（4）监督施工工艺，要求走线整齐美观、标识标签来去向清晰明确、万可端子接线牢固且无漏铜、过轨防护、紧固件无锈迹等。

（5）记录电缆施工路径，清楚电缆路径有助于后期设备维护。

（6）转辙机关键设备的调试，开通前对全线的转辙机进行全面细致的排查整改（至少需要进行两三轮的排查）是非常有必要的，在调试期间有充足的时间对问题进行消缺。这样可以大大提高设备的稳定性，减少了运营期间出现故障的概率。

（7）提醒施工过程中的防水、防潮、防尘、防鼠等。

（二）问题记录分类

新线参建人员要把现场发现的问题详细记录，并按照问题的影响等级进行分类。分为 ABC 三个等级，定义分别为：

A 类：指严重影响试运营安全，且在短期限内必须立即完成整改的缺陷；

B 类：指虽不影响试运营安全，但会约束某些专业设备功能且可能带来一定隐患的缺陷；

C 类：指不影响列车运行的可在后续完善阶段中予以整改的一般类缺陷。

参建问题记录表见表 2-1。

新线参建问题记录　　　　　　　表 2-1

新线参建问题台账										
序号	提报部门	专业	系统	地点	提报时间	存在问题	等级	整改情况	原因	备注
1										
2										
3										

（三）问题整改途径

（1）通过现场对接可以直接解决的则在现场解决，不能现场解决的由专业组后期通过书面对接完成整改。

（2）无法整改的，通过运营建设对接会定期解决。

（3）需要进行设计变更的，要与设计部门对接共同完成。

（4）现场无法协调的问可以在施工例会上将问题反馈给业主代表、监理等，要施工单位进行整改。

第四节　CBTC 系统现场调试

信号系统现场调试包括：静态测试、动态测试和接口测试三部分。其中，静态测试包括单体测试和系统一致性测试，如图 2-1 所示。

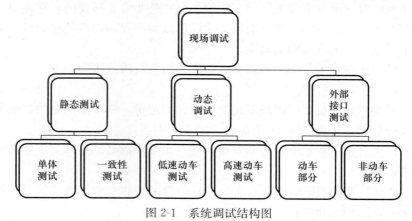

图 2-1　系统调试结构图

一、安全风险

由于在信号系统调试期间现场施工尚未完全结束，其他专业调试也在进行中，各种施工作业存在交叉重叠，因此信号系统调试时存在较大的安全隐患。

（1）调试过程中避免出现人员触电、摔伤、跌倒等情况，避免出现道岔夹物、伤人等情况。

（2）在调试区间范围内每次动车调试开始前，须以 15km/h 进行巡道，压道时，监理、调试负责人必须有一人在司机室协助司机瞭望，如遇危险情况，第一时间采取措施停车，并报相关调度。

（3）动车调试期间需保证线路已封锁及各站的端头门可靠关闭，禁止其他人员进入轨行区。

（4）车上人员不得擅动车辆设备，任何人不得使用车门的紧急拉手打开车门。

（5）动车调试期间，任何人员禁止倚靠在列车门上，以防车门突然打开。在每次列车启动之前，调试人员和司机需要共同确认所有车门和司机室侧门关闭。

（6）后备模式下测试需遵守信号机显示动车（绿灯、黄灯视为允许信号，红灯和灭灯视为禁止信号），CBTC 模式需与 ATS 调试配合人员确认进路和道岔状态后，根据 DMI 上的速度码动车。列车在没有办理联锁进路的情况下运行，需确认好道岔位置正确并单锁，列车的车速不得超过 RM 模式的列车限速，即 25km/h。

（7）在动车调试过程中，列车上调试人员不得随意下车进入轨行区。作业时工器具、材料不得侵入线路限界、不得掉入轨行区内。

（8）在信号调试过程中，进入列车的人员必须得到动车调试负责人的同意，进入列车人员要服从动车调试负责人的管理。

（9）司机必须只听从动车负责人指挥，在行驶时应加强瞭望，控制车速，严格执行相关规程的规定。接到停车命令、信号危及行车安全的情况，要立即采取停车措施，在信号、危险点前停稳车辆。调试过程中，所有的列车驾驶操作只能由司机完成，在获得调试负责人的同意后才可执行开门操作。

（10）现场调试过程中发现有任何危及行车安全的情况，立即停止列车运行。当现场发现影响行车安全的情形时，动车调试负责人应联系行调等相关人员进行处置，只有在确认危险解除后方可继续动车调试。

（11）调试作业过程中，进、出车站严格控制列车运行速度15km/h，并随时注意车站顶盖（高架站）、接触网、站台区域人员、物料动态，如遇险情，第一时间采取措施停车，并报相关调度。

（12）注意人身安全，所有参加调试人员进、出车站施工区域时必须佩戴好安全帽，夜间使用手电筒，注意施工工地"四口五临边"及高空坠物、脚手架、地面铁钉、尖锐金属物料及工器具等；如需上、下列车时需告知调试负责人，严禁擅自操作相关的行车设备；站台作业时注意列车与站台之间的空隙，防止坠落轨行区。

（13）调试过程中严格按照行车规则执行，避免出现列车挤岔、脱轨等情况。

二、静态调试

静态调试包括单体测试和系统一致性测试。

（一）单体测试

单体测试是现场信号调试活动的第一步，在子系统级进行。这些测试主要针对设备的配置和内部接口的确认。在信号系统设备安装后，单体测试用于证明每个组成部分的基本功能和完整性。

单体测试是静态测试，测试中不需列车移动，但仍需采用所有常用的安全措施。

测试的大致顺序排列如表2-2所示。

单体测试列表　　　　　　　　　　　表2-2

序号	描述	测试时间
1	定测	每个车站需1天
2	信标烧录测试	全线需7天
3	电源屏/UPS上电测试	每个车站需2天
4	室内单体测试（含联锁、ATS、ATC和MSS静态测试和DCS有线系统设置测试）	每个集中站需15天
5	室外单体测试（TRE、DCS波导管、计轴静态测试）	每个集中站需11天

1. 定测

定测包括安装定测（含 ATC 定测和 DCS 定测）和激光定测两部分。

其中，安装定测的目的在于将信号设备布置图和 DCS 轨旁无线设备布置图中的信号设备标记在轨道旁的相应位置，便于施工单位人员根据标记进行相应设备安装。

安装定测测试包括两个部分：

① 轨旁信号机、计轴、信标、停车点和车挡位置的定测，通常称为 ATC 定测；

② DCS 的 TRE、波导管或自由无线天线的定测，通常称为 DCS 定测。

激光定测的目的在于使用专用的激光定测工具对已经安装于轨旁的信标、信号机、计轴、道岔和车挡等设备进行距离测量，并填入相应的激光定测表中，设计人员审核通过后，作为更新系统数据的依据。

(1) 前置条件

1) 安装定测

① 信号平面布置图已经发布；

② 信标数据已经发布；

③ DCS 轨旁无线设备布置图已经发布；

④ 屏蔽门中心已由用户协商屏蔽门专业提供，并在站台上进行标记。

2) 激光定测

轨旁信号设备（信标、信号机、计轴、道岔、车挡）安装完成，且经过安装检查确认符合安装要求。

(2) 调试内容、方法

1) ATC 安装定测

① 信号设备供货商现场人员和施工单位人员首先根据提供的站台屏蔽门中心坐标找到车站的屏蔽门中心。建议采用五点一线水平仪将中心位置投影到轨道上，在轨道上用石笔标注屏蔽门中心位置，然后用红色油漆再次标注屏蔽门中心，并写上"中心"名称。

② 根据定测表上的设备信息以屏蔽门中心为参考定测起点，进行设备的定测，钢卷尺需要放置在轨道中间，并拉直。

③ 根据定测表中两两设备的相对距离，在钢轨、轨枕和隧道壁上标记上相应设备的名称。对于长距离设备（超过 50m），在定测时需要多次拉尺子，为了精确定测，需要在每个分段点将目前的距离（比如 50m 处），在轨道面上用石笔标注，便于定测人员对定测设备距离再次确认。

④ 将校核点选择在两个车站区间的两个设备，通常为两个间隔距离超过 100m 的信标，以便消除定测过程中产生的误差。

注意事项如下：

① 定测时前一个设备的定测位置因为现场安装条件限制进行调整后，后面以移动的这个设备为参考点的设备，在安装定测测量时，需要按照前面设备的设计值定测，而不是移动后的位置测量。

② 对于弯道，需要分别在轨道上多处对钢卷尺做好固定（如用脚踩住），提高定测设备距离的正确性；

③ 在安装定测时，可以通过参考隧道壁上的 KP 值与定测表中设备的 KP 值进行对照，复核安装定测的设备位置是否正确。

④ 对于计轴定测，需要计轴厂家确认当定测在弯道位置时，应检查计轴磁头是否安装于弯道内侧或外侧的钢轨上，并在定测表中注明。

⑤ 车挡定测时，应该选取车挡最前沿部分。

⑥ 当计轴定测位置有护轮轨，影响设备安装，测试人员需将情况反馈给设计人员；

⑦ 在列车运行的防护方向，信号机必须安装在计轴的上游方向，因此定测时需注意信号机的定测位置必须在计轴的上游。

⑧ 当信号机定测在人防门开启和关闭的区域时，安装后的信号机影响人防门的正常开关，调试人员需将情况反馈给设计人员。

⑨ 特殊位置与轨道电路系统接口处信号机、计轴磁头的定测需要注意。

这些信号机、计轴主要位于试车线与车辆段/停车场的道岔渡线上车辆段/停车场出入场与转换轨的交界处，本线与其他线路的联络线上计轴在这些点处需有个重叠区域，因此，计轴磁头需往能确保重叠的方向移动，且相关信号机必须跟随计轴一起移动，现场定测需记录移动距离、原因，并测量至最近计轴或信号机的距离，用于设计确认。

2) DCS 安装定测

① 信号设备供货商现场人员和施工单位人员首先根据提供的屏蔽门中心坐标找到车站的屏蔽门中心。建议采用五点一线水平仪将中心位置投影到轨道上，在轨道上用石笔标注屏蔽门中心位置，然后用红色油漆再次标注屏蔽门中心，并写上"中心"名称。

② 根据 DCS 轨旁无线设备布置图中的设备信息以屏蔽门中心或道岔岔尖为参考定测起点，进行设备的定测，钢卷尺需要放置在轨道中间，并拉直。

③ 根据定测表中两两设备的相对距离，在钢轨、轨枕和隧道壁上标记上相应设备的名称。

3) 激光定测

① 根据激光定测表，两组人员分别使用专业的激光定测工具测量两两设备的相对距离，并填写在表中。

② 设计人员审核两组人员测量结果的误差是否与安装定测的位置符合设计相对距离。

③ 如果两组人员测量结果偏差过大，不符合设计要求，则进行重测，直至测试结果通过设计人员的审核。

(3) 输出：调试结果

1) ATC 安装定测报告（表 2-3）

ATC 安装定测表 表 2-3

车站：									
调试人员签署：			施工单位签署：			监理签署：			
定测方向	设备名称	公里标（KP）	参考点	设计至参考点的距离（m）	定测距离（m）	两个设备安装后的相对距离（m）	设计审核（OK/NOK）		审核备注
							SYS	ATC	
Xx	车挡	13773.400	A2104A	2					
	A2104A	13775.400	LZ04	0.5					
	LZ04	13775.900	SSP	45.96					

2) DCS 安装定测报告（表 2-4）

DCS 定测表 表 2-4

xx 项目 DCS 定测记录表			
		定测地点：	
TRE 编号：	TRE01xxxx	TRE 安装方式：	立式/壁式
TRE 位置：			
波导管区段号：		波导管始端位置：	
设计长度：		实际定测长度：	
波导管规格：	设计数量：	实际定测数量：	
12m			
3m			
1m			
使用的支架规格及数量：			
滑动支架：		加强型支架：	固定支架：
波导管安装顺序（从始端到终端）：			
备注：			

3) 激光定测报告（表 2-5）

激光定测表 表 2-5

轨道ID	类型	名称	KP	参考点	测量值1(m)	测量值2(m)	误差	平均值	日期	设计审核(OK/NOK)
4	Marker_RB	RB_464（示例）	19540.56	AC11218	5.707	5.706	0.001	5.707	2012/7/26	OK
4	Axle-Counter	AC11218（示例）	19547.06	S11216	0.607	0.305	0.302	0.456	2012/7/26	NOK
4	Signal	S11216（示例）	19547.06	B11955	5.404	5.402	0.002	5.403	2012/7/26	OK
4	Station	XDC站中心（示例）	19609.34	RB_471	12.265	12.265	0.000	12.265	2012/7/26	OK
4	Switch	P10114（示例）	41823.45	车挡	63.209	63.210	0.001	63.210	2012/11/21	OK
4	Buffer Stop	车挡（示例）	41931.50							

2. 信标烧录测试

信标烧录测试的目的在于将唯一的信标 ID 编号烧录到空白的信标中，并贴上相应编号的标签纸，以便施工单位根据轨旁安装定测标记的位置进行安装。

（1）前置条件

1）信标已经到货，并存放于仓库。

2）信标数据已经发布。

（2）调试内容、方法

1）将信标及欧式编码器编程工具的黑色底部朝上平放在铺有包装纸的地面上；

2）将信标的正面朝下，平放在信标及欧式编码器编程工具上；

3）使用调试电脑通过无线连接至信标及欧式编码器编程工具；

4）将相应的信标数据烧录到空白的信标上，并贴上相应的名称标签纸。

5）将烧录好的信标按照联锁区分开堆放在相应的区域，便于安装时取用。

（3）输出：调试结果

信标烧录报告见表 2-6。

信标烧录报告　　　　　　　　　　表 2-6

信标类型	信标名称	信标ID	轨道ID	信标所在区域	信标信息 序列号	烧录结果 TGM检查(OK/NOK)	烧录日期
数据版本：							
Marker_RB	RB_xxxx			XXX-XXX 上行			yyyy-mm-dd
Marker_MTIB	RB_xxxx			XXX-XXX 下行			yyyy-mm-dd
Marker_RB	B_xxxx			XXX 站岔区			yyyy-mm-dd
……							
……							

3. 电源屏/UPS 上电测试

电源屏/UPS 上电测试的目的在于检查外部输入电源经过电源屏/UPS 后，能够转换为正确的稳定的各路负载设备所需的电源，以便进行后续设备的单体测试。

（1）前置条件

1）电源屏、UPS 机柜安装完成。

2）电源屏、UPS 模块安装完成。

3）电源屏、UPS 模块配线完成并通过校线复核。

4）信号设备室具备稳定的 380V 供电。

（2）调试内容、方法

1）检查电源屏和 UPS 的配线按图施工。

2）检查电源屏和 UPS 的电源模块、变压器等安装完毕。

3）按照电源屏、UPS 的上电顺序逐级对电源屏、UPS 进行上电。

4）按照施工图纸将部分需要调整的模块的电压调整至设计电压值。

5）测量每一路负载空开的输出端的电压值，符合设计要求并填写在测试报告中。

6）依次断开每一路负载的空开检查电源屏监控单元应有相应告警信息及声音报警。

7）待信号设备室具备正式电且室内的静电地板铺设完成后，可联系 UPS 厂家进行 UPS 开机，通常在动车调试前完成。开机后，一旦设备断电，可由 UPS 提供稳定不间断的 30min 以上的供电，确保联锁机、HMI、ATS、ATC、DCS 等关键设备不断电。

（3）输出：调试结果

1）电源屏测试报告。

2）UPS 测试报告。

4. 室内单体测试——联锁、ATS、ATC 和 MSS 静态测试

室内单体测试包括 DCS 机柜有线系统设置、联锁、ATS、ATC 和 MSS 静态测试。

包括的测试项目见表 2-7。

DCS 机柜有线系统设置的目的在于将发布的交换机固件和配置烧录到 DCS 电、光交换机中，并测试交换机能够 ping 通，以便进行后续联锁、ATS 和 MSS 等设备的单体测试。

第二章 CBTC 信号系统调试

室内单体测试列表　　　　　　　　表 2-7

序号	描述	测试时间
1	DCS 机柜有线系统设置	每个站需要 2 天
2	CI 静态测试	每个站需要 5 天
3	ATS 静态测试	每个站需要 2 天
4	轨旁 ATC 静态测试（包括 ZC、LC、LEU）	每个站需要 1 天
5	MSS 静态测试	每个站需要 3 天
6	DCS 有线静态测试（骨干网测试）	每个站需要 2 天

联锁、ATS、ATC 和 MSS 静态测试的目的主要检查电源屏送至 ATC、ATS、联锁和 MSS 机柜的电源电压值满足各设备的上电要求，将相应的软件数据烧录到 ATC、ATS、联锁 VLE 板卡的芯片、联锁 SDM 维护台和 MSS 设备中，检查相应的设备工作正常、灯位显示正常、通信正常、HMI 工作及显示正常，并进行相应的冗余测试，验证设备符合设计要求。

(1) 前置条件

1) 每个设备的工厂验收测试已在工厂完成。

2) 用于单体测试的软件数据已经发布。

3) 信号设备室内的 ATC、ATS、CI、DCS、MSS 机柜及设备安装完成，且符合安装要求；配线完成，且经过校线无误。

4) 车站设备已安装。

5) 轨旁信号设备（信标、信号机、计轴、道岔、车挡、TRE 和波导管或自由无线）安装完成，且符合安装要求。

6) 电源屏、UPS 上电测试。

7) 进行 DCS 有线静态测试前，需完成站间光缆熔接。

(2) 调试内容、方法

1) DCS 有线系统设置

检查电源屏送至 DCS 机柜的电源电压值，满足各设备的上电要求。

交换机上电后，使用调试笔记本电脑通过配置线连接至交换机，将相应的交换机固件和配置烧录到交换机中。

烧录好的交换机上电后，检查交换机灯位显示正常，并确认与联锁、ATS 等设备能够 ping 通。

2) 联锁静态测试

联锁静态测试又称为联锁点对点测试，测试的主要目的是保证以下

三部分的正确性:

一是联锁采集、驱动从接口架到组合架继电器线圈或接点配线的正确性。

二是接口架到联锁机接口电缆端子配线的正确性。

三是联锁机驱动/采集板表示灯到软件界面显示的正确性。

测试前确保测试软件已安装至 SDM 或调试用的笔记本(IP 配置需与 SDM 相同)中,测试电子盘已安装至联锁机中。需进行驱动码位、采集码位和系统码位三部分的测试。具体步骤如下:

① 驱动码位:

保持联锁 A 机处于工作状态,C 柜接口机笼 A 机采集电源断开,A 机驱动电源打开,关闭联锁 B 机电源及 C 柜接口机笼处 B 机采集/B 机驱动电源。

打开测试软件,点击工具条中"查看信息"的"硬件测试"项(图 2-2),选择"人工单个校对码位"。如图 2-3 所示。

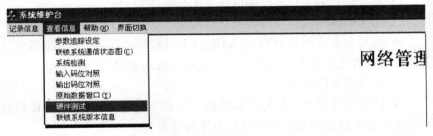

图 2-2 测试软件界面一

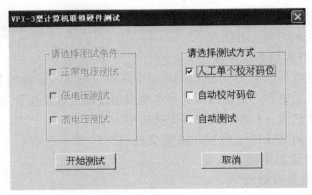

图 2-3 测试软件界面二

根据点对点测试表，测试人员左键点击测试软件中的一个码位，并观察驱动板上对应表示灯应该点亮，施工方确认相应的继电器已经吸起。该码位测试通过后，测试人员在测试记录表对应位置打勾，测试不通过打叉，如图 2-4 所示。

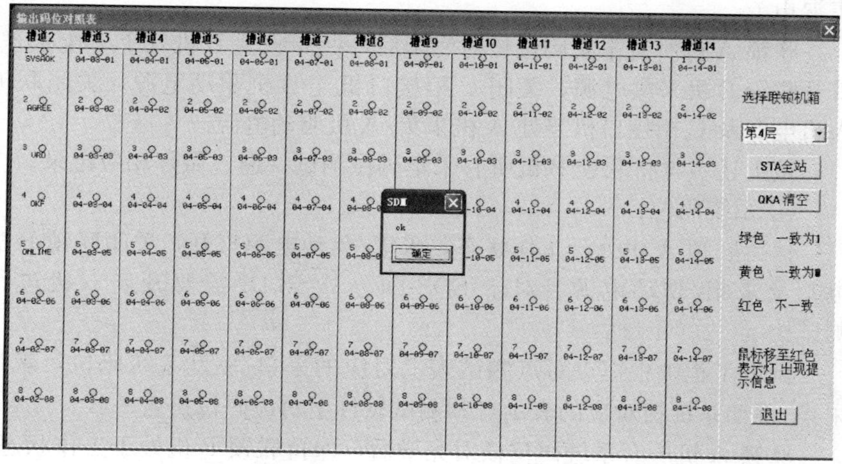

图 2-4 驱动码位图

联锁 A 机所有驱动码位核对完毕后，保持联锁 B 机处于工作状态，C 柜接口机笼 B 机采集电源断开，B 机驱动电源打开，关闭联锁 A 机电源及 C 柜接口机笼处 A 机采集/A 机驱动电源，按上述步骤将联锁 B 机所有驱动码位测试一遍，并填写对应记录表。

联锁 A 机、B 机所有单机驱动码位核对完毕后，保持联锁 A/B 机处于工作状态，双机驱动电源均打开，C 柜接口机笼处 A/B 机采集电源断开。按上述步骤将联锁 A/B 机所有驱动码位测试一遍，并填写对应表格（注：测试时保证 A/B 双机是共同驱动）。

② 采集码位：

保持联锁 A 机处于工作状态，A 机采集电源打开，C 柜接口机笼 A 机驱动电源关闭，关闭联锁 B 机电源及 C 柜接口机笼处 B 机采集/B 机驱动电源。

打开测试软件，点击工具条中"查看信息"的"输入码位对照"项。

根据点对点测试表，施工方给出待测码位的采集条件，使对应继电器吸起/落下。测试人员负责观察测试软件对应码位点亮/灭灯，以及采集板相应表示灯点亮/灭灯。该码位测试通过后，测试人员在测试记录表对应位置打勾，测试不通过打叉（注：测试时需关注其他码位采集状态是否发生变化，变化是否属于正常现象，以防止采集混电）。

联锁 A 机所有采集码位核对完毕后，保持联锁 B 机处于工作状态，打开联锁 B 机采集电源，关闭 C 柜接口机笼 B 机驱动电源，关闭联锁 A 机电源及 C 柜接口机笼处 A 机采集/A 机驱动电源。

按上述步骤将联锁 B 机所有采集码位测试一遍，做好相应记录。

③ 系统码位：

保持联锁 A 机处于工作状态，采集/驱动电源打开，关闭联锁 B 机电源及采集/驱动电源。对于 SDB-DI、SYSB-DI 需要开启双机进行测试。

调试工程师根据点对点测试表上对应的采集/驱动系统码位，观察采集/驱动系统板对应的表示灯和测试软件上对应码位是否一致。

联锁 A 机所有系统码位核对完毕后，保持联锁 B 机处于工作状态，关闭联锁 A 机电源及采集/驱动电源，按上述步骤将联锁 B 机所有系统码位测试一遍，并做好相应测试记录。

测试注意事项：

核对单机驱动码位测试过程中，必须关闭另一台联锁机及其采集/驱动电源。

3）ATS 静态测试

ATS 设备分为车站和控制中心部分。

控制中心设备结构示意图，如图 2-5 所示。

集中站设备结构如图 2-6 所示。

非集中站设备结构如图 2-7 所示。

车站设备包括：LATS 服务器和 HMI，其中非集中站没有 LATS 服务器。

中心设备（含备用控制中心）包括：ATS 应用服务器、网关服务器、数据库服务器、通信前置机、大屏接口机、调度员工作站、维护工作站等。

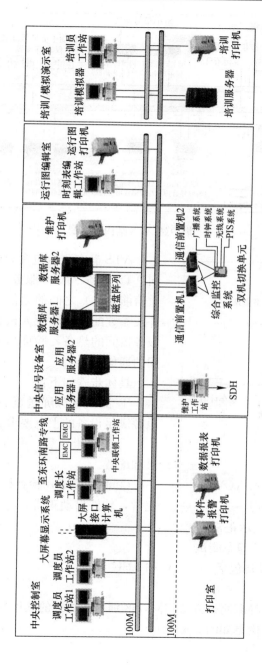

图 2-5 控制中心ATS结构示意图

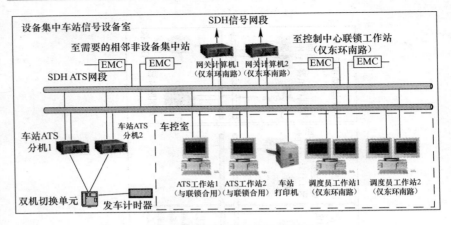

图 2-6　集中站 ATS 结构示意图

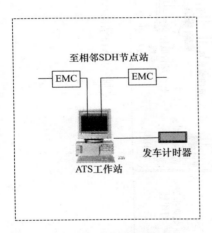

图 2-7　非集中站 ATS 结构示意图

ATS 静态测试包含验证上电及不同 ATS 设备（ATS 服务器、工作站、通信前置机）之间的通信，安装的软件及参数配置，验证人机界面，验证服务器间的热备，验证与其他系统之间的通信。

具体步骤如下：

① 测试电源屏送至 ATS 设备的电源满足设备的上电要求。

② 设备上电后，进行软件数据烧录和配置。

③ 测试完成，检查板卡灯位显示正常，软件启动正常，与其他子系统通信正常，界面显示正常。

4）轨旁 ATC 静态测试

轨旁 ATC 设备包括 ZC、LC 和 LEU。

① ZC、LC

ZC 和 LC 的静态测试方法相同，区别在于烧录的软件数据不同。

ZC 和 LC 的概览如图 2-8 所示。

测试步骤如下：

第二章 CBTC 信号系统调试

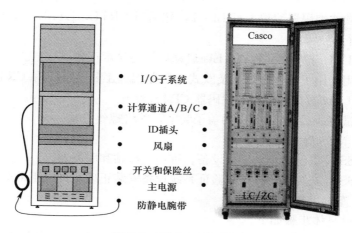

- I/O 子系统
- 计算通道 A/B/C
- ID 插头
- 风扇
- 开关和保险丝
- 主电源
- 防静电腕带

图 2-8 ZC 和 LC 概览图

a. 测试电源屏送至 ZC、LC 的电源满足设备的上电要求。

b. 设备上电后,进行软件数据烧录和配置。

c. 烧录完成,检查板卡灯位显示正常,软件启动正常,与联锁等系统通信正常。

d. 引导测试:依次关闭计算通道 A、B 和 C,检查 REDMAN 的显示屏上显示变为 "2oo2";重新开启后,检查该通道能够引导成功,变为 "3oo3"。

e. 变化测试:依次将计算通道 A、B 和 C 对应的 ID 插头插错后,检查 ZC/LC 应无法正常启动;将 ID 插头恢复为正确的插入位置后,检查 ZC/LC 应能正常启动。

② LEU

LEU 设备如图 2-9 所示。

在对 LEU 进行烧录之前,需要检查 LEU 的配置是否与发布单中的配置一致,并记录 LEU 的每个部件的配置(参考号、版本号和序列号)。

将 LEU 文件上传到信标及欧式编码器编程工具 BEPT 中。

调试电脑通过无线 WIFI 连接至

图 2-9 LEU 设备图

信标及欧式编码器编程工具 BEPT，然后对 CRTE，ETRS 和 SERB 的 ELB 进行烧录。

将 LEU 上电，并检查 LEU 启动后灯位显示正常。

使用专用工具连接信标及欧式编码器编程工具 BEPT 和 CRTE 板，然后将 LEU 数据表烧录到编码器 CRTE 板上。

调试完成后，将 LEU 的盖子装上，并将螺丝拧紧。

5）MSS 静态测试

MSS 设备包括车站采集设备、维护工作站和服务器。

MSS 静态测试的目的是验证系统设备安装正确，可以正常运行。

① 车站采集设备

测试具体步骤如下：

a. 设备清点：根据施工图纸内容清点车站内硬件设备是否与图纸的数量一致。

b. 硬件配置检查：根据施工图纸设计内容确认硬件设备配置是否正确。确认所有采集器通信地址码与图纸一致；板卡配置与图纸一致；跳线设置与图纸一致。

c. 上电检查：上电前务必先确认各电源配线无短路、无混线。

d. 上电检查无误后，逐步开启设备电源，首先确认采集机柜内电源输入是否正确，然后依次确认机柜电源输出、采集模块的输入电源是否正确。

e. 系统配置：对站机工控机进行系统软件数据烧录，并进行相应的配置。

f. 通信测试：检查通信状态图中与联锁系统、电源屏、计轴、灯丝报警分机、通信接口分机、综合分机、环境分机、MSS 各采集模块显示通信正常无闪断现象。

② 维护工作站

测试具体步骤如下：

a. 设备清点：根据施工图纸内容清点维护工作站的硬件设备是否与图纸的数量一致。

b. 设备连接检查，确认维护工作站与维护网连接。

c. 上电检查：测试电源屏送至维护工作站设备的电源满足设备的上电要求。

站机配置：对维护工作站进行系统软件数据烧录，并进行相应的配置。

d. 通信测试：确认维护工作站与维护网连接通信正常，维护工作站能够显示各设备正常。

③ 服务器：

测试具体步骤如下：

a. 设备清点：根据施工图纸内容清点车站内硬件设备是否与图纸的数量一致。

b. 设备连接检查，确认服务器 A、B 的光纤卡、网卡正确安装并进行标识。

c. 检查服务器 A 通过网线连接到维护网、信号红网、信号蓝网，并通过网线连接到磁盘阵列；检查服务器 B 通过网线连接到维护网、信号红网、信号蓝网，并通过网线连接到磁盘阵列。

d. 交换机 A 和 B 之间互连。

e. 上电检查：测试电源屏送至服务器和磁盘阵列的电源满足设备的上电要求。

f. 系统配置：在服务器上安装 Oracle 数据库和系统软件数据，并进行相应的配置。

g. 通信测试：确认服务器与维护网、信号红网、信号蓝网连接通信正常，维护工作站能够显示各设备正常。打开服务器 A 和 B 的远程连接功能，以便后续升级及维护。

6）DCS 有线系统设置测试

① 控制中心测试人员将测试电脑（不能加域）连接至 DCS 主交换机。

② 车站测试人员将测试电脑（不能加域）连接至车站 DCS 电交换机。

③ 使用车站测试电脑 ping 控制中心的测试电脑，对红网、蓝网、深灰网、浅灰网和绿网分别进行 ping 测试，至少 30min 以上。

④ 逐个完成每个车站与控制中心之间的网络测试。

⑤ 检查电源屏送至 DCS 机柜的电源电压值是否满足各设备的上电要求。

⑥ 交换机上电后，使用调试笔记本电脑通过配置线连接至交换机，

将交换机的固件和配置烧录到相应的交换机中。

⑦ 将烧录好的交换机上电后,检查交换机灯位显示正常,并确认与联锁、ATS 等设备能够 ping 通。

(3) 输出:调试结果

1) 联锁静态测试报告。

2) ATS 静态测试报告(包括 LATS、HMI、服务器、通信前置机、工作站等)。

3) LEU 静态测试报告。

4) ZC、LC 静态测试报告。

5) MSS 静态测试报告——站机/终端/服务器。

6) DCS 有线静态测试报告。

5. 室外单体测试

检查电源屏送至室外的 TRE、计轴设备满足上电要求,测试室内外线缆导通,并将相应的软件数据烧录到 DCS Modem 中,检查相应的设备工作正常、灯位显示正常、通信正常,验证设备符合设计要求。

包括的测试项目见表 2-8。

表 2-8 室外单体测试列表

序号	描述	测试时间
1	TRE 静态测试	每个站需 3 天
2	DCS 波导管静态测试	每个站需 5 天
3	计轴测试报告	每个站需 2~3 天

(1) 前置条件

1) 每个设备的工厂验收测试已在工厂完成。

2) 用于单体测试的软件数据已经发布。

3) DCS 有线设置测试完成。

4) TRE 熔纤完成并且经过光缆衰耗测试,尾纤连接完成。

5) 轨旁信号设备(TRE 和波导管或自由无线、计轴)安装完成,且符合安装要求。

6) 电源屏、UPS 上电测试完成。

(2) 调试内容、方法

1) DCS 的 TRE、波导管静态测试

① TRE 静态测试

安装位置检查：记录 TRE 的编号，检查 TRE 的位置是否和 DCS 轨旁 TRE 与波导管布置图上一致。

上电测试：

分别测量红、蓝网电路中断路器的输入电压，确认满足设备上电要求，将 TRE 上电，并检查其上电时和上电后的状态，确认红、蓝网 Modem 的"Operation"和"Power"LED 是否为常亮绿色。检查电源转换器的"OK"LED 为常亮绿色。"i"LED 总是熄灭。

检查 RJ45 网线头与光电转换器的连接是否完好；在 TRE 静态测试期间，检查 EMCT 电源指示灯。如果状态正常，"PWR1"灯亮橙色。

检查光交换机和 TRE 间的光接口：检验交换机和 TRE 之间的光纤传送等级。此测试包括测量每根光纤发送和接收的光功率，检查 TRE 的每根至光交换机的光纤衰耗低于最低要求。

Modem 参数检查：在信号机房的测试人员将电脑连接到光交换机上，通过 IE 浏览器登录并访问 Modem 配置菜单，检查 Modem 参数信息与 TRE 静态信息表中的信息是否一致。

待该站的所有 TRE 测试完成后，在网管 IP 服务器上上传和下载 Modem 的配置，检查在网管 IP 服务器上是否可以登陆无线接入点并上传和下载配置文件。

如需在轨旁更新 Modem 的配置，测试人员可以用 M12-RJ45 网线将 PC 连接至 TRE 里的 Modem，将配置文件上传到 Modem 中。

② 波导管静态测试

安装公司安装 RF 馈线时，DCS 调试工程师可同步进行插入损耗和驻波比测试。

若安装 RF 馈线和测试无法同步进行，安装公司需先保证临时的馈线防护措施，待调试人员完成测试后，再统一完成最终的馈线防水处理。

接地检查：用数字万用表测量两段连接在一起的波导管的电阻（单位欧姆）是否接近于零，在每个安装完的法兰上重复这个测试，检验所有波导管都已经连接到轨旁扁钢上。

RF 馈线测试步骤如下：

a. 校准 FSH8 频谱分析仪后，需要对连接 TRE 到耦合单元的 RF

电缆进行驻波比测试和插入损耗测试，确认同轴电缆在运输或安装过程中未被损坏，将在 FA GHz 和 FB GHz 处测得的驻波比和插入损耗值填入测试报告中。

b. 如果测试不通过，则进行故障定位测试。检查波导管内是否有异物、金属屑、积水或者碎片，并且保证波导管内没有阻抗被破坏。

c. 待波导管及 RF 馈线的所有测试完成后，及时将 RF 电缆连接好，并做好防水处理。

③ 轨旁自由无线静态测试

安装公司安装 RF 馈线时，DCS 调试工程师可同步进行插入损耗和驻波比测试。

若安装 RF 馈线和测试无法同步进行，安装公司需先保证临时的馈线防护措施，待调试人员完成测试后，再统一完成最终的馈线防水处理。

RF 馈线测试步骤如下：

a. 安装公司依照轨旁 TRE 安装典型图安装 RF 馈线，RF 馈线接头暂时连接到功分器、TRE 上。

b. 校准 FSH8 频谱分析仪，根据安装检查表核对安装没有问题后，开始插入损耗的测试。

c. 插入损耗测试完成且结果无误，将在 FA GHz 和 FB GHz 处测得的插入损耗值填入测试报告中，开始驻波比测试。如插入损耗测试结果有问题，需检查 RF 馈线并检查安装是否有问题。

d. 如果驻波比测试通过，将在 FA GHz 和 FB GHz 频点处测得的驻波比填入测试报告中；如测试未通过，需检查 RF 馈线及安装问题。

e. 待轨旁自由无线及 RF 馈线的所有测试完成后，及时将 RF 电缆连接好，并做好防水处理。

测试注意事项：

由于 RF 馈线测试有需要在隧道高空进行的操作，所以必须由安装公司具有登高作业资质的人员配合信号设备供货商调试人员完成 RF 馈线测试。

2）计轴测试

① 检查所有电缆（室外电缆、室内电缆）屏蔽层是否按照要求可靠接地。

② 检查所有的电缆连接是否正确。

③ 使用摇表测量室内至室外的计轴电缆线间和对地绝缘，应符合绝缘指标要求。

④ 测试室内送至室外电子盒的电压满足上电要求，连接电源线。

⑤ 由于室外每个电子盒都有唯一的地址，所以需先对电子盒的地址进行设置。

⑥ 进行计轴磁头调整，方法如下：

a. 将开关 S1 和 S2 拨到位置 1，启动电气调整。

b. 不放模拟轮，测试 MESSAB1 和 MESSAB2 的电压值（Sk1 测试箱开关位置 10，Sk2 测试箱开关位置 12）。

c. 模拟轮必须垂直放置在被调整磁头的中心来调整电压，再测量 MESSAB1 电压或 MESSAB2 电压值。

d. 有模拟轮和无模拟轮的测量幅值几乎相同，但是极性相反。

e. 使用电位器对 Sk1 的 MESSAB1 和 Sk2 的 MESSAB2 进行微调。正负幅值之间的差异应该调整到 10mV 以内。

f. 对室外电子盒和室内机柜中对应板卡的 LED 进行查看，确认显示正常。

（3）输出：调试结果

1) DCS TRE 静态测试报告。

2) DCS 波导管静态测试报告或 DCS 轨旁自由无线系统调试报告。

（二）一致性测试

在每个子系统单体测试后，一致性测试用于证明系统基本功能正确的实现。同时一致性测试也逐一验证内外接口功能。

一致性测试的主要目的在于验证系统的参数与各子系统匹配。一致性测试是现场测试的第二步。

一致性测试的包含的内容如表 2-9 所示。

系统一致性测试　　　　　　　　　　　表 2-9

序号	描述	测试时间
1	CI/轨旁设备一致性测试	每个站需 7 天
2	CI/LEU 一致性测试	每个站需 3 天
3	MSS 一致性测试	每个站需 3 天

1. CI/轨旁设备一致性测试

检查道岔、信号机和计轴区段的动作与室内的操作一致，检查道岔的定反位、信号机的显示和计轴区段占用出清与室内 HMI 显示一致。

本部分测试内容和步骤的介绍都本着唯一对应的原则，无论哪项测试，不能同时进行多个测试，例如：进行轨道区段测试时，只能测试完一个区段再测试另一个，同时保证测试过程中其他区段状态不发生变化。联锁双机采集面板灯位核对应明确唯一对应的原则，即一个设备状态发生变化时，应该只有相应采集点的联锁面板指示灯状态发生变化，如果其他设备采集码位发生变化应查找是否有混电的可能，本原则对核对所有轨旁设备状态适用。

（1）前置条件

1) 道岔安装和调试完成。

2) 信号机安装和调试完成。

3) 计轴测试完成。

4) 正式电接入信号电源屏，供电正常。

5) 联锁静态测试完成。

6) DCS 骨干网测试完成，站间能够通信。

7) 道岔测试时，室外道岔区域最好无其他作业人员，并安排调试配合人员进行室外防护，现场作业安全得到保证。

（2）调试内容、方法

1) CI-计轴区段一致性

① 确认室外计轴设备工作正常（无计轴受扰等问题）、待测区段对应的室内 DGJ 继电器吸起且联锁系统无"区段占用"采集与"区段占用"显示。

② 通过划轴板模拟列车通过某区段对应的室外计轴点，此时计轴设备板对应表示灯应显示区段占用，同时该区段对应的 DGJ 继电器落下，其他区段 DGJ 继电器不动作，联锁双机的采集板对应采集码位为"0"，HMI 对应区段位置显示红光带（因为项目要求不同，对应 HMI 的显示有所不同），其他区段没有红光带。

③ 模拟列车出清该轨道后，此时计轴设备板对应表示灯显示区段出清，区段对应的 DGJ 继电器吸起，联锁双机的采集板对应采集码位为"1"，同时 HMI 显示界面对应位置红光带消失，恢复常态。

测试注意事项：

在计轴厂家完成计轴设备调试，计轴系统一切正常，计轴厂家出具完整的测试报告后，通过划轴进行对应区段的测试。如通过划轴进行对应道岔区段的测试，道岔区段相关联的计轴点都应测试到，由计轴厂家配合完成本项测试内容。

2) CI-道岔一致性

① 确认室外道岔区无其他作业人员。

② 确认道岔操作没有安全隐患后，在 HMI 上对道岔进行定位单操，则相应道岔的 DCJ 继电器和 DCQD 继电器吸起，FCJ 继电器不吸起，同时室外对应的道岔开始动作，并转动到定位位置（需室外人工确认位置），然后对应道岔表示继电器 DBJ 吸起，FBJ 落下，同时 HMI 对应的道岔显示定位位置。

③ 在 HMI 上对道岔进行反位单操，则相应道岔的 FCJ 继电器和 DCQD 继电器吸起，DCJ 继电器不吸起，同时室外对应的道岔开始动作，并转动到反位位置（需室外人工确认位置），然后道岔表示继电器 FBJ 吸起，DBJ 落下，同时 HMI 对应的道岔显示反位位置。

④ 拔下对应道岔的 DCQD 继电器，分别进行对应道岔反位操作、定位操作，则相应道岔的 FCJ 或 DCJ 吸起，但室外对应的道岔不发生动作（如果道岔在定位时进行定位操作，联锁不会驱动 DCJ，反位同理）。

测试注意事项：

操作道岔时，其他道岔继电器不应该动作，且其他道岔的界面显示状态不应该发生变化。

以上测试方法是针对一个道岔而言，双动道岔、三开道岔都需要按照两个道岔分别进行测试。对于双机牵引的单动道岔来说，尖1或尖2断表示，则总的表示继电器也随之落下，HMI 界面显示道岔失表；尖1且尖2的表示继电器吸起，则对应的总的表示继电器才吸起，HMI 界面显示与道岔实际位置一致。对于双机牵引的双动道岔，任一道岔的尖1或尖2断表示，HMI 界面显示道岔失表；任一道岔的尖1且尖2的表示继电器吸起，则对应的总的表示继电器才吸起，HMI 界面显示与道岔实际位置一致。三开道岔同理。对于每个道岔的尖1和尖2断表示均需要进行测试。道岔的定位测试，需要进行多次定→反→定的操作，保证每一次的操作室内外都是一致的。道岔的反位测试，需要进行多次反→定→反的操作，保证每一次的操作室内外都是一致的。

3) CI-信号机一致性

信号机的室内到室外设备一致性的测试，分非 CBTC 模式和 CBTC 模式两种。不同项目信号显示方案不同，测试人员需明确在不同模式下的室外点灯原则。

① 非 CBTC 模式下测试过程如下。

a. 按需测试的信号机表示状态（"信号机检查表-HMI 表示"栏定义的内容），排列相关的进路；

b. 当界面显示与"信号机检查表-HMI 表示"栏定义的内容一致时，确认"信号机检查表-继电器状态"栏中列出的继电器状态。

c. 当继电器状态栏中规定的继电器状态确认正确后，核对室外的信号显示，经核对无误后对应测试结果项打勾，如果有错误需配合施工单位排除故障。

② CBTC 模式下测试过程如下：

a. 将对应的信号切换至 CBTC 模式（ATC 功能不具备时，可通过借接口架/组合架侧面驱动电的方式驱动 DDJ 继电器，完成测试）。

b. 按需测试的信号机表示状态（"信号机检查表-HMI 表示"栏定义的内容），排列相关的进路。

c. 当界面显示与"信号机检查表-HMI 表示"栏定义的内容一致时，确认"信号机检查表-继电器状态"栏中规定的继电器状态。

d. 当继电器状态栏中规定的继电器状态确认正确后，核对室外的信号显示，经核对无误后对应测试结果项打勾，如果有错误需配合施工单位排除故障。

测试注意事项：

① 信号机测试时，必须单独测试，不可以同时测试多个信号机。

② 对站内所有信号机的所有灯位，包括：绿灯、黄灯、绿黄灯、红黄灯、白灯、红白灯、蓝灯等，都需要进行测试（具体显示原则根据项目的点灯电路图）。

③ 因项目不同，点灯电路有所不同，对于点灯时需吸起的继电器依据实际点灯电路。

④ 后备模式和 CBTC 模式点灯从室外到 HMI 显示都是一致的，没

有区别，只测试后备模式即可。

⑤ CBTC 模式下对信号机的测试步骤，可能因项目不同而有所不同，需根据项目实际需求制定相关测试步骤。

⑥ 核对室外信号显示时，在分线盘对应配线处应可以测量到电压，而其他信号机的所有其他灯位应测量不到电压，以确认室外信号被唯一点亮。

4) ATB 按钮测试方法

① 室外 ATB 按钮按下后，检查 ATB 继电器吸起。同时，在 HMI 界面相应的位置处显示绿色表示灯。

② 测试通过，在相应的 ATB 测试表上打钩。

2.2.1.3 输出：调试结果

CI/轨旁设备一致性测试每测试完成一个科目应出具对应的测试报告。具体报告如下：

CI-计轴区段一致性测试报告，如表 2-10 所示。

CI-计轴区段一致性测试报告　　　　表 2-10

序号	名称	区段被测状态	HMI 表示	继电器状态	室外状态	测试结果	备注
1	T01A	占用	占用（红光带）	DGJ↓	计轴占用		
		出清	出清（蓝光带）	DGJ↑	计轴出清		
2	T02A	占用	占用（红光带）	DGJ↓	计轴占用		
		出清	出清（蓝光带）	DGJ↑	计轴出清		
3	T03A	占用	占用（红光带）	DGJ↓	计轴占用		
		出清	出清（蓝光带）	DGJ↑	计轴出清		

联锁-道岔一致性测试报告如表 2-11 所示。

CI-道岔一致性测试报告　　　　表 2-11

序号	名称	道岔被测状态	HMI 表示	继电器状态	室外状态	测试结果	备注
1	P29601	定位	定位（绿色）	DBJ↑FBJ↓	定位		
		反位	反位（黄色）	DBJ↓FBJ↑	反位		
		四开	挤岔（红闪）	DBJ↓FBJ↓	四开		
2	P29602	定位	定位（绿色）	DBJ↑FBJ↓	定位		
		反位	反位（黄色）	DBJ↓FBJ↑	反位		
		四开	挤岔（红闪）	DBJ↓FBJ↓	四开		

CI-信号机一致性测试报告，如表 2-12 所示。

联锁-信号机一致性测试报告　　　　　　　　　表 2-12

序号	名称	信号机被测灯位		HMI 表示	继电器状态	室外状态	测试结果	备注
1	S01A	后备模式	绿灯	绿灯	DDJ↓LXJ↑ZXJ↑	绿灯		
			黄灯（白灯）	黄灯（白灯）	DDJ↓LXJ↑ZXJ↑	黄灯（白灯）		
			红灯	红灯	DDJ↓LXJ↓	红灯		
			红白灯	红白灯	DDJ↓YXJ↑	红白灯		
			绿黄灯	绿黄灯	LDJ↓UDJ↓	绿黄灯		
		CBTC模式	灭灯	红叉	DDJ↑LXJ↓	灭灯		
			灭灯	红叉	DDJ↑LXJ↑ZXJ↑	灭灯		
			灭灯	黄叉（白叉）	DDJ↑LXJ↑ZXJ↓	灭灯		
			蓝灯（WH）	蓝灯	DDJ↑LXJ↑	蓝灯		
			蓝灯（WH）	无	DDJ↑	蓝灯		

联锁-信号机一致性测试报告

CI-ATB 一致性测试报告，如表 2-13 所示。

联锁-ATB 一致性测试报告　　　　　　　　　表 2-13

序号	名称	道岔被测状态	HMI 表示	继电器状态	室外状态	测试结果	备注
1	ATB2901	启用	绿色表示灯	ATBAJ↑	室外 ATB 按钮被按下		
		停用	绿色表示灯消失	ATBAJ↓	室外 ATB 按钮复原		
2	ATB2902	启用	绿色表示灯	ATBAJ↑	室外 ATB 按钮被按下		
		停用	绿色表示灯消失	ATBAJ↓	室外 ATB 按钮复原		

2. CI/LEU 一致性测试

本测试的目的在于检查信号设备室内的 LEU 由联锁系统采集到的信号机和道岔状态信息被正确编码，编码后信息能够正确地传输到轨旁的有源信标中。

（1）前置条件

1）CI/轨旁设备一致性测试完成。

2）LEU 静态测试完成。

3）信标已烧录并安装到轨道上。

4）所有连接 LEU 和外部系统的电缆安装完成。

（2）调试内容、方法

1）数据检查：在进行调试前，需要检查调试 LEU 数据是否与发布单中的配置一致，如果不一致，需要重新烧录 LEU。

2）LEU 输出检验：检查 LEU 发送的报文是否正确且和 CI 输入的一致。

3）LEU 输入检验：办理进路来触发 LEU 输入。在 ETRS2 连接器层面验证各个输入电压在 22.5 至 28.8VDC 之间。

4）室外有源信标检验：使用信标及欧式编码器编程工具 BEPT，在有源信标上读取一次有效报文和一次默认报文。对于无法读取有效报文的有源信标，检查室外 LEU 电缆连接的正确性和有源信标工作是否正常。

（3）输出：调试结果

CI-LEU 一致性测试报告。

3. MSS 一致性测试

信号设备维护支持子系统一致性测试的目的是验证子系统与相关设备的接口通信正常，系统的功能正确。

（1）前置条件

1）MSS 静态测试已完成。

2）与其他系统的接口测试部分，需其他系统具备接口条件。

（2）调试内容、方法

1）站机一致性测试

① 外电网质量监测包括：

a. 通信测试。

b. 模拟量值测试。

c. 报警测试。
② 绝缘漏流监测包括：
模拟量值测试。
③ 直流道岔电流监测包括：
a. 通信测试。
b. 动作电流曲线测试。
④ 交流道岔功率监测包括：
a. 通信测试。
b. 道岔功率信息测试。
c. 动作功率及电流曲线测试。
⑤ 道岔表示电压监测包括：
a. 通信测试。
b. 道岔表示电压监测。
⑥ 信号机电流监测包括：
a. 通信测试。
b. 列车信号机点灯回路电流测试。
⑦ 计轴磁头电压采集包括：
a. 通信测试。
b. 计轴磁头电压功能测试。
⑧ 熔丝报警包括：
a. 熔丝报警状态测试。
b. 温湿度监测。
c. 温湿度测试。
⑨ 与智能灯丝接口包括：
a. 通信测试。
b. 灯丝断丝报警功能测试。
⑩ 与电源屏（含 UPS 及电池信息）接口包括：
a. 通信测试。
b. 模拟量值测试。
c. 报警功能测试。
⑪ 与计轴接口包括：
a. 通信测试。

b. 模拟量值测试。
c. 报警功能测试。
⑫ 与联锁接口包括：
a. 通信测试。
b. 报警功能测试。
c. 站场显示开关量状态测试。
2）维护工作站一致性测试
① 验证维护工作站能否正确地在线路图上切换打开软件站。
② 验证维护工作站报警查询模块功能。
③ 验证维护工作站选站功能。
④ 验证维护工作站在调用车站时是否能正确显示模拟量和开关量。
⑤ 验证维护工作站是否能正确显示日报表。
⑥ 验证维护工作站是否能正确显示道岔曲线。
⑦ 验证维护工作站是否能正确显示历史曲线。
⑧ 验证维护工作站是否能正确显示车站实时报警信息。
⑨ 验证维护工作站是否能正确实现车站回放功能。
⑩ 验证维护工作站是否能够实现语音报警。
⑪ 验证维护工作站是否能自动从服务器下载站机的配置文件。
⑫ 验证维护工作站是否能正常提取道岔缺口图片。
⑬ 维护工作站设置。
3）服务器一致性测试
① 双机切换测试。
② 功能测试。
③ U888 中心接口一致性，包括与 ATS/CC/ZC/LC/DCS-IP/DCS-SDH/OMAS 车载日志工具进行如下测试：
a. 通信测试。
b. 设备状态一致性确认。
c. 报警功能测试。
（3）输出：调试结果
1）MSS 一致性测试报告——维护工作站。
2）MSS 一致性测试报告——站机。
3）MSS 一致性测试报告——服务器。

（三）联锁功能验收测试

集中站联锁-轨旁设备一致性测试完成后，为了下一步动车调试的需要，建议由运营方、建设方和监理组织，信号设备供货商和施工单位配合，进行联锁功能验收测试，以检查道岔、信号机、计轴的联锁关系正确，符合设计要求。

1. 前置条件

（1）集中站联锁-轨旁设备一致性测试完成；

（2）验收表准备齐全。

（3）联锁表准备齐全。

（4）施工图纸准备齐全。

2. 调试内容、方法

（1）开启联锁机和HMI，在HMI界面上检查计轴区段、信号机和道岔等设备状态显示正常。

（2）验收人员在车控室的HMI上办理进路，测试基本进路、引导进路、折返进路的联锁关系，进行检查。

（3）信号设备供货商和施工单位配合人员在信号设备室、车控室配合查看继电器状态、合断空开、按下紧急停车按钮、打开屏蔽门等。

（4）验收配合人在验收表上对完成的测试项进行记录。

3. 输出：调试结果

联锁功能试验测试表，如表2-14所示。

三、动态调试（动车测试）

系统动车测试用于验证系统的功能、性能及运行，包括降级模式。在这些测试通过且成功后，运营单位将进行系统验收测试来验证系统是否满足合同需求。

信号系统动车测试包含的内容，如表2-15所示。

（一）轨旁数据校核测试、DCS无线覆盖和端到端测试

轨旁数据校核测试需在全线进行，目的是验证SGD文件的基点位置是否与轨道上所有信号设备的真实位置一致。测试时以RM模式或者车辆模式驾驶列车低速（速度低于25km/h）运行。测试团队使用装载模拟输入输出的仿真软件的列车，读取线路上的信标数据。ATC子系统经理对记录与SGD数据进行比较，并提供分析报告。当检测到异常情况时，产生SGD文件的新版本，并定义重新测试的范围。

表 2-14 联锁功能试验测试表

进路号码	信号机名称 始端	进路终端	4 正常开放信号	5 岔位不对不开放信号	6 道岔无表示关闭信号	7 区段占用不开放信号	8 带动道岔	9 防护道岔	10 信号开放后锁闭道岔	11 敌对信号	12 敌对照查	13 随时关闭信号	14 接近锁闭	15 取消进路解锁	16 人工限时解锁	17 区段人工解锁	18 防止重复开放信号	19 进路正常解锁	20 局部控制	21 进路表示器	22 调车中途返回解锁	23 自闭离去区段占用	24 半自动闭塞	25 引导信号	26 机务段同意	27 超限绝缘条件	28 下坡道6‰	29 到发线出道	30 非进路调车	31 其他联系电话	32 道口通知	33 跳信号报警	34 备注
1	S011404	S011407	√	√	√	√		√	√	√	√	√	√	√	√	√	√	√						√	√	√							
2	S011404	S011405	√	√	√	√		√	√	√	√	√	√	√	√	√	√	√						√	√	√							

系统动态测试列表 表 2-15

序号	描述	测试时间
1	轨旁数据校核测试	每个集中站需 2 天
2	DCS 无线覆盖和端到端测试	每个集中站需 2 天
3	轨旁低速动态测试	每个集中站需 3 天
4	ATO 精调测试	全线共需 10 天
5	ATC 子系统功能验收测试	全线共需 20 天
6	ATS 子系统功能验收测试	全线共需 10 天
7	系统运行及验收测试	全线共需 14 天

在进行轨旁数据校核的同时，可进行 DCS 无线覆盖和端到端测试。

DCS 无线覆盖测试的目的是检查全线的无线覆盖，主要测试包括无线场强测试、无线覆盖调整和最终无线覆盖确认。

DCS 端到端测试的最终目的是验证在线上以任何速度运行的列车与地面应用之间的通信质量，应该使用正常频率的无线接入点和无线覆盖记录进行测试。

以下的几点将需要被验证：

(1) 通信的连续性。

(2) 吞吐量的稳定性。

(3) 平均延时。

(4) 丢包率。

1. 前置条件

(1) 内部前置条件

1) 用于测试的列车已通过 CC 静态测试和 MRE 静态测试完成。

2) 正线联锁、ATS、DCS 机柜、TRE 及无线、MSS、轨旁 ATC、LEU 静态测试完成。

3) DCS TRE、波导管（波导管项目）或天线（自由无线项目）静态测试完成。

4) DCS 有线静调完成。

5) CI/轨旁设备一致性测试完成、联锁试验完成。

6) 轨旁设备安装完成，激光定测完成。

7) 中心及车站的 ATS 静态调试完成、与 DTI 接口完成。

8）信号-时钟接口调试完成。

（2）外部前置条件

1）车辆专业

① 车辆自身的动态调试完成，EB 测试、牵引系统和制动系统调试完成，性能良好。

② 动车调试时，车辆方需派出每列车至少 1 名跟车人员配合调试，确保动车调试出现意外情况时，能及时确认车辆是否存在问题是否允许动车。

2）乘务中心：

每列车配 2 名调试司机。除系统性能测试和 CC 动调测试需安排 4 列车动车外，其他动车调试均为 2 列车。

3）供电专业

① 接触网带电。

② 冷热滑完成。

4）轨道专业

① 轨道具备高速动车条件，并提供轨道工程子单位验收合格证书。

② 车辆限界检查完成。

③ 确保安全行车，调试区间满足行车可视条件，需确保区间照明。

④ 道岔密贴调整检查完成，并提供相关工电联检结果的联系单。

⑤ 转辙机机坑没有因积水带来的安全隐患，动车区域道岔均取消钩锁器，动车调试期间由联锁设备进行控制。

5）轨行区施工单位

① 实现线路封闭，具备高速动车的条件。

② 动车区域轨行区杂物及施工遗留材料清理完毕，确保动车区域内无异物侵限。

6）通信专业

必须确保动车区域、各站信号设备室、车控室及控制中心的 800M 无线通信系统稳定可用。

7）屏蔽门专业

调试区域车站站台屏蔽门、安全门（包括端头门）安装完成，实现线路封闭，具备高速动车的条件。

8) 人防门

人防门需保证开启且锁闭,需相关单位出具状态确认联系单。

9) 防淹门

防淹门需保证开启且锁闭,需相关单位出具状态确认联系单。

10) 地铁公司

动车前需要建设方出台动车调试管理办法。

2. 调试内容、方法

进行测试前,列车选择 ATC 切除模式,以低于 10km/h 的速度进行巡道。

(1) 轨旁数据校核测试

1) 为了能使数据校验的结果更精确,首先车辆配合人员在列车两端隔离装有里程计转向架的制动。

2) 轮径校准:通过测量装有里程计车轮转动的距离,来计算里程计齿轮的长度,如图 2-10 所示。

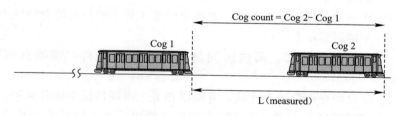

图 2-10 列车轮径计算示意图

3) 调试电脑在 cab1 和 cab2 通过网线连接 OMAP 到 CMP 板的以太网端口。

4) 通过查看平面图和进行实地了解,在测试区域找到一对安装在平直的轨道上相距约 50~100m 的重定位信标(确认这两个信标之间不能有其他信标或道岔)。选择这一对信标进行轮径校准,并通过查看激光定测表的结果找出这两个信标间的距离 L。

5) 选择 ATP 和 ATO 的 OVLI map base,运行 OMAP 进行记录。

6) 切除 ATC 后,平稳地运行列车并经过每个信标,且最好避免快速牵引或制动列车。

7) 当列车经过第一个信标时记下 Cog 1 的值，当经过第二个信标时记下 Cog 2 的值。

8) 按照如下公式计算精确的校准。

Tooth Length＝TL＝L/Cog count＝L/|Cog2－Cog1|

9) 轨旁数据校核测试：

① 将 cab1 和 cab2 的 TL 值输入到两头的测试电脑的 OMAP 工具中。

② 以 ATC 切除模式，平稳地运行列车并经过每个信标，且最好避免快速牵引或制动列车。

③ 每个测试区域列车至少需要运行 4 个来回，确保每个信标至少每个方向读取 8 次。

④ 测试完成后，保存两头的 OMAP 记录，并将测试记录及时反馈给设计人员进行分析。

⑤ 设计人员分析后，如果轨旁数据校核测试的信标间的距离长度与激光定测距离相差较大，可能需要进行激光定测重测或轨旁数据校核测试重测。

（2）无线覆盖测试

1) 由于需在 ATC 切除模板下进行动车测试，所以需让车辆人员首先将 DCSR 继电器吸起，接点上的两根接线拔出并进行短接，用绝缘胶带缠好，保证 DCS 的 MRE 箱盒能够正常供电。

2) 将 RJ45-M12 网线的 RJ45 端连接至测试电脑，将 M12 端连接至 MRE 的网口上，一台测试电脑连接到红色车载无线 modem，另一台连接到蓝色车载无线 modem。

3) 开启测试电脑，连接红色和蓝色车载无线 modem 后，进行配置。配置参数选择参考如下：

① 对于波导管方式，应采用被动场强模式进行测试。

② 对于自由无线项目，推荐采用被动场强模式进行测试。

③ 如果是波导管和自由无线混合方式，应使用被动场强模式。可以在自由传播区域使用主动场强模式。对于波导管覆盖的区域，应使用被动场强模式。

4) 打开测试电脑中的场强应用程序，车载无线 modem 向在测试电脑上运行的场强应用程序发送它所接收到的信标或 ACK 帧等级（由接入点发送）及接入点的时间戳及 Mac 地址等补充信息。

5) 在测试现场对无线覆盖测试进行分析，一旦发现问题，先记录并在不动车期间进行整改。

6) 整改后，对该 TRE 点所包含的区段进行重测。

(3) 端到端测试

在无线覆盖测试通过后，进行端到端测试。

1) 首先对测试列车进行配置。

2) 对一个或者两个列车流量发送/接收器的配置。

3) 列车无线调制解调器的配置。

4) 安装列车的红网流量发送/接收器并连接到车内红网的无线调制解调器。

5) 然后安装一个蓝网轨旁流量发送/接收器并连接到 DCS 的有线系统，然后对其进行配置。

6) 最后在测试电脑上安装流量监控软件，并将软件配置上监控发送/接收器的 IP 地址和测试持续时间。

7) 接下来激活流量监控软件，本地或者远程启动蓝网和红网的列车流量传输和接收器，启动轨旁的蓝网和红网的流量发送器。

8) 对端到端通信测试的连续性进行测试，在测试过程中流量监控软件将记录由每个流量发送/接收器发送的通信报告。当列车停下来时，测试者需要记录列车的位置和测试时间。

9) 对端到端通信的可靠性与可用性进行测试，让列车在以下三种情况下进行测试，检查通信都不能中断而且通信的质量与正常情况一样。

① 情况 1：列车静止在一个无线网内。

② 情况 2：列车进入一段单网无线网络不能使用的区段。

③ 情况 3：列车行驶在一个无线网络的几个接入点无法使用的区段。

测试完成后，由车辆配合人员恢复装有里程计转向架的制动。

3. 输出：调试结果

(1) 轨旁数据校核分析报告，如表 2-16 所示。

(2) DCS 无线覆盖测试报告，报告格式同表 2-16。

(3) DCS 端到端测试报告，如表 2-17 所示。

轨旁数据校核分析表
测试结果　　　　　　　　　　　　表 2-16

1	动作	联系车载 MRE 的 HTTP 服务器			
	期望结果	通信建立			
	结果	通过		不通过	
	备注				
2	动作	检查配置，采用测量方法			
	期望结果	配置正常			
	结果	通过		不通过	
	备注				
3	动作	测量射频场强			
	期望结果	测量正常			
	结果	通过		不通过	
	备注				
4	动作	检查切换时间			
	期望结果	时间正常			
	结果	通过		不通过	
	备注				
5	测试通过	通过		不通过	

DCS 端到端测试报告
测试结果　　　　　　　　　　　　表 2-17

1	行动	吞吐量稳定性			
	预期结果	达到目标吞吐量			
	结果	通过：			失败：
	注释：				
2	行动	数据丢失值			
	预期结果	达到目标数据丢失值			
	结果	通过：			失败：
	注释：				
3	行动	连续丢包值			
	预期结果	达到目标连续丢包值			
	结果	通过：			失败：
	注释：				
4	测试通过	OK；			NOK；
	附带报告：	OK；			NOK；

(二) 轨旁低速动态测试

此测试包含后备模式下轨旁低速动态测试和 CBTC 模式下轨旁低速动态测试。整个测试列车以低速（<25km/h）进行测试。

后备模式下轨旁动态测试用于验证在后备模式下通过有源信标传输的变量状态。

CBTC 模式下轨旁动态测试用于验证在 CBTC 模式下通过自由无线或波导管传输的变量状态。

这些测试在轨旁数据检查后进行，用于验证 SGD 奇点与其相应变量的一致性。

验证内容包括：

① 车门/PSD 开门验证（后备模式或 CBTC 模式*）。
② 信号机状态（后备模式和 CBTC 模式）。
③ 道岔状态（后备模式和 CBTC 模式）。
④ 防护区域状态（CBTC 模式）。
⑤ PSD 区域状态（CBTC 模式）。
⑥ 车站的精确停车点检查（后备模式或 CBTC 模式*）。
⑦ 后备模式进路测试（后备模式）。
⑧ CBTC 模式进路测试（CBTC 模式）。
⑨ 轮径校准测试（后备模式或 CBTC 模式*）。

备注：* 表示这些测试在 BM 模式时测试完成，且 CBTC 和后备模式使用的 SGD 一致，则这些测试不需要在 CBTC 模式时重做。

1. 前置条件

（1）用于测试的列车已通过 CC 静态测试和 MRE 静态测试。
（2）正线和车辆段的静态测试完成。
（3）联锁-LEU 一致性测试完成。
（4）CS 端到测试完成。
（5）轨旁数据校核测试完成。
（6）中心、车站、轨旁及室内信号设备均上电，并工作正常。
（7）进行轨旁低速动态测试时，需牵引厂家技术人员配合进行测试，以便能够及时调试过程中可能出现的异常。

2. 调试内容、方法

（1）将列车烧录为用于低速调试的软件数据；

第二章 CBTC 信号系统调试

（2）用 RJ45 网线连接测试电脑与 CC 的 CMP 前端口，配置正确的 IP，并开启 OMAP 软件，记录测试数据。

（3）进行测试前，列车选择 RMF 模式，以低于 15km/h 的速度进行巡道。

（4）车站或中心办理进路，配合列车进行如下测试：

（1）车门/PSD 开门验证（后备模式或 CBTC 模式＊）。

（2）信号机状态（后备模式和 CBTC 模式）。

（3）道岔状态（后备模式和 CBTC 模式）。

（4）防护区域状态（CBTC 模式）。

（5）PSD 区域状态（CBTC 模式）。

（6）车站的精确停车点检查（后备模式或 CBTC 模式＊）。

（7）后备模式进路测试（后备模式）。

（8）CBTC 模式进路测试（CBTC 模式）。

（9）轮径校准测试（后备模式或 CBTC 模式＊）。

备注：＊表示这些测试在 BM 模式时测试完成，且 CBTC 和后备模式使用的 SGD 一致，则这些测试不需要在 CBTC 模式时重做。

3. 输出：调试结果

轨旁低速动态测试报告，如表 2-18 所示。

轨旁低速动态测试表 表 2-18

测试联锁区名称		×××
序号	测试项目	测试结果
1	后备模式进路测试	OK□ NOK□
2	CBTC 模式进路测试	OK□ NOK□
3	车门开门验证	OK□ NOK□
4	信号机和 Overlap 状态测试	
4.1	后备模式信号机和 Overlap 状态测试	OK□ NOK□
4.2	CBTC 模式信号机和 Overlap 状态测试	OK□ NOK□
5	道岔状态 Switch Status	
5.1	后备模式道岔状态	OK□ NOK□
5.2	CBTC 模式道岔状态	OK□ NOK□
6	停车点位置	OK□ NOK□
7	轮径校准 MTIB 功能测试	OK□ NOK□
8	防护区域状态	
8.1	紧急停车区域状态	OK□ NOK□
8.2	工作人员保护开关状态	OK□ NOK□
9	PSD 区域状态	OK□ NOK□

（三）ATO 精调

该测试是用于根据车辆（主要是牵引和制动子系统）动态行为来调整 ATO 参数，为了精确列车特性，需对两辆车进行完整的测试。

使用经参数优化调整后的 ATO 数据，进行停站精度测试，确认列车平缓舒适地进行停车作业，能够保证在 ±30cm 的停车窗范围内精确停车，开关车门。如果不满足相关要求，则需进一步进行 ATO 参数优化调整。

1. 前置条件

（1）用于测试的列车已通过 CC 静态测试和 MRE 静态测试。
（2）测试区域的轨旁低速动态测试完成。
（3）轨道具备高速动车的条件。
（4）中心、车站、轨旁及室内信号设备均上电，并工作正常。
（5）在进行 ATO 精调前，车辆方需确保牵引制动软件固化，由于涉及 ATO 停车精度，所以后续如需改动，需以工联单的形式提前通知信号方。ATO 精调期间，车辆方需安排牵引和制动厂家的工程师配合测试。

2. 调试内容、方法

（1）ATO 精调测试

1）将列车烧录为用于低速调试的软件数据。

2）进行测试前，列车选择 RMF 模式，以低于 15km/h 的速度进行巡道。

3）用 RJ45 网线连接测试电脑与 CC 的 CMP 前端口，配置正确的 IP，并开启 OMAP 软件，记录测试数据。

4）联系中心办理进路，列车进行如下测试：

① 关闭非主头的 CMP，列车选择 ATO-CBTC 模式。

② 在测试调试的 OMAP 上输入相应的测试用例的编号，让列车按照编号设定的距离、速度、牵引和制动参数运行，并保存相应的测试记录。

5）按照上述步骤，依次完成测试表中全部的测试用例，将全部测试记录及时反馈给 ATO 工程师。

6）ATO 工程师进行相应的参数调整，生成一版新的 ATO 数据用于进行 ATO 停站精度测试。

(2) ATO 停站精度测试

1) 将列车烧录为最新发布单的 ATO 数据。

2) 进行测试前，列车选择 RMF 模式，以低于 15km/h 的速度进行巡道。

3) 用 RJ45 网线连接测试电脑与 CC 的 CMP 前端口，配置正确的 IP，并开启 OMAP 软件，记录测试数据。

4) 联系中心办理进路，列车以 ATO-CBTC 和 ATO-BM 模式进行各站的停站精度测试。

5) 检查 OMAP 中列车停站精度的绝对值在 30cm 的范围内，则测试满足要求。

3. 输出：调试结果

ATO 精调测试报告，如表 2-19 所示。

表 2-19 ATO 精调测试报告

Case ID	是否完成（Y/N）	对应记录名称	测试日期
10			
11			
12			
13			
14			
15			

ATO 停站精度测试报告，如表 2-20 所示。

表 2-20 ATO 停站精度测试报告

车站名	上/下行	现场停车精度测试值（m）	OMAP 理论值（m）	列车模式 BM/CBTC	测试列车	结果 OK/NOK	测试日期	备注
高桥西站 GQX	上行							
高桥站 GQZ	上行							
……	上行							
……	上行							

（四）ATC 子系统功能验收测试、ATS 子系统功能验收测试

ATC 子系统功能验收测试，包括：

(1) 测试定位功能和速度控制功能。
(2) 测试不同的驾驶模式及模式间的转换。
(3) 记录在自动模式下无调整（最大速度）的站间旅行时间。
(4) 测试自动模式运行（确认 ATO/列车接口）。
(5) 检查 TSR 正确应用。
(6) 检查 ATB 模式。
(7) 追踪测试。
(8) 测试系统的降级模式。

注意：在进行 ATC 子系统功能验收测试前，需通知车辆联系相关厂家可跟车进行列车-车载 PIS/PA 测试。

1. 前置条件

(1) 用于测试的列车已通过 CC 动态测试。
(2) 测试区域的轨旁低速动态测试完成。
(3) 列车的 ATO 精调完成，停站精度测试完成。
(4) 轨道具备高速动车的条件。
(5) 中心、车站、轨旁及室内信号设备均上电，并工作正常。
(6) ATS 与外部接口的接口协议核对完成。
(7) 车载 PIS 自身调试完成。

2. 调试内容、方法

(1) ATC 子系统功能验收测试

1) 将列车烧录为用于低速调试的软件数据。

2) 用 RJ45 网线连接测试电脑与 CC 的 CMP 前端口，配置正确的 IP，并开启 OMAP 软件，记录测试数据。

3) 进行测试前，列车选择 RMF 模式，以低于 15km/h 的速度进行巡道。

4) 车站或中心办理进路，配合列车进行如下测试：

① 车辆模式测试

a. 切除 ATC 检查，低速运行列车，检查列车可以移动；
b. 按下车辆紧急制动按钮，车辆施加紧急制动；
c. 在列车运行时把 ATC 旁路开关恢复到正常位置，检查 ATC 请

求 EB，且车辆施加 EB。

② 以 RMF 模式驾驶列车测试

a. 重启 CC，待启动正常后，司机激活列车，选择 RM 模式，检查列车转换为 RM 模式，检查 DMI 中的激活模式为 RM，同时检查有没有目标速度。

b. 拔下一个 INT4 插头（位于 CC 机架下的，连接里程计），检查 RM 模式仍然有效。

c. 拔下两个 INT4 插头，断开两个编码里程计的连接，检查不能进入 RM 模式，EB 无法缓解，只可用车辆驾驶模式。

d. 在 RMF 限速之内运行列车，检查 RMF 的限速和列车运行的速度值在 DMI 上面显示，没有触发 EB。

e. 司机驾驶列车达到 RMF 限速，检查在 ATP 最大速度达到 RMF 的速度限制值时，触发 EB。

f. 列车停车，司机按下车辆紧急制动按钮，检查车辆触发 EB，列车无法移动。

③ 以 RMR 模式驾驶列车测试

司机选择 RMR 模式：

a. 司机驾驶列车，以不超过最大后退速度运行，在达到最大后退距离之前停止列车，检查列车往反方向运行，没有触发 EB。

b. 司机选择 RMF 模式，同时牵引列车前进了一段距离（用以初始化反向运行的距离）。司机选择 RMR 模式重新开始，以不超过最大后退速度运行，但是当距离达到最大后退距离时不施加制动，检查当退行距离达到最大后退距离时触发 EB。

c. 司机选择 RMF 模式，同时牵引列车前进了一段距离（用以初始化反向运行的距离）。司机选择 RMR 模式重新开始，在达到最大后退距离前，使列车后退速度达到允许的最大后退速度，检查当列车后退速度达到允许的最大后退速度时触发 EB。

④ 以 ATPM 模式测试

a. 后备模式：

（a）列车在车站并定位，列车运行进路没有设置。

（b）列车以 RMF 模式停车并定位，列车运营模式为 BM，检查 ATPM 模式不可用。

（c）办理进路使列车经过一个位于后备模式初始化信号机前的有源信标，来接收到允许变量，检查 DMI 上 ATPM 模式可用，且自动转到 ATPM 模式。

（d）司机选择 RMF 模式，同时牵引列车前进了一段距离（用以初始化反向运行的距离）。司机选择 RMR 模式重新开始，在达到最大后退距离前，使列车后退速度达到允许的最大后退速度，检查当列车后退速度达到允许的最大后退速度时触发 EB。

b. CBTC 模式

（a）列车在正线或者站台上定位并能够被识别，列车运行进路没有设置。

（b）列车以 RMF 模式停车并定位。列车运营模式为 CBTC，检查 ATPM 模式不可用。

（c）在 ATS 上，调试人员设置列车运行前方的一条进路，司机驾驶列车往前运行，来使列车接收到允许 EOA，检查 DMI 上 ATPM 模式可用，且自动转到 ATPM 模式。

c. ATPM 模式下的速度控制测试

（a）列车以 ATPM 模式在正线上运行。线路上没有设置 TSR，并且选择一个 PSR 较低且覆盖范围较长的区域。

（b）司机在 ATPM 模式中以最大授权速度驾驶列车，检查列车显示当前和最大授权速度，EB 没有触发。

（c）司机牵引，并当接到告警时停止牵引。检查在 DMI 上显示报警，同时发出报警声，检查司机能够在 EB 之前控制列车。

（d）停止牵引或制动来减速。检查告警显示不再出现，没有报警声提示，检查由于车速没有超过限速，所以 EB 没有触发。

（e）司机驾驶列车采用最大牵引力，来强制达到最大授权速度，检查 ATC 请求 EB（在制动告警后），并伴有 EB 显示和报警声提示，且 EB 被触发，列车停车。

（f）当列车完全停止，检查 EB 被缓解，同时 EB 图标和报警声消失。

（g）针对每一条进路，司机在 ATPM 模式中以最大授权速度驾驶列车，检查列车显示当前和最大授权速度，EB 没有触发。

d. CBTC 下的 TSR 管理测试

（a）列车以 ATPM 模式停在正线上。

（b）在 ATS 上，调试人员给列车将行驶的区段上设置一个 TSR，TSR 的值为 40km/h 或其他值。列车在设置 TSR 的区域以 ATPM 模式运行，检查列车在 ATPM 模式运行正常，DMI 上的速度限制与 TSR 匹配。

（c）运行列车，使车速超过 DMI 上的授权速度值，检查 EB 被触发。

e. 乘客警报（紧急手柄激活）管理测试

（a）列车以 ATPM 模式在正线，并以 ATPM 模式停在站台上执行一次开关门操作。

（b）列车在区间内运行。在列车上激活一个乘客报警，检查 EB 没有触发且列车授权向下一站运行。检查 TDCL 为 false。

（c）列车仍然进入车站。列车在该站台停车，当列车停靠该站台时，检查获得允许开门使能后 EB 没有触发。车门可以正常打开。

（d）关闭车门，检查当车门关闭时，列车授权离站。

（e）司机驾驶列车离开站台，检查列车授权运行。

（f）驾驶列车，当列车只有一节车厢离开站台时，激活一个乘客报警，检查触发 EB。

（g）复位乘客报警，车门关闭，检查 EB 被缓解，车门关闭状态。检查车门关闭后，列车授权离开站台。

（h）列车停在站台，但是没有正确停站。在列车上激活一个乘客报警，检查触发 EB，车门可以被打开。

（i）列车在站台正确停站，车门关闭。在列车上激活一个乘客报警，检查没有触发 EB，车门可以被打开。

f. 能量控制

（a）列车以 ATPM 模式在正线运行。

（b）列车在线路上运行且下一个信号机为开放信号机。当列车接近信号机时，封锁当前信号机，检查由于正常制动无法保证列车在停车点停车而触发 EB。

g. 驾驶模式转换测试

（a）选择 BM/CBTC 切换按钮，检查强制 BM 模式能够转到 CBTC 模式。

（b）CBTC 模式失效，选择 BM/CBTC 切换按钮，检查可以由

CBTC 模式转到 BM 模式。

（c）检查列车以非强制 BM 模式运行时，一旦列车与 ZC 通信正常，并被识别，列车能够自动升级到 CBTC 模式。

⑤ ATO 模式测试

a. 在 CBTC 模式或 BM 模式下的速度控制

（a）列车以 ATPM 模式在一个车站停车，并且 AMC 模式可用。

（b）通过 ATS 办理到下一个车站的进路。司机按 ATO 发车按钮，ATO 将控制列车以 AMC 模式运行。列车离开车站。检查 ATO 驾驶列车时的加速度、制动和速度情况。检查没有 EB 触发。

（c）设置列车运行前方信号机为限制状态（需要选择距离列车较远的测试信号机），检查列车在信号机前自动停车。

（d）设置相同信号为允许状态。司机按下 ATO 开始按钮，检查当司机按 ATO 发车按钮之后列车授权离开。

（e）将列车驶入一个存在限速的区域，检查列车在接近这个限速区段之后自动的制动到限制速度。

（f）检查列车在限速区域内一直在限制速度之下运行。检查列车在离开限速区域之后自动加速。

b. 扣车

（a）列车在自动运行模式（例如，没有时间表的自动运行），同时列车是有车次号的。列车已经定位，AMC 是 ATC 当前的模式。列车停靠站台，车门打开。

（b）调试人员在 ATS 上向列车发出扣车请求，检查 ATO 发车按钮没有被点亮。检查车门保持打开。

（c）检查 DMI 上显示扣车图标。

（d）司机按下 ATO 发车按钮，检查列车没有离开本站。

（e）调试人员取消扣车并发送发车命令，检查在 DMI 上显示发车倒计时。

（f）关闭车门，检查当司机需要离站时，ATO 发车按钮是点亮的。

（g）司机按下 ATO 发车按钮，检查列车能够离开站台。

c. 跳停管理

（a）列车在正线以 AMC 模式运行，列车是有车次号的。

（b）列车在车站 N 停车。在 ATS 上，设置（N+1）站的站台跳停指令。列车向（N+1）车站运行。检查列车接收到 N+1 站的跳停命令。在 ATS 工作站上检查对于跳停列车，列车识别号会有"S"标记。在跳停车站（N+1）时 DMI 上显示跳停图标，离开跳停车站后，跳停图标消失。检查列车能够正常跳停车站站台。

d. AMC 模式下的进路测试

（a）普通后备 AMC 模式下的进路测试：

• 列车停在正线，ATPM 模式可用。

• 在 ATS 工作站上给列车办理进路或者通过设置头码（时刻表）方式设置进路，在 ATS 上检查进路设置成功。

• 选择 BM-AMC 模式，检查列车处于 BM-AMC 模式。

• 司机驾驶列车以 BM-AMC 模式运行，测试在轨旁低速动态测试表中所有的后备进路。列车以 BM-AMC 模式运行，并检查：没有意外触发紧急制动。ATP 保持定位状态。

（b）ATO-CBTC 模式下的进路测试：

• 列车停在正线，AMC 模式可用，车地无线通信正常。

• 在 ATS 工作站上给列车办理进路或者通过设置头码（时刻表）方式设置进路，在 ATS 工作站上检查进路设置成功。

• 选择 ATO-CBTC 模式，检查列车处于 ATO-CBTC 模式。

• 司机驾驶列车以 ATO-CBTC 模式运行，测试在轨旁低速动态测试表中所有的 CBTC 进路，列车以 ATO-CBTC 模式运行，并检查：没有意外触发紧急制动，ATP 保持定位状态。

• 对每一条进路进行 ATO-BM 模式测试和 ATO-CBTC 模式测试。

⑥ ATB 模式下的测试

a. 检查列车以 ATO-CBTC 模式停在 ATB 折返区域的站台；

b. 给列车办理进入 ATB 折返区域的进路；

c. 方法一：断开列车激活钥匙，按下 ATB 按钮，检查列车进入 ATB 模式；再按下 ATO 发车按钮，检查列车正常启动；

d. 方法二：断开列车激活钥匙，按下 ATB 按钮，检查列车进入 ATB 模式；按下在站台末端的 ATB 按钮，检查列车正常启动；

e. 当列车到达折返线后，办理列车折返到另一边站台，设置立即发车，检查列车启动并准确停在另一边站台。

f. 激活列车钥匙，选择 ATPM 模式，按下开关门按钮，检查车门与屏蔽门能够联动。

g. 在每一个 ATB 折返区域按照方法一和方法二分别进行 ATB 测试。

⑦ 掉头测试

检查列车在进入每一个掉头区域换端完成选择 ATPM 或 ATO 模式后，一旦掉头的进路办理完成，检查列车不用进行巡码，DMI 上 ATPM 或 ATO 模式有效，有速度码。

⑧ 降级模式测试

a. CBTC 下的 CC 冗余

（a）关闭一块 CMP，检查 CBTC 下的列车不会产生 EB。

（b）关闭一块 PPU，检查 CBTC 下的列车不会产生 EB。

（c）关闭一个交换机，检查 CBTC 下的列车不会产生 EB。

b. ZC、LC 降级模式

（a）关闭 ZC 或 LC 的一个通道，检查 CBTC 下的列车不会产生 EB。

（b）当列车停站时，恢复 ZC 或 LC 的一个通道，检查该通道能够被正常引导，ZC 或 LC 恢复为"3oo3"。

c. DCS 降级模式

（a）AP 失效：检查丢失了一个 AP 之后，不会影响列车的运行状态。

（b）AP 和 MRE 失效：检查丢失一个 AP 和一个 MRE，不会改变列车的运行状态。

（c）骨干网单网测试：DCS 骨干网工作在单网状态，不会影响列车的运行状态。

d. 联锁降级模式

检查联锁单机工作不会影响列车的运行。

⑨ 车辆参数信心测试

a. 空转/打滑信心测试

（a）该测试的目的是评估系统正常运行时的空转/打滑系数。

（b）列车的测试环境需为线路上的最恶劣区域；正线坡度最大的直线段，或是室外湿滑轨道（比如刚下过雨）。确保测试区域内每隔 200m 就有一个信标。

（c）需在多个速度点分别做此测试，从 40km/h、50km/h，一直到

第二章　CBTC 信号系统调试

列车最大速度。

(e) 在测试区域办理一条进路，列车以 ATPM 模式运行到所需测试的速度（比如 40km/h），当列车以此速度读到一个信标时，司机立即按下紧急制动按钮，直到停车。保存 OMAP 记录。

(d) 根据备注的公式算出 Kslide 值，检查空转/打滑率低于系统的最大空转/打滑率 15%。空转/打滑测试表如表 2-21 所示。

空转/打滑测试表　　　　表 2-21

	速度(km/h) Speed	估算 K_{slide} 值 Estimated K_{slide} TL(%)	第一个信标 Rb begin	最后一个信标 Rb end	中间信标数量 Interbeacon number
1.					
2.	40				
3.	50				
4.	60				
5.	...				
6.	Max speed				

备注：

对每个信标，K_{slide} 值的计算公式为

$$K_{slide}(Rb_k, Rb_{k+1}) = \left\{ \frac{Maxcalibration * [Cog\_Count(Rb_{k+1}) - Cog\_Count(Rb_k)]}{K_p(Rb_{k+1}) - K_p(Rb_k)} - 1 \right\} * 100$$

式中

Cog_Count——通过离线查看 OMAP 记录获得数值；

$Maxcalibration$——来自于 OMAP 记录；

K_p——来自信标布置。

b. 列车最大加速度（牵引力）测试

(a) 该测试的目的是确认列车的实际最大加速度与车辆参数中的数值是否一致。

(b) 列车在正线，进路已办理，驾驶模式为 ATPM 模式。

(c) 司机以全牵引（100%牵引）启动列车，当车速接近列车 EB 速度时制动停车。保存 OMAP 记录，查看 OMAP 记录中，列车在执行 100%牵引时，"Filt train drv acel" 的最大值并加上 "Gradient accel" 的值，此值应不大于与车辆参数中的最大牵引力。

(2) ATS子系统功能验收测试

1) 列车监控测试：验证ATS系统内的列车相关功能，包括如下测试：

① 列车编组管理功能测试。
② 列车车次跟踪测试（BM）。
③ 列车车次跟踪测试（CBTC）。
④ 列车车次管理测试（BM）。
⑤ 列车车次管理测试（CBTC）。

2) 离线计划管理测试：验证ATS系统内的离线时刻表管理。

3) 线路列车运行管理测试：验证ATS系统内的在线列车管理功能，包括如下测试：

① 在线计划管理功能测试。
② 系统参数管理测试。
③ 自动进路触发功能测试（BM）。
④ 自动进路触发功能测试（CBTC）。
⑤ 自动调整功能测试（BM）。
⑥ 自动调整功能测试（CBTC）。
⑦ 人工调整功能测试（BM）。
⑧ 人工调整功能测试（CBTC）。
⑨ 列车运行告警功能测试（BM）。
⑩ 列车运行告警功能测试（CBTC）。
⑪ 车门控制功能测试。
⑫ 列车冲突管理功能测试。
⑬ 自动折返功能测试。
⑭ 终端发车列表管理功能测试。
⑮ 预折返功能测试。
⑯ 变通策略功能测试。
⑰ 系统等间隔模式功能测试。
⑱ 一般出入库管理功能测试。
⑲ 确认计轴有效功能测试。

4) 线路列车运行管理测试：检查LATS的功能，包括列车跟踪，自动根据时刻表进行列车调整

① 车站 ATS 本地车次跟踪功能测试。
② 车站 ATS 本地时刻表功能测试。
5）模拟培训测试：验证 ATS 系统内的模拟培训功能，包括如下测试：
① 信号设备模拟功能测试。
② 列车模拟运行功能测试。
③ 外部接口模拟功能测试。
6）维护支持功能测试：验证 ATS 系统内的维护功能，包括如下测试：
① 设备状态监视功能测试。
② 报警及事件管理功能测试。
③ 回放功能测试。
④ 用户管理功能测试。
⑤ 分析报告功能测试。
⑥ NTP 时钟同步配置测试。
⑦ 日志服务器配置测试。
⑧ 调度日志及留言提醒功能测试。
⑨ 历史数据备份及恢复功能测试。
⑩ 主备控制中心切换功能测试。
7）ATS 系统功能测试：
① 热备冗余测试：双网冗余功能测试和热备冗余功能测试。
② 系统负荷测试：验证 ATS 系统性能、承受负荷能力，主要包括网络性能及负荷测试。
③ 降级测试：测试验证 ATS 系统降级功能，以确保 ATS 在降级情况下也能满足基本的运营要求。主要包括数据库故障功能降级测试。

3. 输出：调试结果

（1）ATC 子系统功能验收测试报告，如表 2-22 所示。

ATC 子系统功能验收测试报告　　　　表 2-22

序号	测试项目	通过	未通过
1	正常模式测试内容		
1.1	车辆模式测试		
1.1.1	以车辆模式驾驶列车	□	□
1.2	RM 模式测试		
1.2.1	RM 模式激活	□	□

续表

序号	测试项目	通过	未通过
1.2.2	以 RMF 模式驾驶列车	☐	☐
1.2.3	以 RMR 模式驾驶列车	☐	☐
1.3	MCS 模式测试		
1.3.1	普通后备模式的初始化测试	☐	☐
1.3.2	在增强型后备模式下列车静止时初始化后备模式测试	☐	☐
1.3.3	CBTC 下 MCS 模式激活	☐	☐
1.3.4	在 MCS 模式下的速度控制测试	☐	☐
1.3.5	停站时间结束,扬声器/蜂鸣器测试	☐	☐
1.3.6	CBTC 下的 TSR 管理测试	☐	☐
1.3.7	列车离开 CBTC 区域测速	☐	☐
1.3.8	MCS 模式下车站处理测试		
1.3.8.1	屏蔽门打开列车进站	☐	☐
1.3.8.2	ESP 激活列车进站	☐	☐
1.3.8.3	SPKS 激活列车进站	☐	☐
1.3.9	CBTC 模式下的车门和站台管理		
1.3.9.1	在单侧站台的停车和车门管理	☐	☐
1.3.9.2	在双侧站台的停车和车门管理	☐	☐
1.3.10	BM 模式下的车门和站台管理	☐	☐
1.3.11	乘客警报(紧急手柄激活)管理测试	☐	☐
1.3.12	能量控制	☐	☐
1.3.13	强制 BM 模式转到 CBTC 模式	☐	☐
1.3.14	CBTC 模式失效,由 CBTC 模式转到 BM 模式	☐	☐
1.3.15	由非强制 BM 模式自动升级到 CBTC 模式	☐	☐
1.3.16	在增强型后备模式下提前解锁联锁	☐	☐
1.3.17	在 CBTC 模式下提前解锁联锁	☐	☐
1.3.18	MCS 模式下的进路测试		
1.3.18.1	普通后备 MCS 模式下的进路测试	☐	☐
1.3.18.2	增强型后备 MCS 模式下的进路测试	☐	☐
1.3.18.3	CBTC-MCS 模式下的进路测试	☐	☐
1.4	AMC 模式测试		
1.4.1	在 CBTC 模式或 BM 模式下的速度控制	☐	☐
1.4.2	在 CBTC 模式下的车门和站台管理		
1.4.2.1	CBTC 模式下正确停站和车门管理	☐	☐
1.4.2.2	扣车	☐	☐

续表

序号	测试项目	通过	未通过
1.4.3	BM 模式下的车门和站台管理		
1.4.3.1	BM 模式下正确停站和车门管理	☐	☐
1.4.3.2	扣车	☐	☐
1.4.4	跳停管理		
1.4.4.1	跳停测试	☐	☐
1.4.4.2	跳停取消	☐	☐
1.4.4.3	站前	☐	☐
1.4.5	列车追踪测试	☐	☐
1.4.6	回库测试 AMC 到 MCS 到 RM 模式转换	☐	☐
1.4.7	在 AMC 模式下站间旅行时间测量	☐	☐
1.4.8	AMC 模式下的进路测试		
1.4.8.1	普通后备 AMC 模式下的进路测试	☐	☐
1.4.8.2	增强型后备 AMC 模式下的进路测试	☐	☐
1.4.8.3	CBTC-AMC 模式下的进路测试	☐	☐
1.4.9	互联互通测试		
1.4.9.1	互联互通测试（列车有车次号）	☐	☐
1.4.9.2	互联互通测试（列车没有车次号）	☐	☐
1.4.9.3	互联互通测试（降级模式）	☐	☐
1.5	ATB 模式下的测试		
1.5.1	在非 ATB 区域的测试	☐	☐
1.5.2	ATB 模式测试	☐	☐
1.5.3	ATB 模式下车门管理测试		
1.5.3.1	ATB 模式下车门管理测试-自动开门	☐	☐
1.5.3.2	ATB 模式下车门管理测试-手动开门	☐	☐
1.6	掉头		
1.6.1	MCS 模式下的掉头	☐	☐
1.6.2	AMC 模式下的掉头	☐	☐
1.6.3	在增强型后备模式下的折返测试	☐	☐
1.7	灯丝断丝测试	☐	☐
2	降级模式测试内容		
2.1	CBTC 下的 CC 冗余	☐	☐
2.2	ZC、LC 降级模式		
2.2.1	ZC 引导	☐	☐
2.2.2	LC 引导	☐	☐

续表

序号	测试项目	通过	未通过
2.3	DCS 降级模式		
2.3.1	AP 失效	☐	☐
2.3.2	AP 和 MRE 失效		
2.3.2.1	蓝网 AP 和红网 MRE 失效	☐	☐
2.3.2.2	红网 AP 和蓝网 MRE 失效	☐	☐
2.3.3	骨干网单网测试	☐	☐
2.4	联锁降级模式	☐	☐
3	车辆参数信心测试		
3.1	空转/打滑信心测试	☐	☐
3.2	列车最大加速度（牵引力）测试	☐	☐

(2) ATS 子系统功能验收测试报告，如表 2-23 所示。

ATS 子系统功能验收测试报告 表 2-23

序号	测试项目	通过	未通过
1	信号监控测试		
1.1	车站信号监控测试（车站 CBTC）	☐	☐
1.2	车站信号监控测试（中心 BM）	☐	☐
1.3	车站信号监控测试（中心 CBTC）	☐	☐
2	列车监控测试		
3	离线计划管理测试	☐	☐
4	线路列车管理测试	☐	☐
5	车站 ATS 本地控制测试	☐	☐
6	模拟培训测试		
7	维护支持功能测试		
7.1	热备冗余测试	☐	☐
7.2	系统负荷测试	☐	☐
7.3	降级测试	☐	☐

（五）系统运行与验收测试

该测试为了验证系统的性能、可靠性及可用性，满足合同的要求。包括：

① 验证行车间隔。

② 验证旅行速度。

③ 验证折返间隔。
④ 验证出入库能力。
⑤ 多列车按照时刻表进行跑图试验，验证 ATS 自动调整功能。
⑥ ATO 停站精度测试。

1. 前置条件

（1）性能良好，且已经完成 CC 动态测试的列车。
（2）SAT2_ATC 子系统功能验收测试完成。
（3）SAT3_ATS 子系统功能测试完成。
（4）所有站的屏蔽门能够与车门联动。
（5）车辆方完成车载 PIS 测试。

2. 调试内容、方法

（1）行车间隔测试

行车间隔：行车间隔指在线路上任意一点，连续运行列车间的最小时间间隔。

测试方法如下：

1) 两调试列车，一列停在起点站上行折返轨上，记为列车 A；一列停在起点站下行折返轨上，记为列车 B。

2) 将全线所有站的区间允许通过的列车数量设置为 2，以防出现长区间两列车无法进入同一区间的情况。

3) 为列车 A 和 B 分别设置到线路另一端的终点站的上行和下行存车线的目的地码。

4) 以 ATO 模式驾驶列车 A，列车正常停站，不开关门，待 DMI 上的发车指示提醒发车后，按下 ATO 发车按钮发车，同时记下列车的发车时间 TA_1。

5) 列车 B 在列车 A 发车 110s（后备 240s）后，从起点站的上行或下行站台发车（按照正向行车），同时记下列车的发车时间 TB_1。

6) 依次记录下列车 A 和列车 B 从后续各站离站的时间，TA_2，TA_4，…，TA_N，TB_2，TB_4，…，TB_N。

7) 计算两列车从起点站到终点站的各站离站时间差 T，确认小于合同中定义的折返间隔时间（宁波 1 号线 CBTC120s，后备 300s），则测试通过。

测试方法及测试表如表 2-24 所示。

正线运营间隔测试表 表 2-24

步骤	动作	验证	结果
条件	ATS 对于 2 辆列车，在 ATS 上设置从始发站到终点站站台的自动触发进路，同时设置自动通过进路。 DS：始发站 ES：终点站	列车 A • 确认列车定位图标显示在 DMI 上 • 确认自动模式可以在 DMI 上显示及可用 • 确认 DMS 设置在自动位置 • 在始发站站台等待，准备出发	OK☐　NOK☐
		列车 B • 确认列车定位图标显示在 DMI 上 • 确认自动模式可以在 DMI 上显示及可用 • 确认 DMS 设置在自动位置	OK☐　NOK☐
出发站	列车 A 启动列车	列车 A • 列车开始移动并离开始发站站台记，记录列车 A 驶离始发站站台的时间____：____：____（A_DS） • 用另一个计时器记录在线运行时间（旅行时间）：____：____：____	OK☐　NOK☐
	列车 B 列车 A 离开后，列车 B 接近并停在始发站站台 按照发车计时器的显示，启动列车 B	列车 B • 列车正确停车，在相应的停站时间内，列车车门自动打开并关闭 • 记录列车 B 离开始发站台的时间____：____：____（B_DS）	OK☐　NOK☐
N 站	列车 A 列车 A 到达 N 站 列车 A 离开此站	列车 A • 列车 A 正确停车，在相应的停站时间内，列车车门自动打开并关闭 • 记录列车 A 离开此站的时间____：____：____（A_N）	OK☐　NOK☐

续表

步骤	动作	验证	结果
N 站	列车 B 列车 B 到达 N 站 列车 B 离开此站	列车 B • 列车 B 正确停车，在相应的停站时间内，列车车门自动打开并关闭 • 记录列车 B 离开此站的时间 ___：___：___（B_N）	OK□ NOK□
终点站	列车 A 列车 A 到达终点站 列车 A 离开此站	列车 A • 列车正确停车，停表记录在线运行时间（旅行时间）T_up/down_end ___：___：___ (duration_line_end) • 在相应的停站时间内，列车车门自动打开并关闭 • 记录列车 A 离开终点站站台的时间 ___：___：___（A_end）	OK□ NOK□
	列车 B 列车 B 到达终点站 列车 B 离开此站	列车 B • 列车正确停车，在相应的停站时间内，列车车门自动打开并关闭 • 记录列车 B 离开终点站站台的时间 ___：___：___（B_end）	OK□ NOK□

（2）旅行速度测试

旅行速度：列车从起点站发车至终点站停车的平均运行速度。

计算方法如下：

1）从上述行车间隔测试可知，其中一列车的起点站的发车时间为 TA_1，终点站的发车时间为 TA_N，则列车从起点站发车至终点站停车的时间为 T＝TA_N－TA_1－终点站的停站时间（通常为 30s 左右）。

2）从平面图上计算起点站和终点站之间的站台中心坐标的距离 L；

3）计算上行的平均旅行速度 $V=L/T$，同理可计算出下行的平均旅行速度，计算出的值大于合同中的要求，则测试通过。

测试表如表 2-25 所示。

平均旅行速度测试表　　　　　　　　表 2-25

计算结果			
站名	计算列车 A 与列车 B 的运行时间	运行间隔	结果
起始站	(B_departure)−(A_departure)	s	OK□　NOK□
2	(B_2)−(A_2)	s	OK□　NOK□
…	…	s	OK□　NOK□
N	(B_N)−(A_N)	s	OK□　NOK□
The end station	(B_end)−(A_end)	s	OK□　NOK□
上行旅行时间＝(T_up_end)−(A_GQX)＝___：___：___ −___：___：___＝_____s			
下行旅行时间＝(T_down_end)−(A_XPZ)＝___：___：___ −___：___：___＝_____s			
平均旅行速度＝(上/下行运行距离)/(上/下行旅行时间)			

(3) 折返间隔测试

折返间隔：指在列车完成折返作业后，到达折返完成后站台，连续运行列车间的最小时间间隔。仅需要测试合同中定义的正常运营交路的折返站。

假设列车从折返站的下行站台折返至上行站台，测试方法如下：

1) 两列测试列车，列车 A 停在折返站前一个车站 N-1，列车 B 停在折返站前二个车站 N-2。

2) 在 MMI 上给列车 A 和 B 分别设置到折返站上行折返线的目的地，同时办理经上行折返线线的折返进路。

3) 列车 A 以 ATO 模式到达折返站 N 后，以 ATB 模式（后备以 ATO 模式）开始执行折返。当列车 A 离开折返站 N 下行站台时，同时记下离站时间 TA_1。

4) 列车 B 始终与列车 A 保持追踪状态，当列车 A 离开折返站 N 下行站台后，列车 B 以 ATO 模式进入折返站 N 的下行站台。

5) 列车 B 在折返站 N 按照项目定义的时间停站后，开始以 ATB 模式执行折返作业，当列车 B 离开折返站 N 下行站台时，同时记下离站时间 TB_1。

6) 列车 A 执行折返作业，当列车 A 停在折返站 N 上行站台的同时，记下到站时间 TA_2。

7) 列车 B 执行折返作业，当列车 B 停在折返站 N 上行站台的同时,记下到站时间 TB_2。

8)计算两列车到达折返站上行站台的时间差 T=TB_2-TA_2,确认小于合同中定义的折返间隔时间(宁波 1 号线 CBTC 120s,后备 300s),则测试通过。

测试表如表 2-26 所示。

折返间隔测试表　　　　　　　　　　　表 2-26

计算折返时间(s)	折返间隔		结果	
(T_2)-(T_1)	BM	___(s)	OK□	NOK□
	CBTC	___(s)	OK□	NOK□
折返时间				
A 车:(duration_1_end)-(duration_1_begin)	BM	___(s)	OK□	NOK□
	CBTC	___(s)	OK□	NOK□
B 车:(duration_2_end)-(duration_2_begin)	BM	___(s)	OK□	NOK□
	CBTC	___(s)	OK□	NOK□

(4)验证出入库能力

1)出段能力测试:

① 电客列车 2 列,第一列车记为列车 A,第二列车记为列车 B,列车 A 和列车 B 停于运用库内任意一个股道的 A 端和 B 端。

② 在车辆段信号楼的 HMI 上给停于 A 端的列车 A 办理出段列车进路,同时在 MMI 上给列车 A 办理到达出口一个车站的进路。

③ 列车 A 确认信号开放后,以 RMF 模式动车至转换轨待命,并同时在条件具备后,马上给列车 B 办理从运用库 B 端到 A 端的进路。

④ 列车 A 完全压到转换轨后待命,马上给列车 B 办理从运用库 A 端到正线的调车进路,让列车 B 停在 XZC 信号机前待命。

⑤ 列车 A 从转换轨以 ATO 模式启动的时间,记为:TA_1,条件具备后,马上办理从 XZC 信号机至同一转换轨的进路。

⑥ 确认信号开放后,列车 B 开至转换轨,在 120s(CBTC,后备 240s)后从转换轨发车,记录下列车 B 启动的时间,记为:TB_1。

⑦ 列车 A 根据设置的进路运行,当列车 A 越过出库后第一个站上行停车点时,记录下列车 A 越过停车点的时间,记为:TA_2。

⑧ 列车 B 根据设置的进路运行,当列车 B 越过出库后第一个站上

行停车点时,记录下列车 B 越过停车点的时间,记为:TB_2。

⑨ 计算两列车的出库间隔时间:T=TB_2－TA_2,计算结果 T 不大于 120s(CBTC,后备 300s)则测试通过。

2)入段能力测试:

① 电客列车 2 列,第一列车记为列车 A,第二列车记为列车 B。

② 列车 A 停于进入车辆段前的最后一个正线车站的下行站台,在 MMI 上给列车 A 设置回段进路,同时在车辆段信号楼的 HMI 上给列车 A 办理进入车辆段运用库 A 端的列车进路

③ 列车 A 从站台发车,记录下列车 A 启动的时间,记为:TA_1;

④ 列车 A 离开站台后,马上办理进路让列车 B 立即进入到该站台;

⑤ 当条件具备后,马上办理列车 B 到同一条转换轨的进路;

⑥ 当列车 A 完全进入转换轨时,记录下时间,记为 TA_2;列车 A 不在转换轨停车直接转 RMF 模式进段。

⑦ 在列车 A 发车后 120s(CBTC,后备 240s),列车 B 立即发车,记录下列车 B 启动的时间,记为:TB_1;

⑧ 当列车 B 完全进入转换轨时,记录下时间,记为 TB_2;

⑨ 计算两列车的入库间隔时间:T=TB_2－TA_2,计算结果 T 不大于 120s(CBTC,后备 300s),则测试通过。

测试表如表 2-27 所示。

出入场能力测试表　　　　　　　　表 2-27

测试记录(CBTC)				
出场/入场	出场线/入场线	TB_1－TA_1	TB_2－TA_2	测试结果
出场	出场线			OK□　NOK□
	入场线			OK□　NOK□
入场	出场线			OK□　NOK□
	入场线			OK□　NOK□
测试记录(后备)				
出场/入场	出场线/入场线	TB_1－TA_1	TB_2－TA_2	测试结果
出场	出场线			OK□　NOK□
	入场线			OK□　NOK□
入场	出场线			OK□　NOK□
	入场线			OK□　NOK□

(5) 运行图测试

多列车按照时刻表进行跑图试验，验证 ATS 自动调整功能。

假设从起点站为上行起点站，测试方法如下：

1) 提前编制好 4 列车间隔 120s、300s，折返时间为 300s，运行三圈的运行图。

2) 4 列调试列车，一列停在起点站上行折返轨上，记为列车 A；一列停在起点站下行折返轨上，记为列车 B；一列停在起点站下行站台，记为列车 C；一列停在起点站前一站的下行站台，记为列车 D。若起点站连接车辆段或停车场，则列车 C 可停在转换轨 1，列车 D 可停在转换轨 2。每列车设 2 名调试司机和 2 名调试人员。

3) 将全线所有站的区间允许通过的列车数量设置为 2，以防出现长区间两列车无法进入同一区间的情况。

4) 为列车 A、B、C、D 依次设置上相应的计划号，用调试电脑录取每列车两端的 OMAP 记录。

5) 以 ATO 模式驾驶列车 A、B、C、D，所有列车正常停站，正常开关门，并按照发车指示器正常发车。

6) 检查每列车都能够按照运行图进行进路触发，与时刻表的偏差保持在 30s 的范围内正常进行停站、发车。

7) 在最后一圈人为将 B 车扣车 2min，确认经过若干车站后，列车 B、C、D 均能够按照时刻表进行自动调整，最终实现与时刻表偏差保持在 30s 的范围内。

(6) ATO 停站精度测试

检查列车在 ATO 模式下，停站精度在 ±25cm 和 ±50cm 范围的概率满足合同要求。

计算方法如下：

1) 从上述运行图测试获取的 OMAP 记录，查看列车在每个车站停车后与运营停车点 SSP 的距离的 RP 值，并统计到测试报告中。

2) 计算总的停站次数 $M = 3 \times 4 \times N$，其中 3 为运行图的圈数，4 为列车总数，N 为全线的站台总数。

3) 从统计表中查看列车停在 ±25cm 和 ±50cm 停车窗范围的次数记为 X 和 Y。

4) 计算停车停在 ±25cm 停车窗范围内的概率为 $Z = X/M$、停在

±50cm 停车窗范围内的概率为 Z＝Y/M，若 Z 均大于合同中要求的概率，则测试通过。

测试表如表 2-28 所示。

停站精度测试表　　　　　　　表 2-28

车站站台名 (DN/UP)		停站距离（cm）				车门打开（√或者×）			
		TA-1st	TA1-2nd	TB-1st	TB-2nd	TA-1st	TA-2nd	TB-1st	TB-2nd
高桥西站 GQX	下行 DN								
高桥西站 GQX	上行 UP								
高桥站 GQZ	下行 DN								
高桥站 GQZ	上行 UP								
...									
...									

3．输出：调试结果

系统运行与性能测试报告。

四、接口测试

信号与外部的接口测试的内容如图 2-11、表 2-29 所示。

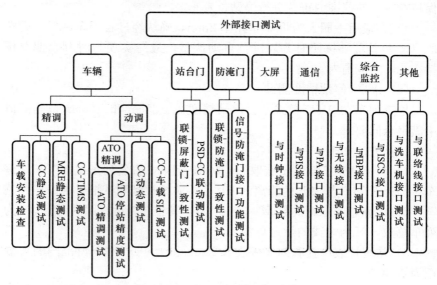

图 2-11　外部接口测试概览图

第二章 CBTC 信号系统调试

外部接口测试列表　　　　　　　　　　表 2-29

序号	描述		测试时间
1	与车辆接口测试	车载静态测试	每列车需 7 天，首列车需 30 天
		CC-TIMS 接口测试	需 2 天，仅需完成一列车
		CC 动态测试	每列车需 1 天
2	与屏蔽门接口测试	CI-PSD 接口测试	每个集中站需 2 天
		CC-PSD 接口测试	每个集中站需 1 天
3	与防淹门接口测试	安装检查	每个集中站需 1 天
		一致性测试	每个集中站需 1 天
		功能测试	每个集中站需 2 天
4	与通信接口测试	时钟	共需 5 天
		广播	全线共需 14 天
		乘客导向系统	全线共需 14 天
		无线	全线共需 14 天
5	与综合监控接口测试	信号-计轴复位按钮一致性测试	每个集中站需 2 天
		信号-紧急停车按钮一致性测试	每个集中站需 2 天
		信号-综合监控接口测试	全线共需 14 天
6	与大屏接口测试	与大屏接口测试	全线共需 14 天
7	与其他线联络线接口测试	与 Lx 联络线接口测试	一个接口需 5 天
		与 Ly 联络线接口测试	一个接口需 5 天
8	与洗车机接口测试	与洗车机接口测试	一个接口需 2 天

（一）与车辆接口测试

信号与车辆的接口测试包括：

（1）车载静态测试：含 CC 静态测试和 MRE 静态测试。

（2）CC-TIMS 测试。

（3）ATO 精调（在动态测试部分已经详细描述，此处不再赘述）。

（4）CC 动态测试。

1. 前置条件

（1）车载静态测试的前置条件

1）车载信号设备安装完成且通过信号方的安装检查。

2）车辆方完成自身的静态测试，确保不再更改与信号相关的接线后，通过正式的方式告知信号方具备开始静态调试的条件。

（2）CC-TIMS 测试的前置条件

1）车载静态测试完成。

2）ATO 精调（在动态测试部分已经详细描述，此处不再赘述）。

（3）CC 动态测试的前置条件：

1) 车载静态测试完成。
2) CC-TIMS 测试完成。
3) 正线或者试车线 ATC 子系统功能验收测试完成。
4) 车辆已在动态模式下通过测试（牵引、制动、车门等工作正常）。
2. 调试内容、方法
(1) 车载静态测试的测试方法
1) 对列车的板卡及其他设备的配置进行检查，确认与发布单授权使用的版本一致，并抄写相应的序列号。
2) 对设备进行接地检查，对里程计和信标天线插头、网线的导通进行检查。
3) 对电源供电进行验证，确认电压在设备的工作电压范围内。
4) 对车载板卡和交换机、DMI 等进行烧录。烧录完成后，对信号车载设备进行上电，并检查设备的灯位是否正常。
5) 使用 OVLI 软件进行强制输出检查，检查信号强制输出一个命令后，车辆侧相应的响应正常。
6) 按压车辆侧的开关门、模式选择按钮等，检查 OVLI 软件中采集到的输入码位与实际按下的按钮一致。
7) 测试完成后，将列车烧录为正式的软件数据，并检查设备的灯位是否正常。
8) 让车辆人员激活驾驶室的主控钥匙，进行联合测试，检查列车初始化成功。
(2) CC-TIMS 测试的测试方法
车辆网络控制与诊断系统（TCMS）采用 MVB 网络，与信号系统（ATC）之间采用过程数据进行通信。
1) 信号调试人员将装有 OVLI 软件的调试电脑连接到 CMP 板的前端口上，车辆牵引测试人员将其测试电脑连接至牵引设备。
2) VCM 发送给 ATC 数据。
3) 按照 MVB 接口协议表，信号方调试人员发送一个信息给车辆方，车辆方调试人员在其测试电脑上检查相应的端口收到该信息的正确输入。
4) ATC 发送给 TCMS 数据。
5) 按照 MVB 接口协议表，车辆方调试人员发送一个信息给信号方，信号方调试人员在其测试电脑上检查相应的端口收到该信息的正确输入。

6）信号和车辆调试人员按照 MVB 接口协议表，完成全部的接口信息核对，并正确无误，则测试通过。

(3) CC 动态测试的测试方法

1）对列车的 CC 软件配置进行检查，确认与发布单授权使用的版本一致，并抄写在测试报告中。

2）让车辆人员激活驾驶室的主控钥匙，进行联合测试，检查列车初始化成功。

3）信号设备测试：

① 编码里程计功能测试

办理进路，列车在 RM 模式 10km/h 以下动车，在 OMAP 上检查 Cog count 的值根据车轮和运行方向的位置增加或减少，检查 OMAP 上的速度和 DMI 上显示的一致，则测试通过。

② 信标天线功能测试

办理进路，列车在 RM 模式 10km/h 以下动车，信标被越过时，在 OMAP 上应显示此信标的正确 ID；列车连续通过 2 个重定位的信标。在 OMAP 上检查列车完成定位。当列车第一次通过一对轮径校准信号后，在 OMAP 上检查轮径已被校准，则测试通过。

③ 波导管天线测试

办理进路，列车在 ATPM-CBTC 模式下运行，关闭蓝网 MRE，检查变量和 EOA 仍能接收并有效。恢复蓝网 MRE 并断开红网 MRE，检查变量和 EOA 仍能接收并有效，则测试通过。

4）驾驶模式测试

① 让中心或轨旁的调试配合人员为列车办理相应的进路。

② 在 RMF、RMR、ATP-BM、ATPM-CBTC、ATO-BM、ATO-CBTC 和 ATB 模式下，列车运行正常。

5）门模式选择开关测试

① 列车在 ATO-CBTC 模式下运行，以及将门模式选择开关（DMS）选择在全自动位置、半自动位置和手动位置进行动车。

② 检查全自动位置时，列车到站后，车门能够自动开启和关闭，车门和屏蔽门能够联动。

③ 检查半自动位置时，列车到站后，车门自动开启，停站时间结束后，车门不会自动关闭，必须在司机按下关门按钮后，车门才能关

闭。同时，检查车门和屏蔽门能够联动。

④ 检查手动位置时，列车到站后，车门不会自动开启，只有当司机手动按下开门按钮后，车门才能够开启；停站时间结束后，车门不会自动关闭，必须在司机按下关门按钮后，车门才能关闭。同时，检查车门和屏蔽门能够联动。

6）运行中转换驾驶模式

① 后备模式下的模式转换

检查 RM 模式驾驶列车经过一个后备模式初始化信号机前的有源信标，检查当 DMI 上 ATPM 模式有效时，系统自动转换为 ATPM 模式，不用停车。

司机把主控手柄置于"惰行"位置，在 ATO 发车按钮点亮后按压，列车进入 ATO 模式运行。将牵引/制动离开"惰行"位置，检查列车进入 ATPM 模式。

② CBTC 模式下的模式转换

a. 办理进路后，列车以 RM 模式驾驶列车接近允许信号，检查当 DMI 上 ATPM 模式有效时，系统自动转换为 ATPM 模式，不用停车，列车无紧急制动。

b. 司机把主控手柄置于"惰行"位置，在 ATO 发车按钮点亮后按压，列车进入 ATO 模式运行。

c. 将牵引/制动离开"惰行"位置，检查列车进入 ATPM 模式。

3. 输出：调试结果

CC 静态测试报告如表 2-30 所示；CC-TMS 测试表如表 2-31 所示；CC 动态测试报告如表 2-32 所示。

CC 静态测试表   表 2-30

序号	测试项目	测试结果	
		Cab1	Cab2
1	硬件配置检查	OK☐ NOK☐	OK☐ NOK☐
2	安装检查	OK☐ NOK☐	OK☐ NOK☐
3	配线检查	OK☐ NOK☐	OK☐ NOK☐
4	电压检查	OK☐ NOK☐	OK☐ NOK☐
5	板卡及其他设备烧录、灯位检查	OK☐ NOK☐	OK☐ NOK☐
6	输出测试	OK☐ NOK☐	OK☐ NOK☐
7	输入测试	OK☐ NOK☐	OK☐ NOK☐
8	信标天线功能检查	OK☐ NOK☐	OK☐ NOK☐

表 2-31

CC-TIMS 测试表

Test item	Telegram name	Data Type	Description	Offset	Value tested(RS send; CC received)	OK/NOK	Comment
			1.1Telegram:TIMS-CC Port 383;8Byte;Cycle 1024ms;Sinktime 4095ms				
1	Rolling stock number	Unsigned32	Rolling stock number HH HL LH LL:XXYYYZ XX = Line number (01-99) / YYY=Train code(001-999/Z=(TC,M1,M2)=(1,2,3)	HH=3, HL=4, LH=5, LL=6.	RS=010011,CC=010011 RS=020152,CC=020152 RS=020203,CC=020203		
2	Car-Number (VM-Car-Number-A1)	Unsigned32	Car Number A1 car:XXYY	1/2	RS=0101,CC=0101 RS=1515,CC=1515		

Test item	Signal name	Data Type	Description	Offset	Value tested(CC send; RS received)	OK/NOK	Comment
			2.1Telegram:CC-TIMS Port 410;8Byte;Diagnostic(ATC1-Diagnostic);Cyde 4095ms				
1	Serious-fault (ATC1-Serious-fault)	Boolean	=ATC is not operational =0 eles	1.0	CC=0;RS=0; CC=1;RS=1;		
2	Medium-fault (ATC1-Medium-fault)	Boolean	=ATC is partially operational =0 eles	1.1	CC=0;RS=0; CC=1;RS=1;		

CC 动态测试表　　　　　　　　　表 2-32

序号	测试项目	测试结果	
		Cab1	Cab2
1	CC 软件配置检查	OK□ NOK□	OK□ NOK□
2	联合测试	OK□ NOK□	OK□ NOK□
3	车载信号设备测试	OK□ NOK□	OK□ NOK□
	编码里程计功能测试	OK□ NOK□	OK□ NOK□
	信标天线功能测试	OK□ NOK□	OK□ NOK□
	DCS 天线功能测试	OK□ NOK□	OK□ NOK□
4	以 RMF 模式驾驶列车	OK□ NOK□	OK□ NOK□
5	以 RMR 模式驾驶列车	OK□ NOK□	OK□ NOK□
6	以 MCS-BM 模式驾驶列车	OK□ NOK□	OK□ NOK□
7	以 AMC-BM 模式驾驶列车	OK□ NOK□	OK□ NOK□
8	以 MCS-CBTC 模式驾驶列车	OK□ NOK□	OK□ NOK□
9	以 AMC-CBTC 模式驾驶列车	OK□ NOK□	OK□ NOK□
10	DMS 功能测试	OK□ NOK□	OK□ NOK□
11	ATB 功能测试	OK□ NOK□	OK□ NOK□

（二）与屏蔽门的接口测试

信号与屏蔽门的接口测试包括：

（1）联锁-屏蔽门一致性测试。

（2）车门-屏蔽门联动测试。

1. 前置条件

（1）联锁-屏蔽门一致性测试的前置条件

1）信号与屏蔽门接口相关的配线完成。

2）联锁静态测试完成。

3）屏蔽门专业完成自身的静调调试，并且所有屏蔽门最好完成了 5000 次开关门试验。

（2）车门-屏蔽门联动测试的前置条件

1）联锁-屏蔽门的一致性测试完成。

2）所有屏蔽门完成了 5000 次开关门试验。

3）屏蔽门系统调试完成并上电。

4) 轨旁低速动态测试完成。

5) CC 动态测试完成（ATO 部分非必须完成）。

2. 调试内容、方法

(1) 联锁-屏蔽门一致性测试

1) 开启联锁机。

2) PDKJ 测试过程如下：

① 通过 IBP 盘或站台屏蔽门控制盒处打开屏蔽门，对应站台的 PDKJ 继电器落下，同时在 HMI 显示界面对应站台处有两条分开的线，显示屏蔽门打开。

② 将屏蔽门关闭，当所有屏蔽门关闭锁紧后，对应站台的 PDKJ 继电器吸起，同时在 HMI 显示界面对应站台处两条分开的线重合为一条线，显示屏蔽门关闭。

测试报告如表 2-33 所示。

CI-PSD（PDKJ）一致性测试报告　　　表 2-33

序号	名称	被测状态	HMI 表示	继电器状态	室外状态	测试结果	备注
1	T01A	开门	站台显示开门状态	PDKJ↓	站台对应站台门打开	√	
		关门	站台显示关门状态	PDKJ↑	站台对应站台门关闭		
2	T02A	开门	站台显示开门状态	PDKJ↓	站台对应站台门打开	×	
		关门	站台显示关门状态	PDKJ↑	站台对应站台门关闭		

3) PDQCJ 测试过程如下：

① 启用屏蔽门设备上的切除钥匙开关，检查对应站台的 PDQCJ 继电器吸起，同时在车站 HMI 显示界面对应站台处出现一条红色的线。

② 恢复屏蔽门设备上的切除钥匙开关，检查对应站台的 PDQCJ 继电器落下，此时在车站 HMI 显示界面对应站台处出现的红色的线仍然存在，并无变化。

③ 一段时间后，车站 HMI 显示界面对应站台处红色的线消失，恢复原来显示状态。

测试表如表 2-34 所示。

CI-PSD（PDQCJ）一致性测试报告　　　　　表 2-34

序号	名称	被测状态	HMI 表示	继电器状态	室外状态	测试结果	备注
1	T01A	切除	站台门显示红色切除状态	PDQCJ↑	站台对应站台门切除	√	
		取消切除	站台门仍然显示红色切除状态，但延时一定时间（根据项目定）后，红色切除状态消失	PDQCJ↓	站台对应站台门取消切除		
2	T02A	切除	站台门显示红色切除状态	PDQCJ↑	站台对应站台门切除	×	
		取消切除	站台门红色切除状态消失	PDQCJ↓	站台对应站台门取消切除		

4）KMJ、GMJ 测试过程如下：

① 列车发送打开屏蔽门命令时，对应站台的 KMJ 继电器吸起，当屏蔽门打开时，PDKJ 继电器落下，同时在站场显示界面对应站台处有两条分开的线显示屏蔽门打开。

② 列车不再发送打开屏蔽门命令时，对应站台的 KMJ 继电器落下。

③ 列车发送关闭屏蔽门命令时，对应站台的 GMJ 继电器吸起，KMJ 继电器保持落下状态，当所有屏蔽门都关闭锁紧后，对应站台的 PDKJ 继电器吸起，同时在站场显示界面对应站台处两条分开的线重合为一条线，显示屏蔽门关闭。

④ 列车不再发送关闭屏蔽门命令时，对应站台的 GMJ 继电器落下。

注：对于 KMJ、GMJ 继电器的测试，当不具备动车条件时，可以通过接口架引±24V 驱动电的方式驱动 KMJ、GMJ 继电器（将 KZ 和 KF 分别通过测试导线接至继电器的 1 和 3 接点），完成测试。

测试表如表 2-35 所示。

CI-PSD（KMJ、GMJ）一致性测试报告　　　表 2-35

序号	名称	被测状态	HMI 表示	继电器状态	室外状态	测试结果	备注
1	T01A	开门	站台显示开门状态	KMJ↑GMJ↓	站台对应站台门打开	√	
		关门	站台显示关门状态	KMJ↓GMJ↑	站台对应站台门关闭		
2	T02A	开门	站台显示开门状态	KMJ↑GMJ↓	站台对应站台门打开	×	
		关门	站台显示关门状态	KMJ↓GMJ↑	站台对应站台门关闭		

（2）车门-屏蔽门联动测试

1）一列调试列车，驾驶模式选择在 ATO 模式。

2）列车以 ATO 模式在被测试站台停稳，在 OMAP 和 DMI 检查车门和屏蔽门状态为关闭，检查开门灯点亮。

3）测试门模式选择开关在全自动/半自动/手动的情况下，检查车门和屏蔽门正在同步打开，同步时间差小于 2s。

4）测试门模式选择开关在全自动/半自动/手动的情况下，检查车门和屏蔽门正在同步关闭，同步时间差小于 2s。

5）通过站台的 PSL 打开列车停靠侧的屏蔽门，模拟屏蔽门故障，检查列车不能以 ATPM/ATO 模式离站。

6）旋转互锁切除的钥匙开关，激活该侧屏蔽门的互锁切除，检查列车能以 ATPM/ATO 模式离站。

7）按照上述步骤，对所有站台的屏蔽门进行测试。

测试方法如表 2-36 所示。

CC-PSD 联动测试表　　　表 2-36

			结果	
步骤	描述	检查	上行	下行
1	列车在正线初始化 MCS/AMC 模式	DMI 显示 MCS/AMC 可用	OK□ NOK□	OK□ NOK□
2	列车以 MCS/AMC 模式驾驶并在站台停稳	在 OMAP 和 DMI 检查车门和屏蔽门状态为关闭	OK□ NOK□	OK□ NOK□

续表

车站				
CC-PSD 联动测试				
步骤	描述	检查	结果	
			上行	下行
3		检查 CC 给出开门授权（驾驶台上的开门灯亮）	OK☐ NOK☐	OK☐ NOK☐
4	根据不同 DMS 位置开门	在 OMAP 和 DMI 检查车门和屏蔽门正在同步打开，同步时间差小于 2s	OK☐ NOK☐	OK☐ NOK☐
5		检查车门和屏蔽门已打开	OK☐ NOK☐	OK☐ NOK☐
6	根据 DMS 不同位置关门	检查车门和屏蔽门正在同步关闭，时间差小于 2s	OK☐ NOK☐	OK☐ NOK☐
7		检查车门和屏蔽门已关闭且锁闭	OK☐ NOK☐	OK☐ NOK☐
8	模拟 PSD 故障：无法送出屏蔽门已经关闭且锁闭的状态	检查列车不能以 MCS/AMC 模式离站	OK☐ NOK☐	OK☐ NOK☐
9	执行 PSD 互锁解除	检查列车能以 MCS/AMC 模式离站 注：做完此测试后需恢复 PSD 互锁解除	OK☐ NOK☐	OK☐ NOK☐
10	列车以 MCS/AMC 模式离站，在各站做同样测试	到站停稳后，重复步骤 1～7	OK☐ NOK☐	OK☐ NOK☐

3. 输出：调试结果

（1）CI-PSD 一致性测试报告。

（2）CC-PSD 测试报告。

（三）与防淹门的接口测试

信号-防淹门的接口测试包括：

（1）安装检查。

（2）联锁-防淹门一致性测试。

（3）功能测试。

1. 前置条件

（1）信号与防淹门接口相关的配线完成。

（2）联锁静态测试完成。

（3）防淹门专业完成自身的静调调试。

（4）防淹门-IBP 盘的接口测试完成。

（5）轨旁低速动态测试完成。

（6）CC 动态测试完成（ATO 部分非必须完成）。

2. 调试内容、方法

（1）安装检查

1）检查防淹门关门请求开关应该采用双按钮或开关的方式。

2）检查防淹门控制方式切换开关应该采用双按钮的方式或者开关的方式。

3）检查防淹门控制方式切换开关应采取防护措施（如锁在柜子中）以防误操作。

4）检查防淹门设备室中 KA441/KA442/KA413/KA414/KA24 继电器为安全继电器。

（2）一致性测试

1）防淹门打开且锁紧 FDG 状态检查：

① 检查防淹门完全打开且锁闭时，在对应车站的 HMI 上检查对应的防淹门区域无红色竖杠显示，信号设备室对应的 FDG 继电器为吸起状态。

② 通过拔掉防淹门的打开且锁闭继电器，模拟防淹门未完全打开且锁闭，在对应车站的 HMI 上检查对应的防淹门区域有红色竖杠显示，信号设备室对应的 FDG 为落下状态。

2) 防淹门关闭请求 FDGCR 状态检查：

① 在 IBP 盘上未进行防淹门关门请求，在对应车站的 HMI 上检查对应的防淹门区域无红色竖杠显示，信号设备室对应的 FDGCR 继电器为吸起状态。

② 在 IBP 盘上进行防淹门关门请求，在对应车站的 HMI 上检查对应的防淹门区域有红闪竖杠显示，信号设备室对应的 FDGCR 继电器为吸起状态。

3) 防淹门关闭允许 FDGCA 继电器状态检查：

① 在 IBP 盘上进行防淹门关门请求，在对应车站的 HMI 上检查对应的防淹门区域有红闪竖杠显示，当信号检查联锁条件满足后，HMI 上无显示，信号设备室对应的 FDGCA 继电器为吸起状态，IBP 盘对应的防淹门的"允许关门"表示灯亮。

② 在 IBP 盘上进行防淹门关门请求，在对应车站的 HMI 上检查对应的防淹门区域有红闪竖杠显示，当信号检查联锁条件不满足时，HMI 上无显示，信号设备室对应的 FDGCA 继电器为落下状态，IBP 盘对应的防淹门的"允许关门"表示灯不亮。

(3) 功能测试

1) 检查防淹门防护区域和防淹门接近区域没有列车占用时，防淹门厂家通过转动防淹门关门请求开关请求关门，检查在对应车站的 HMI 上对应防淹门位置有红闪竖杠表示，联锁授权防淹门关门，检查在对应车站的 IBP 上对应防淹门的"允许关门"表示灯点亮。

2) 检查防淹门防护区域和防淹门接近区域有列车占用时，防淹门厂家通过转动防淹门关门请求开关请求关门，检查在对应车站的 HMI 上对应防淹门位置有红闪竖杠表示，联锁不发送授权防淹门关门的命令，检查在对应车站的 IBP 上对应防淹门的"允许关门"表示灯点亮。

3) 检查防淹门接近区域内有列车占用，防淹门请求关门；CI 关闭防淹门防护信号机，进路不解锁。后备延时解锁时间内，列车没有进入防淹门防护区域，则联锁授权防淹门关门。

4) 检查防淹门接近区域内有列车占用，防淹门请求关门；CI 关闭防淹门防护信号机，在后备延时解锁时间内，列车进入防淹门防护区域，CI 保持进路锁闭，联锁不授权防淹门关门，直到列车离开防淹门防护区域，联锁发出关门授权。

5) 检查防淹门防护区域内有列车占用，防淹门请求关门，联锁不发送授权防淹门关门命令。防淹门厂家人员按下关门按钮，防淹门不能动作。

6) 检查防淹门没有请求关闭，联锁没有发出关门授权。门动作电机错误得电（通过交流接触器触点闭合模拟），门打开且锁闭状态丢失，联锁关闭防淹门防护信号。

7) 检查防淹门没有请求关闭，联锁没有发出关门授权。防淹门打开信号丢失（通过改变门体上的门全开限位开关状态模拟），门打开且锁闭状态丢失，联锁关闭防淹门防护信号。

8) 检查防淹门没有请求关闭，联锁没有发出关门授权。防淹门锁闭状态丢失（通过改变门体上的插销状态模拟），门状态打开且锁闭状态丢失，联锁关闭防淹门防护信号。

9) 防淹门防护区域内和防淹门接近区域内都没有列车占用，防淹门请求关门，联锁授权防淹门关门。防淹门关门按钮没有按压，防淹门请求关门按钮复位，联锁取消发送关门授权，防淹门仍处于打开并锁闭状态，检查联锁可以正常排列进路，可以重开信号。

10) 防淹门防护区域内和防淹门接近区域内都没有列车占用，防淹门请求关门，联锁授权防淹门关门。防淹门厂家模拟门打开且锁闭状态丢失，防淹门请求关门按钮复位，联锁取消发送关门授权，防淹门打开并锁闭状态丢失，联锁关闭防护信号机。

11) 防淹门防护区域内有列车占用，防淹门请求关门，联锁不发送授权防淹门关门命令。允许列车从防淹门的防护区域出来。检查直至列车完全出清防淹门的防护区域，联锁授权防淹门关门。

按照上述步骤，对所有的防淹门进行安装检查、一致性测试和功能测试。

3. 输出：调试结果

信号-防淹门一致性测试报告，如表2-37所示。

信号-防淹门接口功能测试报告，如表2-38所示。

（四）信号与通信系统的接口测试

（1）信号与时钟的接口测试。

（2）信号与乘客导向系统的接口测试。

信号-防淹门一致性测试报告　　　　　　　　　　表 2-37

序号	名称	被测状态	HMI 表示	继电器状态	室外状态	测试结果	备注
1	FG××××（FDG）	开启状态	没有红色竖杠显示	FDG↑	防淹门完全打开	√	
		关闭状态	红色竖杠显示	FDG↓	防淹门关闭或故障		
2	FG××××（FDGCR）	防淹门关闭请求未被触发	没有红色竖杠闪烁显示	FDGCR↑	防淹门关闭请求按钮复原	×	
		防淹门关闭请求按钮按下	红色竖杠闪烁显示	FDGCR↓	防淹门关闭请求按钮按下		
3	FG××××（FDGCA）	防淹门允许开门	防淹门关闭请求按钮按下，防淹门红色竖杠闪烁显示，防淹门关闭请求按钮复员后防淹门以红色竖杠显示	FDGCR↑	防淹门开门		
		防淹门禁止开门	没有红色竖杠闪烁显示	FDGCR↓	防淹门关状态未发生变化		

信号-防淹门接口功能测试报告　　　　　　　　　表 2-38

序号	测试项目	测试结果	备注
1	防淹门静态区域（Flood-Gate-Static-Area）和防淹门接近区域（Flood-Gate-Approaching-Area）内都没有列车占用，防淹门请求关门，联锁授权防淹门关门		
2	防淹门静态区域（Flood-Gate-Static-Area）内有列车占用，防淹门请求关门，联锁不发送授权防淹门关门命令		
3	防淹门接近区域（Flood-Gate-Approaching-Area）内有列车占用，防淹门请求关门；CI 关防淹门防护信号机，进路保持 t-ALS-BM 时间后解锁进路。t-ALS-BM 时间内，列车没有进入防淹门静态区域，CI 解锁进路，联锁授权防淹门关门。列车安全停在防淹门外		
4	防淹门接近区域（Flood-Gate-Approaching-Area）内有列车占用，防淹门请求关门；CI 关防淹门防护信号机，进路保持 t-ALS-BM 时间后解锁进路。t-ALS-BM 时间内，列车进入防淹门静态区域，CI 保持进路锁闭，联锁不授权防淹门关门。直到列车离开防淹门静态区域，CI 发出关门授权		

第二章　CBTC信号系统调试

续表

序号	测试项目	测试结果	备注
5	防淹门没有请求关闭，CI没有发出关门授权。门动作和小车动作电机错误复得电（通过交流接触器触点闭合模拟），门状态打开且锁闭状态丢失，联锁关闭防淹门防护信号。EOA授权缩回到防淹门静态区域前		
6	防淹门没有请求关闭，CI没有发出关门授权。防淹门打开信号丢失（通过门体上的限位开关状态改变模拟），门状态打开且锁闭状态丢失，联锁关闭防淹门防护信号。EOA授权缩回到防淹门静态区域前		
7	防淹门没有请求关闭，CI没有发出关门授权。防淹门锁闭状态丢失（通过安全小车上的限位开关状态改变模拟），门状态打开且锁闭状态丢失，联锁关闭防淹门防护信号。EOA授权缩回到防淹门静态区域前		
8	1. 防淹门静态区域（Flood-Gate-Static-Area）和防淹门接近区域（Flood-Gate-Approaching-Area）内都没有列车占用，防淹门请求关门，联锁授权防淹门关门； 2. 防淹门关门按钮没有按压； 3. 防淹门请求关门按钮复位； 4. CI取消发送关门授权； 5. 防淹门仍处于打开并锁闭状态； 6. CI可以正常排列进路，可以重开信号		
9	1. 防淹门静态区域（Flood-Gate-Static-Area）和防淹门接近区域（Flood-Gate-Approaching-Area）内都没有列车占用，防淹门请求关门，联锁授权防淹门关门； 2. 防淹门关门按钮按压； 3. 防淹门请求关门按钮复位； 4. CI取消发送关门授权； 5. 防淹门处于没有打开并锁闭状态； 6. CI关闭防护信号		
10	防淹门静态区域（Flood-Gate-Static-Area）内有列车占用，防淹门请求关门，联锁不发送授权防淹门关门命令。防淹门区域内的信号机可以开放，允许列车从防淹门的静态区域出来。直至列车完全出清防淹门的静态区域，联锁授权防淹门关门		

(3) 信号与无线的接口测试。

(4) 信号与广播的接口测试。

1. 前置条件

(1) 控制中心 ATS 静态测试完成。

(2) 时钟厂家自身调试完成。

(3) 广播自身调试完成。

(4) 乘客信息系统自身调试完成。

(5) 无线自身调试完成。

2. 调试内容、方法

(1) 物理接口测试

检查电缆及接口设备的安装是否符合要求,接口类型是否符合要求。

(2) 功能测试

1) 信号-时钟(clock)功能测试:

① 在 ATS 通信前置机上检查与时钟的通信状态为常绿显示。

② 检查一定时间运行下通信稳定,时间没有较大的误差。

③ 断开 ATS 与时钟的物理连接,然后再恢复。

④ 物理连接完成后,在 ATS 通信前置机上检查与时钟的通信状态一直保持绿色连通状态。

⑤ 接口双方校对确认信号系统通信前置机中 ATS 软件启动后,时钟系统给 ATS 发送当前时间,信号方检查时间接收正确。

⑥ 人为更改 ATS 通信前置机本地时间。ATS 系统收到的时间与 ATS 系统的本地时间相差过大时,ATS 系统放弃同步,此时接口连接指示灯黄闪,提示维护人员。

⑦ 强制时钟同步功能有效:检查当本地时间与时钟系统相差太大而无法同步时,ATS 通信前置机上可设置时钟强制同步。

2) 信号-广播(PA)功能测试:

① 在 ATS 通信前置机上检查与 PA 的通信状态为常绿显示。

② 列车信息功能:创建当天计划,列车运行时 ATS 会给 PA 发送所有站台列车的实时信息,信息内容包括车站编号、站台编号、信息有效性、ATS 系统当前时间、预计到达时间、是否到站、是否离站、跳停状态等,检查 ATS 提供的信息正确。

3)信号-乘客信息系统（PIS）功能测试：
① 在 ATS 通信前置机上检查与 PIS 的通信状态为常绿显示。
② 列车信息功能：创建当天计划，列车运行时 ATS 会给 PIS 发送每个站台 4 列车的实时信息，信息内容包括车站号、站台号、信息有效性、车体号、服务号、目的地号、预计到站标记、预计到站时间、预计离站时间、到站状态、离站状态、扣车、跳停、清客、末班车等，并检查 ATS 给 PIS 发送的每个站台 4 列车的实时信息正确。
③ 站台首末班车信息功能：ATS 创建当天计划时（04：00），会向 PIS 发送每个站台当天计划中预计的首末班车信息。如果当天计划信息发生变化，ATS 实时发送。当收到 PIS 发送的首末班车请求信息时，ATS 立即给 PIS 发送每个站台的首末班车信息，检查 ATS 提供的站台首末班车信息正确且及时。
④ 请求站台首末班车信息功能：PIS 向 ATS 发送请求站台首末班车信息，ATS 收到该信息后立即给 PIS 发送每个站台的首末班车信息，检查 ATS 提供的信息正确且及时。

4)信号-无线（radio）功能测试：
① 在 ATS 通信前置机上检查与 PA 的通信状态为常绿显示。
② 列车位置信息测试，模拟列车运行：创建当天计划，列车运行时 ATS 会给 TETRA 发送列车的实时位置信息，信息内容包括列车数量、车体号、服务号、目的地号、司机号、站号、上行侧车站编号、下行侧车站编号、运行方向、是否在折返轨或存车线、是否在站台、是否失去列车的真实位置信息，检查 ATS 能发送正确信息。
③ 列车进出正线信息，模拟列车正线运行。

编制测试计划，编制对应的当天出入库计划，在列车上线时间内正负半小时以内令列车从车辆段运行至折返轨，当列车运行至折返轨并停稳后，ATS 将会发送列车上线的信息给 radio。

编制测试计划，编制对应的当天出入库计划，令列车携带下线运行任务运行至出入段线回库，当列车运行至出入库线并停稳后，ATS 将会发送列车信息给 radio，检查事件触发信息正确。

radio 厂家检查 radio 能收到和显示 ATS 发来的列车信息。

ATS 与列车所在联锁区域通信中断时，发送 ATS 失去该列车实际位置的信息标志，radio 厂家检查 radio 调度台显示该列车 ATS 告警信息。

④ ATS 服务器状态信息测试。

a. 模拟 CATS 服务器故障，radio 厂家检查 radio 收到服务器状态为 0。

b. CATS 服务器恢复正常，带控制模式，radio 厂家检查 radio 收到服务器状态为 1。

c. CATS 服务器恢复正常，不带控制模式，radio 厂家检查 radio 收到服务器状态为 2。

5）列车进出正线信息测试：

检查 radio 系统收到 ATS 发出的列车进出正线信息。

（3）性能测试

模拟 50 辆车运行超过 1h，clock、PA、PIS、radio 厂家检查 clock、PA、PIS、radio 可以正确收到并处理全部数据。

运行超过 1h，信号厂家检查通信前置机可以正确收到 clock 系统时间且与其保持一致。

（4）故障处理测试

分别断开 ATS 与 clock、PA、PIS、radio 的物理连接，然后再恢复，检查 ATS 与 clock、PA、PIS、radio 的通信可以恢复正常。

3. 输出：调试结果

（1）信号-时钟接口测试报告。

（2）信号-广播的接口测试报告。

（3）信号-乘客信息系统接口测试报告。

（4）信号-无线的接口测试报告。

（五）与综合监控的接口测试

信号与综合监控的接口测试包括：

（1）信号-综合后备盘一致性测试。

① 信号-计轴复位按钮一致性测试。

② 信号-紧急停车按钮一致性测试。

（2）信号-综合监控接口测试。

1. 前置条件

（1）信号-综合后备盘一致性测试的前置条件

1）联锁静态测试完成。

2) 信号-IBP 盘的配线完成。

3) 车站的紧急停车按钮安装及配线完成。

(2) 信号-综合监控接口测试的前置条件

1) ATS 静态测试完成。

2) 综合监控自身测试完成。

2. 调试内容、方法

(1) 信号-计轴复位按钮一致性测试

1) 模拟计轴受扰被 ZC 切除，受扰区段变为棕色光带。

2) 在对应车站的 HMI 上设置点击允许复位按钮，在 60s 内，按下对应区段的计轴复位按钮。

3) 检查计轴板卡上接收到相应的预复位信息，计轴复位按钮的灯盘持续点亮 2s 左右。

4) 在信号设备室内检查该区段对应的 GJ 继电器吸起。

5) 在 MMI 上确认该计轴区段有效，检查该区段棕光带消失，恢复为正常蓝光带显示。

(2) 信号-紧急停车按钮一致性测试

1) 在站台或 IBP 盘上激活紧急停车按钮，在该车站 HMI 上检查对应的站台位置出现紧急停车按钮激活的菱形图标，IBP 盘对应的 ESP 的表示灯点亮，蜂鸣器报警声响起，在信号设备室检查对应的 ESP 继电器落下。

2) 按下 IBP 盘的取消紧急停车，在该车站 HMI 上检查对应的站台位置出现紧急停车按钮激活的菱形图标消失，IBP 盘对应的 ESP 的表示灯熄灭，蜂鸣器无报警，在信号设备室检查对应的 ESP 继电器吸起。

(3) 信号-综合监控接口测试

1) 物理接口测试

检查电缆及接口设备的安装是否符合要求，接口类型是否符合要求。

2) 功能测试

列车数目测试如表 2-39 所示。

列车车体号测试如表 2-40 所示。

列车服务号测试如表 2-41 所示。

列车数目测试表　　　　　　　　　　　　表 2-39

编号	测试操作	预期结果
1	初始条件，正线和车辆段无列车	1) ATS 的 GPC 显示没有列车 2) ISCS 收到当前列车数目为 0
2	在正线增加 1 辆车	ISCS 收到列车数目为 1
3	再增加 1 辆车	ISCS 收到列车数目为 2
4	再增加 1 辆车	ISCS 收到列车数目为 3
5	删除 1 辆车，并更新一下列车信息	ISCS 收到列车数目为 2
6	再删除 1 辆车，并更新一下列车信息	ISCS 收到列车数目为 1
7	再删除 1 辆车，并更新一下列车信息	ISCS 收到列车数目为 0

列车车体号测试表　　　　　　　　　　　表 2-40

编号	测试操作	预期结果
1	增加 1 辆车	ISCS 能正确收到当前列车的车体号
2	修改该列车的车体号	ISCS 能正确收到当前列车的新的车体号

列车服务号测试表　　　　　　　　　　　表 2-41

编号	测试操作	预期结果
1	增加 1 辆车	ISCS 能正确收到当前列车的服务号
2	修改该列车的服务号	ISCS 能正确收到当前列车的新服务号

列车目的地号测试如表 2-42 所示。

列车目的地号测试表　　　　　　　　　　表 2-42

编号	测试操作	预期结果
1	增加 1 辆车	ISCS 能正确收到当前列车的目的地号
2	修改该列车的目的地号	ISCS 能正确收到当前列车的新目的地号

列车运行方向测试：增加一辆下行车，ISCS 厂家检查 ISCS 能正确收到当前列车的方向为下行。

车站编号测试如表 2-43 所示。

车站编号测试表　　　　　　　　　　　　表 2-43

编号	测试操作	预期结果
1	增加 1 辆车，模拟全线运行	ISCS 能正确收到该列车的上行侧车站编号与列车下行侧车站编号
2	待该车到达某站时	ISCS 能正确收到 2 列车的上行侧车站编号与列车下行侧车站编号，都是该站的站号

车站编号测试如表 2-44 所示。

车站编号测试表　　　　　　　　　　表 2-44

编号	测试操作	预期结果
1	增加 1 辆车，模拟全线运行	ISCS 能正确收到该列车的上行侧车站编号与列车下行侧车站编号
2	待该车到达某站时	ISCS 能正确收到 2 列车的上行侧车站编号与列车下行侧车站编号，都是该站的站号

列车属性测试如表 2-45 所示。

列车属性测试　　　　　　　　　　表 2-45

编号	测试操作	预期结果
1	增加 1 辆早点计划车	ISCS 能正确收到该列车属性为早点计划车
2	在该早点计划车到达某站前，对该站设置扣车	
3	待当前时间等于该计划车在本站的发车时间时，取消该站的扣车，使其准点运行	ISCS 能正确收到该列车属性为准点计划车
4	增加 1 辆晚点计划车	ISCS 能正确收到该列车属性为晚点计划车
5	增加 1 辆头码车	ISCS 能正确收到该列车属性为非计划车
6	将该头码车修改为计划车	ISCS 能正确收到该列车属性为计划车

3）PIS 信息测试

车站编号和站台编号测试如表 2-46 所示。

车站编号和站台编号测试表　　　　　　　　　　表 2-46

编号	测试操作	预期结果
1	在某站前，依次增加 4 辆列车，分别为 Train1，Train2，Train3，Train4，此 4 辆计划车的运行方向相同	ISCS 能正确收到车站编号和站台编号，本站的 PIS 信息包含 Train1~Train4 列车的 PIS 信息
2	待 Train1 离开本站后，查看本站 PIS 信息	1) ISCS 收到 Train1 离开本站的消息 2) ISCS 收到本站新的 PIS 信息，包含 Train2~Train4 列车的 PIS 信息
3	观察 Train1~Train4 全线运行，查看列车在不同站 PIS 信息	ISCS 能正确收到各站的 PIS 信息

列车车体号测试如表 2-47 所示。

列车车体号测试表　　　　　　　　　　　表 2-47

编号	测试操作	预期结果
1	增加 1 辆计划车	ISCS 能正确收到该车的车体号
2	修改该列车的车体号	ISCS 能正确收到该车新的车体号

列车服务号测试如表 2-48 所示。

列车服务号测试表　　　　　　　　　　　表 2-48

编号	测试操作	预期结果
1	增加 1 辆计划车	ISCS 能正确收到该车的服务号
2	修改该列车的服务号	ISCS 能正确收到该车新的服务号

列车目的地号测试如表 2-49 所示。

列车目的地号测试表　　　　　　　　　　表 2-49

编号	测试操作	预期结果
1	增加 1 辆计划车	ISCS 能正确收到该车的目的地号
2	修改该列车的目的地号	ISCS 能正确收到该车新的目的地号

列车即将进站标记测试如表 2-50 所示。

列车即将进站标记测试表　　　　　　　　表 2-50

编号	测试操作	预期结果
1	增加 1 辆计划车,即将到达站台时,查看该站台的 PIS 信息	1) ISCS 能正确收到该站台 PIS 信息,该车的进站标记为 1 2) 其他站台的 PIS 不包含列车即将进站标记
2	待列车停在该站时,查看该站的 PIS 信息	ISCS 能正确收到该站台 PIS 信息,该车的进站标记为 0

列车预计到达（离开）时间测试如表 2-51 所示。

列车预计到达（离开）时间测试表　　　　表 2-51

测试操作	预期结果
加 2 辆计划车,模拟自动跑车	ISCS 能正确收到每个站台的列车预计到达（离开）时间

列车离站状态测试如表 2-52 所示。

列车离站状态测试表　　　　　　　　　　表 2-52

编号	测试操作	预期结果
1	在某个站台上加 1 辆车	ISCS 收到的本站台该车的离站状态为 0
2	待列车离开该站后,查看该站的 PIS 信息	ISCS 收到的本站台该车的离站状态为 1

列车扣车状态测试如表 2-53 所示。

列车扣车状态测试表   表 2-53

编号	测试操作	预期结果
1	加 1 辆计划车	ISCS 能正确收到该站台的 PIS 信息,该车的扣车状态为 0
2	设置该站扣车	ISCS 能正确收到该站台的 PIS 信息,该车的扣车状态为 1
3	取消该站台的扣车设置	ISCS 能正确收到该站台的 PIS 信息,该车的扣车状态为 0

列车跳停状态测试如表 2-54 所示。

列车跳停状态测试表   表 2-54

编号	测试操作	预期结果
1	加 1 辆计划车	ISCS 能正确收到该站台的 PIS 信息,该车的跳停状态为 0
2	设置该站跳停	ISCS 能正确收到该站台的 PIS 信息,该车的跳停状态为 1

列车清客状态测试如表 2-55 所示。

列车清客状态测试表   表 2-55

编号	测试操作	预期结果
1	加 1 辆计划车	ISCS 能正确收到的该站台 PIS 信息,该车的清客状态为 0
2	设置该站清客	ISCS 能正确收到的该站台 PIS 信息,该车的清客状态为 1

列车末班车状态测试如表 2-56 所示。

列车末班车状态测试表   表 2-56

编号	测试操作	预期结果
1	加 1 辆计划车,非末班车	ISCS 能正确收到的该站台的 PIS 信息,该车不是末班车
2	加 1 辆计划车,末班车	ISCS 能正确收到的该站台的 PIS 信息,该车是末班车

列车到站状态测试如表 2-57 所示。

列车到站状态测试表   表 2-57

编号	测试操作	预期结果
1	加 1 辆计划车,没有到站	ISCS 能正确收到该站台的 PIS 信息,该车的到站状态为 0
2	列车到站	ISCS 能正确收到该站台的 PIS 信息,该车的到站状态为 1

4)列车故障信息测试

列车数目测试如表 2-58 所示。

列车数目测试表　　　　　　　　　　　　　　　表 2-58

编号	测试操作	预期结果
1	增加 3 辆车，都没有故障	ISCS 没有收到车辆故障信息
2	模拟 1 辆车故障	ISCS 能正确收到故障列车的数目为 1
3	再模拟 1 辆车故障	ISCS 能正确收到故障列车的数目为 2

列车车体号测试如表 2-59 所示。

列车车体号测试表　　　　　　　　　　　　　　表 2-59

编号	测试操作	预期结果
1	增加 1 辆车，没有故障	ISCS 没有收到车辆故障信息
2	模拟 1 辆车故障	ISCS 能正确收到故障列车的车体号
3	修改故障列车的车组号	ISCS 能正确收到故障列车的新车体号
4	恢复列车故障	ISCS 能正确收到车辆故障信息，故障恢复

列车精准停车状态测试如表 2-60 所示。

列车精准停车状态测试表　　　　　　　　　　　表 2-60

编号	测试操作	预期结果
1	增加 1 辆故障车	ISCS 能正确收到故障列车信息
2	模拟列车到达某站，且没有精确停车	ISCS 能正确收到故障列车信息
3	列车离开本站	ISCS 能正确收到故障列车信息
4	模拟到达某站，精确停车	ISCS 没有收到车辆故障信息

车门编号和状态测试如表 2-61 所示。

车门编号和状态测试表　　　　　　　　　　　　表 2-61

编号	测试操作	预期结果
1	增加 1 辆车，没有故障	ISCS 没有收到车辆故障信息
2	模拟 1 个车门故障	ISCS 能正确收到故障列车信息，车门编号和状态都正确
3	重复 2 步骤，测试多个车门故障	ISCS 能正确收到故障列车信息，车门编号和状态都正确

火警信息测试如表 2-62 所示。

第二章 CBTC 信号系统调试

火警信息测试表 表 2-62

编号	测试操作	预期结果
1	增加 1 辆车,没有故障	ISCS 没有收到车辆故障信息
2	模拟 1 个火警	ISCS 能正确收到故障列车信息,火灾传感器编号和状态都正确
3	重复 2 步骤,测试多个火警	ISCS 能正确收到故障列车信息,火灾传感器编号和状态都正确

故障列车恢复测试如表 2-63 所示。

故障列车恢复测试表 表 2-63

编号	测试操作	预期结果
1	增加 2 辆故障车	ISCS 能正确收到两辆故障列车信息
2	1 辆车故障恢复	ISCS 能正确收到故障列车信息,含有 1 辆故障车

5)列车阻塞信息测试

列车数目测试如表 2-64 所示。

列车数目测试表 表 2-64

编号	测试操作	预期结果
1	增加 3 辆车(Train1,Train2,Train3)	ISCS 收不到列车阻塞信息
2	模拟 Train1 阻塞	ISCS 能正确收到列车阻塞信息,阻塞列车数为 1
3	模拟 Train2,Train3 阻塞	ISCS 能正确收到列车阻塞信息,阻塞列车数为 3
4	依次取消 Train1,Train2,Train3 阻塞	ISCS 能正确收到列车阻塞信息,阻塞列车数为 0

列车车体号测试如表 2-65 所示。

列车车体号测试表 表 2-65

编号	测试操作	预期结果
1	增加 1 辆车,模拟列车阻塞	ISCS 能正确收到该车的车体号
2	修改该列车的车体号	ISCS 能正确收到该车新的车体号

列车服务号测试如表 2-66 所示。

列车服务号测试表 表 2-66

编号	测试操作	预期结果
1	增加 1 辆车,模拟列车阻塞	ISCS 能正确收到该车的服务号
2	修改该列车的服务号	ISCS 能正确收到该车新的服务号

列车运行方向测试如表 2-67 所示。

列车运行方向测试表　　　　　　　　　表 2-67

编号	测试操作	预期结果
1	增加 1 辆上行车，模拟列车阻塞	ISCS 能正确收到该车的方向
2	增加 1 辆下行车，模拟列车阻塞	ISCS 能正确收到该车的方向

列车上行侧车站编号和下行侧车站编号测试如表 2-68 所示。

列车上行侧车站编号和下行侧车站编号测试表　　表 2-68

测试操作	预期结果
增加 1 辆车，模拟列车阻塞	ISCS 能正确收到该列车的上行侧车站编号与下行侧车站编号

列车停车标记测试如表 2-69 所示。

列车停车标记测试表　　　　　　　　　表 2-69

测试操作	预期结果
增加 1 辆车，模拟列车阻塞	ISCS 能正确收到该列车停站标记为 1

阻塞列车恢复测试如表 2-70 所示。

阻塞列车恢复测试表　　　　　　　　　表 2-70

编号	测试操作	预期结果
1	增加 2 辆车，模拟列车阻塞	ISCS 能正确收到 2 车辆的阻塞消息
2	取消 1 辆车的阻塞	ISCS 能正确收到 1 辆车的阻塞消息

车站火灾信息测试如表 2-71 所示。

车站火灾信息测试表　　　　　　　　　表 2-71

编号	测试操作	预期结果
1	模拟某站有火警	ATS 能正确收到火警数量、FAS 节点 ID 和状态
2	重复步骤 1，模拟多个火警	ATS 能正确收到火警数量、FAS 节点 ID 和状态

SCADA 信息测试如表 2-72 所示。

SCADA 信息测试表　　　　　　　　　表 2-72

编号	测试操作	预期结果
1	模拟某站 SCADA 故障	ATS 能正确收到 SCADA 报警数量、SCADA 节点 ID 和状态
2	重复步骤 1，模拟多个 SCADA 故障	ATS 能正确收到 SCADA 报警数量、SCADA 节点 ID 和状态

第二章　CBTC 信号系统调试

隧道风机状态和方向测试如表 2-73 所示。

隧道风机状态和方向测试表　　　　　　　　　表 2-73

编号	测试操作	预期结果
1	模拟关闭某个风机	ATS 能正确收到 BAS 报警数量、BASID、状态和风向
2	开启该风机，改变风向	ATS 能正确收到 BAS 报警数量、BASID、状态和风向
3	重复步骤 1 和 2，模拟多个风机的状态变化	ATS 能正确收到 BAS 报警数量、BASID、状态和风向

隧道门禁状态测试如表 2-74 所示。

隧道门禁状态测试表　　　　　　　　　表 2-74

编号	测试操作	预期结果
1	模拟关闭某个隧道门禁	ATS 能正确收到隧道门禁数量、节点 ID 和状态
2	重复步骤 1，模拟关闭多个隧道门禁	ATS 能正确收到隧道门禁数量、节点 ID 和状态

区间水位报警信息测试如表 2-75 所示。

区间水位报警信息测试表　　　　　　　　　表 2-75

编号	测试操作	预期结果
1	模拟 1 个区间水位报警	ATS 能正确收到区间水位报警数量、节点 ID 和状态
2	重复步骤 1，模拟多个区间水位报警	ATS 能正确收到区间水位报警数量、节点 ID 和状态

6) 性能测试

模拟 50 辆车运行超过 1h，综合监控厂家检查 ISCS 可以正确收到并处理全部数据。

7) 故障处理测试

断开 ATS 与 ISCS 的物理连接，然后再恢复，双方检查 ATS 与 ISCS 之间的通信可以恢复正常。

3. 输出：调试结果

(1) 信号-计轴预复位按钮测试报告如表 2-76 所示。

信号-计轴预复位按钮测试报告　　　　　　　　　表 2-76

序号	名称	区段被测状态	HMI 表示	IBP 表示	继电器状态	IBP 盘按钮状态	测试结果	备注
1	T01A	预复位	按压计轴允许复位，显示 1 分钟倒计时开始	计轴区段红色复位灯亮起	YFWJ/YFWJF 吸起	"计轴区段"按钮被按下 3 秒	√	
2	T02A	预复位	按压计轴允许复位，显示 1 分钟倒计时开始	计轴区段红色复位灯亮起	YFWJ/YFWJF 吸起	"计轴区段"按钮被按下 3 秒	×	

(2) 信号-ESP 一致性测试报告如表 2-77 所示。

信号-ESP 一致性测试报告　　　　　表 2-77

序号	名称	被测状态	HMI 表示	IBP 表示	继电器状态	IBP 盘按钮状态	测试结果	备注
1	T01A-EPS	启用	红色表示灯	表示灯亮起	ESP↓	"紧停启用"按钮被按下	√	
		停用	红色表示灯消失	表示灯熄灭	ESP↑	"取消紧停"按钮被按下		
2	T02A-EPS	启用	红色表示灯	表示灯亮起	ESP↓	"紧停启用"按钮被按下	×	
		停用	红色表示灯消失	表示灯熄灭	ESP↑	"取消紧停"按钮被按下		

(3) 信号-综合监控接口测试报告。

(六) 与大屏的接口测试

通过测试信号-大屏接口功能，检验 ATS 系统和大屏系统接口部分的功能和性能是否达到设计要求。

接口方将在现场完成大屏和信号之间所有的协议、功能及性能测试，保证实现所有功能。

1. 前置条件

(1) ATS 静态测试完成。

(2) 大屏安装完成，且自身测试完成。

2. 调试内容、方法

(1) 物理接口测试

检查信号与大屏之间的电缆连接正确。

(2) 通信协议测试

检查 PANEL 与 ATS 之间能够依照接口协议建立稳定的通信链路，并给大屏服务器配置两个 IP 地址，一个主用，一个备用。使用 PING 命令，验证 ATS 与 PANEL 两个设备能否连通。

(3) 功能测试

1) 检查大屏能够正确显示信号设备的状态。

2) 检查显示刷新的延迟满足要求。

(4) 故障处理测试

断开 ATS 与 PANEL 的物理连接，然后再恢复，检查 ATS 与 PANEL 之间的通信可以恢复正常。

3. 输出：调试结果

信号-大屏接口测试报告。

（七）与其他线联络线的接口测试

1. 前置条件

（1）联络线接口的相关配线完成。

（2）邻线接口车站的联锁轨旁一致性测试完成。

（3）本线路的该车站联锁轨旁一致性测试完成。

2. 调试内容、方法

（1）本线至邻线的站联码位点对点测试，检查本线的继电器和邻线的复式继电器状态一致。

（2）邻线至本线的站联码位点对点测试，检查邻线的继电器和本线的复式继电器状态一致。

（3）站联接口功能性测试：

1）联络线请求/同意动岔操作流程及向联络线办理发车作业。

2）联络线请求/同意动岔操作流程及联络线办理接车作业。

3）联络线道岔在请求同意动岔后的道岔单独操作。

4）联络线接车进路及发车进路的建立应检查进路内方所有区段空闲。

5）邻线联络线故障切除及复位操作。

6）联络线故障切除及复位操作。

7）联络线故障切除后不能办理联络线处接车及发车进路。

8）邻线联络线故障切除后不能办理联络线处接车及发车进路。

9）双方界面显示一致性检查。

3. 输出：调试结果

线路 L_z 与线路 L_x/L_y 联络线接口报告如表 2-78 所示。

线路 L_z 与线路 L_x/L_y 联络线接口报告　　　　表 2-78

序号	码位名称	A 站继电器状态	B 站继电器状态	测试结果	备注
1	×××-ZCJ	吸起	吸起		
		落下	落下		
2	×××-ZDBJ	吸起	吸起		
		落下	落下		
3	×××-ZFBJ	吸起	吸起		
		落下	落下		

续表

序号	码位名称	A站继电器状态	B站继电器状态	测试结果	备注
4	×××-REQ	吸起	吸起		
		落下	落下		
5	×××-BYPASSJ	吸起	吸起		
		落下	落下		
6	×××-SJ	吸起	×××-SJ 吸起，×××-SJF 落下		
		落下	×××-SJ 落下，×××-SJF 吸起		
7	×××-LXJ	吸起	吸起		
		落下	落下		
8	×××-LXJ	吸起	吸起		
		落下	落下		
9	×××-DGJ	吸起	吸起		
		落下	落下		
10	×××-DGJ	吸起	吸起		
		落下	落下		
11	×××-DGJ	吸起	吸起		
		落下	落下		

（八）与洗车机的接口测试

1. 前置条件

（1）车辆段或停车场的联锁轨旁一致性测试完成。

（2）洗车机安装及配线完成，并完成自身的调试。

2. 调试内容、方法

（1）在车列进入洗车线前，车辆段值班员办理洗车请求，点亮车辆段 HMI 上"洗车请求"表示灯和洗车线内洗车同意按钮盘上"洗车请求"表示灯；洗车线值班员按下"洗车同意按钮"，点亮车辆段 HMI 上"洗车同意"表示灯和洗车线内洗车同意按钮盘上"洗车同意"表示灯，车辆段 HMI 上"洗车请求"表示灯和洗车线内洗车同意按钮盘上"洗车请求"表示灯灭。车辆段值班员办理至洗车线的调车进路，方可进入洗车线。进路正常解锁后，一切复原。

（2）取消洗车时，车辆段 HMI 按下"取消"并点击"洗车请求"

按钮;此时如果还未办理洗车同意操作,则洗车线洗车同意按钮盘上"洗车请求"表示灯灭;此时如果已办理洗车同意操作,"洗车同意"表示灯自动打灭,车辆段 HMI 上"洗车同意"表示灯灭。

3. 输出:调试结果

联锁-洗车机接口测试报告如表 2-79 所示。

联锁-洗车机接口测试报告　　　　表 2-79

序号	名称	被测状态	HMI 表示	继电器状态	室外状态	测试结果	备注
1	洗车请求	"洗车请求"按钮按下	洗车请求黄灯显示	XCQJ↑	洗车请求黄灯显示	√	
2	洗车同意	"洗车同意"按钮按下	洗车同意绿灯显示	XCQJ↑	洗车同意绿灯显示	×	

五、系统联调联试及专家测试

(一)系统联调联试

1. 系统联调联试概述

城市轨道交通设备系统联调联试是轨道、车辆、供电系统(送变电、牵引供电、接触网)、信号、通信、综合监控 ISCS、防灾报警 FAS、环境监控 BAS、屏蔽门 PSD、通风空调与环境控制、给水排水、消防、电扶梯、自动售检票、乘客资讯、门禁和导向标识等系统之间的综合联调联试和模拟城市轨道交通行车及其运营演练,并对整个设备系统进行可靠性测试及安全评估,是调试工作的最后一个试验环节。

(1)联调联试目的

联调联试是检验各系统与其他系统是否合理匹配的一个过程,采用试验列车、检测列车和相关检测设备,对轨道交通各系统的工作状态、性能、功能和系统间匹配关系进行综合测试、调整、优化和验证,使整体系统性能和功能达到设计要求,以设计速度开通运营。进行城市轨道交通联调联试主要有以下目的:

1)实现城市轨道交通整体系统的最佳匹配。组织联调联试工作是为了实现人、机、环境之间的匹配,不仅确保所有系统设备之间达到协调匹配,同时确保人员之间也要达到最佳的配合。通过联调联试确保城市轨道交通全系统的最佳匹配,为城市轨道交通顺利开通和良好运转奠定坚实的基础;系统联调联试是城市轨道交通工程建设阶段向运营阶段协调、有序过渡的关键环节,是实现城市轨道交通建设目标的有效措施。

2)验证各子系统的可靠性,判断其是否达到设计功能。可检验各子系统是否达到设计及与承包商合同中规定的各项性能指标。调试、测试和系统验证贯穿工程建设全过程,联调联试是其中的一个重要部分。如信号和车辆的运行特性是否满足开车控制和运行间隔的要求,以及车—地信息传输,联锁及列车位置检测性能,列车运行间隔与列车加速、制动特性,信号设备的安全冗余,电磁兼容等。必须进行严格的考核和调整,形成成熟、可靠的技术系统,是为运营提供成熟可靠技术系统的重要保证。

3)检验城市轨道交通运营体系的完备性。运营部门的管理和技术人员也参与联调联试,通过与各专业技术人员合作进行联调联试、试验和设备调整,了解各系统的性能、各系统之间的技术接口、系统达到使用功能的工作过程、系统易出现的故障和解决故障的途径,并由此得到实际操作经验。

4)检验城市轨道交通运行、维护、抢修体制(规章制度、应急预案等)是否切实可行,是否满足城市轨道交通运营需要。联调联试本身是全方位培训运营人员的学习平台。通过实施联调联试,培养运营部门各级不同岗位的工作人员。通过运营人员参与联调联试实践,学习并掌握在运营中应当具备的岗位技能,为试运营开通,加强能力、储备经验。

5)检验系统的运输能力、服务品质是否达到设计要求。通过城市轨道交通试运营前可靠性测试,可检验系统的运输能力(包括列车运行间隔和最小间隔追踪)以及列车运行的安全性、平稳性和可靠性。

(2)联调联试范围

在新线建设设备单系统陆续安装调试完成,试运营投入前对新线各系统进行综合测试。内容主要包括轨道、接触网、供变电、通信、信号、运营调度、客运服务、防灾安全监控系统联调联试和综合接地、电磁兼容、振动噪声、路基状况、路基及过渡段动力性能、桥梁动力性能、隧道内气动效应、列车空气动力学性能测试等。

(3)联调联试生命周期

新线建设在设备系统安装完成,进入调试阶段后,至空载试运行可分为三个主要阶段，如图 2-12 所示。

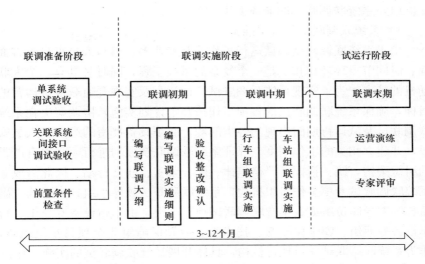

图 2-12 生命周期图

系统联调联试流程如图 2-13 所示。

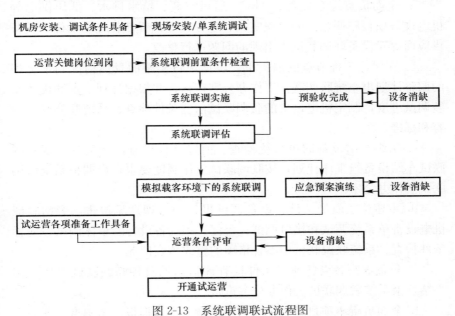

图 2-13 系统联调联试流程图

2. 系统联调联试组织

(1) 系统联调联试的准备工作

1) 系统联调联试的组织准备

由于系统联调联试和试运行工作涉及专业多、参与人员来自方方面面、时间节点环环相扣，是一个复杂的系统工程，同时又具有一个大联动机的特点，为了实现系统联调联试、试运行及实现开通载客试运营的目标，确保系统联调联试的各项工作按预定计划实施，协调解决在系统联调联试及试运行期间出现的各类问题，必须具备严密的组织和人员安排，并建立相关的工作制度。保证系统联调联试顺利进行，必须有严密的组织架构，统一指挥、严格纪律、配合紧密、联合行动。因此需成立系统联调联试专项工作组织机构，系统联调联试领导小组，由组长、副组长等领导岗位组成。系统联调联试项目小组，由车站设备专业组、行车设备专业组、安全保障组、技术组、后勤保障组 5 个项目小组组成，作为系统联调联试项目执行机构，具体开展系统联调联试的实施工作。

具体职责如下：

① 车站设备专业组工作职责

a. 全面负责综合监控、AFC、通风空调、给水排水、低压供电等机电设备项目联调联试的组织实施、过程管理，督促各施工单位、设备供应商等对设备联调联试中出现的问题进行整改。

b. 在保证工程节点的前提下，根据项目实施的具体情况制定合理的调整计划报系统联调联试工作办公室审核；并根据计划节点和设备安装调试进度，制定机电设备的联调联试前置条件检查、系统联调联试内容和标准。

c. 组织车站设备的单系统检查、前置条件检查；并负责制定联调联试车站设备组工作计划，按联调联试工作制度要求，定期报系统联调联试工作办公室。

d. 审核施工质量文件、设备调试报告和监理意见报告，旁站验证机电设备单系统调试和接口调试；督促、跟踪各设备的单体调试、前置条件检查、系统联调联试中不合格项的整改落实情况。

e. 负责编写各设备前置条件检查评估意见及各联调联试项目工作小结，报系统联调联试工作办公室审核。

f. 全面负责本项目组系统联调联试施工计划提报、请销点、现场安全管控等工作，制定并落实安全保障措施，确保系统联调联试过程中的人员、设备安全。

g. 组织、协调相关设备系统间的接口管理工作；负责系统联调联试实施细则、实施方案等管理文本的编写工作。

h. 协调设计单位、设备厂家、施工单位、工程监理等单位人员，组织实施联调联试，并负责联调联试数据的记录、分析工作。

i. 协调参建单位对设备维护及操作人员进行设备维护和操作培训。

j. 督促设计单位对联调联试中发现的需修改项目作出设计变更。

k. 定期组织召开项目组会议，编写系统联调联试项目实施总结报告及工作计划，报系统联调联试工作办公室。

② 行车设备专业组工作职责

a. 全面负责信号、通信、车辆、供电、SCADA、接触网、屏蔽门等行车设备项目联调联试的组织实施、过程管理，督促各施工单位、设备供应商等对设备联调联试中出现的问题进行整改。

b. 在保证工程节点的前提下，根据项目实施的具体情况制定合理的调整计划报系统联调联试工作办公室审核；并根据计划节点和设备安装调试进度，制定行车设备单系统调试、前置条件检查、系统联调联试内容和标准。

c. 组织行车设备的单系统检查、前置条件检查；并负责制定联调联试行车设备组工作计划，按联调联试工作制度要求，定期报系统联调联试工作办公室。

d. 审核施工质量文件、设备调试报告和监理意见报告，旁站验证机电设备单系统调试和接口调试；督促、跟踪各设备的单体调试、前置条件检查、系统联调联试中不合格项的整改落实情况。

e. 负责编写各设备前置条件检查评估意见及各联调联试项目工作小结，报系统联调联试工作办公室审核。

f. 编制、下达行车设备系统联调联试、运营演练、空载试运行项目实施需要的列车行车调度计划，负责系统联调联试施工计划提报、请销点、现场安全管控等工作，制定并落实安全保障措施，确保系统联调联试过程中的人员、设备安全。

g. 组织、协调相关设备系统间的接口管理工作；负责系统联调联试实施细则、实施方案等管理文本的编写工作。

h. 协调设计单位、设备厂家、施工单位、工程监理等单位人员，组织实施联调联试，并负责联调联试数据的记录、分析工作。

i. 协调参建单位对设备维护及操作人员进行设备维护和操作培训。

j. 督促设计单位对联调联试中发现的需修改项目作出设计变更。

k. 定期组织召开项目组会议，编写系统联调联试项目实施总结报告及工作计划，报系统联调联试工作办公室。

③ 安全保障组工作职责

a. 制定安全管理文件，负责全线系统联调联试、空载试运行、运营演练等方面的安全管理工作。

b. 在系统联调联试期间安全工作进行全过程跟踪、监督，并定期组织安全检查，通报安全事故，处理安全违章事件，提出处罚建议。

c. 组织、督促、检查、指导各调试项目组的安全管理工作。

d. 对系统联调联试、空载试运行、运营演练开始前作出安全评估意见，在系统联调联试、空载试运行、运营演练结束后出具安全管理专题报告。

④ 技术组工作职责

a. 协助完善系统联调联试细则，组织技术交底，对设备施工图存在的问题进行协调，对技术问题的解决提供技术支持。

b. 根据各组联调联试计划和联调联试实际情况，督促各参建单位对各调试系统的相关设备系统进行保驾及现场技术支持。

c. 协助系统联调联试期间的现场协调、监督，并组织对技术问题进行分析。

d. 联系设计单位，会同各项目组处理、解决设计问题。

e. 全程跟踪系统联调联试工作，根据系统联调联试结果形成各联调联试项目评估报告及系统联调联试总评报告。

⑤ 后勤保障组工作职责

a. 负责做好系统联调联试的后勤保障工作，及时汇总和掌握后勤工作的各类信息。

b. 负责提供系统联调联试期间必要的交通设施，协调解决联调联试人员饮食问题，提供必要的后勤保障服务。

c. 做好系统联调联试的宣传报道工作。

d. 完成领导交办的其他各项工作。

2) 系统联调联试的保障机制

① 会议机制

联调联试工作会议由联调联试领导小组工作办公室组织召开，会议可以每两周召开一次，必要时可增加会议频次；系统联调联试专题会议由联调联试工作办公室根据需要及时召开。

② 安全督察机制

在联调联试过程中开展安全检查、专项检查活动；对联调联试实施工作进行安全预评估；对联调联试各单位进行安全考评通报。

③ 进度管理机制

严格按照联调联试计划项目实施，计划更改必须报联调联试办公室审核批准；对照联调联试项目进度计划进行对比分析，并在各阶段项目完成后进行通报。

④ 质量控制机制

各联调联试单位配备相关人员对联调联试的全过程进行质量跟踪；对联调联试项目数据进行分析，及时整改不合格项，并进行闭环消缺。

⑤ 责任落实机制

每个联调联试科目责任到人、层层负责，联调联试责任谁负责谁落实；各单位在联调联试过程中必须相互配合、相互协调。

⑥ 审批报告机制

联调联试计划实行审批申请制；联调联试计划未经批准不得实施；超越审批范围的调试内容不得实施；重大节点必须经联调联试领导小组批准；各阶段联调联试实施进度实行分析报告制、会议纪要制、项目实施完成评估制。

系统联调联试阶段运营分公司对有条件车站接管三权（设备使用权、车站辖地管理权、行车调度指挥权）。

3) 系统联调联试的技术准备

为了保证联调联试工作有序顺利开展，联调联试技术准备包括设备资料、参数收集、现场踏勘、文档编纂等。

(2) 系统联调联试的安全措施

系统联调联试，从整个系统联调联试计划的编制到方案的实施，贯彻"安全第一，预防为主"的方针，防患于未然。

1) 建立健全安全管理组织机构

参加系统联调联试的各部门、各单位必须建立健全安全生产保证体系，落实安全生产责任制，建立安全激励机制。

在系统联调联试期间设立安全管理组织机构，制定相关规章制度及奖惩措施，在实施细则中制定相关安全技术保障措施，编制应急处置预案。

2) 制定系统联调联试安全风险源及控制措施

系统联调联试涉及多系统、多专业、多地点的同时作业，各专业除了自身的设备隐患外，轨行区设备联调联试还涉及人身伤害事故隐患，必须在各次联调联试前做好安全隐患的排查和风险源控制措施。系统联调联试的主要风险源如表 2-80 所示。

系统联调联试风险源及控制措施表　　　表 2-80

序号	风险源	控制措施
1	联调联试现场环境不佳引起的伤害	进行安全交底，佩戴安全防护用品
2	无关人员误入引起伤害事故	加强安保对进入现场人员的核查，凭证进入联调联试现场
3	联调联试人员误闯联调联试禁区	加强现场标识和人员看护；加强联调联试培训
4	设备误操作引起的伤害事故	加强设备操作培训，现场双岗制，一唱一操作
模式执行科目		
5	各类事故风机运行引起的伤害事故	启动前对场地进行清理，现场落实看护人员，运行过程中严禁进入风机现场
6	电梯运行引起的伤害事故	启动前对场地进行清理，现场落实看护人员，联调联试过程中禁止在电梯上站立
轨行区科目		
7	未请点联系登记，进入行车区间作业	严格执行登记制度，严禁违规随意施工
8	施工、检修之前未进行安全交底	落实安全交底制度，任何施工联调联试必须安全交底到位
9	在联调联试期间人员下车测量数据时列车动车	落实安全交底，下车前必须将列车手柄放置在制动位并现场看护，在未反复确认前严禁动车
10	在轨道或道岔上行走和坐在上面休息以及跳跃轨道地沟	现场人员下线路前严格安全培训
11	电动转辙机在测试时道岔摇把未取出	任何电动测试前，必须检查工具是否安装妥当
12	携带超高物件进入轨行区引起的接触网伤害事故	联调联试期间禁止超高物件进入轨行区

第二章　CBTC 信号系统调试

3) 安全措施及安全交底

进入系统联调联试前各单项设备系统安全技术指标符合合同及系统联调联试要求。

系统联调联试大纲批准后，各部门、各单位制定系统联调联试期间安全措施，进行安全交底。

开展系统联调联试各科目前进行专项安全技术交底。

所有参与系统联调联试人员必须熟悉联调联试的安全措施及安全技术标准，加强自身安全意识。

① 各设备系统承包商/供货商的负责人应担任本设备系统安装调试工程的安全第一责任人，各联调联试项目组的组长应担任项目组的安全第一责任人；各项目组相关的业主和承包商单位，对本项目涉及的调试和演练项目安全负责，并均应设立相应的安全员，作为负责安全的监督人和管理员；与公司的各级安全管理职能部门对口联络，形成安全管理网络。

② 对设备系统联调联试进行定期安全检查，检查结果和整改后的追溯检查列入对各单位的考核范围。

③ 对线路、区间、车辆段/停车场、主变电所、车站、控制中心等系统联调联试相关的作业场所落实必要的安全警示标志和设施设备，并实行全封闭管理。

④ 对设备系统联调联试过程中可能出现的故障等，各设备系统承包商/供货商应制定应急处置的预案，准备必要的检修器具，并派遣有丰富经验的人员担当保驾护航的责任。

⑤ 各单位做好员工技术培训，提高技术业务水平，加强对员工安全意识和安全管理制度的培训，及时进行安全检查，消除各类隐患。

⑥ 按设备维护保养和检修规程进行设备检查、维修、保养，使设备保持良好的技术状态。

⑦ 严格各单位、各部门、各类人员的安全纪律；狠抓现场安全措施的落实和安全工作的监督检查。

4) 事故的处理

① 发生故障或事故时，按照故障或事故处理预案，积极采取措施，迅速处理或抢救，以"先通后复"的原则，尽快恢复设备运行，尽量减少损失。

② 事故发生后，要以事实为依据，以相关规章为准绳，按照"四不放过"的原则（即事故原因没有查清不放过，事故责任者没有严肃处理不放过，广大职工没有受到教育不放过，防范措施没有落实不放过）处理事故，主要目的是查明原因，分清责任，吸取教训，制定措施，防止同类事故再次发生。

(3) 系统联调联试的科目

城市轨道交通系统联调联试涉及的专业众多，有轨道、车辆、供电、信号、通信、综合监控、FAS、BAS等，而且每个专业又与其他专业存在诸多接口，为了验证这些接口功能，必须着重研究联调联试关键技术，合理划分设备系统组织联调联试实施。本书将联调联试技术主要分为两大类：一类是与行车设备相关的联调联试科目；一类是与车站设备相关的联调联试科目。本书主要阐述与行车设备相关的联调联试科目的实施。

1) 与行车设备相关的联调联试科目

行车设备联调联试分为系统功能测试、系统能力测试及系统测试检验三个步骤实施，具体科目设置为：

① 行车设备系统功能测试科目设置

信号设备与屏蔽门/安全门、车辆、大屏存在接口关系。系统设备与这些关联设备联调联试的目的是验证关联设备能正确接收与反馈相关信息，其主要测试科目设置如下：

a. 电客车与供电之间运作测试

（a）供电：网压（牵引、制动）情况。

（b）列车牵引电流（最大负荷牵引测试）。

（c）列车显示。

（d）牵引变电站显示。

b. 电客车与信号测试

（a）ATO到ATPM/人工驾驶模式的转换。

（b）允许车门打开。

（c）紧急制动。

（d）列车监控系统与信号交换信息。

c. 车载信号与屏蔽门操作测试。

（a）信号控制屏蔽门开/关。

（b）列车运行与屏蔽门联锁。

（c）屏蔽门解除联锁，对列车进/出站影响。

d. 电客车、信号时刻表与 PIS 测试

（a）列车到站广播/车站到站广播一致性（正常、跳站）。

（b）车载 PIS 屏显示车站信息。

（c）车载 PIS/车站 PIS 一致性（正常、跳站）。

（d）列车乘客紧急对讲。

e. 电客车与专用无线通信测试

（a）OCC 通过无线通信对列车单呼、群呼、紧急呼叫。

（b）OCC 对列车旅客信息。

f. 车载信号各功能测试

（a）OCC 可接收车载 CCTV 监视信息。

（b）列车在有、无"允许门打开"信号及零速信号的情况下，列车每站的正常开、关门测试。

（c）车门紧急解锁后与信号系统的接口测试。

（d）列车的限速保护。

（e）列车各个模式下常用、快速、紧急制动功能测试。

（f）列车全自动广播的测试。

g. OCC 与车载信号

（a）行调工作台显示屏。

（b）OCC 大屏幕显示。

（c）运行图检验。

（d）车辆故障信息显示。

h. 时钟对时

OCC 母钟/集中站子钟一致性。

i. 轨道功能测试

（a）线路标识：符合国标。

（b）线路：列车行驶平稳性、曲线超高区段的运行性能等。

（c）道岔：轨尖的密贴性、轨尖长度等。

j. 通信传输与关联系统联调联试

k. SCADA 联调联试

（a）主变电所测试。

(b) 牵引降压测试。
(c) 1500V 程控卡片测试。
② 行车设备系统能力测试

行车设备系统能力测试围绕信号、供电、车辆等主要行车设备系统展开，其主要测试项目为：

a. 信号能力测试。
b. 车辆能力测试。
c. 供电能力测试。

③ 试运营系统测试检验

试运营系统测试检验是依据国家规范《城市轨道交通试运营系统测试检验规范》，在城市轨道交通地铁与轻轨应符合试运营基础条件后，对设施、设备、系统的测试情况和人员技能进行检查验证，以确定设施、设备、系统的功能和性能是否符合设计要求，人员技能是否满足运营要求的检验，主要内容包括：

a. 列车运行安全防护功能测试。
b. 车门安全防护功能测试。
c. 车辆超速保护功能测试。
d. 列车车站扣车和跳停功能测试。
e. 列车追踪运行防护功能测试。
f. 专用无线调度及无线广播功能测试。

详见本章第四节专家测试。

2）与车站设备相关的联调联试科目

车站设备系统联调联试包括车站和中央综合监控设备对 BAS、FAS、通信、车站机电设备、消防模式等联调联试测试，按照系统功能测试、系统能力测试及系统测试测试检验三个步骤实施。具体实施步骤及测试科目如下：

① 车站设备系统功能测试科目设置

根据设备控制权限不同，车站设备系统功能测试科目设置分为车站级、中央级两个层级，其主要测试科目为：

a. ISCS 系统与 CCTV 系统的接口（中央级、车站级）。
b. ISCS 系统与 PA 系统的接口（中央级、车站级）。
c. ISCS 系统与 PIS 系统的接口（中央级、车站级）。

d. ISCS 系统与 AFC 系统的接口（中央级、车站级）。
e. ISCS 系统与 PSD 系统的接口（车站级）。
f. ISCS 系统与 BAS 系统的接口（车站级）。
g. IBP 与相关系统的接口（车站级）。
h. ISCS 系统与 FAS 系统的接口（车站级）。
i. ISCS 系统与 UPS 设备接口（车站级）。
j. BAS 系统与 FAS 系统的接口（车站级）。
k. ISCS 系统与 ACS 系统的接口（车站级）。
l. ISCS 系统与 CLK 系统的接口（中央级）。
m. ISCS 系统与 TEL/ALM 系统的接口（中央级）。
n. ISCS 系统与 SIG 系统的接口（中央级）。
o. ISCS 系统与 DTS 系统的接口（车站级）。
p. 区间隧道通风（区间级、中央级）。
q. 区间人防门（区间级、中央级）。
r. 区间隧道感温（区间级、中央级）。
s. 区间水泵（区间级、中央级）。
t. 区间照明、疏散指示（区间级、中央级）。
u. 车站站台火灾车站消防及相关设备联动（车站级）。
v. 车站站厅火灾车站消防及相关设备联动（车站级）。
w. 车站设备区（非气灭防护区）火灾车站消防及相关设备联动（车站级）。
x. 车站气灭防护区火灾车站消防及相关设备联动（车站级）。
y. 车站正常模式（车站级）。

② 车站设备系统能力测试

系统能力测试围绕信号、供电、AFC、通信及综合监控等主要系统展开，其主要测试项目为：

a. AFC 能力测试。
b. 车站自动化系统能力测试。

③ 试运营系统测试检验

车站联调联试组涉及的试运营系统测试检验主要内容包括：

a. 列车区间火灾联动测试。
b. 车站综合应急后备功能测试。

c. 乘客车站客运服务体验测试。
d. 站台门乘客保护性功能测试。
e. 自动灭火系统模拟启动测试。
f. 区间水泵安全运行功能测试。
g. 车站站台火灾联动功能测试。
h. 与主时钟系统接口功能测试。
i. 供电系统运行安全功能测试。
3. 联调联试准备阶段
(1) 调试验收

调试验收过程如图 2-14 所示。

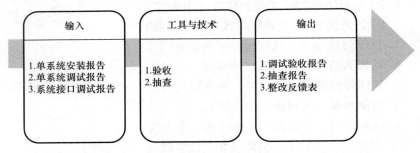

图 2-14 调试验收过程

1) 调试验收：输入
① 单系统安装报告

由各单系统设备的承包商/供货商和监理单位提供安装报告，以证明各单系统设备安装完成，使联调联试组知道现场设备安装情况及进度。

② 单系统调试报告

由各单系统设备的承包商/供货商和监理单位提供调试报告，以证明各单系统设备调试完成，使联调联试组知道现场设备调试完成进度和设备功能实现情况。

③ 系统接口调试报告

由各单系统设备的承包商/供货商和监理单位提供调试报告，以证明各系统间关联接口调试完成，使联调联试组知道系统关联接口调试完成进度和接口功能实现情况。

关联接口调试内容为：
a. 车辆/信号——信号行车设备系统关联接口调试。
b. 车站/各项车站设备——综合监控系统关联接口调试。
c. 通信/各相关设备系统——通信系统关联接口调试。
2) 调试验收：工具与技术
① 验收

由行车设备专业组和车站设备专业组主要负责人，各自对本项目关联系统调试中涉及的单项设备的完工情况进行确认，使联调联试组了解各系统调试总体完成情况，及其功能和技术性能是否已达到合同技术规格书的要求。完工的标志，原则上以收集各单项设备的调试验收报告为主。

② 抽查

系统联调联试工作组办公室、各项目组组织，根据联调联试实施计划节点召集建设单位、运营单位、监理单位和承包商/供货商对单系统设备的调试报告进行检查和确认，对安装质量和调试结果进行抽查，全面检查系统联调联试技术、组织准备落实情况。抽查取样比例一般为5%左右。

3) 调试验收：输出
① 调试验收报告

由联调联试组根据调试验收结果形成调试验收报告，作为是否开展下一步联调联试工作的依据。

② 抽查报告

由联调联试组根据抽查结果形成抽查报告，对不符合技术规格书要求的设备，督促建设单位进行消缺除隐整改。

③ 整改反馈表

由建设单位对抽查结果中不符合技术规范要求的项目进行整改，并经再验收合格后，才准予进入下一步的调试。

(2) 前置条件检查

该阶段的一个重要步骤是对全线是否达到系统联调联试的前置条件进行核查与确认。依照各设备系统系统联调联试的前置条件相关要求，对全线设备设施，包括土建、限界等都有专门规定，联调联试各项目组负责组织对前置条件的验收和评估，如图 2-15 所示。

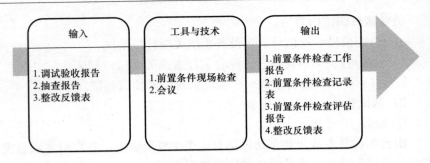

图 2-15　前置条件验收和评估

1) 前置条件检查：输入

见五、（一）3.（1）3)"调试验收：输出"一节。

2) 前置条件检查：工具与技术

① 前置条件现场检查内容

在系统联调联试前应先完成关联设备系统间接口调试，该阶段包括以下单项设备系统工程的安装和调试：

a. 全线至少一个主变受电、全线 35kV 牵降变受电，正常运行，实现全线送电。

b. 全线线路、道岔投入使用，完成全线限界检查、整改。

c. 全线接触网完成热滑（包括所有速度、所有曲线、坡道等困难区段的热滑）。

d. 区间动车调试完成。

e. 完成单系统安装和调试，作为全线系统联调联试的前置条件，要求通信系统保证其两个重要节点的完工条件：

（a）具备全线无线通话条件，保障车辆信号调试。

（b）具备全线调度专用电话通话条件，保障车辆信号调试。

f. 提供可以进行信号系统全线动态信号调试的列车至少 1～2 列。

系统接口包括：综合监控 ISCS、自动售检票系统 AFC、通信系统、信号系统、车辆系统、电扶梯、屏蔽门、变电所等。

② 综合监控系统联调联试测试前置条件

a. 综合监控系统设备完成单体安装调试，符合相关技术条件和要求。

b. 各关联设备完成单体安装调试，符合相关技术条件和要求。

c. 各关联设备与综合监控系统设备物理连接、通信协议测试合格。

　　d. 联调联试实施中测试所需的仪器仪表以及必备的工具准备充分，联调联试所使用的仪器仪表等均符合国家标准要求，且均在使用的有效期限内。

　　e. 参加系统联调联试人员到岗开始正常工作。

　　③ AFC 系统联调联试测试前置条件

　　a. AFC 系统 SC 主机系统、车站各种售检票设备完成单体安装调试，符合相关技术条件和要求。

　　b. 车站网络工作正常。

　　c. 车站供电系统工作正常，包括双路电源自动切换箱、电源接地、漏电保护等。

　　d. 各关联设备完成单体安装调试，符合相关技术条件和要求。

　　e. 联调联试实施中测试所需的仪器仪表以及必备的工具准备充分，联调联试所使用的仪器仪表等均符合国家标准要求，且均在使用的有效期限内。

　　f. 参加系统联调联试人员到岗开始正常工作。

　　④ 通信系统联调联试测试前置条件

　　a. 各通信设备子系统完成安装调试，符合相关技术条件和要求。

　　b. 传输系统数据配置完成，符合相关技术条件和要求。

　　c. 各关联设备完成安装调试，符合相关技术条件和要求。

　　d. 各关联设备与传输设备通信协议测试合格。

　　e. 车站供电系统工作正常，包括双路电源自动切换箱、电源接地、漏电保护等。

　　f. 各关联设备与通信子系统设备物理连接、通信协议测试合格。

　　g. 联调联试实施中测试所需的仪器仪表以及必备的工具准备充分，联调联试所使用的仪器仪表等均符合国家标准要求，且均在使用的有效期限内。

　　h. 参加系统联调联试人员到岗开始正常工作。

　　⑤ 信号系统联调联试测试前置条件

　　a. ATS 系统完成安装调试，与通信系统主时钟、无线通信、PIS、广播接口物理连接正确，符合相关技术条件和要求。

　　b. ATS 子系统通电调试，与综合监控系统的接口物理连接正确，符合相关技术条件和要求。

c. ATS 子系统通电调试，与大屏的接口物理连接正确，符合相关技术条件和要求。

d. 车站信号系统与车站 IBP 接口物理连接正确，符合相关技术条件和要求。

e. 联锁子系统完成安装调试，与站台屏蔽门物理接口连接正确，符合相关技术条件和要求。

f. 车载子系统完成安装调试，和车辆物理接口连接正确，符合相关技术条件和要求。

g. 转辙机安装通电调试，与线路接口连接正确，符合相关技术条件和要求。

h. 信号电源屏完成安装调试，与由低压配电专业提供二路引入连接正确，符合相关技术条件和要求。

i. 需要动车试验时需满足动车调试条件（线路条件满足；无线通信具备；车辆调试完成；触网受电；限界测试完成；道岔状态完成确认；回流线安装确认；动车施工管理办法）。

j. 联调联试实施中测试所需的仪器仪表以及必备的工具准备充分，联调联试所使用的仪器仪表等均符合国家标准要求，且均在使用的有效期限内。

k. 参加联合调试人员到岗开始正常工作。

⑥ 车辆系统联调联试前置条件

a. 车辆完成开箱、尺寸、静调、动调，通过预验收。

b. 车辆与其他设备系统的接口。

c. 列车与信号系统的接口。

d. 与通信系统的接口。

e. 与供电系统的接口。

⑦ 电梯/自动扶梯联调联试测试前置条件

a. 电梯/自动扶梯设备子系统完成安装调试，符合相关技术条件和要求。

b. 各关联设备完成安装调试，符合相关技术条件和要求。

c. 车站供电系统工作正常，包括双路电源自动切换箱、电源接地、漏电保护等。

d. 各关联设备与通信子系统、综合监控系统设备物理连接、通信协议测试合格。

e. 联调联试实施中测试所需的仪器仪表以及必备的工具准备充分，联调联试所使用的仪器仪表等均符合国家标准要求，且均在使用的有效期限内。

f. 参加系统联调联试人员到岗开始正常工作。

⑧ 屏蔽门联调联试测试前置条件

a. 屏蔽门设备子系统完成安装调试，符合相关技术条件和要求。

b. 信号、综合监控关联设备完成安装调试，符合相关技术条件和要求。

c. 各关联设备与关联子系统设备物理连接、通信协议测试合格。

d. 车站供电系统工作正常，包括双路电源自动切换箱、电源接地、漏电保护等。

e. 联调联试实施中测试所需的仪器仪表以及必备的工具准备充分，联调联试所使用的仪器仪表等均符合国家标准要求，且均在使用的有效期限内。

f. 参加系统联调联试人员到岗开始正常工作。

⑨ 车站变电所联调联试测试前置条件

a. 车站变电所完成安装调试，符合相关技术条件和要求。

b. 各关联设备完成安装调试，符合相关技术条件和要求。

c. 车站供电系统工作正常，包括双路电源自动切换箱、电源接地、漏电保护等。

d. 各关联设备与关联子系统设备物理连接测试合格。

e. 联调联试实施中测试所需的仪器仪表以及必备的工具准备充分，联调联试所使用的仪器仪表等均符合国家标准要求，且均在使用的有效期限内。

f. 参加系统联调联试人员到岗开始正常工作。

⑩ 会议

联调联试项目组可以召开前置条件检查情况总结会，评估检查结果是否满足联调联试要求。

3) 前置条件检查：输出

① 前置条件检查工作报告

车站设备组提供相关系统间接口联调联试前置条件检查工作报告、车站系统联调联试前置条件检查工作报告。

行车设备组提供相关系统间接口联调联试前置条件检查工作报告、行车设备系统联调联试前置条件检查工作报告。

工作报告内容主要包括，检查时间、地点、人员、问题描述、各系统检查项完成率、需要协调处理事件等。

② 前置条件检查评估报告

由系统联调联试领导小组工作办公室组织，召集建设单位、运营单位、设计单位、监理、承包商/供货商召开联调联试前置条件检查总结会，评估检查结果是否满足联调联试实施条件，对不满足项督促相关单位进行整改。车站设备前置条件检查项单站需满足60%以上，行车设备前置条件检查项需满足80%以上，方可进入下阶段联调联试。

③ 前置条件检查记录表

各项前置条件检查记录如表2-81～表2-105所示。

信号系统联调联试前置条件检查记录表　　　　表2-81

检查人：		检查日期：	
序号	检查内容	检查结果	备注
01	ATS系统完成安装调试，与通信系统主时钟、无线通信、PIS、广播接口物理连接正确，符合相关技术条件和要求	完成□ 未完成□	
02	ATS子系统通电调试，与综合监控系统的接口物理连接正确，符合相关技术条件和要求	完成□ 未完成□	
03	ATS子系统通电调试，与大屏的接口物理连接正确，符合相关技术条件和要求	完成□ 未完成□	
04	车站信号系统与车站IBP接口物理连接正确，符合相关技术条件和要求	完成□ 未完成□	
05	联锁子系统完成安装调试，与站台屏蔽门物理接口连接正确	完成□ 未完成□	
06	车载子系统完成安装调试，和车辆物理接口连接正确，具备CBTC-ATO功能	完成□ 未完成□	
07	转辙机安装通电调试，与线路接口连接正确，符合相关技术条件和要求	完成□ 未完成□	
08	DCS系统完成安装调试，轨旁DCS无线传输场强、丢包率符合技术条件和要求	完成□ 未完成□	

续表

序号	检查内容	检查结果	备注
09	站台屏蔽门完成安装调试，5000次运行测试完成	完成□ 未完成□	
10	线路条件满足，联调联试区域区间隧道、线路施工垃圾清理完毕	完成□ 未完成□	
11	车辆调试完成	完成□ 未完成□	
12	线路、道岔达到验收标准	正确□ 不正确□	
13	回流线安装确认	完成□ 未完成□	
14	供电系统完成初验，110kV具备供电能力，35kV具备供电能力，1500V具备供电能力，各行车有关设备系统所需400V电源已完成送电	完成□ 未完成□	
15	通信系统无线通信调试完成	完成□ 未完成□	

区间设备安全检查记录表　　　　表2-82

检查区间：站～站行			
检查人：		检查日期：	
序号	检查内容	检查结果正常	备注
01	道床无明显影响行车的积水、道床上无异物		
02	钢轨紧固、无缺损		
03	道岔岔区无异物		
04	触网上无异物		
05	限界检查，无侵限异物		
06	区间人防门、安全门已牢固固定		
07	车站端头门外无异物		
08	区间线缆无下垂、无脱离电缆桥架		
09	区间设备箱体已固定牢固、无松动、无紧固件缺失		
10	照明指示已固定牢固		
11	区间泵房设施及门体已安装，门体关闭，不能自行打开		

车站设备安全检查记录表 表 2-83

检查区间:	站～ 站 行		
检查人:		检查日期:	
序号	检查内容	检查结果正常	备注
01	IBP 盘信号部分已安装可以使用		
02	调度电话已安装可以使用		
03	公务电话已安装可以使用		
04	无线设备已安装可以使用		
05	信号 HMI 已安装可以使用		
06	车站广播设备已安装可以使用		
07	车站 PIS 设备已安装可以使用		
08	上下行站台摄像机已安装可以使用		
09	发车端 CCTV 显示已安装可以使用		
10	发车端信号发车表示器已安装可以使用		
11	站台紧停设施已安装可以使用		
12	屏蔽门已安装可以使用		
13	PSL 已安装可以使用		

控制中心设备安全检查记录表 表 2-84

检查区间:	站～ 站 行		
检查人:		检查日期:	
序号	检查内容	检查结果正常	备注
01	调度电话已安装可以使用		
02	公务电话已安装可以使用		
03	无线设备已安装可以使用		
04	信号 MMI 已安装可以使用		
05	大屏已安装可以使用		
06	SCADA 已安装可以对供电状况进行监控		
07	广播已安装可以使用		
08	PIS 已安装可以使用		
09	CCTV 已安装可以使用		

车辆段/停车场设备安全检查记录表 表 2-85

检查区间:	站～ 站 行		
检查人:		检查日期:	
序号	检查内容	检查结果正常	备注
01	IBP 盘已安装可以使用		
02	调度电话已安装可以使用		
03	公务电话已安装可以使用		
04	无线设备已安装可以使用		
05	信号 HMI 已安装可以使用		
06	段场线路设施检查正常,线路上无异物		
07	信号设备检查正常,可以正常操动		

车站广播联调联试前置条件检查记录表 表 2-86

车站:			
检查人:		检查日期:	
序号	检查内容	检查结果	备注
01	车站设备安装图纸及调试记录	完成□ 未完成□	
02	广播机架设备安装	完成□ 未完成□	
03	广播设备通电	完成□ 未完成□	
04	广播控制盘安装	完成□ 未完成□	
05	广播喇叭安装	完成□ 未完成□	
06	广播各种广播功能检查	正确□ 不正确□	

续表

序号	检查内容	检查结果	备注
07	广播预录制音源检查	正确□ 不正确□	
08	广播系统与ISCS系统接口	完成□ 未完成□	
09	设备房、机柜、控制盒钥匙准备	有□ 无□	

车站CCTV联调联试前置条件检查记录表　　表2-87

车站：
检查人：　　　　　　　　　　　　　　　　检查日期：

序号	检查内容	检查结果	备注
01	车站设备安装图纸及调试记录	完成□ 未完成□	
02	CCTV机架设备安装	完成□ 未完成□	
03	CCTV设备通电	完成□ 未完成□	
04	CCTV工作站（控制盘）安装	完成□ 未完成□	
05	车控室监视屏安装	完成□ 未完成□	
06	发车端监视屏安装	完成□ 未完成□	
07	摄像机（球机、枪机）安装	完成□ 未完成□	
08	车控室图像切换	正确□ 不正确□	
09	图像字符设置	正确□ 不正确□	

续表

序号	检查内容	检查结果	备注
10	设备房、机柜、工控机钥匙准备	有□ 无□	

车站 PIS 联调联试前置条件检查记录表　　表 2-88

车站：

检查人：　　　　　　　　　　　　　　　检查日期：

序号	检查内容	检查结果	备注
01	车站设备安装图纸及调试记录	完成□ 未完成□	
02	PIS 机架设备安装	完成□ 未完成□	
03	PIS 设备通电	完成□ 未完成□	
04	PIS 屏安装	完成□ 未完成□	
05	PIS 屏显示	正常□ 不正常□	
06	PIS 与 ISCS 接口	正常□ 不正常□	
07	设备房、机柜、工控机钥匙准备	有□ 无□	

UPS 专业单系统检查记录表　　　　表 2-89

车站：			
检查人：		检查日期：	
序号	检查内容	检查结果	备注
01	UPS 完成安装，配线紧固，图纸齐全	完成□ 未完成□	
02	UPS 柜面平直，安装稳固	完成□ 未完成□	
03	监控模块面板的液晶显示屏显示正常，自检无告警信息	正确□ 不正确□	
04	各线缆接线接点（端子）紧固，芯线无外露，标识明确	完成□ 未完成□	
05	蓄电池组接线端子无盐渍	完成□ 未完成□	
06	防雷接地线缆正确，接地电阻符合要求	正确□ 不正确□	
07	UPS 系统风扇运转正常	正确□ 不正确□	
08	手动旁路，逆变器关闭，不影响负载正常运行	正确□ 不正确□	
09	市电停电后，电池逆变供电，不影响负载正常运行	正确□ 不正确□	
10	UPS 与 ISCS 接口	正确□ 不正确□	
11	设备房、机柜钥匙、配电箱钥匙准备	有□ 无□	

ISCS 联调联试前置条件检查记录表 (1)　　　　表 2-90

车站：

检查人：　　　　　　　　　　　　　　　　　检查日期：

序号	检查内容	检查结果	备注
01	车站设备安装图纸及调试记录	完成□ 未完成□	
02	综合监控设备安装	完成□ 未完成□	
03	综合监控设备通电	完成□ 未完成□	
04	综合监控工作站安装	完成□ 未完成□	
05	综合监控网络连通	完成□ 未完成□	
06	综合监控人机界面检查	正确□ 不正确□	
07	综合监控数据处理功能检查	正确□ 不正确□	
08	综合监控报警管理检查	正确□ 不正确□	
09	综合监控控制功能检查	正确□ 不正确□	
10	历史数据存档和查询功能检查	正确□ 不正确□	
11	趋势功能检查	正确□ 不正确□	
12	设备禁止监控功能检查	正确□ 不正确□	
13	组态维护功能检查	正确□ 不正确□	

ISCS 联调联试前置条件检查记录表（2）　　　　表 2-91

车站：			
检查人：		检查日期：	
01	综合监控与 SCADA 接口	完成□ 未完成□	
02	综合监控与 PSD 系统接口	完成□ 未完成□	
03	综合监控与 DTS 设备接口	完成□ 未完成□	
04	综合监控与门禁系统接口	完成□ 未完成□	
05	综合监控与 UPS 系统接口	完成□ 未完成□	
06	综合监控与 AFC 系统接口	完成□ 未完成□	
07	综合监控与 FG 系统接口	完成□ 未完成□	
08	综合监控与 PA 设备接口	完成□ 未完成□	
09	综合监控与 CCTV 设备接口	完成□ 未完成□	
10	综合监控与 PIS 系统接口	完成□ 未完成□	
11	综合监控与通信骨干网接口	完成□ 未完成□	
12	设备房、机柜钥匙、工控机钥匙准备	完成□ 未完成□	
13	综合监控与 BAS 设备接口	完成□ 未完成□	
14	综合监控与 FAS 设备接口	完成□ 未完成□	

第二章 CBTC 信号系统调试

车站 IBP 联调联试前置条件检查记录表   表 2-92

车站：				
检查人：			检查日期：	
序号		检查内容	检查结果	备注
01		车站设备安装图纸及调试记录	完成□ 未完成□	
02		IBP 盘设备安装	完成□ 未完成□	
03		IBP 盘设备通电	完成□ 未完成□	
04		IBP 与 AFC 系统接口	完成□ 未完成□	
05		IBP 与门禁系统接口	完成□ 未完成□	
06		IBP 与 BAS 系统接口	完成□ 未完成□	
07		IBP 与扶梯设备接口	完成□ 未完成□	
08		IBP 与屏蔽门设备接口	完成□ 未完成□	
09		IBP 与消防水泵设备接口	完成□ 未完成□	
10		IBP 与 400V 开关柜设备接口	完成□ 未完成□	
11		IBP 与通风专业接口	完成□ 未完成□	
12		IBP 钥匙准备	有□ 无□	

车站 FAS 联调联试前置条件检查记录表（1） 表 2-93

车站：			
检查人：		检查日期：	
序号	检查内容	检查结果	备注
01	车站设备安装图纸及调试记录	完成□ 未完成□	
02	FAS 设备安装	完成□ 未完成□	
03	FAS 设备通电	完成□ 未完成□	
04	FAS 火灾报警功能检查	完成□ 未完成□	
05	FAS 消防设备控制功能检查	完成□ 未完成□	
06	FAS 现场设备状态故障报警功能检查	完成□ 未完成□	
07	FAS 火灾报警确认功能检查	完成□ 未完成□	
08	火灾报警系统与 BAS 接口	完成□ 未完成□	
09	火灾报警系统与 AFC 接口	完成□ 未完成□	
10	火灾报警系统与气灭系统接口	完成□ 未完成□	
11	火灾报警系统与应急照明接口	完成□ 未完成□	
12	火灾报警系统与专用排烟风机（场段）	完成□ 未完成□	
13	火灾报警系统与防火阀接口	完成□ 未完成□	
14	火灾报警系统与供电系统接口	完成□ 未完成□	
15	火灾报警系统与给水排水系统接口	完成□ 未完成□	

车站 FAS 联调联试前置条件检查记录表（2） 表 2-94

车站：			
检查人：		检查日期：	
01	火灾报警系统与非消防电梯接口	完成□ 未完成□	
02	火灾报警系统与防火卷帘门接口	完成□ 未完成□	
03	火灾报警系统与门禁系统接口	完成□ 未完成□	
04	火灾报警系统与防火阀接口	有□ 无□	
05	火灾报警系统与供电系统接口	完成□ 未完成□	
06	火灾报警系统与给水排水系统接口	完成□ 未完成□	
07	机柜、箱钥匙、工控机钥匙准备	完成□ 未完成□	

车站 BAS 联调联试前置条件检查记录表　　表 2-95

车站:			
检查人:		检查日期:	
序号	检查内容	检查结果	备注
01	车站设备安装图纸及调试记录	完成□ 未完成□	
02	BAS 机架设备安装	完成□ 未完成□	
03	BAS 设备通电	完成□ 未完成□	
04	BAS 控制模式功能检查	完成□ 未完成□	
05	BAS 与通风设备接口	完成□ 未完成□	
06	BAS 与空调水系统接口	完成□ 未完成□	
07	BAS 与给水排水系统接口	完成□ 未完成□	
08	BAS 与垂梯设备接口	完成□ 未完成□	
09	BAS 与扶梯设备接口	完成□ 未完成□	
10	BAS 与动力照明设备接口	完成□ 未完成□	
11	BAS 与区间疏散指示接口	完成□ 未完成□	
12	BAS 与 EPS 设备接口	完成□ 未完成□	
13	BAS 与人防门设备接口	完成□ 未完成□	
14	设备房、机柜、箱、PLC 钥匙准备	有□ 无□	

车站 ACS 联调联试前置检查记录表 表 2-96

车站:			
检查人:		检查日期:	
序号	检查内容	检查结果	备注
01	车站设备安装图纸及调试记录	完成□ 未完成□	
02	ACS 机架设备安装	完成□ 未完成□	
03	ACS 设备通电	完成□ 未完成□	
04	ACS 终端设备安装	完成□ 未完成□	
05	ACS 防火门安装	完成□ 未完成□	
06	ACS 与综合监控系统接口	完成□ 未完成□	
07	ACS 与通信专业接口	完成□ 未完成□	
08	ACS 与火灾报警系统接口	完成□ 未完成□	
09	设备房、机柜、箱钥匙、测试门卡准备	有□ 无□	

车站 AFC 联调联试前置条件检查记录表　　　表 2-97

车站：			
检查人：		检查日期：	
序号	检查内容	检查结果	备注
01	车站设备安装图纸及调试记录	完成□ 未完成□	
02	AFC 机架设备安装	完成□ 未完成□	
03	AFC 设备通电	完成□ 未完成□	
04	AFC 闸机设备安装	完成□ 未完成□	
05	AFCTVM 设备安装	完成□ 未完成□	
06	AFC 与通信系统接口	完成□ 未完成□	
07	AFC 与综合监控系统接口	完成□ 未完成□	
08	AFC 与火灾报警系统接口	完成□ 未完成□	
09	设备房、机柜、工控机钥匙、测试票卡准备	有□ 无□	

第二章 CBTC 信号系统调试

车站屏蔽门联调联试前置条件检查记录表 表 2-98

车站：

检查人：		检查日期：	
序号	检查内容	检查结果	备注
01	车站设备安装图纸及调试记录	完成□ 未完成□	
02	屏蔽门设备安装	完成□ 未完成□	
03	屏蔽门设备通电	完成□ 未完成□	
04	屏蔽门控制功能检查	完成□ 未完成□	
05	屏蔽门与综合监控系统接口	完成□ 未完成□	
06	设备房、机柜、PSL、套筒钥匙准备	有□ 无□	

车站气体灭火联调联试前置检查记录表

表 2-99

车站：

检查人：		检查日期：	
序号	检查内容	检查结果	备注
01	车站设备安装图纸及调试记录	完成□ 未完成□	
02	气体灭火系统设备安装	完成□ 未完成□	
03	气体灭火系统设备通电	完成□ 未完成□	
04	气灭火灾探测功能检查	完成□ 未完成□	
05	气灭火灾报警确认功能检查	完成□ 未完成□	
06	气灭与 FAS 系统接口	完成□ 未完成□	
07	气灭与通风系统接口	完成□ 未完成□	
08	设备房、机柜、箱钥匙准备	有□ 无□	

车站给水排水联调联试前置条件检查记录表　　表 2-100

车站：			
检查人：		检查日期：	
序号	检查内容	检查结果	备注
01	车站设备安装图纸及调试记录	完成□ 未完成□	
02	给水排水设备安装	完成□ 未完成□	
03	给水排水电控设备通电	完成□ 未完成□	
04	消火栓箱安装	完成□ 未完成□	
05	各水泵控制动作正常	完成□ 未完成□	
06	给水排水各类设备标示标牌正确	完成□ 未完成□	
07	给水排水与BAS系统接口	完成□ 未完成□	
08	给水排水与FAS系统接口	完成□ 未完成□	
09	设备房、机柜、箱钥匙准备	有□ 无□	

车站垂直电梯、电扶梯联调联试前置条件检查记录表　　表 2-101

车站：			
检查人：		检查日期：	
序号	检查内容	检查结果	备注
01	车站设备安装图纸及调试记录	完成□ 未完成□	
02	垂直电梯、扶梯设备安装	完成□ 未完成□	
03	垂直电梯、扶梯设备上电	完成□ 未完成□	
04	垂直电梯、扶梯设备正常运行	完成□ 未完成□	
05	垂直电梯与 BAS 系统接口	完成□ 未完成□	
06	扶梯与 BAS 系统接口	完成□ 未完成□	
07	扶梯与 IBP 系统接口	完成□ 未完成□	
08	扶梯、垂梯设备钥匙准备	有□ 无□	

人防门联调联试前置检查记录表

表 2-102

车站：			
检查人：		检查日期：	
序号	检查内容	检查结果	备注
01	车站设备安装图纸及调试记录	完成☐ 未完成☐	
02	人防门设备安装	完成☐ 未完成☐	
03	人防门监测设备连接、上电	完成☐ 未完成☐	
04	人防门与 BAS 系统接口	完成☐ 未完成☐	
05	接线箱钥匙准备	有☐ 无☐	

车站通风空调联调联试前置条件检查记录表　　表2-103

车站：			
检查人：		检查日期：	
序号	检查内容	检查结果	备注
01	车站设备安装图纸及调试记录	完成□ 未完成□	
02	通风空调设备安装	完成□ 未完成□	
03	通风空调设备上电	完成□ 未完成□	
04	通风风道、风井等土建内无垃圾、异物	完成□ 未完成□	
05	通风空调设备标示标牌完成（包括风阀开关位置标示）	完成□ 未完成□	
06	现场的变送器、执行机构安装	完成□ 未完成□	
07	通风空调设备就地可控	完成□ 未完成□	
08	通风空调与BAS系统接口	完成□ 未完成□	
09	通风系统与气灭系统接口	完成□ 未完成□	
10	通风空调系统与FAS系统接口（场段）	完成□ 未完成□	
11	通风系统与IBP接口	完成□ 未完成□	
12	设备房、机柜、箱钥匙准备	有□ 无□	

第二章 CBTC 信号系统调试

动力照明联调联试前置条件检查记录表

表 2-104

车站:			
检查人:		检查日期:	
序号	检查内容	检查结果	备注
01	车站设备安装图纸及调试记录	完成□ 未完成□	
02	动力照明配电箱设备安装	完成□ 未完成□	
03	EPS 设备、配电箱安装	完成□ 未完成□	
04	智能照明设备安装	完成□ 未完成□	
05	动力柜、照明配电箱设备上电	完成□ 未完成□	
06	双电源自切箱上电	完成□ 未完成□	
07	EPS 设备上电	完成□ 未完成□	
08	智能照明设备上电	完成□ 未完成□	
09	智能照明设备就地可控	完成□ 未完成□	
10	动力柜、照明配电箱就地可控	完成□ 未完成□	
11	设备房、机柜、箱钥匙准备	有□ 无□	

车站 400V 开关单系统检查记录表　　　　表 2-105

车站：			
检查人：		检查日期：	
序号	检查内容	检查结果	备注
01	车站 400V 开关安装图纸及调试记录	完成□ 未完成□	
02	400V 开关设备安装	完成□ 未完成□	
03	400V 开关设备通电调试	完成□ 未完成□	
04	400V 电压表检查	完成□ 未完成□	
05	400V 接线端检查	完成□ 未完成□	
06	400V 开关机械功能检查	正确□ 不正确□	
07	400V 开关指示灯检查	正确□ 不正确□	
08	400V 开关与 FAS 接口	正确□ 不正确□	
09	设备房、机柜钥匙准备	有□ 无□	

第二章 CBTC 信号系统调试

4. 联调联试实施阶段

当联调联试准备阶段结束，调试报告以及相应的评估报告、整改报告得到确认，由联调联试领导小组工作办公室下令，开展全线、全系统系统联调联试，即涵盖接触网、变电、车辆、通信、信号、自动售检票、屏蔽门、电梯自动扶梯、火灾自动报警系统、消防系统、综合监控、风水电环控等全线所有系统加入的联合调试，同时检验行车组织、指挥调度、车站服务的运营管理水平。

(1) 联调联试初期

联调联试初期主要是编制联调联试大纲、联调联试实施细则等文本，确认前置条件检查时发现的问题缺陷整改活动，如图 2-16 所示。

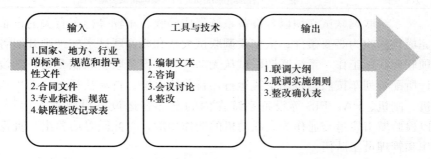

图 2-16 联调联试初期：输入、工具与技术和输出

1) 联调联试大纲

大纲要求体现全线设备系统联调联试和运营演练的时间节点、前置条件、基本任务。并将各个阶段的基本任务分解到具体系统联调联试和运营演练科目，明确设备系统联调联试实施细则目录，内容涵盖轨道交通工程设备系统联调联试的组织、管理、实施等全部系统联调联试有关工作。

2) 联调联试实施细则

联调联试实施细则包括但不仅限于表 2-106 所示内容。

联调联试实施细则　　　　　　表 2-106

序号	细则文本名称
1	《轨道交通工程车站设备系统联调联试实施细则》
2	《轨道交通工程综合监控功能系统联调联试实施细则（中央级）》
3	《轨道交通工程隧道通风及区间设备联调联试实施细则》
4	《轨道交通工程消防联动及正常模式联调联试车站实施细则》

续表

序号	细则文本名称
5	《轨道交通工程无动车行车设备系统联调联试实施细则》
6	《轨道交通工程单列车行车设备系统联调联试实施细则》
7	《轨道交通工程双列车行车设备系统联调联试实施细则》
8	《轨道交通工程多列车行车设备系统联调联试实施细则》
9	《轨道交通工程中央级信号系统（大屏）联调联试实施细则》
10	《轨道交通工程信号-屏蔽门安全门联调联试实施细则》
11	《轨道交通工程通信关联系统联调联试实施细则》
12	《轨道交通工程车辆系统-信号系统联调联试实施细则》
13	《轨道交通工程SCADA功能综合联调联试实施细则》
14	《轨道交通工程供电系统功能测试联调联试实施细则》

系统联调联试必须以各设备系统完成验收、车辆等行车有关的设备完成预验收为必要条件；依据联调联试大纲和联调联试实施细则开展各项联调联试工作，系统联调联试从无动车行车设备联调联试开始，到设计所配置列车按照运行图上线运行，且包括电梯、自动扶梯、自动售票机、闸机、PA、PIS等设备系统在内的全部客运设备设施投入运行，以检验城市轨道交通作为大联动机的运作功能，与此同时培养出一批操作和管理员工队伍。

（2）联调联试中期-行车设备系统联调联试

轨道交通工程系统联调联试，根据设备分布和使用特点，联调联试将设备联调联试分为车站设备（包括车站、停车场、区间、OCC）联调联试和行车设备（包括信号、通信、车辆、SCADA）联调联试两部分；其中车站设备围绕综合监控系统由车站设备专业组负责实施，行车设备围绕信号系统动车联调联试由行车设备专业组负责实施。本书主要讲与行车设备相关的联调联试科目的实施（图2-17）。

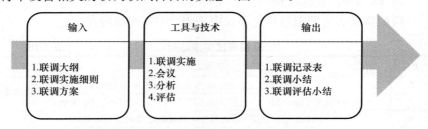

图2-17 联调联试中期：输入、工具与技术和输出

根据系统联调联试专项工作组织机构职责分工，行车设备系统联调联试由行车设备专业组负责实施。在联调联试实施前，应对设备系统的安全状态、设备单体调试情况及人员到位情况等联调联试前置条件进行检查；在行车设备系统联调联试实施过程中，按照系统功能测试、系统能力测试及系统测试检验三个主要步骤分步实施；在联调联试实施过程中分别以无动车、单列车、双列车、多列车不同运行图进行列车（包括ATPM 保护和降级模式）运行及行车相关设备联动，对列车及就地相关行车设备的功能及工作状况进行测试；行车设备系统联调联试应在实施工程联调联试的基础上，对全线行车设备进行贯通联调联试，以验证工程间信号、车辆、通信等设备间的匹配程度及性能指标。行车设备专业组应在各科目调试记录表中真实记录测试情况，并在联调联试科目完成后对该联调联试结果进行分析，形成系统联调联试工作小结。

1）无动车行车设备系统联调联试

① 联调联试范围及目的

联调联试范围：新线全线车站、区间、车辆段、停车场及控制中心。

联调联试目的：

a. 不动车状态下，对行车有关设备的技术状态及其联动功能进行检测和检验，为单车联调联试做准备。

b. 检验行车各岗位人员行车业务技能、行车设备设施操作能力及应急处置能力，行车各岗位之间的协作能力。

c. 检验行车设备相关维护部门的应急处理抢修组织流程是否合理、有效，人员处置技能是否培训到位。

② 联调联试科目

联调联试科目如表 2-107 所示。

无动车行车设备系统联调联试科目　　　　表 2-107

序号	联调联试项目内容		联调联试期望结果
1	时钟对时	信号与时钟对时	时间一致同步，误差±3s
		综合监控与时钟对时	时间一致同步，误差±3s
		车载无线电台、车载 DMI 与时钟对时	时间一致同步，误差±3s
2	调度电话	单呼	功能正常，通话音质清晰
		群呼	功能正常，通话音质清晰

续表

序号	联调联试项目内容		联调联试期望结果
3	公务电话		功能正常，通话音质清晰
4	车载无线电台	中央对车辆段/停车场	功能正常，通话音质清晰
5	800M 无线通信	中央与各车站	功能正常，通话音质清晰
6	广播	车站人工广播	播放正常，音质清晰
		车站预录广播	播放正常，音质清晰
		中央人工广播	播放正常，音质清晰
		中央预录广播	播放正常，音质清晰
7	调度对站台 PIS 发布信息		信息可控，内容清晰、正确
8	车站站台发车端 CCTV		显示清晰、正确
9	车站紧急停车	IBP	HMI 有正确显示，有声光报警
		站台按钮	HMI 有正确显示，有声光报警
10	大屏、MMI 显示一致性检查		大屏与 MMI 显示一致
11	中央对站台 CCTV 监视		可进行调看，画面清晰，无卡滞
12	MMI、HMI 操作	站遥控转换	功能正常，MMI、HMI 显示正确
		进路办理	功能正常，MMI、HMI 显示正确
		道岔操作	功能正常，MMI、HMI 显示正确
		引导总锁及引导信号	功能正常，MMI、HMI 显示正确
13	车辆段/停车场与正线接口（联锁检查）		联锁关系正确
14	人工道岔操作	×××站	按照运营要求操作，在规定的时间内完成

③ 系统联调联试实施

a. 联调联试流程

（a）行调令各有岔站行车值班员将联调联试所涉及道岔钩锁器解除，并令各有岔站对道岔状态进行确认。

（b）组织工程车对联调联试区域进行巡道，巡道车由车场出发，以小于 20km/h 的速度对全线进行巡道。巡道结束后工程车停于车场内。

司机巡道完毕后将结果报行调,并至车场 DCC 报到。

(c) 参与联调联试人员、工器具到位。由安全保障组负责对车辆段/停车场及控制中心参与人员进行点名,并汇报现场负责人。由各站值班站长负责对各站内参与人员进行点名,并汇报现场负责人。

(d) 各系统集成商、供应商、监理、各专业维护人员对设备进行状态确认并报行调。列车司机检车完毕,将检车结果汇报场调,列车停于车库内。各车站值班站长向行调汇报联调联试线路空闲,线路出清,供电系统正常,站台无异物侵入限界。行调将联调联试准备情况向联调联试现场负责人报告。

(e) 联调联试总负责人宣布系统联调联试开始,系统联调联试正式实施。实施过程按联调联试项目依次进行。联调联试项目涉及多个车站的按照顺序依次进行。

(f) 宣布联调联试现场工作结束,各项目内容小结。

b. 联调联试具体安排

无动车系统联调联试主要涉及调度员、车站人员、司机的相关操作,以检验城市轨道交通系统的功能,同时锻炼操作人员的能力。站场平面如图 2-18 所示。

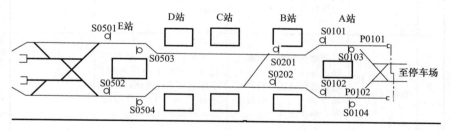

图 2-18 站场平面示意图

c. 联调联试操作过程,如表 2-108 所示。

无动车行车设备系统联调联试过程　　　表 2-108

序号	联调联试项目	调度操作	车站人员操作	司机操作
1	调度电话单呼测试(中心)	调度与车站、车辆段/停车场使用调度电话进行通话,行调逐站呼叫,车站逐站应答,调度进行记录	车站、车辆段/停车场值班员与调度使用调度电话进行通话,行调逐站呼叫,车站逐站应答,进行记录	

续表

序号	联调联试项目	调度操作	车站人员操作	司机操作
2	调度电话群呼（中心）	调度与车站、车辆段/停车场使用调度电话进行通话，行调进行群呼，车站逐站应答，调度令5min后所有车站使用调度电话呼叫调度，并对此次通话质量进行记录	车站、车辆段/停车场值班员与调度使用调度电话进行通话，行调进行群呼，车站逐站应答，进行记录	
3	调度电话单呼（车站）	调度与车站、车辆段/停车场使用调度电话进行通话，车站同时呼叫行调，行调逐站应答，调度进行记录	车站、车辆段/停车场值班员与调度使用调度电话进行通话，各站同时呼叫行调，行调逐站应答，进行记录	
4	调度电话群呼（车站）	调度与车站、车辆段/停车场使用公务电话进行通话，行调逐站呼叫，车站逐站应答，调度进行记录	车站、车辆段/停车场值班员与调度使用公务电话进行通话，行调逐站呼叫，车站逐站应答，进行记录	
5	无线车载台测试	调度与车站、车辆段/停车场使用800M手持电台进行通话，行调逐站呼叫，车站逐站应答，调度进行记录	车站、车辆段/停车场值班员与调度使用800M手持电台进行通话，行调逐站呼叫，车站逐站应答，调度进行记录	
6	时钟对时	调度对信号系统与时钟系统进行对时		
7		调度对综合监控系统与时钟系统进行对时		
8		调度通过车载无线电台与司机联系，对无线电台与车载DMI进行对时		与调度通过车载无线电台进行通话，与行调核对无线电台与车载DMI时间

续表

序号	联调联试项目	调度操作	车站人员操作	司机操作
9	广播测试	行调令各车站依次进行广播测试	车控室先进行预录广播播放,再进行人工广播,由站务员监听,监听完毕将结果告知行值,行值进行记录	
10		行调在中央对各车站依次进行广播测试,进行预录广播播放	站务员监听行调广播,监听完毕将结果告知行值,行值与行调核对内容后进行记录	
11		行调同时对所有车站进行人工广播	站务员监听行调广播,监听完毕将结果告知行值,行值与行调核对内容后进行记录	
12	调度对站台PIS发布信息测试	行调通过ISCS行调工作站向各车站站台PIS发布不同信息,令各车站站务员监视	各车站站务员监视站台PIS显示,监视完毕将结果告知行值,行值向行调汇报核对内容后进行记录	
13	车站站台发车端CCTV	行调令各车站站务员观察各车站站台发车端CCTV是否显示正确、清晰	各车站站务员监视,监视完毕将结果告知行值,由行值进行记录	
14	车站紧急停车测试	行调令各车站行值通过IBP盘进行上行站台紧急停车操作。行调通过MMI、大屏观察显示及报警情况,并进行记录	各车站行值通过IBP盘进行上行站台紧急停车操作,完成后向行调汇报HMI显示及报警情况,并进行记录	
15		行调令各车站行值通过IBP盘进行下行站台紧急停车操作。行调通过MMI、大屏观察显示及报警情况,并进行记录	各车站行值通过IBP盘进行下行站台紧急停车操作,完成后向行调汇报HMI显示及报警情况,并进行记录	

续表

序号	联调联试项目	调度操作	车站人员操作	司机操作
16	大屏与MMI显示正确性及一致性测试	行调检查大屏与MMI显示正确性及一致性		
17	中央对站台CCTV监视测试	行调在中央对各车站CCTV进行调看监视		
18	MMI、HMI操作	行调令各集中站行值将控制模式转换为站控	各集中站行值接行调令将控制模式转为站控	
19		行调令各集中站行值将控制权转为遥控	各集中站行值接行调令将控制模式转为遥控	
20		行调令各集中站行值将控制权转为紧急站控	各集中站行值接行调令将控制权转为紧急站控	
21		行调令各集中站行值将控制权转为站控	各集中站行值接行调令将控制权转为站控	
22		行调令各集中站行值将控制权转为遥控	各集中站行值接行调令将控制模式转为遥控	
23		行调令各集中站行值通过输入密码方式进行非请求站控	各集中站行值接行调令通过输入密码方式进行非请求站控	
24		行调令各集中站行值依次排列进路，每条进路排列完成后行调核对MMI及大屏显示，令各集中站行值取消该进路	各集中站行值根据调令排列进路，完成后根据调令取消进路	
25		行调令正线与车辆段/停车场接口站行值排列至出入段线的进路，通知场调排列至出入段线转换轨进路	车站行值排列进路，场调尝试排列至出入段线转换轨进路	
26		行调令正线与车辆段/停车场接口站行值取消至出入段线进路，通知场调排列至出入段线转换轨进路	车站行值取消进路，场调尝试排列至出入段线转换轨进路	

续表

序号	联调联试项目	调度操作	车站人员操作	司机操作
27	MMI、HMI 操作	行调令各集中站行值将辖区内道岔单操至定位，完成后行调核对 MMI 及大屏显示	各集中站行值接行调令将辖区内道岔单操至定位	
28		行调令各集中站行值将辖区内道岔单操至反位，完成后行调核对 MMI 及大屏显示	各集中站行值接行调令将辖区内道岔单操至反位	
29		行调令各集中站行值将辖区内道岔单锁，完成后行调核对 MMI 及大屏显示	各集中站行值接行调令将辖区内道岔单锁	
30		行调令各集中站行值将辖区内道岔解除单锁，完成后行调核对 MMI 及大屏显示	各集中站行值接行调令将辖区内道岔解除单锁	
31		行调令各集中站行值设置引导总锁	各集中站行值接行调令设置引导总锁	
32		行调令各集中站行值单操某一组道岔一个来回	各集中站行值尝试单操某一组道岔一个来回	
33		行调令各集中站行值开放信号机引导信号	各集中站行值开放信号机引导信号	
34		行调令各集中站行值取消信号机引导信号	各集中站行值取消信号机引导信号	
35		行调令各集中站行值取消引导总锁	各集中站行值取消引导总锁	
36	人工道岔操作	行调令各集中站手摇道岔办理接发车进路	行值接行调令，安排车站 2 名站务员至岔区准备手摇道岔	
37			站务员确认手摇道岔需要携带的工具，至岔区确认道岔位置、岔区无异物后待命	

续表

序号	联调联试项目	调度操作	车站人员操作	司机操作
38	人工道岔操作		行值向站务员布置进路	
39			站务员接受进路命令复诵确认后,进行手摇道岔操作并加钩锁。操作完毕向行值汇报	
40			行值确认手摇道岔到位,道岔表示正确后,将道岔单锁并设置引导总锁后开放引导信号	
41			行值向行调汇报进路准备妥当	
42		行调观察MMI显示,对进路进行确认。确认完毕通知对道岔上电恢复		

④ 联调联试说明

a. 联调联试过程中,A 站、信号维护人员需准备人工划轴模拟轮。有岔站需配备手摇道岔所需各类工具。

b. 手摇道岔操作过程仅为参考,具体实施规则按照运营分公司有关应急处置规定执行。

c. 联调联试过程中,行调与行值通过调度电话沟通,公务电话及 800M 手持电台作为备用;行值与站务员通过 400M 手持电台沟通,800M 手持电台作为备用;行调与司机通过车载无线电台沟通,800M 手持电台作为备用。

d. 所有参与系统联调联试人员及观察员均需对联调联试过程中发现的不正常设备表现进行记录。所有记录文件在系统联调联试结束后交由技术组汇总。

e. 若计轴系统有直接复位功能,在人工划轴科目完成后,信号供应商在行调允许后对正线非岔区遗留区段进行直接复位。

f. 公务电话测试前,需将所涉及站点用户号码提前统计告知各联调联试科目参与者。

⑤ 无动车行车设备系统联调联试记录表

联调联试记录如表 2-109~表 2-117 所示。

无动车行车设备联调联试中央测试记录表(1) 表 2-109

日期: 年 月 日			记录人:	
序号	科目	期望结果	是否正确	备注
1	调度电话逐一呼叫	调度电话功能正常,各站可逐一应答,通话清晰	□车辆段 □停车场 □设备集中站 □非设备集中站	
2	调度电话群呼	调度电话功能正常,各站可逐一应答,通话清晰	□车辆段 □停车场 □设备集中站 □非设备集中站	
3	调度电话同时呼入	调度电话功能正常,调度与各站可逐一应答,通话清晰	□车辆段 □停车场 □设备集中站 □非设备集中站	
4	公务电话逐一呼叫	公务电话功能正常,各站可逐一应答,通话清晰	□车辆段 □停车场 □设备集中站 □非设备集中站	
5	800M 手持电台通话	800M 手持电台功能正常,各站可逐一应答,通话清晰	□车辆段 □停车场 □设备集中站 □非设备集中站	
6	信号系统与时钟系统进行对时	信号系统与时钟系统时间一致同步,±3s	+/− (s)	
7	综合监控系统与时钟系统对时	综合监控系统与时钟系统时间一致同步,±3s	+/− (s)	

续表

序号	科目	期望结果	是否正确	备注
8	调度通过车载无线电台与司机联系	调度无线电台与车载无线电台功能正常，通话音质清晰	□合格 □不合格	
9	调度与司机对无线电台进行对时	车载无线电台与时钟系统时间一致同步	+/− （s）	
10	调度与司机对车载DMI进行对时	车载DMI与时钟系统时间一致同步	+/− （s）	
11	上行站台紧急停车	上行站台紧急停车后中央MMI及大屏有正确显示	□车辆段 □停车场 □设备集中站 □非设备集中站	
12	下行站台紧急停车	下行站台紧急停车后中央MMI及大屏有正确显示	□车辆段 □停车场 □设备集中站 □非设备集中站	
13	大屏与MMI显示正确性及一致性	大屏及MMI显示正确一致	□合格 □不合格	
14	中央对各车站CCTV调看监视	中央对各车站CCTV可进行调看，画面清晰，无卡滞	□车辆段 □停车场 □设备集中站 □非设备集中站	

问题记录：

第二章 CBTC信号系统调试

无动车行车设备系统联调联试中央测试记录表（2）　　表2-110

日期：	年　月　日		记录人：	
序号	科目	期望结果	是否正确	备注
1	遥控转站控	控制权可经申请、同意由遥控转为站控	□设备集中站	
2	站控转遥控	控制权可经申请、同意由站控转为遥控	□设备集中站	
3	遥控转紧急站控	控制权可不经申请、同意由遥控转为紧急站控	□设备集中站	
4	遥控转站控（非请求）	控制权可不经申请、同意，通过行值输入密码方式由遥控转为站控	□设备集中站	
5	各设备集中站进行进路排列及取消	各设备集中站所辖区域内进路正常排列、正常取消时，MMI及大屏显示正确	基本进路： □S0101-AZXLZ1（始终端：S0101，S0201） （含A站所有基本进路及折返进路）	
6	正线与车辆段/停车场接口（联锁检查）	出段线及入段线联锁关系正确	□正线排列至出段线转换轨进路后，车辆段/停车场无法排列至出段线转换轨进路 □车辆段/停车场排列至出段线转换轨进路后，正线无法排列至出段线转换轨进路 □正线排列至入段线转换轨进路后，车辆段/停车场无法排列至入段线转换轨进路 □车辆段/停车场排列至入段线转换轨进路后，正线无法排列至入段线转换轨进路	

续表

序号	科目	期望结果	是否正确	备注
7	中心对设备集中站辖区进路排列及取消	设备集中站所辖区域内进路可正常排列、正常取消，MMI及大屏显示正确	基本进路： □S0101-AZXLZ1（始终端：S0101，S0201） （含A站所有基本进路及折返进路）	
8	设备集中站道岔操作	设备集中站辖区内道岔进行单操至正反位、单锁，调度大厅MMI及大屏有正确显示	□P0101 定操 □P0101 反操 □P0101 单锁 □P0101 单锁解除	
9	引导总锁及引导信号	引导信号开放后调度大厅MMI及大屏有正确显示	□S0101	

问题记录：

无动车行车设备系统联调联试中央测试记录表（3） 表2-111

日期： 年 月 日	车站：	记录人：

序号	科目	期望结果	是否正确/时间	备注
1	手摇道岔	按照运营要求，在规定时间内完成		

问题记录：

无动车行车设备系统联调联试停车场测试记录表　　表 2-112

日期： 年 月 日		段场名：	记录人：	
序号	科目	期望结果	是否正确	备注
1	调度电话逐一呼叫	调度电话功能正常，通话清晰	□合格 □不合格	
2	调度电话群呼	调度电话功能正常，通话清晰	□合格 □不合格	
3	调度电话同时呼入	调度电话功能正常，通话清晰	□合格 □不合格	
4	公务电话逐一呼叫	公务电话功能正常，通话清晰	□合格 □不合格	
5	800M 手持电台通话	800M 手持电台与中心通话功能正常，通话清晰	□合格 □不合格	
6	正线与停车场接口（联锁检查）	出段线及入段线联锁关系正确	□正线排列至出段线转换轨进路后，车辆段/停车场无法排列至出段线转换轨进路 □正线排列至入段线转换轨进路后，车辆段/停车场无法排列至入段线转换轨进路	

问题记录：

无动车行车设备系统联调联试车站测试记录表（1）　　表 2-113

日期： 年 月 日		车站：	记录人：	
序号	科目	期望结果	是否正确	备注
1	调度电话逐一呼叫	调度电话功能正常，通话清晰	□合格 □不合格	
2	调度电话群呼	调度电话功能正常，通话清晰	□合格 □不合格	
3	调度电话同时呼入	调度电话功能正常，通话清晰	□合格 □不合格	
4	公务电话逐一呼叫	公务电话功能正常，通话清晰	□合格 □不合格	
5	800M 手持电台通话	800M 手持电台与中心通话功能正常，通话清晰	□合格 □不合格	
6	中央对车站进行预录广播播放	中央对车站可进行预录广播播放，音质清晰	□合格 □不合格	
7	中央同时对所有车站进行人工广播	中央对车站可进行人工广播，音质清晰	□合格 □不合格	
8	中央对车站站台 PIS 屏进行信息控制	中央对车站站台 PIS 屏可进行信息控制，内容清晰、正确	□合格 □不合格	
9	站台发车端 CCTV	站台发车端 CCTV 显示正确，清晰	□合格 □不合格	
10	上行站台紧急停车	上行站台紧急停车后 HMI 有正确显示，有声光报警	□合格 □不合格	
11	下行站台紧急停车	下行站台紧急停车后 HMI 有正确显示，有声光报警	□合格 □不合格	

问题记录：

第二章 CBTC 信号系统调试

无动车行车设备系统联调联试车站测试记录表（2）　　表 2-114

日期：	年 月 日	车站：设备集中站	记录人：	
序号	科目	期望结果	是否正确	备注
1	遥控转站控	控制权可经申请、同意由遥控转为站控	□合格 □不合格	
2	站控转遥控	控制权可经申请、同意由站控转为遥控	□合格 □不合格	
3	遥控转紧急站控	控制权可不经申请、同意由遥控转为紧急站控	□合格 □不合格	
4	遥控转站控（非请求）	控制权可不经申请、同意，通过行值输入密码方式由遥控转为站控	□合格 □不合格	
5	各设备集中站进行进路排列及取消	各设备集中站所辖区域内进路可正常排列、正常取消，HMI显示正确	基本进路： □S0101-AZXLZ1 （始终端：S0101，S0201） （含A站所有基本进路及折返进路）	
6	正线与车辆段/停车场接口（联锁检查）	出段线及入段线联锁关系正确	□车辆段/停车场排列至出段线转换轨进路后，正线无法排列至出段线转换轨进路 □车辆段/停车场排列至入段线转换轨进路后，正线无法排列至入段线转换轨进路	

167

续表

序号	科目	期望结果	是否正确	备注
7	中心进行进路排列及取消	中心对设备集中站所辖区域内进路进行正常排列、正常取消时，HMI显示正确	基本进路： ☐S0101-AZXLZ1（始终端：S0101，S0201） ☐（含A站所有基本进路及折返进路）	
8	道岔操作	集中站对辖区内道岔可进行单操至正反位、单锁，HMI有正确显示	☐P0101 定操 ☐P0101 反操 ☐P0101 单锁 ☐P0101 单锁解除	
9	引导总锁	设置引导总锁后，道岔不可再操动	☐P0101	
10	引导信号	引导信号可开放，HMI有正确显示	☐S0101	

问题记录：

人员安排表 表 2-115

分组名称	姓名	联系电话	地点	备注
联调联试总负责人			调度大厅	
联调联试现场负责人			调度大厅	
调度组			调度大厅	调度值班主任
调度组			调度大厅	行调
调度组			调度大厅	电调
调度组			调度大厅	环调
调度组			车辆段/停车场	车场调度
调度组			车辆段/停车场	信号楼值班员
司机			车辆段/停车场	巡道车司机
站务			车站	值班站长
站务			车站	值班站长
车站设备组 行车设备组			控制中心	综合监控维护人员
车站设备组 行车设备组			控制中心	综合监控供应商
车站设备组 行车设备组			控制中心	信号供应商负责人
车站设备组 行车设备组			控制中心	通信供应商负责人
车站设备组 行车设备组			车辆段/停车场	巡道车辆维护人员
车站设备组 行车设备组			车辆段/停车场	巡道车辆供应商
车站设备组 行车设备组			设备集中站	通信维护人员
车站设备组 行车设备组			设备集中站	通信供应商人员
车站设备组 行车设备组			设备集中站	信号维护人员
车站设备组 行车设备组			设备集中站	信号供应商人员
车站设备组 行车设备组			非设备集中站	通信维护人员
车站设备组 行车设备组			非设备集中站	通信供应商人员
安全保障组			控制中心、车辆段/停车场及各车站巡视	
后勤保障组				

无动车行车设备系统联调联试问题记录表　　表 2-116

地点：	日期：
联调联试问题记录：	
业主代表	
运营分公司代表	
项目公司	
监理、设计	

无动车行车设备系统联调联试项目小结评估表　　表 2-117

系统联调联试科目			
时间	年　　月　　日	地点或区段	
内容			
结果评估			
存在问题			
整改措施			
签字	业主代表		年　　月　　日
	运营分公司代表		年　　月　　日
	承包商/供货商		年　　月　　日
	监理		年　　月　　日

2) 单列车行车设备系统联调联试

① 系统联调联试范围及目的

联调联试范围：新线全线车站、区间、车辆段、停车场及控制中心。

联调联试目的：

a. 通过单列车运行检验，对行车有关设备的技术状态及其联动功能进行检测和检验，为双列车联调联试做准备。

b. 检验行车各岗位人员行车业务技能、行车设备设施操作能力及应急处置能力，行车各岗位之间的协作能力。

c. 检验行车设备相关维护部门的应急处理抢修组织流程是否合理、有效，人员处置技能是否培训到位。

② 系统联调联试科目

系统联调联试科目如表2-118所示。

单列车行车设备系统联调联试科目　　　　表 2-118

科目	分类
出场时分	CBTC
	BM
入场时分	CBTC
	BM
区间运行时分查定	运行等级1
	运行等级2
	BM
屏蔽门与车门联动同步	手动
	半自动
	自动
中央调取列车图像	
线路停车牌位置验证	
车站紧急停车	
跳停	
扣车	中央
	车站
限速	
超速	
列车退行	

续表

科目	分类
列车紧急停车按钮激活	
列车催发	
交路道岔检验及折返时间查定	CBTC A 站
	CBTC A 站-ATB 站台按钮
	CBTC A 站-ATB 列车按钮
	CBTC E 站
	CBTC E 站-ATB 站台按钮
	BM A 站
屏蔽门稳定性	
车门及屏蔽门夹物	车门夹物
	屏蔽门夹物
屏蔽门故障对列车运行影响	列车进站前
	列车出站前（互锁解除）
ATO 停站精度	CBTC
	BM
车门紧急拉手测试	
DMI 显示正确性	
DMI 与发车表示器倒计时一致性	
列车区间火灾	
列车区间阻塞	
乘客列车呼叫	
广播	列车自动广播
	列车人工广播
	站台预告到站广播
	OCC 对列车广播
PIS	车站 PIS 显示
	列车 PIS 显示
后备模式出站闯红灯安全制动功能	A 站上行出站
	E 站下行出站
列车 LED	
800M 覆盖	
无线台通话测试	

续表

科目	分类
车载无线台站名显示及注册	停车场
	正线站台及区间
故障模拟	LC 故障
	ZC 故障
	区段车地通信故障
	列车通信故障
	LATS 故障
	中央 ATS 故障
	计轴受扰
网压监测	

③ 系统联调联试实施

a. 联调联试流程

（a）行调令各有岔站行车值班员将联调联试所涉及道岔钩锁器解除，并令各有岔站对道岔状态进行确认。

（b）组织工程车对联调联试区域进行巡道，巡道车由车场出发，以小于 20km/h 的速度对全线进行巡道。巡道结束后工程车停于车场内。司机巡道完毕后将结果报行调，并至车场 DCC 报到。

（c）参与联调联试人员、工器具到位。由安全保障组负责对车辆段/停车场及控制中心参与人员进行点名，并汇报现场负责人。由各站值班站长负责对各站内参与人员进行点名，并汇报现场负责人。

（d）各系统集成商、供应商、监理、各专业维护人员对设备进行状态确认并报行调。列车司机检车完毕，将检车结果汇报场调，列车停于车库内。各车站值班站长向行调汇报联调联试线路空闲，线路出清，供电系统正常，站台无异物侵入限界。行调将联调联试准备情况向联调联试现场负责人报告。

（e）联调联试总负责人宣布系统联调联试开始，系统联调联试正式实施。实施过程按联调联试项目依次进行。联调联试项目涉及多个车站的按照顺序依次进行。

（f）宣布联调联试现场工作结束，各项目内容小结。

b. 联调联试具体安排

站场平面示意图如图 2-19 所示。

第二章 CBTC 信号系统调试

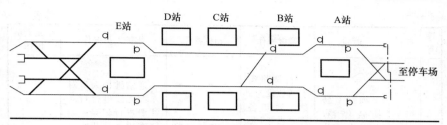

图 2-19 站场平面示意图

（a）联调联试项目：列车出场时分查定、列车区间运行时分查定（运行等级 2）、A 站交路道岔检验及折返时间查定（列车按钮）、屏蔽门与车门联动同步性检验（半自动）、列车 ATO 停站精度检验（CBTC）、列车无线电台通话测试、停车场无线电台站名显示检验、车载无线电台自动注册检验、列车自动广播检验、列车 PIS 信息检验、列车 LED 信息检验、站台 PIS 信息检验、站台列车进站预报广播检验、网压监测、屏蔽门稳定性监测。

联调联试过程如表 2-119 所示。

单列车行车设备系统联调联试过程（1）　　　表 2-119

序号	项目	时机	调度操作	司机操作	维护人员操作	车站人员操作
1	准备工作	列车出场前检车		进行出车前检车工作	通信维护人员进行车载无线电台站名显示检验；车辆维护人员将检测列车数据专用电脑连接妥当；信号维护人员 2 将米尺分别固定于两端车头左侧第二扇车门处地板上 50cm 处与车门中心对齐；信号维护人员 1 与车载 DMI 显示时间进行对表	
2	列车出场时分查定		车场调度排列列车停车股道至出场线转换轨进路并通知司机动车	以 RM 模式根据信号机显示动车	信号维护人员 1 开始记录列车出场时分，车辆维护人员及变电所内供电维护人员开始监测网压数据	

续表

序号	项目	时机	调度操作	司机操作	维护人员操作	车站人员操作
3	车载无线电台自动注册检验	列车至转换轨停稳，ATS自动分配列车车次号，至A站下行站台进路自动触发排列完毕，车载无线电台自动完成正线注册转换	行调将运行等级设为2级，通知各车站做好PIS信息检验及列车进站预报广播检验，通知司机将车门控制模式设置为半自动，以ATO模式从转换轨进入正线运行至A站下行站台	将车门控制模式设为半自动，按压ATO动车按钮，以ATO模式动车至A站下行站台对位	通信维护人员对车载无线电台自动注册进行记录；车辆维护人员开始对列车自动广播进行检验，进行列车PIS信息检验、列车LED信息检验；信号维护人员2开始进行屏蔽门与车门联动性检验、ATO停站精度检验，各车站屏蔽门维护人员开始监测屏蔽门状态	各车站站务员开始进行PIS信息检验及列车进站预报广播检验
4	列车区间运行时分查定	列车至A站下行站台停稳，列车门自动打开	调度与司机核对图定发点，令司机按照发车表示器倒计时动车，站站停，开关门	与调度核对图定发点	信号维护人员1开始记录列车区间运行时分	
5		发车表示器倒数至10s		按压关门按钮，车门关闭后按压ATO按钮发车		
6	车载无线电台通话测试	列车运行至A站至大磲站上行区间	行调通过无线调度台呼叫司机，并对通话质量进行记录（本圈内各区间及站台都需进行本项内容）	司机通过车载无线电台应答（本圈内各区间及站台都需进行本项内容）		

续表

序号	项目	时机	调度操作	司机操作	维护人员操作	车站人员操作
7	折返时间查定	列车以ATO模式运行至E站下行站台停稳，开关门作业完毕后	行调令司机以ATO模式进入E站上行折返线进行折返作业	一名司机携带列车主控钥匙至上行端司机室监护待命；另一名司机留于下行端司机室，与上行端司机进行换端操作	信号维护人员1开始记录E站折返时分；信号维护人员2跟随司机换端，并对折返后E站上行站台停站精度进行记录	
8	折返时分查定	列车折返至E站上行站台		下行端司机室司机换端；上行端司机检查各按钮位置，插入主控钥匙并激活列车，按照发车表示器倒计时完成开关门作业后按压ATO模式动车		
9		列车以ATO模式运行至A站上行站台停稳，开关门作业完毕后	行调令列车进行自动折返，按压列车ATB按钮方式，双端司机监护	一名司机携带列车主控钥匙至下行端司机室监护待命，将车门控制模式设置为半自动，不得插入主控钥匙；另一名司机留于上行端司机室，将列车主控钥匙拔出，按压ATB按钮	信号维护人员1记录A站折返时分；信号维护人员2跟随司机换端，并对折返后A站下行站台停站精度进行记录	
10	ATB自动折返测试	列车以ATB模式自动折返过程中		两名司机分处不同端司机室，进行瞭望监护、确认道岔位置		

（b）联调联试项目：列车区间运行时分查定（运行等级1）、列车出场时分查定、列车门与屏蔽门联动同步性检验（半自动）、ATO停站精度检验、列车自动广播检验、列车PIS信息检验、列车LED信息检验、站台PIS信息检验、站台预告到站广播检验、网压监测、屏蔽门稳定性监测。

联调联试过程如表2-120所示。

单列车行车设备系统联调联试过程（2）　　　表2-120

序号	项目	时机	调度操作	司机操作	维护人员操作	车站人员操作
1	列车区间运行时分查定、列车出场时分查定、列车门与屏蔽门联动同步性检验（半自动）、ATO停站精度检验、列车自动广播检验、列车PIS信息检验、列车LED信息检验、站台PIS信息检验、站台预告到站广播检验、网压监测、屏蔽门稳定性监测	列车停于A站下行站台	调度令司机根据发车表示器倒数以ATO模式发车，站站停，开关门，开门模式为半自动模式	根据发车表示器倒计时完成开关门作业，按压ATO按钮发车	车辆维护人员继续对列车自动广播进行检验，进行列车PIS信息检验、列车LED信息检验；信号维护人员1继续进行区间运行时分记录；信号维护人员2继续进行车门与屏蔽门联动测试以及ATO停站精度测试；各车站屏蔽门维护人员开始监测屏蔽门状态	各车站站务员继续进行PIS信息检验及列车进站预报广播检验
2		列车以ATO模式运行至E站下行站台停稳开关门作业完毕后	调度令司机以CBTC-ATO模式进行折返	一名司机携带列车主控钥匙至上行端司机室将车门控制模式设置为半自动模式待命；另一名司机留于下行端司机室，与上行端司机进行换端操作	信号维护人员2跟随司机换端，并对折返后E站上行站台停站精度进行记录	
3		列车以ATO模式运行，通过B站站前岔区，运行至B站下行站台			信号维护人员1记录A站折返时分，信号维护人员2对进站后B站下行站台停站精度进行记录	

(c) 联调联试项目：后备模式下列车出场时分查定、后备模式下列车区间运行时分查定、后备模式下 A 站及 E 站交路道岔检验及折返时间查定、后备模式下列车 ATO 停站精度检验、列车自动广播检验、列车 PIS 检验、列车 LED 检验、站台到站预告广播检验、站台 PIS 检验、网压监测、屏蔽门稳定性监测。

联调联试过程如表 2-121 所示。

单列车行车设备系统联调联试过程（3） 表 2-121

序号	项目	时机	调度操作	司机操作	维护人员操作	车站人员操作
1	准备工作	列车出场前检车	调度令 A 站信号维护人员将 ZC 关闭	进行出车前检车工作	车辆维护人员将检测列车数据专用电脑连接妥当；信号维护人员 2 将米尺分别固定于两端车头左侧第二扇车门处地板上 50cm 处与车门中心对齐；信号维护人员 1 与车载 DMI 显示时间进行对表；A 站信号维护人员接令关闭 ZC	
2	出场时分查定、网压测试		场段调度排列列车停车股道至转出场线换轨进路并通知司机动车	以 RM 模式根据信号机显示动车	信号维护人员 1 开始记录列车出场时分，车辆维护人员及变电所内供电维护人员开始监测网压数据	
3	车载无线电台自动注册测试	列车至转换轨停稳，ATS 自动分配列车车次号，至 A 站下行站台进路自动触发排列完毕，车载无线电台自动完成正线注册转换	行调通知各车站做好 PIS 信息检验及列车进站预报广播检验，通知司机以 RM 模式越过前方开放的信号机后转换为 BM-ATO 模式进入正线运行至 A 站下行站台，手动进行车门操作	以 RM 模式越过前方开放的信号机后转换为 BM-ATO 模式进入正线运行至 A 站下行站台	车辆维护人员开始对列车自动广播进行检验，进行列车 PIS 信息检验、列车 LED 信息检验；信号维护人员 2 开始进行 ATO 停站精度检验；各车站屏蔽门维护人员开始监测屏蔽门状态	各车站站务员开始进行 PIS 信息检验及列车进站预报广播检验

续表

序号	项目	时机	调度操作	司机操作	维护人员操作	车站人员操作
4	区间运行时分查定、停站精度测试、屏蔽门联动测试	列车至A站下行站台停稳	调度与司机核对图定发点，令司机按照发车表示器倒计时动车，站站停，开关门	手动打开车门、与调度核对图定发点	信号维护人员1开始记录列车区间运行时分	
5		发车表示器倒数至10s		手动关闭车门、确认车门与屏蔽门关闭后按压ATO按钮发车		
6	交路折返时间查定	列车以ATO模式运行至E站下行站台停稳，开关门作业完毕后	行调令列车以ATO模式进行双司机折返	一名司机携带列车主控钥匙至下行端司机室监护待命，不得插入主控钥匙；另一名司机留于上行端司机室，以ATO模式动车进入折返线对准后停车	信号维护人员1开始记录E站折返时分；信号维护人员2跟随司机换端，并对折返后E站上行站台停站精度进行记录	
7		列车在折返线停车后		上行端司机拔出主控钥匙，并通过司机室对讲通知下行端司机激活司机室；下行端司机接到通知插入主控钥匙，激活司机室，根据轨旁信号，确认道岔位置，以RM模式动车，收到速度码后转为BM-ATO驾驶模式		
8		列车折返至E站上行站台		下行端司机室司机换端；下行端司机按照发车表示器倒计时手动完成开关门作业后按压ATO模式动车		

第二章 CBTC 信号系统调试

续表

序号	项目	时机	调度操作	司机操作	维护人员操作	车站人员操作
9	交路折返时间查定	列车以ATO模式运行至A站上行站台停稳，开门作业完毕后	行调令列车以ATO模式进行双司机折返换端	一名司机携带列车主控钥匙至下端司机室监护待命，不得插入主控钥匙；另一名司机留于上行端司机室，以ATO模式动车进入折返线对准后停车	信号维护人员1开始记录A站、站折返时分；信号维护人员2跟随司机换端，并对折返后A站下行站台停站精度进行记录	
10		列车在折返线停车后		上行端司机拔出主控钥匙，并通过司机室对讲通知下行头司机激活司机室；下行端司机接到通知插入主控钥匙，激活司机室，根据轨旁信号，确认道岔位置，以RM模式动车，收到速度码后转为BM-ATO驾驶模式		

（d）联调项目：列车运行中车门紧急拉手测试、车站紧急停车对列车的影响测试、列车区间阻塞联动测试、列车区间隧道火灾联动测试、列车超速、列车内乘客紧急呼叫测试、模拟屏蔽门夹物、模拟车门夹物、屏蔽门故障、屏蔽门与信号互锁解除、E站交路道岔检验及折返时间查定、存车线区域及折返线区域800M覆盖测试。

联调联试过程如表2-122所示。

单列车行车设备系统联调联试过程（4）　　　　表2-122

序号	项目	时机	调度操作	司机操作	维护人员操作	车站人员操作
1	准备工作	列车出场前检车		进行出车前检车工作	车辆维护人员将检测列车数据专用电脑连接妥当；信号维护人员1与车载DMI显示时间进行对表	

续表

序号	项目	时机	调度操作	司机操作	维护人员操作	车站人员操作
2	网压测试		场段调度排列列车停车股道至转出场线换轨进路并通知司机动车	以 RM 模式根据信号机显示动车	车辆维护人员及变电所内供电维护人员开始监测网压数据	
3		列车至出场线转换轨停稳	行调分配列车车次号,以设置目的地码方式排列列车进路至 A 站下行站台,进路排列完毕后令司机以 ATPM 模式运行至 A 站下行站台	接行调令后依照速度码显示以 ATPM 模式动车		
4	列车运行中车门紧急拉手测试	列车至 A 站下行站台停稳	行调设置列车目的地为 E 站折返线折返,通知列车上车辆维护人员在列车出站后拉动车门紧急拉手,通知 B 站行值在列车上行进站过程中在 IBP 盘上进行上行紧急停车操作,通知司机以 ATPM 模式动车离站	接行调令后依照速度码显示以 ATPM 模式动车		
5		列车 A 站下行出站			车辆维护人员拉动列车车门紧急拉手	
6		列车迫停后	行调令车辆维护人员恢复列车车门紧急拉手后,司机以 ATPM 模式继续动车运行	记录测试情况,接行调令后依照速度码显示以 ATPM 模式动车	恢复列车车门紧急拉手	

续表

序号	项目	时机	调度操作	司机操作	维护人员操作	车站人员操作
7	列车运行中站台紧急停车测试	B站下行进站过程中				B站行值对下行站台进行紧急停车操作（IBP）
8		列车追停后	记录车站紧急停车测试情况，令B站行值取消紧急停车，令C站站务员对C站下行站台进行紧急停车操作（站台按钮）	记录车站紧急停车测试情况		B站行值接行调令取消紧急停车，C站站务员接行调令对C站上行站台进行紧急停车操作（站台按钮）
9		B站下行紧急停车取消后	行调令司机以ATPM模式运行，B站下行站台对位进行开关门操作后继续运行	接行调令后依照速度码显示以ATPM模式动车对位进行开关门操作后继续运行		
10		列车于C站下行站台外无速度码停车	记录车站紧急停车测试情况，令司机待命	记录车站紧急停车测试情况		

续表

序号	项目	时机	调度操作	司机操作	维护人员操作	车站人员操作
11	区间阻塞联动测试	迫停时间过长，触发列车区间阻塞联动提示	环调确认阻塞联动提示后，不启动联动模式，通知行调有联动提示，行调进行记录后令C站行值取消紧急停车			C站行值接令后取消紧急停车
12		C站下行紧急停车取消后	行调令司机以ATPM模式运行，C站下行站台对位进行开关门操作后继续运行	接行调令后依照速度码显示以ATPM模式动车对位进行开关门操作后继续运行		
13	车门和屏蔽门夹物测试	列车运行至D站下行站台开门后	行调令D站屏蔽门维护人员对D站下行第一扇屏蔽门放置模拟障碍物，令车辆维护人员对第二扇车门放置模拟障碍物		D站屏蔽门维护人员对D站下行第一扇屏蔽门放置模拟障碍物，车辆维护人员对第二扇车门放置模拟障碍物	
14		障碍物放置完毕	行调令司机关闭车门及屏蔽门	关闭车门及屏蔽门，观察DMI是否有车门及屏蔽门状态正确显示、是否有速度码并进行记录		
15		车门及屏蔽门关闭遇阻后完全开启	行调令D站屏蔽门维护人员及车辆维护人员撤去障碍物，令司机再次进行开关门作业	再次进行开关车门及屏蔽门作业，并记录情况	D站屏蔽门维护人员及车辆维护人员撤去障碍物	

续表

序号	项目	时机	调度操作	司机操作	维护人员操作	车站人员操作
16	屏蔽门故障测试	车门及屏蔽门关闭	行调令司机以ATPM模式继续运行	接令以ATPM模式继续运行		
17		列车从D站发车	行调令E站屏蔽门维护人员对E站下行屏蔽门设置单扇门故障，令司机以ATPM模式动车离站	接行调令以ATPM模式动车离站	E站屏蔽门维护人员对E站下行屏蔽门设置单扇门故障	
18		列车运行至E站下行站台前迫停	行调令E站站务员对E站下行故障屏蔽门进行切除操作			E站站务员接令切除故障屏蔽门（上下行站台都需要切除）
19	屏蔽门与信号切除测试	故障屏蔽门切除后	行调令司机以ATPM模式进站对位开关门继续运行	司机接令以ATPM模式进站对位开关门继续运行		
20		列车出E站下行站台区域	行调对屏蔽门故障模拟科目进行过程记录，令E站屏蔽门维护人员恢复故障屏蔽门		E站屏蔽门维护人员恢复故障屏蔽门	
21	800M无线测试	列车运行至E站下行站台开关门作业完毕	行调令司机以ATO模式，单机折返，在列车运行至E站存车线过程中与列车上通信维护人员使用800M手持电台进行通话	接令后以ATO模式动车折返	通信维护人员在列车运行至E站存车线过程中与行调使用800M手持电台进行通话并进行记录；信号维护人员1开始记录折返用时	

续表

序号	项目	时机	调度操作	司机操作	维护人员操作	车站人员操作
22		列车运行至E站存车线停稳	行调设置列车目的地为A站折返线折返	2名司机在列车停稳后同时换端		
23	折返时分查定	进路排列完毕，司机换端完毕	行调令司机以ATO模式运行至E站上行站台开关门作业后待命	接令后以ATO模式动车		
24		列车行驶至E站上行站台开关门作业完毕	行调令司机以ATPM模式出站，完全驶离站台运行至D站至E站上行区间内停车待命	接令后以ATPM模式动车		
25		列车行至E站至D站上行区间内停车	行调令车辆维护人员对列车烟雾探测器进行吹烟		车辆维护人员对列车烟雾探测器进行吹烟	
26	区间隧道火灾联动测试	触发列车区间隧道火灾联动提示	环调确认联动提示后，不启动联动模式，通知行调有联动提示，行调进行记录，令车辆维护人员取消报警	司机确认驾驶室内报警信息后进行记录	车辆维护人员接令后取消报警	
27		报警恢复后	行调令司机以ATPM模式继续运行至D站上行站台开关门作业后待命	以ATPM模式继续运行至D站上行站台		

第二章 CBTC 信号系统调试

续表

序号	项目	时机	调度操作	司机操作	维护人员操作	车站人员操作
28	超速测试	列车运行至 D 站上行站台开关门作业后	行调令司机以 ATPM 模式离站,以超过 DMI 所示限速运行	接行调令后以 ATPM 模式离站,以超过 DMI 所示限速运行		
29		列车发生紧急制动后	行调令司机缓解制动以 ATPM 模式继续运行	司机记录相应情况,接行调令后以 ATPM 模式继续运行		
30	紧急呼叫测试	列车运行至 C 站上行站台	行调令车辆维护人员进行列车内乘客紧急呼叫测试	司机与车辆维护人员通话后,进行测试记录	车辆维护人员在客室通过紧急呼叫与司机通话	

(e) 联调项目:ZC 故障模拟、区段突发车地通信故障模拟。

联调过程如表 2-123 所示。

单列车行车设备系统联调联试过程(5) 表 2-123

序号	项目	时机	调度操作	司机操作	维护人员操作	车站人员操作
1		列车至 A 站下行站台停稳	调度令司机根据发车表示器倒计时以 CBTC-ATPM 模式动车离站			
2	ZC 故障模拟	发车表示器倒数至 10s		关闭车门与屏蔽门,确认车门与屏蔽门关闭后以 CBTC-ATPM 模式离站		
3		列车驶离 A 站下行站台后	行调令 A 站信号维护人员关闭 ZC		A 站信号维护人员接令后关闭 ZC	

续表

序号	项目	时机	调度操作	司机操作	维护人员操作	车站人员操作
4	ZC故障模拟	列车立刻发生紧急制动	行调令司机以RM模式向前运行，直至BM-ATPM模式可用后转换模式以ATPM模式继续运行，手动进行车门操作	司机报行调列车发生紧急制动		
5		列车继续运行至C站至D站下行区间，驶离关闭ZC控制区域后自动升级为CBTC模式	行调令司机以CBTC-ATPM模式继续运行	接调度令以CBTC-ATPM模式继续运行		
6		列车驶离D站下行站台后	行调令D站信号维护人员关闭C站至D站下行AP		D站信号维护人员接令后关闭AP	
7	区段突发通信故障模拟	列车立刻发生紧急制动	行调令司机以RM模式向前运行，直至BM-ATPM模式可用后转换模式以ATPM模式继续运行，手动进行车门操作	司机报行调列车发生紧急制动		
8		列车继续运行至D站下行站台，驶离关闭AP区域后自动升级为CBTC模式	行调令司机以CBTC-ATPM模式继续运行	接调度令以CBTC-ATPM模式继续运行		

续表

序号	项目	时机	调度操作	司机操作	维护人员操作	车站人员操作
9	ZC故障模拟	列车在E站折返后继续运行至D站至C站上区间，进入关闭ZC控制区域后发生紧急制动	行调令司机以RM模式向前运行，直至BM-ATPM模式可用后转换模式以ATPM模式继续运行，手动进行车门操作	司机报行调列车发生紧急制动		
10		列车运行至C站上行站台	行调令A站信号维护人员开启ZC		A站信号维护人员接令后开启ZC	
11		ZC开启后列车自动升级为CBTC模式	行调令司机以CBTC-ATPM模式继续运行	接行调令后以CBTC-ATPM模式继续运行		

④ 联调联试说明

a. 若联调联试过程中发生时间超过问题，为避免实际运行时分与运行图偏离过大，应考虑由信号供应商当场修改运行图，具体情况由联调联试现场负责人决定。

b. 单司机折返是指：2名司机在进入折返轨前处于同一驾驶室，折返轨停稳后2名司机换端行走至另一司机室进行换端操作，继续折返过程。双司机折返是指：列车在折返轨停稳前，2 名司机分处不同端司机室。列车在折返轨停稳后，2 名司机立刻进行驾驶室激活端换端操作并继续折返过程。

c. 列车进站过程中受各类因素影响发生紧急制动或者迫停于站外，外界影响因素消除后列车必须以人工驾驶模式进入站台进行对位。以 ATO 模式运行可能会导致列车跳停该站。

d. 联调联试涉及科目需列车以 BM 模式运行。BM 模式下运行列车将在经过一个初始化有效有源信标时获得后备模式变量，该变量为 AT-PM 以及 ATO 模式运行的必要条件。该变量有时间限制，超过时限未重新获得有效变量列车将无法以 ATPM 以及 ATO 模式运行。必须以 RM 模式运行通过一个初始化有效有源信标才可再次获得该变量从而建立模式。

e. 列车在 BM 模式下，无论如何设置门控位置，都需要司机手动进行开关车门作业。

f. 联调联试过程中屏蔽门维护人员在列车未进站时位于屏蔽门机械室，监测屏蔽门关闭锁紧信息是否连续稳定，在列车进站时至列车进站侧站台监视屏蔽门开启关闭动作是否正确；车辆维护人员在列车上通过电脑监测网压数据是否在正常值范围内，并在每圈完成后统计过压或欠压次数；供电维护人员在变电所内监测网压数据，并在每圈完成后统计过压或欠压次数。

g. 所有参与系统联调联试人员及观察员均需对联调联试过程中发现的不正常设备表现进行记录。所有记录文件在系统联调联试结束后交由联调联试小组汇总。

h. 联调联试过程中，行调与行值通过调度电话沟通，公务电话及 800M 手持电台作为备用；行值与站务员通过 400M 手持电台沟通，800M 手持电台作为备用；行调与司机沟通通过车载无线电台，800M 手持电台作为备用。

i. 测试前行调需将与其他线路联络线道岔操作到相应位置，并使用钩锁器进行加固。

⑤单列车行车设备系统联调联试记录表

单列车行车设备系统联调联试记录表（信号维护人员填写见表 2-124～表 2-133）。

列车区间运行时分记录表（1） 表 2-124

日期： 年 月 日		列车号：		记录人：	
第 圈		列车运行模式：		运行等级：	
车站	上行				
	停稳时分	启动时分	停站时间（s）	区间运行时间（s）	

备注：

列车区间运行时分记录表（2） 表 2-125

日期： 年 月 日		列车号：		记录人：	
第 圈		列车运行模式：		运行等级：	
车站	下行				
	停稳时分	启动时分	停站时间（s）	区间运行时间（s）	

备注：

列车出入场运行时分记录表

表 2-126

日期: 年 月 日		第 圈	日期: 年 月 日		第 圈
列车号:	记录人:		列车号:	记录人:	
出场			入场		
列车运行模式			列车运行模式		
停车股道			停车股道		
车辆段/停车场内列车启动时分			A站上行站台启动时分		
出场信号机前停稳时分			转换轨停稳时分		
转换轨停稳时分			入场信号机前停稳时分		
A站下行站台停稳时分			车辆段/停车场内列车停稳时分		
列车段内启动至停稳A站下行站台耗时（s）			列车A站上行站台启动至段内停稳耗时（s）		
日期: 年 月 日		第 圈	日期: 年 月 日		第 圈
列车号:	记录人:		列车号:	记录人:	
出场			入场		
列车运行模式			列车运行模式		
停车股道			停车股道		
车辆段/停车场内列车启动时分			A站上行站台启动时分		
出场信号机前停稳时分			转换轨停稳时分		
转换轨停稳时分			入场信号机前停稳时分		
A站下行站台停稳时分			车辆段/停车场内列车停稳时分		
列车段内启动至停稳A站下行站台耗时（s）			列车A站上行站台启动至段内停稳耗时（s）		
备注:					

列车折返时分记录表

表 2-127

日期: 年 月 日		第 圈	日期: 年 月 日		第 圈
列车号:	记录人:		列车号:	记录人:	
折返路径: 站 行经 折返至 站 行			折返路径: 站 行经 折返至 站 行		
列车运行模式			列车运行模式		
列车折返启动时分			列车折返启动时分		
列车折返线/小站台/存车线停稳时分			列车折返线/小站台/存车线停稳时分		
司机换端完成时分			司机换端完成时分		
列车折返线/小站台/存车线启动时分			列车折返线/小站台/存车线启动时分		
列车完成折返停稳时分			列车完成折返停稳时分		
列车启动至停稳折返耗时（s）			列车启动至停稳折返耗时（s）		
日期: 年 月 日		第 圈	日期: 年 月 日		第 圈
列车号:	记录人:		列车号:	记录人:	
折返路径: 站 行经 折返至 站 行			折返路径: 站 行经 折返至 站 行		
列车运行模式			列车运行模式		
列车折返启动时分			列车折返启动时分		
列车折返线/小站台/存车线停稳时分			列车折返线/小站台/存车线停稳时分		
司机换端完成时分			司机换端完成时分		
列车折返线/小站台/存车线启动时分			列车折返线/小站台/存车线启动时分		
列车完成折返停稳时分			列车完成折返停稳时分		
列车启动至停稳折返耗时（s）			列车启动至停稳折返耗时（s）		
备注:					

列车车门与屏蔽门联动测试记录表　　　　表 2-128

日期： 年 月 日		第 圈	列车号：	车门控制模式：	
车站	上行			下行	
	开门是否同步	关门是否同步	开门是否同步	关门是否同步	

问题记录：

记录人：

列车 ATO 运行停站精度测试记录表 表 2-129

日期： 年 月 日	第 圈	列车号：		列车运行模式：	
车站	上行		下行	
	列车是否收到允许开门信号	列车停站偏差（cm）	列车是否收到允许开门信号	列车停站偏差（cm）

问题记录：

记录人：

列车 DMI 显示正确性测试记录表　　表 2-130

日期：	年　月　日		第　圈	列车号：		列车运行模式：	
车站	上行			下行			
	停准标志显示是否正确	列车门状态显示是否正确	屏蔽门状态显示是否正确	停准标志显示是否正确	列车门状态显示是否正确	屏蔽门状态显示是否正确	

问题记录：

记录人：

列车 DMI 与发车表示器一致性测试记录表　　表 2-131

日期：	年　月　日		第　　圈	列车号：		列车运行模式：		
车站	上行				下行			
	DMI 是否有倒计时显示	发车表示器是否有倒计时显示	DMI 与发车表示器倒计时偏差（s）	DMI 是否有倒计时显示	发车表示器是否有倒计时显示	DMI 与发车表示器倒计时偏差（s）		

问题记录：

记录人：

线路停车牌位置验证及列车催发测试记录表　　表 2-132

日期：	年 月 日		第 圈	列车号：		列车运行模式：	
车站	上行			下行			
	进站过程中停车牌位置是否可见	根据停车牌位置停车DMI是否有停准标志	列车催发时发车表示器是否显示正确	进站过程中停车牌位置是否可见	根据停车牌位置停车DMI是否有停准标志	列车催发时发车表示器是否显示正确	

问题记录：

记录人（备注：此表内容由乘务口述，信号随车人员确认并记录）：

后备模式下出站闯红灯安全制动距离测试记录　　表 2-133

日期： 年 月 日			列车号：		
地点					
前方出站信号机是否为禁止信号					
列车越过出站信号机是否立刻产生紧急制动					
列车停稳后第一对轮对是否压过前方道岔岔尖					

问题记录：

记录人：

单列车行车设备系统联调联试记录表(通信维护人员填写见表 2-134~表 2-136)。

OCC 对列车广播测试记录表 表 2-134

日期:	年 月 日		第 圈	列车号:	
车站	OCC 对列车客室广播是否音质清晰、音量适宜				
	上行站台	上行区间	下行站台	下行区间	

问题记录：

记录人：

第二章 CBTC 信号系统调试

800M 无线测试记录表（1） 表 2-135

日期：	年 月 日		列车号：			列车载无线电台是否能自动正线注册、注销	
车站	上行		下行				
	车载无线台上站名是否显示正确	800M 手持台与车站通话是否正常，音质清晰	车载无线台上站名是否显示正确	800M 手持台与车站通话是否正常，音质清晰		注册	注销
车辆段/停车场							

问题记录：

记录人：

800M 无线测试记录表（2） 表 2-136

日期： 年 月 日		列车号：			
区间	上行		下行		
	车载无线台上站名是否显示正确	800M 手持台与调度通话是否正常，音质清晰	车载无线台上站名是否显示正确	800M 手持台与调度通话是否正常，音质清晰	
车辆段/停车场出入场线					

问题记录：

记录人：

单列车行车设备系统联调联试记录表(屏蔽门维护人员填写),如表 2-137 所示。

屏蔽门稳定性测试记录表　　　　　表 2-137

日期:	年　月　日			车站:		
圈数	上行			下行		
	站台无列车,屏蔽门关闭且锁紧信号是否稳定	列车停站后经开门控制所有屏蔽门是否完全打开无卡滞	列车停站后经关门控制所有屏蔽门是否完全关闭无卡滞	站台无列车,屏蔽门关闭且锁紧信号是否稳定	列车停站后经开门控制所有屏蔽门是否完全打开无卡滞	列车停站后经关门控制所有屏蔽门是否完全关闭无卡滞
第　圈						
第　圈						
第　圈						
第　圈						
第　圈						
第　圈						
第　圈						

故障记录:

记录人:

单列车行车设备系统联调联试记录表(车辆维护人员填写),如表 2-138~表 2-141 所示。

网压测试记录表　　　　　　　　　　　　表 2-138

日期:	年　月　日		列车:	
圈数	网压最高值	网压最低值	网压超过 1800V 次数	网压低于 1000V 次数
第　圈				
第　圈				
第　圈				
第　圈				
第　圈				
第　圈				
第　圈				
第　圈				
备注:				
记录人:				

列车广播测试记录表

表 3-139

日期： 年 月 日				第 圈	列车号：		
车站	上行			下行			
	列车到站自动广播是否正确，音质清晰	列车至该站前下一站自动广播预告是否正确，音质清晰	列车人工广播是否音质清晰	列车到站自动广播是否正确，音质清晰	列车至该站前下一站自动广播预告是否正确，音质清晰	列车人工广播是否音质清晰

问题记录：

记录人：

列车 PIS 信息测试记录表

表 2-140

日期： 年 月 日		第 圈	列车号：	
车站	上行		下行	
	列车 PIS 目的地及到达本站前预告信息显示是否正确，图像是否清晰	列车 PIS 到站信息显示是否正确，图像是否清晰	列车 PIS 目的地及到达本站前预告信息显示是否正确，图像是否清晰	列车 PIS 到站信息显示是否正确，图像是否清晰

问题记录：

记录人：

列车 LED 信息测试记录表　　表 2-141

日期：	年　月　日		第　圈		列车号：	
车站	上行			下行		
	列车 LED 目的地及到达本站前预告信息显示是否正确，图像是否清晰	列车 LED 到站信息显示是否正确，图像是否清晰		列车 LED 目的地及到达本站前预告信息显示是否正确，图像是否清晰		列车 LED 到站信息显示是否正确，图像是否清晰

问题记录：

记录人：

单列车行车设备系统联调联试记录表（供电维护人员填写），如表 2-142 所示。

网压测试记录表　　　　　表 2-142

日期： 年 月 日					变电所：	
圈数	直流开关号	网压波动范围	电流波动范围	轨电位波动范围	网压超过1800V次数	网压低于1000V次数
第　圈						
第　圈						
第　圈						

记录人：

第二章 CBTC 信号系统调试

单列车行车设备系统联调联试记录表（调度填写），如表 2-143～表 2-146 所示。

OCC 对列车图像调取测试记录表　　表 2-143

日期： 年 月 日			第　圈	列车号：
车站	列车车厢上传图像是否清晰，无间断，无卡滞			
	上行站台	上行区间	下行站台	下行区间

问题记录：

记录人：

无线电台通话测试记录表 表 2-144

日期： 年 月 日　　　　　　　　　　列车号：

车站	上行		下行	
	车站区域通过无线调度台与司机通话是否正常，音质清晰	区间通过无线调度台与司机通话是否正常，音质清晰	车站区域通过无线调度台与司机通话是否正常，音质清晰	区间通过无线调度台与司机通话是否正常，音质清晰

问题记录：

记录人：

第二章 CBTC 信号系统调试

单列车行车设备联调联试中央测试记录表（1） 表 2-145

联调联试日期： 年 月 日		列车号：		
序号	联调联试科目	预期结果	是否正确	备注
1	列车进站过程中车站设置紧急停车	MMI 及大屏有相应紧急停车显示，列车紧急制动	□正确 □不正确	
2	CBTC 列车未接近站台，车站设置紧急停车	MMI 及大屏有相应紧急停车显示，列车停于站台外	□正确 □不正确	
3	列车于区间长时间停驶	触发列车区间阻塞联动提示	□正确 □不正确	
4	列车于区间发生火灾	触发列车区间隧道火灾联动提示	□正确 □不正确	
5	站台跳停	MMI 及大屏有跳停显示、列车跳停成功	□正确 □不正确	
6	中央扣车	扣车成功，MMI 及大屏在相应站台显示 H，扣车可取消	□正确 □不正确	
7	设置临时限速 60km/h	临时限速设置成功，MMI 及大屏上可观察到限速区段显示，MMI 可查看限速值	□正确 □不正确	
8	车站扣车	扣车成功，MMI 及大屏在相应站台显示 H，扣车可取消	□正确 □不正确	
9	临时限速 40km/h	临时限速设置成功，MMI 及大屏上可观察到限速区段显示，MMI 可查看限速值	□正确 □不正确	
10	屏蔽门故障对 CBTC 列车进站的影响	MMI 及大屏上显示相应站台屏蔽门打开，列车无法进站	□正确 □不正确	
11	故障屏蔽门可进行切除操作	MMI 及大屏上显示相应站台屏蔽门关闭，被切除故障门对行车功能不造成影响	□正确 □不正确	
12	屏蔽门故障对停站列车的影响	MMI 及大屏上显示相应站台屏蔽门打开，列车无法出站	□正确 □不正确	
13	屏蔽门与信号互锁解除功能	MMI 及大屏上显示相应站台屏蔽门关闭，列车可以出站	□正确 □不正确	

问题记录：

记录人：

单列车行车设备联调联试中央测试记录表（2）　　表 2-146

联调联试日期： 年 月 日		列车号：		
序号	联调联试科目	预期结果	结果	备注
1	LC 故障模拟	LC 关闭时 HMI 与 MMI 显示 LC 状态正确。其他显示无改变	□正确 □不正确	
2		CBTC 列车在 5min 内发生紧急制动，不可以 CBTC 模式运行	□正确 □不正确	
3		LC 恢复后列车自动升级为 CBTC 模式，HMI 与 MMI 显示 LC 状态正确，全线存在临时限速	□正确 □不正确	
4	ZC 故障模拟	ZC 关闭时 HMI 与 MMI 显示 ZC 状态正确，CBTC 视图转变为 BM 视图	□正确 □不正确	
5		CBTC 列车立刻发生紧急制动，不可以 CBTC 模式运行	□正确 □不正确	
6		ZC 恢复后列车自动升级为 CBTC 模式，HMI 与 MMI 显示 ZC 状态正确	□正确 □不正确	
7	区段突发车地通信故障模拟	CBTC 列车进入故障区段将发生紧急制动，不可以 CBTC 模式继续运行	□正确 □不正确	
8		列车离开故障区段将自动升级为 CBTC 模式运行	□正确 □不正确	
9	列车突发通信故障模拟	列车发生通信故障后立即发生紧急制动，不可以 CBTC 模式继续运行	□正确 □不正确	
10	LATS 故障模拟	模拟故障后，控制中心 MMI、大屏及故障车站 HMI 灰显	□正确 □不正确	
11		故障车站 iLock 纯联锁模式可用，可监视行车，可进办理进路	□正确 □不正确	
12		故障车站发车表示器无倒计时等正常显示	□正确 □不正确	
13	中央 ATS 故障模拟	模拟故障后，控制中心 MMI 及大屏灰显	□正确 □不正确	
14		各车站 HMI 显示无异常，ATS 功能不受影响	□正确 □不正确	
15		发车表示器显示正常	□正确 □不正确	
16		非请求站控可实现	□正确 □不正确	
17	计轴受扰模拟故障	计轴预复位成功，组织过车后，受扰区段出清	□正确 □不正确	

问题记录：

记录人：

第二章　CBTC 信号系统调试

单列车行车设备系统联调联试记录表（司机填写），如表 2-147～表 2-148 所示。

单列车行车设备联调联试列车测试记录表（1）　表 2-147

联调联试日期： 年 月 日		列车号：记录人：		
序号	联调联试科目	预期结果	是否正确	备注
1	列车出站运行过程中拉下列车车门紧急拉手	列车立刻发生紧急制动，车辆显示屏上有紧急拉手被拉动提示	□正确 □不正确	
2	列车进站过程中车站设置紧急停车	列车立刻发生紧急制动	□正确 □不正确	
3	CBTC 列车未接近站台，车站设置紧急停车	列车停于站台外	□正确 □不正确	
4	列车于区间发生火灾	司机室发出列车火灾声光报警	□正确 □不正确	
5	列车以超过限速运行	列车立刻发生紧急制动	□正确 □不正确	
6	列车内乘客紧急呼叫测试	客室与司机室可对话	□正确 □不正确	
7	站台跳停	跳停成功，跳停该站前列车 DMI 有跳停显示，下一站显示正确	□正确 □不正确	
8	中央扣车	扣车成功，发车表示器显示 H	□正确 □不正确	
9	设置临时限速 60km/h	列车在限速区域将以低于 60km/h 速度运行	□正确 □不正确	
10	车站扣车	扣车成功，发车表示器显示 H	□正确 □不正确	
11	临时限速 40km/h	列车在限速区域将以低于 40km/h 速度运行	□正确 □不正确	

续表

联调联试日期： 年 月 日		列车号： 记录人：		
序号	联调联试科目	预期结果	是否正确	备注
12	屏蔽门故障对 CBTC 列车进站的影响	列车无法进站	□正确 □不正确	
13	故障屏蔽门可进行切除操作	被切除故障门对行车不造成影响	□正确 □不正确	
14	屏蔽门故障对停站列车影响	列车无法出站	□正确 □不正确	
15	屏蔽门与信号互锁解除功能	屏蔽门故障状态下列车可以互锁接触方式出站	□正确 □不正确	
16	列车紧急停车按钮激活	列车立刻紧急制动，受电弓落下，高速断路器断开	□正确 □不正确	
17	车门夹物	列车门遇障碍物开关三次不能关闭后开启，障碍物撤除后车门可正常关闭	□正确 □不正确	
18	屏蔽门夹物	屏蔽门遇障碍物开关三次不能关闭后开启，障碍物撤除后屏蔽门可正常关闭	□正确 □不正确	
19	列车越过停车点 5m（实际参数根据合同要求）内退行	列车可以 RMR 模式退行对位	□正确 □不正确	
20	列车越过停车点 5m（实际参数根据合同要求）以上退行	列车以 RMR 模式退行 5m（实际参数根据合同要求）后紧急制动且无法缓解	□正确 □不正确	

问题记录：

记录人：

第二章 CBTC信号系统调试

单列车行车设备联调联试列车测试记录表（2）　　表 2-148

联调联试日期：		年　月　日	列车号：		
序号	联调联试科目	预期结果	结果	备注
1	LC 故障模拟	CBTC 列车在 5min 内发生紧急制动，不可以 CBTC 模式运行	□正确 □不正确	
2		LC 恢复后列车自动升级为 CBTC 模式	□正确 □不正确	
3	ZC 故障模拟	CBTC 列车立刻发生紧急制动，不可以 CBTC 模式运行	□正确 □不正确	
4		ZC 恢复后列车自动升级为 CBTC 模式	□正确 □不正确	
5	区段突发车地通信故障模拟	CBTC 列车进入故障区段将发生紧急制动，不可以 CBTC 模式继续运行	□正确 □不正确	
6		列车离开故障区段将自动升级为 CBTC 模式运行	□正确 □不正确	
7	列车突发通信故障模拟	列车发生通信故障后立即发生紧急制动，不可以 CBTC 模式继续运行	□正确 □不正确	
8	LATS 故障模拟	故障车站发车表示器无倒计时等正常显示	□正确 □不正确	
9	中央 ATS 故障模拟	列车行驶无异常	□正确 □不正确	
10	计轴受扰故障模拟	CBTC 模式列车行驶无异常	□正确 □不正确	
问题记录：				
记录人：				

单列车行车设备系统联调联试记录表（站务员填写），如表 2-149 所示。

车站 PIS 显示及到站预告广播测试记录表　　表 2-149

日期： 年 月 日		第 圈	车站：	
车站 PIS 显示		到站预告广播		
上行站台 PIS 首末班车是否能正确显示		上行到站预告广播是否能自动触发		
上行站台 PIS 下一班车到站时间能否正确显示		上行到站预告广播自动触发时机是否正确		
		上行到站预告广播内容是否正确		
		上行到站预告广播声音是否清晰，音量适宜		
下行站台 PIS 首末班车是否能正确显示		下行到站预告广播是否能自动触发		
下行站台 PIS 下一班车到站时间能否正确显示		下行到站预告广播自动触发时机是否正确		
		下行到站预告广播内容是否正确		
		下行到站预告广播声音是否清晰，音量适宜		
问题记录：				
记录人：				

第二章 CBTC 信号系统调试

单列车行车设备检验系统联调参与人员名单,如表 2-150 所示。

单列车行车设备系统联调联试参与人员名单　　表 2-150

分组名称	姓名	联系电话	地点	备注
联调联试总负责人			调度大厅	
联调联试现场负责人			调度大厅	
调度组			调度大厅	调度值班主任
				行调
				电调
				环调
			车辆段/停车场	车场调度
				信号楼值班员
司机			车辆段/停车场	电动列车司机
站务			车站	值班站长
			车站	值班站长
			车站	值班站长
车站设备组 行车设备组			控制中心	综合监控维护人员
				综合监控供应商
				信号供应商负责人
				通信供应商负责人
			车辆段/停车场	车辆维护人员
				车辆供应商
			设备集中站	通信维护人员
				通信供应商人员
				信号维护人员
				信号供应商人员
			非设备集中站	通信维护人员
				通信供应商人员
安全保障组			控制中心、车辆段/停车场及各车站巡视	
后勤保障组				

轨道交通工程系统联调联试问题记录表如表 2-151 所示。

表 2-151　问题记录表

地点：	日期：
联调联试问题记录：	

业主代表（签字）	
运营分公司代表（签字）	
项目公司（签字）	
监理、设计（签字）	

单列车行车设备系统联调联试项目小结评估表如表2-152所示。

单列车行车设备系统联调联试项目小结评估表　　表 2-152

系统联调联试科目						
时间	年	月	日	地点或区段		
内容						
结果评估						
存在问题						
整改措施						
签字	业主代表：			年	月	日
	运营分公司代表：			年	月	日
	承包商/供货商：			年	月	日
	监理：			年	月	日

3）双列车行车设备系统联调联试
① 系统联调联试范围及目的
联调联试范围：新线全线车站、区间、车辆段、停车场及控制中心。
联调联试目的：
a. 通过双列车运行检验，对行车有关设备的性能状态及其联动功能进行检测和检验，为多列车联调联试做准备。
b. 检验行车各岗位人员行车业务技能、行车设备设施操作能力及应急处置能力，行车各岗位之间的协作能力。
c. 检验行车设备相关维护部门的应急处理抢修组织流程是否合理、有效，人员处置技能是否培训到位。
② 系统联调联试科目
系统联调联试科目如表 2-153 所示。

双列车行车设备系统联调联试科目　　　表 2-153

科目	分类	演练时间
＿＿＿分钟间隔	无线群呼	
	PSD 与车门联动	
	PSD 稳定性	
	ATO 停站精度	
	列车自动广播	
	站台预告到站广播	
	车站 PIS 显示	
	列车 PIS 显示	
	列车 LED 显示	
	准点率	
	网压监测	
	PSD 与车门联动	
	PSD 稳定性	
	ATO 停站精度	
	列车自动广播	
	站台预告到站广播	
	车站 PIS 显示	
	列车 PIS 显示	
	列车 LED 显示	
	准点率	
	网压监测	
	运行调整	

续表

科目	分类	演练时间
最小间隔追踪运行	追踪运行时分	
	网压监测	
	单折返线连续折返时分查定	
列车故障模拟救援	推行至存车线	
	拉行至存车线	
	推行至车辆段	

③ 系统联调联试实施

a. 联调联试流程

（a）行调令各有岔站行车值班员将联调联试所涉及道岔钩锁器解除，并令各有岔站对道岔状态进行确认。

（b）组织工程车对联调联试区域进行巡道，工程车由车辆段/停车场出发，以小于 20km/h 的速度对全线进行巡道。巡道结束后工程车停于车辆段/停车场内。司机巡道完毕后将结果报行调，并至停车场 DCC 报到。

（c）参与联调联试人员、工器具到位。由安全保障组负责对车辆段及控制中心参与人员进行点名，并汇报现场负责人。由各站值班站长负责对各站内参与人员进行点名，并汇报现场负责人。

（d）各系统集成商、供应商、监理对设备进行状态确认并报行调。列车司机检车完毕，将检车结果汇报设调，列车于停车库内待发。各车站值班站长向行调汇报联调联试线路空闲，线路出清，供电系统正常，站台无异物侵入限界。行调将联调联试准备情况向联调联试现场负责人报告。

（e）联调联试总负责人宣布系统联调联试开始，系统联调联试正式实施。实施过程按联调联试项目依次进行。

（f）宣布联调联试现场工作结束，各项目内容小结。

b. 联调联试具体安排

双列车联调联试主要内容包括跑图运行测试（设定两列车运行间隔时分）、列车最小间隔追踪功能测试，列车故障救援模拟。站场平面示意图如图 2-20 所示。

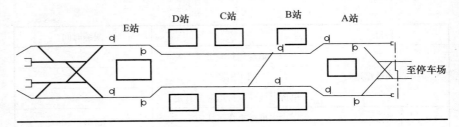

图 2-20　站场平面示意图

（a）____分钟、____分钟间隔运行

Ⅰ．编制双列车运行线路，编制线路时应充分考虑全面验证系统功能，锻炼设备操作人员的操作能力，提高设备维护人员的维保能力。必要时可以结合应急演练或试运行开展。

Ⅱ．联调联试项目：无线群呼功能检测、屏蔽门与车门联动、屏蔽门稳定性、ATO 停站精度、列车自动广播、站台预告到站广播、站台 PIS 显示、列车 PIS 显示、列车 LED 显示、准点率、网压监测、运行调整。

Ⅲ．联调联试过程：如表 2-154 所示。

双列车行车设备系统联调联试过程（1）　　　表 2-154

序号	时机	调度操作	司机操作	维护人员操作	车站人员操作
1	列车出场前检车		进行出车前检车工作	各列车车辆维护人员将检测列车数据专用电脑连接妥当；各列车信号维护人员将米尺分别固定于两端车头左侧第一扇车门处地板上 50cm 处，与车门中心对齐	
2	列车出场	场调度排列 T1 从停车股道至转出场线换轨进路并通知 T1 列车司机动车	T1 车司机以 RM 模式根据信号机显示动车	T1 车辆维护人员及变电所内供电维护人员开始监测网压数据	

续表

序号	时机	调度操作	司机操作	维护人员操作	车站人员操作
3	T1 车至转换轨停稳，ATS 自动分配列车车次号，至 A 站下行站台进路自动触发排列完毕，车载无线电台自动完成正线注册转换	行调将运行等级设为 2 级，通知司机将车门控制模式设置为半自动，以 ATO 模式从转换轨进入正线运行至 A 站下行站台开门后待命	T1 列车司机将车门控制模式设为半自动，按压 ATO 动车按钮，以 ATO 模式动车	各站屏蔽门维护人员开始监测屏蔽门稳定性	
4	T2 列车出场进路满足排列条件	场调度排列 T2 从停车股道至转出场线换轨进路并通知 T2 列车司机动车	T2 车司机以 RM 模式根据信号机显示动车	T2 车辆维护人员及变电所内供电维护人员开始监测网压数据	
5	T2 车至转换轨停稳，ATS 自动分配列车车次号，车载无线电台自动完成正线注册转换	通知 T2 司机将车门控制模式设置为半自动待命	T2 列车司机将车门控制模式设为半自动，待命		
6	各列车停车待命	通知各车站做好 PIS 信息检验及列车进站预报广播检验，通知 T1 司机按照发车表示器倒计时发车			各车站站务员开始进行 PIS 信息检验及列车进站预报广播检验
7	图定首班车发点到	通知 T1 作为下行头班车关门后动车开始以 ATO 模式运行，站站停，开关门	T1 车接令启动车	T1 车信号维护人员开始进行 ATO 停站精度检验、屏蔽门与车门联动同步性检验；车辆维护人员开始进行列车广播、列车 PIS、列车 LED 检验	

续表

序号	时机	调度操作	司机操作	维护人员操作	车站人员操作
8	T1车动车后	通知T2车以ATO模式进入A站下行站台	T2车司机接令后动车	T2车信号维护人员开始进行ATO停站精度检验、屏蔽门与车门联动同步性检验；车辆维护人员开始进行列车广播、列车PIS、列车LED检验	
9	图定T2发点到	通知T2车关门后动车开始以ATO模式运行，站站停，开关门	T2车接令后关门动车		
10	2列车在下行区间运行	行调多次使用调度无线电台群呼2列车司机	T1、T2车司机逐一应答		
11	2列车在上行区间运行	行调多次使用调度无线电台群呼2列车司机	T1、T2车司机逐一应答		
12	各列车开始依照运行图2列车10min间隔运行	根据实际运行情况进行运行调整，使实际运行图与计划运行图相一致	根据调度命令或者发车表示器及速度码显示驾驶列车		
13	各列车依次即将完成计划圈数，T1车停于E站上行站台	行调对E站上行站台设置扣车并告知T1车司机			
14	T1车停于E站上行站台	行调令T1车司机待命，见发车表示器取消扣车后立刻以ATO模式发车	T1车司机待命		

续表

序号	时机	调度操作	司机操作	维护人员操作	车站人员操作
15	至 T1 车在 E 站上行站台图定发车时间晚点 3min 时	行调取消 E 站上行站台扣车，设置运行等级为 1 级，通知 T1 车司机立刻动车	T1 车司机接令立刻动车		
16	T1 车驶离 E 站上行站台	行调对 C 站上行站台设置扣车，并告知 T1 车司机			
17	T1 车被扣停于 C 站上行站台至晚点 6min	行调取消 C 站上行站台扣车设置，设置运行等级为 2 级，令 T1 车司机立刻动车	T1 车司机接令立刻动车		
18	T1 车驶离 C 站上行站台	行调设置 B 站上行站台扣车，并告知 T1 车司机			
19	T1 车停稳于 B 站上行站台，T2 车至 C 站上行站台停稳开门	取消 T2 车车次设置，设置 T1 车为原 T2 车车次，并告知司机，核对发点，令司机按照发点发车，核对完成后取消 B 站上行站台扣车	T1 车司机与行调核对发点，至发点后以 ATO 发车		
20	同上	令 T2 车司机于 C 站上行站台清客并做好乘客安抚工作，通知 C 站行值 T2 车于 C 站上行站台清客，启动车站相应应急工作	T2 车司机于 C 站上行站台清客		

序号	时机	调度操作	司机操作	维护人员操作	车站人员操作
21	T2 车清客完毕	行调令 T2 车司机以 ATP 方式经渡线运行至 B 站下行站台后换端	T2 车司机接令后关门动车		
22	T2 车于 B 站下行站台停稳	行调设置 T2 车车次为原 T1 车车次，并告知司机，核对图定发点	与行调核对图定发点		
23	T2 车至图定发点前 1min	行调令 T2 车司机以 ATO 方式根据发车表示器显示动车，站站停，开关门			
24	2 列车依次完成 1 圈运行	行调令各列车以 ATO 模式运行至 A 站下行站台经入段线转换轨入段	列车运行至入段线转换轨		

(b) 列车最小间隔追踪功能测试

Ⅰ．设置 T1、T2 车目的地码为上行（下行）终端站折返线。

Ⅱ．行调令 T1 车司机关门后以 ATO 模式动车，站站停，开关门作业。

Ⅲ．行调令 T2 车司机以 ATO 模式动车，站站停，不进行开关门作业。

Ⅳ．当 T1 行驶至上行（下行）终点站折返线停稳后，行调立刻设置 T1 车头码为下行（上行）终点站折返线。

Ⅴ．行调令 T1 车司机关门后以 ATO 模式动车，站站停，开关门作业。

Ⅵ．当 T2 行驶至上行（下行）终端站折返线停稳后，行调立刻设置 T2 车头码为下行（上行）终端站折返线。

第二章　CBTC信号系统调试

Ⅶ. 行调令T2车司机以ATO模式动车，站站停，不进行开关门作业。

Ⅷ. 联调联试过程：如表2-155所示。

双列车行车设备系统联调联试过程（2）　　表2-155

序号	时机	调度操作	司机操作	维护人员操作	车站人员操作
1	列车出段前检车		进行出车前检车工作	各列车车辆维护人员将检测列车数据专用电脑连接妥当	
2	列车出段	场段调度排列T1从停车股道至出段线转换轨进路并通知T1列车司机动车	T1车司机以RM模式根据信号机显示动车	T1车辆维护人员及变电所内供电维护人员开始监测网压数据	
3	T1车至转换轨停稳	设置T1车目的地码为E站折返线			
4	T1车至A站下行站台进路排列完毕	通知司机将车门控制模式设置为半自动，以ATO模式从转换轨进入正线运行至A站下行站台开门后待命	T1列车司机将车门控制模式设为半自动，按压ATO动车按钮，以ATO模式动车		
5	T2列车出段进路满足排列条件	场段调度排列T2从停车股道至出段线转换轨进路并通知T2列车司机动车	T2车司机以RM模式根据信号机显示动车	T2车辆维护人员及变电所内供电维护人员开始监测网压数据	
6	T2车至转换轨停稳	设置T2车目的地为E站折返线，通知T2司机将车门控制模式设置为手动，在有速度码后立刻以ATO模式运行，不进行开关门作业	T2列车司机将车门控制模式设为手动		

227

序号	时机	调度操作	司机操作	维护人员操作	车站人员操作
7	T2 列车停稳待命，T1 车进路排列完毕	令 T1 车司机关门后以 ATO 模式动车，站站停，开关门作业	T1 车司机接令后关门动车	调度大厅信号维护人员开始记录追踪运行时分及折返时分	
8	T2 车转换轨至正线进路排列完毕	令 T2 车司机以 ATO 模式动车，站站停，不进行开关门作业	T2 车司机接令后动车		

(c) 列车故障，由后续列车连挂救援推行至停车场。

联调联试过程：如表 2-156 所示。

双列车行车设备系统联调联试过程（3）　　　　表 2-156

序号	时机	调度操作	T1 车司机操作	T2 车司机操作
1	T1 车运行至 A 站至 B 站上行区间		T1 车司机停车后报行调，列车发生紧急制动，无法动车（假想）	
2	行调接 T1 车司机报后	行调观察 ISCS 行调工作站查看车辆故障信息。及时对后续列车扣车，令 T1 车司机进入第一个 4min 排故时间，并通知司机抓紧排故并做好乘客广播。同时通知调度值班主任、车辆维护人员、乘务组长，行调发布故障信息、预计晚点信息		T2 车被扣停于 C 站上行站台
3	4min 后	行调接报后，令 T1 车司机进入第 2 个 4min 排故时间，令其抓紧处理并做好乘客广播，同时通知 T2 车司机做好清客救援准备，行调发布故障信息预计晚点信息	T1 车司机汇报，故障无法排除，列车仍无车动车	T2 车司机接行调命令，做好清客救援准备，同时做好乘客广播

续表

序号	时机	调度操作	T1 车司机操作	T2 车司机操作
4	4min 后	行调接 T1 车司机汇报后，立即发布救援命令，通知 T2 车司机清客，做好乘客广播并通知车站配合清客，做好乘客解释工作，行调发布救援信息、预计晚点信息	T1 车司机报故障仍无法排除，申请救援	T2 车司机接行调救援清客命令，即刻做好乘客广播并组织清客
5	行调发布救援命令后		T2 车司机报播放列车广播，并告知乘客耐心等待，请勿强拉车门、跳下轨道，并做好救援连挂准备	
6	T2 车清客完毕	行调令 T2 车司机以 ATO 模式运行至区间故障车前停车		T2 车司机以 CBTC-ATO 模式运行至区间，直至自动停车
7	T2 车自动停车后		T1 车司机了解救援车来车方向后，对列车施加停放制动，带好方孔钥匙，锁闭司机室车门后，可离开司机室并按要求切打开所有 B05 阀门设备柜，并切除非救援端 3 节列车 B05	T2 车司机及时与故障车司机联系，并以 RM 模式严格按照限速要求缓慢接近故障车辆
8	T1 车司机做好连挂准备		看见救援车时主动与其联系，并作为连挂指挥人员	T2 车运行至距故障车 1 车距离时一度停车，与故障车确认连挂准备情况，连挂准备妥当后，限速 3km/h 运行与故障车连挂，并试拉

续表

序号	时机	调度操作	T1 车司机操作	T2 车司机操作
9	连挂完毕	行调接 T1 车司机报救援连挂成功后，通知 T2 车司机停车待命，准备至停车场回场救援进路	T1 车驾驶员确认试拉成功连挂良好后，报行调，用对讲机通知救援列车驾驶员不要动车，切除所有 B05 及全列车停放制动	T2 车确认连挂完毕，试拉成功，故障车制动缓解后，将 72-S04 开关打至拖动位，切除 ATP 报行调
10	救援进路准备妥当	行调通知 T2 车司机可以动车	T1 列车制动全部缓解完毕，司机回到监护端司机室后报救援车司机	T2 车司机得到行调允许后推进运行，动车时加强与故障车司机的联系
11	T1 车司机确认列车即将进入 A 站上行站台时		T1 车到达停车地点前 20m 时应一度停车，引导救援列车以不超过 5km/h 的速度运行，并在 A 站上行站台停车清客	T2 车司机停稳后通知 T1 车司机清客
12	T1 车清客完毕，车门关闭后		通知救援车司机限速 25km/h 以内运行，并随时准备降速停车	T2 车司机严格按照故障车司机指挥运行
13	T1 列车行驶至入场线转换轨，入场信号机前 20m 处		到达停车地点前 20m 应通知 T2 车一度停车，引导救援列车以不超过 5km/h 的速度运行、对标停车	T2 车司机严格按照故障车司机指挥停车
14	T1 列车停稳于入场线转换轨	停车场场调排列入场线转换轨至停车股道进路	T1 车司机与停车场场调联系，请求入场	
15	入段进路办理妥当后	停车场场调通知 T2 车司机入场进路已经排列完成	T1 车司机通知救援车限速 25km/h 运行，随时准备停车	T2 车司机严格按照故障车司机指挥运行

续表

序号	时机	调度操作	T1 车司机操作	T2 车司机操作
16	T1 车行驶至距库内指定停车道端头信号机 20m 时		到达停车地点前 20m 应通知 T2 车一度停车，引导救援列车以不超过 5km/h 的速度运行、对标停车	T2 车司机严格按照故障车司机指挥停车，列车停稳后报场调
17	场调接 T2 车司机报列车停稳后	场调通知 T1 车司机恢复制动，进行解钩作业	T1 车接场调通知后，恢复前进方向第一节车的 B05，并施加停放制动后，通知救援车司机解钩	T2 车司机得到解钩允许后，与故障车司机确认故障车以施加制动，做好解钩准备后，使用自动车钩按钮解钩
18	解钩完毕后	场调安排 T2 车进路至停车场内停车股道停车		根据场调安排运行至指定停车股道停车

c. 联调联试说明

（a）极限间隔追踪测试过程中，若前后列车间距过大导致后车无法追踪上第一列车，根据实际情况需要，调度可考虑对前车进行扣车操作使其于站台停留更长时间。

（b）整个联调联试过程中，如遇到多辆列车需要集中利用回库站台反向回库作业时，需要调度人为在回库站设置扣车，以防进路冲突导致前车无法回库。

（c）多项联调联试项目需信号供应商提前编制运行图并且导入到 ATS 服务器。若救援联调联试项目实施前实际运行时分与运行图偏离过大，为准确掌握列车故障救援对计划运行图的影响，宜考虑由信号供应商当场修改运行图。

（d）列车救援完毕解钩后两车分离，MMI 及大屏车次窗可能发生非正常显示，需行调手动进行更正设置。

（e）所有参与系统联调联试人员及观察员均需对联调联试过程中发现的不正常设备表现进行记录。所有记录文件在系统联调联试结束后交由技术组（联调联试）汇总。

（f）联调联试过程中，行调与行值通过调度电话沟通，公务电话及 800M 手持电台作为备用；行值与站务员通过 400M 手持电台沟通，800M 手持电台作为备用；行调与司机通过车载无线电台沟通，800M 手持电台作为备用。

（g）测试前行调需将与其他线路联络线道岔到相应位置，并使用钩锁器进行加固。

d. 双列车行车设备系统联调联试记录表

双列车行车设备系统联调联试记录表（信号维护人员填写），如表 2-157～表 2-169 所示。

列车区间运行时分记录表（1） 表 2-157

日期： 年 月 日	列车号：	记录人：
第 圈	列车运行模式：	运行等级：

车站	上行			
	停稳时分	启动时分	停站时间（s）	区间运行时间（s）

备注：

列车区间运行时分记录表（2） 表 2-158

日期： 年 月 日	列车号：		记录人：	
第 圈	列车运行模式：		运行等级：	

车站	下行			
	停稳时分	启动时分	停站时间（s）	区间运行时间（s）

备注：

列车折返时分记录表　　　　　表 2-159

日期: 　年　月　日	第　圈	日期: 　年　月　日	第　圈
列车号:	记录人:	列车号:	记录人:
折返路径: 　站　行经　折返至　站　行		折返路径: 　站　行经　折返至　站　行	
列车运行模式		列车运行模式	
列车折返启动时分		列车折返启动时分	
列车折返线/小站台/存车线停稳时分		列车折返线/小站台/存车线停稳时分	
司机换端完成时分		司机换端完成时分	
列车折返线/小站台/存车线启动时分		列车折返线/小站台/存车线启动时分	
列车完成折返停稳时分		列车完成折返停稳时分	
列车启动至停稳折返耗时 (s)		列车启动至停稳折返耗时 (s)	
日期: 　年　月　日	第　圈	日期: 　年　月　日	第　圈
列车号:	记录人:	列车号:	记录人:
折返路径: 　站　行经　折返至　站　行		折返路径: 　站　行经　折返至　站　行	
列车运行模式		列车运行模式	
列车折返启动时分		列车折返启动时分	
列车折返线/小站台/存车线停稳时分		列车折返线/小站台/存车线停稳时分	
司机换端完成时分		司机换端完成时分	
列车折返线/小站台/存车线启动时分		列车折返线/小站台/存车线启动时分	
列车完成折返停稳时分		列车完成折返停稳时分	
列车启动至停稳折返耗时 (s)		列车启动至停稳折返耗时 (s)	
备注:			

列车车门与屏蔽门联动测试记录表　　　　　表 2-160

日期： 年 月 日	第 圈	列车号：	车门控制模式：

车站	上行		下行	
	开门是否同步	关门是否同步	开门是否同步	关门是否同步

备注：

记录人：

列车 ATO 运行停站精度测试记录表   表 2-161

日期：　　年　月　日　　　第　圈　　　列车号：　　　　列车运行模式：

车站	上行		下行	
	列车是否收到允许开门信号	列车停站偏差（cm）	列车是否收到允许开门信号	列车停站偏差（cm）

备注：

记录人：

列车最小间隔追踪功能测试记录表　　　　　表 2-162

列车：		记录人：	日期：	
序号	测试内容	结果要求	测试结果	备注
	列车最小间隔追踪			
1	比较进路延伸至前车车尾相一致	后车进路不影响前车进路的运行，且能达到设计的最小追踪间隔		
2	当前车意外停车时，后车在安全距离外停车	两车实际相隔距离大于安全距离，与 ATS 显示相符		
3	前车站台停准对位，未动车	后列车停于站外停车点		
4	列车前方距离不满足后方列车出清站台	系统会自动让后续列车停于站台，限制列车驶出站台		
5	列车前方距离满足后方列车出清站台	系统允许后续列车驶出站台		
6	列车抵达折返站时，后续列车进路应不影响前序列车正常折返	前序列车能正常折返		
7	当前序列车发生意外紧急制动时，后续列车能正确制动	小于安全距离时，后续列车紧急制动；大于安全距离时，后续列车常用制动直至停稳		

双列车行车设备系统联调联试记录表（屏蔽门维护人员填写）如表 2-163 所示。

屏蔽门稳定性测试记录表　　　　　　　　　　　　　　　表 2-163

日期： 年 月 日				车站：			
	上行				下行		
圈数	站台无列车，屏蔽门关闭且锁紧信号是否稳定	列车停站后经开门控制，所有屏蔽门是否完全打开无卡滞	列车停站后经关门控制，所有屏蔽门是否完全关闭无卡滞	站台无列车，屏蔽门关闭且锁紧信号是否稳定	列车停站后经开门控制，所有屏蔽门是否完全打开无卡滞	列车停站后经关门控制，所有屏蔽门是否完全关闭无卡滞
第　圈							
第　圈							
第　圈							
第　圈							
第　圈							
第　圈							
第　圈							
第　圈							
故障记录：							
记录人：							

双列车行车设备系统联调联试记录表（车辆维护人员填写）如表 2-164～表 2-167 所示。

网压测试记录表 　　　　　　表 2-164

日期：	年　月　日		列车：		
圈数	网压最高值	网压最低值	网压超过 1800V 次数	网压低于 1000V 次数	
第　圈					
第　圈					
第　圈					
第　圈					
第　圈					
第　圈					
第　圈					
第　圈					
备注：					
记录人：					

列车广播测试记录表

表 2-165

日期： 年 月 日			第 圈		列车号：	

车站	上行			下行		
	列车到站自动广播是否正确，音质清晰	列车至该站前下一站自动广播预告是否正确，音质清晰	列车自动广播触发时机是否正确	列车到站自动广播是否正确，音质清晰	列车至该站前下一站自动广播预告是否正确，音质清晰	列车自动广播触发时机是否正确

问题记录：

记录人：

列车 PIS 信息测试记录表

表 2-166

日期： 年 月 日		第 圈	列车号：	
车站	上行		下行	
	列车 PIS 目的地及到达本站前预告信息显示是否正确，图像是否清晰	列车 PIS 到站信息显示是否正确，图像是否清晰	列车 PIS 目的地及到达本站前预告信息显示是否正确，图像是否清晰	列车 PIS 到站信息显示是否正确，图像是否清晰

问题记录：

记录人：

列车 LED 信息测试记录表

表 2-167

日期： 年 月 日		第 圈	列车号：	
车站	上行		下行	
	列车 LED 目的地及到达本站前预告信息显示是否正确，图像是否清晰	列车 LED 到站信息显示是否正确，图像是否清晰	列车 LED 目的地及到达本站前预告信息显示是否正确，图像是否清晰	列车 LED 到站信息显示是否正确，图像是否清晰

问题记录：

记录人：

双列车行车设备系统联调联试记录表（供电维护人员填写），如表 2-168 所示。

网压测试记录表　　　　　　　　表 2-168

日期： 年 月 日					变电所：		
圈数	直流开关号	网压波动范围	电流波动范围	轨电位波动范围	网压超过1800V次数	网压低于1000V次数
第 圈						
第 圈						
备注：						
记录人：						

双列车行车设备系统联调联试记录表（调度填写），如表 2-169 所示。

列车运行准点率记录表　　　　　　　　　表 2-169

日期： 年 月 日			开行列数：			准点率：	
车次号	车体号	运行模式	运行圈数	2min 以上晚点次数	5min 以上晚点次数	15min 以上晚点次数
备注：						
记录人：						

双列车行车设备系统联调联试记录表(站务员填写),如表 2-170 所示。

车站 PIS 显示及到站预告广播测试记录表　　表 2-170

日期: 年 月 日		第 圈.	车站:
车站 PIS 显示		到站预告广播	
上行站台 PIS 首末班车是否能正确显示		上行到站预告广播是否能自动触发	
上行站台 PIS 下一班车到站时间能否正确显示		上行到站预告广播自动触发时机是否正确	
		上行到站预告广播内容是否正确	
		上行到站预告广播声音是否清晰,音量适宜	
下行站台 PIS 首末班车是否能正确显示		下行到站预告广播是否能自动触发	
下行站台 PIS 下一班车到站时间能否正确显示		下行到站预告广播自动触发时机是否正确	
		下行到站预告广播内容是否正确	
		下行到站预告广播声音是否清晰,音量适宜	
问题记录:			
记录人:			

双列车行车设备系统联调联试参与人员名单如表 2-171 所示。

双列车行车设备系统联调联试参与人员名单　　　　表 2-171

分组名称	姓名	联系电话	地点	备注
联调联试总负责人			调度大厅	
联调联试现场负责人			调度大厅	
调度			调度大厅	调度值班主任
				行调
				电调
				环调
			车辆段/停车场	车场调度
				信号楼值班员
司机			车辆段/停车场	电动列车司机
站务			车站	值班站长
			车站	值班站长
车站设备组 行车设备组			控制中心	综合监控维护人员
				综合监控供应商
				信号供应商负责人
				通信供应商负责人
			车辆段/停车场	车辆维护人员
				车辆供应商
			设备集中站	通信维护人员
				通信供应商人员
				信号维护人员
				信号供应商人员
			非设备集中站	通信维护人员
				通信供应商人员
安全保障组			控制中心、车辆段及各车站巡视	
后勤保障组				

轨道交通工程系统联调联试问题记录表如表 2-172 所示。

问题记录表　　　　　　　　表 2-172

地点：	日期：
联调联试问题记录：	
业主代表（签字）	
运营分公司代表（签字）	
项目公司（签字）	
监理、设计（签字）	

双列车行车设备系统联调联试项目小结评估表如表 2-173 所示。

双列车行车设备系统联调联试项目小结评估表　　　　表 2-173

系统联调联试科目			
时间	年　月　日	地点或区段	
内容			
结果评估			
存在问题			
整改措施			
签字	业主代表：	年　月　日	
	运营分公司代表：	年　月　日	
	承包商/供货商：	年　月　日	
	监理：	年　月　日	

第二章 CBTC信号系统调试

4) 多车行车设备系统联调联试
① 系统联调联试范围及目的
联调联试范围：新线全线车站、区间、车辆段、停车场及控制中心。
联调联试目的：
    a. 通过多列车运行检验，对行车有关设备的性能状态及其联动功能进行检测和检验，为空载试运行及载客试运行做准备。
    b. 检验行车各岗位人员行车业务技能、行车设备设施操作能力及应急处置能力，行车各岗位之间的协作能力。
    c. 检验行车设备相关维护部门的应急处理抢修组织流程是否合理、有效，人员处置技能是否培训到位。
② 系统联调联试科目
系统联调联试科目如表 2-174 所示。

多列车行车设备系统联调联试科目　　　　表 2-174

阶段	科目	分类
列车运行	分钟间隔运行	屏蔽门与车门联动
		屏蔽门稳定性
		ATO 停站精度
		列车自动广播
		站台预告到站广播
		车站 PIS 显示
		列车 PIS 显示
		列车 LED 显示
		准点率
		网压监测
	高密度运行	出入段线交替出段
		出入段线交替入段
		折返站交替折返
		网压监测
列车运行	分钟间隔运行	屏蔽门与车门联动
		屏蔽门稳定性
		ATO 停站精度
		列车自动广播
		站台预告到站广播

续表

阶段	科目	分类
列车运行	分钟间隔运行	车站 PIS 显示
		列车 PIS 显示
		列车 LED 显示
		准点率
		网压监测
		屏蔽门与车门联动
		屏蔽门稳定性
		ATO 停站精度
		列车自动广播
		站台预告到站广播
		车站 PIS 显示
		列车 PIS 显示
		列车 LED 显示
		准点率
		网压监测
	手动驾驶模式运行	屏蔽门与车门联动
		屏蔽门稳定性
		列车自动广播
		站台预告到站广播
		车站 PIS 显示
		列车 PIS 显示
		列车 LED 显示
		准点率
		网压监测
	全线降级模式运行	屏蔽门稳定性
		ATO 停站精度
		列车自动广播
		站台预告到站广播
		车站 PIS 显示
		列车 PIS 显示
		列车 LED 显示
		准点率
		网压监测

续表

阶段	科目	分类
列车运行	CBTC-BM模式混跑运行	屏蔽门稳定性
		ATO停站精度
		列车自动广播
		站台预告到站广播
		车站PIS显示
		列车PIS显示
		列车LED显示
		准点率
		网压监测

③ 系统联调联试实施

a. 联调联试流程

（a）行调令各有岔站行车值班员将联调联试所涉及道岔钩锁器解除，并令各有岔站对道岔状态进行确认。

（b）组织工程车对联调联试区域进行巡道，工程车由车辆段/停车场出发，以小于20km/h的速度对全线进行巡道。巡道结束后工程车停于车辆段/停车场内。司机巡道完毕后将结果报行调，并至DCC报到。

（c）参与联调联试人员、工器具到位。由安全保障组负责对车辆段及控制中心参与人员进行点名，并汇报现场负责人。由各站值班站长负责对各站内参与人员进行点名，并汇报现场负责人。

（d）各系统集成商、供应商、监理、各专业维护人员对设备进行状态确认并报行调。列车司机检车完毕，将检车结果汇报设调，列车于停车库内待发。各车站值班站长向行调汇报联调联试线路空闲，线路出清，供电系统正常，站台无异物侵入限界。行调将联调联试准备情况向联调联试现场负责人报告。

（e）联调联试总负责人宣布系统联调联试开始，系统联调联试正式实施。实施过程按联调联试项目依次进行。

（f）宣布联调联试现场工作结束，各项目内容小结。

b. 联调联试具体安排

（a）____分钟、____分钟、____分钟间隔运行（设定不同时分的运行间隔）

Ⅰ.编制多列车运行线路,编制线路时应充分考虑全面验证系统功能,锻炼设备操作人员的操作能力,提高设备维护人员的维保能力。必要时可以结合应急演练或试运行开展。站场平面示意图如图 2-21 所示。

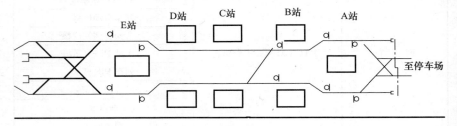

图 2-21　站场平面示意图

Ⅱ.联调联试条件:运行图需提前一日绘制完毕且导入服务器,图定正式跑图开始站站停车进行开关门作业。运行等级由调度根据需要调整。发车时刻按照发车表示器指示进行。供联调联试使用车辆满足需求,除正线运行所用 4 列电客列车外,还需 2 列备车,同时备车需配备司机。

Ⅲ.联调联试过程:如表 2-175 所示。

多列车行车设备系统联调联试过程(1)　　表 2-175

序号	时机	调度操作	司机操作	维护人员操作	车站人员操作
1	列车出段前检车		进行出车前检车工作	各列车车辆维护人员将检测列车数据专用电脑连接妥当;各列车信号维护人员将米尺分别固定于两端车头左侧第一扇车门处地板上 50cm 处,与车门中心对齐	
2		场调度顺序排列 T1、T2、T3、T4 从停车股道至出段线转换轨进路并分别通知 T1、T2、T3、T4 列车司机动车	T1、T2、T3、T4 车司机以 RM 模式根据信号机显示动车	T1、T2、T3、T4 车辆维护人员及变电所内供电维护人员开始监测网压数据	

续表

序号	时机	调度操作	司机操作	维护人员操作	车站人员操作
3	T1 车至转换轨停稳，ATS 自动分配列车车次号，至 C 站下行站台进路自动触发排列完毕后，车载无线电台自动完成正线注册转换	行调将运行等级设为 2 级，通知司机将车门控制模式设置为半自动，以 ATO 模式从转换轨进入正线运行至 C 站下行站台待命	T1 列车司机将车门控制模式设为半自动，按压 ATO 动车按钮，以 ATO 模式动车		
4	T2 车至转换轨停稳，ATS 自动分配列车车次号，至 B 站下行站台进路自动触发排列完毕后，车载无线电台自动完成正线注册转换	行调将运行等级设为 2 级，通知司机将车门控制模式设置为半自动，以 ATO 模式从转换轨进入正线运行至 B 站上行站台待命	T2 列车司机将车门控制模式设为半自动，按压 ATO 动车按钮，以 ATO 模式动车		
5	T3 车至转换轨停稳，ATS 自动分配列车车次号，至 A 站下行站台进路排列完毕，车载无线电台自动完成正线注册转换	通知 T3 司机将车门控制模式设置为半自动，以 ATO 模式在转换轨待命	T3 列车司机将车门控制模式设为半自动		
6	T4 车至转换轨停稳，ATS 自动分配列车车次号，至 A 站上行站台进路排列完毕，车载无线电台自动完成正线注册转换	通知 T4 司机将车门控制模式设置为半自动，于转换轨待命	T4 列车司机将车门控制模式设为半自动		

续表

序号	时机	调度操作	司机操作	维护人员操作	车站人员操作
7	各列车到指定位置后停车待命	通知各车站做好 PIS 信息检验及列车进站预报广播检验，通知 T1、T2 司机按照发车表示器倒计时发车			各车站站务员开始进行 PIS 信息检验及列车进站预报广播检验
8	图定首班车发点到	通知 T1 作为下行头班车关门后，动车开始以 ATO 模式运行，站站停，开关门	T1 车接令后动车	T1 车信号维护人员开始进行 ATO 停站精度检验、屏蔽门与车门联动同步性检验；车辆维护人员开始进行列车广播、列车 PIS、列车 LED 检验	
9	T1 车动车后	通知 T2 车按照时刻表以 ATO 模式动车	T2 车司机接令后动车	T2 车信号维护人员开始进行 ATO 停站精度检验、屏蔽门与车门联动同步性检验；车辆维护人员开始进行列车广播、列车 PIS、列车 LED 检验	
10	图定 T2 发点到	通知 T2 车关门后动车开始以 ATO 模式运行，站站停，开关门	T2 车接令后关门动车		
11	T2 车动车后	通知 T3 车按照时刻表以 ATO 模式动车	T3 车司机接令后动车	T3 车信号维护人员开始进行 ATO 停站精度检验、屏蔽门与车门联动同步性检验；车辆维护人员开始进行列车广播、列车 PIS、列车 LED 检验	

第二章　CBTC 信号系统调试

续表

序号	时机	调度操作	司机操作	维护人员操作	车站人员操作
12	图定 T3 发点到	通知 T3 车关门后动车开始以 ATO 模式运行，站站停，开关门	T3 车接令后关门动车		
13	T3 车动车后	通知 T4 车按照时刻表以 ATO 模式动车	T4 车司机接令后动车	T4 车信号维护人员开始进行 ATO 停站精度检验、屏蔽门与车门联动同步性检验；车辆维护人员开始进行列车广播、列车 PIS、列车 LED 检验	
14	图定 T4 发点到	通知 T4 车关门后动车开始以 ATO 模式运行，站站停，开关门	T4 车接令后关门动车		
15	各列车开始依照运行图运行	根据实际运行情况进行运行调整，使实际运行图与计划运行图相一致	根据调度命令或者发车表示器及速度码显示驾驶列车		
16	各列车依次完成计划圈数运行	行调令各列车以 ATO 模式运行至入段线转换轨入段	列车运行至入段线转换轨		
17	各列车于停车股道停稳，运行结束	打印运行图，统计准点率			

Ⅳ. 联调联试记录：

　　i. 除各参与人员记录表外，联调联试过程中各系统、设备暴露的问题由各参加人员汇总至行调，由行调记录。

　　ii. 准点率由行调按照 ATS 软件中实际运行图及计划偏离报告进行统计。

(b) 高密度运行

Ⅰ. 运行线路：出入段线交替出段、出入段线交替入段、A 站交替折返。

ⅰ. 出段：T1、T3 从车辆段/停车场出场线出场，T2、T4 从车辆段/停车场入场线出场，如图 2-22 所示。

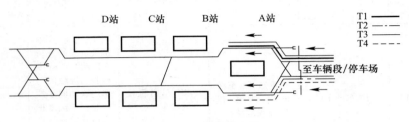

图 2-22　高密度出段

ⅱ. 折返：T1、T3 依次从折返站折 1 线折返，T2、T4 依次从折返站折 2 线折返，如图 2-23 所示。

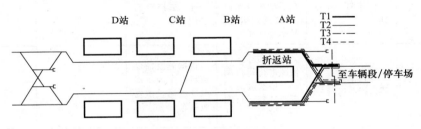

图 2-23　高密度折返

ⅲ. 入段：T1、T3 从车辆段/停车场出场线入场，T2、T4 从车辆段/停车场入场线入场，如图 2-24 所示。

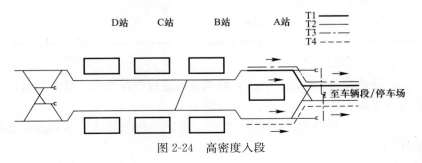

图 2-24　高密度入段

Ⅱ. 联调联试条件：进路方式通过行调人工设置头码方式。运行等级由调度根据需要调整。供联调联试使用车辆满足需求，除正线运行所用 4 列电动列车外，还需 2 列备车，同时备车需配备司机。

Ⅲ. 联调联试过程：如表 2-176 所示。

多列车行车设备系统联调联试过程（2） 表 2-176

序号	时机	调度操作	司机操作	维护人员操作	车站人员操作
1	列车出段前检车		进行出车前检车工作	各列车车辆维护人员将检测列车数据专用电脑连接妥当	
2	列车出段	停车场场段排列 T1 从停车股道至出段线换轨进路并通知 T1 列车司机动车	T1 车司机以 RM 模式根据信号机显示动车	T1 车辆维护人员及变电所内供电维护人员开始监测网压数据，调度大厅信号维护人员根据 MMI 显示开始记录各列车出段时分	
3	T1 车至出段线转换轨停稳	行调设置 T1 车目的地为 A 站下行站台，通知 T1 车司机以 ATO 模式运行，到站台后待命，场调排列 T2 车至入段线转换轨进路，通知 T2 车司机动车	T1 车司机接令后立刻按压 ATO 按钮发车，至 A 站下行站台待命，T2 车司机以 RM 模式根据信号机显示动车	T2 车辆维护人员及变电所内供电维护人员开始监测网压数据	
4	T1 车至 A 站下行站台停稳	行调设置 T1 车目的地为 D 站下行站台，通知 T1 车司机以 ATO 模式运行，场调排列 T3 车至出段线转换轨进路，通知 T3 车司机动车	T1 车司机接令后立刻按压 ATO 按钮发车，T3 车司机以 RM 模式根据信号机显示动车	T3 车辆维护人员及变电所内供电维护人员开始监测网压数据	

续表

序号	时机	调度操作	司机操作	维护人员操作	车站人员操作
5	T1 车动车后	行调设置 T2 车目的地为 A 站下行站台，通知 T2 车司机以 ATO 模式运行，场调排列 T4 车至入段线转换轨进路，通知 T4 车司机动车	T2 车司机接令后立刻按压 ATO 按钮发车		
6	T2 车至 A 站下行站台停稳	行调设置 T2 车目的地为 D 站下行站台，通知 T2 车司机以 ATO 模式运行	T2 车司机接令后立刻按压 ATO 按钮发车，T4 车司机以 RM 模式根据信号机显示动车	T4 车辆维护人员及变电所内供电维护人员开始监测网压数据	
7	T2 车动车后	行调设置 T3 车目的地为 D 站下行站台，通知 T3 车司机以 ATO 模式运行	T3 车司机接令后立刻按压 ATO 按钮发车		
8	T3 车从 A 站下行站台动车后	行调设置 T4 车目的地为 D 站下行站台，通知 T4 车司机以 ATO 模式运行	T4 车司机接令后立刻按压 ATO 按钮发车		
9	各列车依次运行至 D 站台	行调以设置目的地方式排列列车折返进路	各列车折返至 D 站上行运行		
10	各列车折返至上行运行	行调对 B 站上行站台设置扣车			
11	T1 车被扣于 B 站上行站台，T2、T3、T4 车运行至无速度码	设置 T1、T3 车目的地为 A 站折 1 线，设置 T2、T4 车目的地为 A 站折 2 线，令各列车司机待命	待命		

续表

序号	时机	调度操作	司机操作	维护人员操作	车站人员操作
12	各列车目的地设置完毕	行调取消B站站台扣车,通知T1车司机以ATO方式离站	T1车司机接令后立刻按压ATO按钮发车		
13	T1车离开B站站台	行调通知T2车司机以ATPM模式进入B站上行站台后待命	T2车司机以ATPM模式动车运行至B站上行站台后待命		
14	T1车离开B站站台后90s	行调通知T2车司机以ATO方式离站	T2车司机接令后立刻按压ATO按钮发车		
15	T2车离开B站站台	行调通知T3车司机以ATPM模式进入B站上行站台后待命	T3车司机以ATPM模式动车运行至B站上行站台后待命		
16	T2车离开B站站台后90s	行调通知T3车司机以ATO方式离站	T3车司机接令后立刻按压ATO按钮发车		
17	T3车离开B站站台	行调通知T4车司机以ATPM模式进入B站上行站台后待命	T4车司机以ATPM模式动车运行至B站上行站台后待命		
18	T3车离开B站站台后90s	行调通知T4车司机以ATO方式离站	T4车司机接令后立刻按压ATO按钮发车		
19	T1车到达A站上行站台	行调令T1车司机以ATB模式折返	T1车司机接令后立刻以ATB模式折返,列车动车后换端	调度大厅信号维护人员开始记录列车交替折返时分	

续表

序号	时机	调度操作	司机操作	维护人员操作	车站人员操作
20	T2 车到达 A 站上行站台	行调令 T2 车司机以 ATB 模式折返	T2 车司机接令后立刻以 ATB 模式折返，列车动车后换端		
21	T1 车到达 A 站折 1 线停稳	设置 T1 车目的地为 D 站下行站台			
22	T1 车完成折返至 A 站下行站台，T3 车到达 A 站上行站台	令 T1 车司机继续以 ATO 运行，令 T3 车以 ATB 模式折返	T1 车司机接令后立刻按压 ATO 按钮，以 ATO 模式继续运行；T3 车司机接令后立刻以 ATB 模式折返，列车动车后换端		
23	T2 车到达 A 站折 2 线停稳，T3 车到达 A 站折 1 线停稳	设置 T2 车目的地为 D 站下行站台			
24	T2 车完成折返至 A 站下行站台，T4 车到达 A 站上行站台	令 T2 车司机继续以 ATO 运行，令 T4 车以 ATB 模式折返	T2 车司机接令后立刻按压 ATO 按钮，以 ATO 模式继续运行；T4 车司机接令后立刻以 ATB 模式折返，列车动车后换端		
25	T3 车到达 A 站折 1 线停稳，T4 车到达 A 站折 2 线停稳	设置 T3 车目的地为 D 站下行站台			
26	T3 车完成折返至 A 站下行站台	设置 T4 车目的地为 D 站下行站台，令 T3 车司机继续以 ATO 运行	T3 车司机接令后立刻按压 ATO 按钮，以 ATO 模式继续运行		

续表

序号	时机	调度操作	司机操作	维护人员操作	车站人员操作
27	T4车完成折返至A站下行站台	令T4车司机继续以ATO运行	T4车司机接令后立刻按压ATO按钮,以ATO模式继续运行		
28	各列车依次运行至D站站台	行调以设置目的地方式排列列车折返进路	各列车折返至上行运行		
29	各列车折返至上行运行	行调对B站上行站台设置扣车			
30	T1车被扣于B站上行站台,T2、T3、T4车运行至无速度码	设置T1、T3车目的地为A站出段线,T2、T4车目的地为A站入段线,令各列车司机待命	待命		
31	各列车目的地设置完毕	行调取消B站上行站台扣车,通知T1车司机以ATO方式离站	T1车司机接令后立刻按压ATO按钮发车	调度大厅信号维护人员开始记录列车交替入段时分	
32	T1车至出段线转换轨停稳,T2车至入段线转换轨停稳	场调排列入段线转换轨至停车股道进路、出段线至停车股道进路	T1车、T2车司机与场调联系,请求入段		
33	T1车、T2车入段进路排列完毕	场调通知T1车、T2车司机根据信号动车	T1车、T2车司机根据信号以RM模式动车至停车股道停车		

续表

序号	时机	调度操作	司机操作	维护人员操作	车站人员操作
34	T3车至出段线转换轨停稳，T4车至入段线转换轨停稳	停车场场调排列入段线转换轨至停车股道进路、出段线至停车股道进路	T3车、T4车司机与停车场场调联系，请求入段		
35	T3车、T4车入段进路排列完毕	场调通知T3车、T4车司机根据信号动车	T3车、T4车司机根据信号以RM模式动车至停车股道停车		

Ⅳ. 测试说明

i. 列车出入场能力测试是在线路两端不同区域同时进行的，操作量大，发令频繁，时间要求高，行调注意对现场状态的把控。建议行调分别指挥各端的车辆。

ii. 列车交替折返功能测试是测试四列车交替折返，列车行车间距较短，折返目的地不同，在折返区域同时有进入和驶出作业，行调注意对现场状态的把控；当列车进入防护区段时，应紧急联系司机停车。

iii. 司机凭信号动车，T2、T3、T4列车司机应加强对前方瞭望，确认道岔位置、确认安全距离，发现问题立即紧急停车与总调或场调联系，确认满足条件后再动车。

iv. 测试前，安排测试列车至A端停稳，司机于出库端司机室待命。同时，备用列车也应处于待命状态。

v. 联调联试前需组织调度、司机、信号人员对方案进行学习，明确方案的各步骤，在测试中严格按照方案内容操作，加强监控。

vi. 交替入段测试过程中，根据车场线路合理安排入段线入段和出段线入段进路。

vii. 交替出段测试前，安排所有列车至A端停稳，司机于出库端司机室待命。

viii. 交替入段、交替出段测试过程中，对于T3、T4列车进路，当满足排列条件后立刻排列，并通知司机及时动车。

ix. 场内运行速度按运营分公司相关规定执行。

x. 列车回库行调加强与场调的联调联试。

xi. 备用列车应处于待命状态。

c. 联调联试说明

（a）列车进站过程中受各类因素影响发生紧急制动或者迫停于站外，外界影响因素消除后列车必须以人工驾驶模式进入站台进行对位。以 ATO 模式运行可能会导致列车跳停该站。

（b）BM 模式下运行列车将在经过一个初始化有效有源信标时获得后备模式变量，该变量为 ATPM 以及 ATO 模式运行的必要条件。该变量有时间限制，超过时限未重新获得有效变量，列车将无法以 ATPM 以及 ATO 模式运行。必须以 RM 模式运行通过一个初始化有效有源信标，才可再次获得该变量从而建立模式。

（c）列车在 BM 模式下，无论门控位置如何设置，都需要司机手动进行开关车门作业。

（d）交替折返、交替出入段测试项目行调操作较多且较密集，时间要求较高。为避免操作缓慢或者不当造成联调联试科目失败，宜由 2 名行调控制操作，且事先进行操作安排。

（e）所有参与系统联调联试人员及观察员均需对联调联试过程中发现的不正常设备表现进行记录。所有记录文件在系统联调联试结束后交由技术组（联调）汇总。

（f）联调联试过程中，行调与行值通过调度电话沟通，公务电话及 800M 手持电台作为备用；行值与站务员通过 400M 手持电台沟通，800M 手持电台作为备用；行调与司机沟通通过车载无线电台，800M 手持电台作为备用。

（g）测试前行调需将与其他线路联络线道岔到相应位置，并使用钩锁器进行加固。

d. 多列车行车设备系统联调联试记录表

多列车行车设备系统联调联试记录表（信号维护人员填写），如表 2-177～表 2-181 所示。

列车出段运行时分记录表   表 2-177

日期: 年 月 日	第 圈	日期: 年 月 日	第 圈
列车号: 记录人:		列车号: 记录人:	
出段		出段	
列车运行模式		列车运行模式	
车辆段停车股道		车辆段停车股道	
车辆段内列车启动时分		车辆段内列车启动时分	
出段信号机前停稳时分		出段信号机前停稳时分	
转换轨停稳时分		转换轨停稳时分	
＿＿＿站＿＿＿行站台停稳时分		＿＿＿站＿＿＿行站台停稳时分	
列车段内启动至停稳该站台耗时（s）		列车段内启动至停稳该站台耗时（s）	
日期: 年 月 日	第 圈	日期: 年 月 日	第 圈
列车号: 记录人:		列车号: 记录人:	
出段		出段	
列车运行模式		列车运行模式	
车辆段停车股道		车辆段停车股道	
车辆段内列车启动时分		车辆段内列车启动时分	
出段信号机前停稳时分		出段信号机前停稳时分	
转换轨停稳时分		转换轨停稳时分	
＿＿＿站＿＿＿行站台停稳时分		＿＿＿站＿＿＿行站台停稳时分	
列车段内启动至停稳该站台耗时（s）		列车段内启动至停稳该站台耗时（s）	

列车入段运行时分记录表

表 2-178

日期： 年 月 日		第 圈	日期： 年 月 日		第 圈
列车号：	记录人：		列车号：	记录人：	
入段			入段		
列车运行模式			列车运行模式		
车辆段停车股道			车辆段停车股道		
____站____行站台启动时分			____站____行站台启动时分		
转换轨停稳时分			转换轨停稳时分		
入段信号机前停稳时分			入段信号机前停稳时分		
车辆段内列车停稳时分			车辆段内列车停稳时分		
列车从该站台启动至段内停稳耗时（s）			列车从该站台启动至段内停稳耗时（s）		
日期： 年 月 日		第 圈	日期： 年 月 日		第 圈
列车号：	记录人：		列车号：	记录人：	
入段			入段		
列车运行模式			列车运行模式		
车辆段停车股道			车辆段停车股道		
____站____行站台启动时分			____站____行站台启动时分		
转换轨停稳时分			转换轨停稳时分		
入段信号机前停稳时分			入段信号机前停稳时分		
车辆段内列车停稳时分			车辆段内列车停稳时分		
列车从该站台启动至段内停稳耗时（s）			列车从该站台启动至段内停稳耗时（s）		

列车折返时分记录表

表 2-179

日期: 年 月 日		第 圈	日期: 年 月 日		第 圈
列车号:	记录人:		列车号:	记录人:	
折返路径: 站 行经 折返至 站 行			折返路径: 站 行经 折返至 站 行		
列车运行模式			列车运行模式		
列车折返启动时分			列车折返启动时分		
列车折返线/小站台/存车线停稳时分			列车折返线/小站台/存车线停稳时分		
司机换端完成时分			司机换端完成时分		
列车折返线/小站台/存车线启动时分			列车折返线/小站台/存车线启动时分		
列车完成折返停稳时分			列车完成折返停稳时分		
列车启动至停稳折返耗时(s)			列车启动至停稳折返耗时(s)		
日期: 年 月 日		第 圈	日期: 年 月 日		第 圈
列车号:	记录人:		列车号:	记录人:	
折返路径: 站 行经 折返至 站 行			折返路径: 站 行经 折返至 站 行		
列车运行模式			列车运行模式		
列车折返启动时分			列车折返启动时分		
列车折返线/小站台/存车线停稳时分			列车折返线/小站台/存车线停稳时分		
司机换端完成时分			司机换端完成时分		
列车折返线/小站台/存车线启动时分			列车折返线/小站台/存车线启动时分		
列车完成折返停稳时分			列车完成折返停稳时分		
列车启动至停稳折返耗时(s)			列车启动至停稳折返耗时(s)		

列车车门与屏蔽门联动测试记录表　　表 2-180

日期： 年 月 日	第　圈	列车号：	车门控制模式：

车站	上行		下行	
	开门是否同步	关门是否同步	开门是否同步	关门是否同步

问题记录：

记录人：

列车 ATO 运行停站精度测试记录表　　表 2-181

日期： 年 月 日	第 圈	列车号：	列车运行模式：

车站	上行		下行	
	列车是否收到允许开门信号	列车停站偏差（cm）	列车是否收到允许开门信号	列车停站偏差（cm）

问题记录：

记录人：

多列车行车设备系统联调联试记录表（屏蔽门维护人员填写），如表 2-182 所示。

屏蔽门稳定性测试记录表　　　　　　　　表 2-182

日期：　　年　月　日　　　　　　车站：

圈数	上行				下行			
	站台无列车，屏蔽门关闭且锁紧信号是否稳定	列车停站后经开门控制所有屏蔽门是否完全打开无卡滞	列车停站后经关门控制所有屏蔽门是否完全关闭无卡滞		站台无列车，屏蔽门关闭且锁紧信号是否稳定	列车停站后经开门控制所有屏蔽门是否完全打开无卡滞		列车停站后经关门控制所有屏蔽门是否完全关闭无卡滞
第　圈								
第　圈								
第　圈								
第　圈								
第　圈								
第　圈								
第　圈								
第　圈								

故障记录：

记录人：

多列车行车设备系统联调联试记录表（车辆维护人员填写），如表 2-183～表 2-186 所示。

网压测试记录表　　　　　　　　表 2-183

日期： 年 月 日		列车：	
圈数	网压最高值	网压最低值	网压超过 1800V 次数	网压低于 1000V 次数
第　圈				
第　圈				
第　圈				
第　圈				
第　圈				
第　圈				
第　圈				
第　圈				
问题记录：				
记录人：				

列车广播测试记录表

表 2-184

日期:	年 月 日		第 圈		列车号:		
车站	上行				下行		
	列车到站自动广播是否正确，音质清晰	列车至该站前下一站自动广播预告是否正确，音质清晰	列车自动广播触发时机是否正确	列车到站自动广播是否正确，音质清晰	列车至该站前下一站自动广播预告是否正确，音质清晰	列车自动广播触发时机是否正确

问题记录：

记录人：

列车 PIS 信息测试记录表　　　　表 2-185

日期：　年　月　日			第　圈	列车号：	
车站	上行		下行		
	列车 PIS 目的地及到达本站前预告信息显示是否正确，图像是否清晰	列车 PIS 到站信息显示是否正确，图像是否清晰	列车 PIS 目的地及到达本站前预告信息显示是否正确，图像是否清晰	列车 PIS 到站信息显示是否正确，图像是否清晰	
列车 PIS 是否能正确显示调度员发布的信息	测试区域	结果是否正确			

问题记录：

记录人：

第二章 CBTC 信号系统调试

列车 LED 信息测试记录表　　　表 2-186

日期： 年 月 日		第　圈		列车号：	
车站	上行		下行		
	列车 LED 目的地及到达本站前预告信息显示是否正确，图像是否清晰	列车 LED 到站信息显示是否正确，图像是否清晰	列车 LED 目的地及到达本站前预告信息显示是否正确，图像是否清晰	列车 LED 到站信息显示是否正确，图像是否清晰	

问题记录：

记录人：

多列车行车设备系统联调联试记录表（供电维护人员填写），如表 2-187 所示。

网压测试记录表　　　　　　　表 2-187

日期： 年 月 日					变电所：	
圈数	直流开关号	网压波动范围	电流波动范围	轨电位波动范围	网压超过1800V次数	网压低于1000V次数
第　圈						
第　圈						
问题记录：						
记录人：						

第二章 CBTC 信号系统调试

多列车行车设备系统联调联试记录表（调度填写），如表 2-188 所示。

列车运行准点率记录表　　　　　表 2-188

日期： 年 月 日		开行列数：		准点率：		
车次号	车体号	运行模式	运行圈数	2min 以上晚点次数	5min 以上晚点次数	15min 以上晚点次数
备注：						
记录人：						

多列车行车设备系统联调联试记录表（站务员填写），如表 2-189 所示。

车站 PIS 显示及到站预告广播测试记录表　　表 2-189

日期：　年　月　日		第　圈	车站：
车站 PIS 显示		到站预告广播	
上行站台 PIS 首末班车是否能正确显示		上行到站预告广播是否能自动触发	
上行站台 PIS 下一班车到站时间能否正确显示		上行到站预告广播自动触发时机是否正确	
		上行到站预告广播内容是否正确	
		上行到站预告广播声音是否清晰，音量适宜	
下行站台 PIS 首末班车是否能正确显示		下行到站预告广播是否能自动触发	
下行站台 PIS 下一班车到站时间能否正确显示		下行到站预告广播自动触发时机是否正确	
		下行到站预告广播内容是否正确	
		下行到站预告广播声音是否清晰，音量适宜	
问题记录：			
记录人：			

第二章 CBTC 信号系统调试

多列车行车设备系统联调联试参与人员名单，如表 2-190 所示。

多列车行车设备系统联调联试参与人员名单　　表 2-190

分组名称	姓名	联系电话	地点	备注
联调联试总负责人			调度大厅	
联调联试现场负责人			调度大厅	
调度			调度大厅	调度值班主任
				行调
				电调
				环调
			车辆段/停车场	车场调度
				信号楼值班员
司机			车辆段/停车场	电动列车司机
站务			车站	值班站长
			车站	值班站长
			车站	值班站长
			车站	值班站长
车站设备组 行车设备组			控制中心	综合监控维护人员
				综合监控供应商
				信号供应商负责人
				通信供应商负责人
			车辆段/停车场	车辆维护人员
				车辆供应商
			车站	通信维护人员
				通信供应商人员
				信号维护人员
				信号供应商人员
安全保障组			控制中心、车辆段/停车场及各车站巡视	
后勤保障组				

轨道交通工程系统联调联试问题记录表如表 2-191 所示。

问题记录表　　　　　　　　　表 2-191

地点：	日期：
联调联试问题记录：	
业主代表（签字）	
运营分公司代表（签字）	
项目公司（签字）	
监理、设计（签字）	

多列车行车设备系统联调联试项目小结评估表如表 2-192 所示。

多列车行车设备系统联调联试项目小结评估表　　表 2-192

系统联调联试科目	
时间	年　月　日　　　　地点或区段
内容	
结果评估	
存在问题	
整改措施	
签字	业主代表：　　　　　　　　　　　　年　月　日
	运营分公司代表：　　　　　　　　　年　月　日
	承包商/供货商：　　　　　　　　　　年　月　日
	监理：　　　　　　　　　　　　　　年　月　日

5. 系统试运行阶段

试运行阶段，工作标准应按照模拟载客试运行执行，穿插其中的各种演练和应急预案实施演习，完全参照实战要求。组织开展轨道交通运营中常发生的各种紧急情况的应急演练，以实现对全系统的设备设施及运营管理能力的考核与验证，并作为城市轨道交通系统能否真正投入载客试运营的评估报告的一部分，提交给系统开通前的专家评审会议。

试运行阶段工作主要听从联调联试领导小组工作办公室的统一指挥，各项目组是具体工作执行人，负责组织、协调系统联调联试的所有时间、质量、技术、节点计划等工作，轨道交通公司各职能部门执行相关的日常运作与后勤保障、安全防范及上情下达/下情上传工作。

试运行阶段如图 2-25 所示。

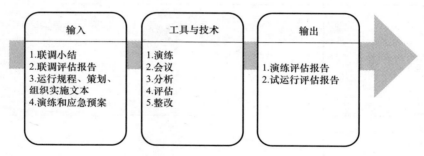

图 2-25　试运行阶段：输入、工具与技术和输出

（1）组织试运行及演练的意义

在轨道交通运营过程中，由于自然灾害、设备系统故障和突发事件而造成线路中断运营的情况时有发生，突发的中断事件极易造成大量出行旅客的滞留、严重的财产损失甚至重大伤亡事故。城市轨道交通系统是一个相对封闭的系统，客流高度集中，且构成较为复杂，同时作为大型城市的骨干交通系统，其突发性中断有可能进一步造成整个城市系统的全面瘫痪。

因此在试运营之前，通过运营演练的实施，测试各设备系统在轨道交通正常运营、降级运营和事故应急情况下能否协调运作，对运营人员、运营规章制度、行车组织管理办法的有效性进行现场验证，确保各系统在开通前满足运营条件。通过运营演练可以检验城市轨道交通运行、维护、抢修体制（包括应急预案等）是否切实可行，是否满足城市轨道交通运营需要；可以检验各设备系统在正常运营和事故应急情况下能否协调工作；通可以提高运营人员在正常情况下的操作水平及在事故情况下的应变能力。

（2）运营演练具备的前提条件

运营演练是城市轨道交通开通运营前的一个关键阶段，是在系统综合联调联试完成后，对各设备系统运行稳定的检验；是对运营部门方案、规章制度、部门内外部间协作能否满足实际需要的检验；是对运营公司和相关政府职能部门对突发事件的应对策略和措施是否适当的检验；是衡量轨道交通能否开通运营的标志。因此，运营演练是涉及多任务、多系统、跨部门的工作。为保证运营演练达到预期目的，城市轨道交通运营演练应具备的条件有：

1）设备系统间的联调联试已经完成，或关键调试项目已完成，并满足设计功能需求。

2）与运营有关的运行规程、运行策划、组织措施等文件已编制完成，并经运营公司审核颁布。

3）参与运营演练的人员已到位，且数量满足要求。

4）运营演练所需的设备已配置齐全。

5）运营演练的策划方案符合实际需要：

① 开通目标是否明确并已经过论证。

② 运营演练的项目是否已涵盖演练功能验证要求。

③ 运营演练计划是否符合开通时间要求，是否具备可操作性。

④ 运营演练是否有强有力的组织保证措施。

⑤ 运营演练采取的安全措施是否得当。

⑥ 对人员的培训是否正常进行。

⑦ 运营演练信息反馈是否通畅，现场决策是否明确。

⑧ 运营演练有无出现问题的技术支持。

⑨ 有相关部门（尤其是公安、消防、医院等）的密切配合。

（3）运营演练体系

运营演练体系，如图 2-26 所示。

1）正常模式

整个城市轨道交通系统在正常工况下的运行，各子系统均能满足设计的各项指标和要求，如车辆、信号等均按照事先预定好的模式正常工

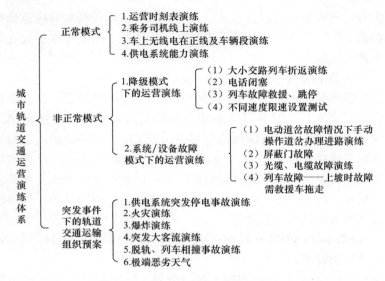

图 2-26 运营演练体系

作,满足时刻表或发车时间间隔要求运营。正常模式下运营是轨道交通载客运营的理想状态,是轨道交通系统安全、正点、舒适等设计目标的具体体现。正常模式下主要运营演练项目有:运营时刻表演练、乘务司机上线演练、车载无线台在正线及车辆段通信测试、供电系统能力演练等。这些演练项目均是日后正常载客运营的实况模拟,在联调联试阶段完成这些项目是为了保证运营人员能够尽可能地适应运营岗位。

2)非正常模式

非正常模式包括降级模式下的运营演练和系统/设备故障模式下的运营演练。降级模式下的运营演练包括大小交路列车折返演练,电话闭塞演练,列车故障救援、扣车、跳停演练和不同速度限速设置测试等;系统/设备故障模式下的运营演练包括电动转辙机故障情况下,手动操作道岔办理进路演练、联锁故障演练、计轴故障演练、屏蔽门故障演练、光电缆故障演练和列车上坡时故障需要救援车拖走等演练。

城市轨道交通正常、故障和降级模式的转换关系如图 2-27 所示。

3)突发事件

突发事件是指在运营线路、车辆段和停车场内发生的列车脱轨、人员伤亡、水灾、火灾、恶劣天气、爆炸、地震及恐怖袭击或因车辆、设

第二章 CBTC 信号系统调试

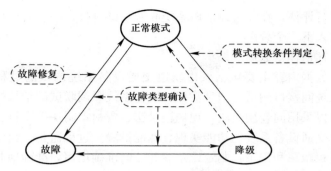

图 2-27 正常、故障和降级模式的转换关系

备故障、损坏及大客流冲击、服务事件等其他异常原因造成影响运营的非正常情况。由于不可预见的突发事件和极端的自然灾害发生概率较低，并且较难防范，一旦发生将造成极其巨大的影响，若处理不当就会导致巨大的人身和财产损失，造成社会秩序紊乱和巨大的经济损失。因此，将突发事件下的轨道交通运输组织预案单独考虑，并在联调联试阶段组织相关人员进行演练，对提升运营部门在突发事件下的处置、救援能力具有重要意义。根据突发事件发生的概率和造成后果的严重性，突发事件下的演练项目包括：供电系统突发停电事故、火灾和爆炸事故、突发大客流、脱轨事故、列车相撞事故等。

6. 系统联调联试评估

在系统联调联试各个阶段完成后，各个"联调小组"对系统联调联试进行总结，提交各科目联调联试总结。系统联调联试总结应至少包含以下内容：

① 系统联调联试目的。
② 系统联调联试接口测试内容。
③ 系统联调联试遵循的标准。
④ 系统联调联试程序和步骤。
⑤ 系统联调联试科目实施计划和时间安排。
⑥ 参加系统联调联试组织与人员要求。
⑦ 系统联调联试采用的测试设备和仪器仪表。
⑧ 对调试结果的结论。
⑨ 附测试的记录表。

由系统联调联试领导小组工作办公室对系统联调联试各阶段联调联

试报告进行评估,在经过评估该系统联调联试科目合格、通过后,经批准决定进入下一个阶段。

(1) 评估样本数据的采集

采集数据内容主要包括城市轨道交通设备系统调试的过程记录数据、多系统间接口测试的记录数据和设备系统联调联试的记录数据。数据采集可以采用问卷调查法、现场记录法、资料审阅法等多种方式。对城市轨道交通设备系统的功能实现、性能试验、过程监督、组织管理等进行全过程跟踪和记录,制定记录表并按时准确填写,准确地收集设备系统功能实现情况、组织制定情况、干扰情况和接口实现情况等,将收集的数据整理、归纳和分析得到一定量的样本数据。

(2) 样本数据的分析

1) 样本数据的分析过程

样本数据的分析是在联调联试过程中收集、调查取得一定数据资料的基础上,运用已有的知识、经验和科学方法,对未来务实的发展状态、行为、趋势进行分析,做出推测与判断。

2) 分析方法

分析方法一般可分为定性分析和定量分析两大类。

定性分析方法是根据所掌握的信息资料,依靠个人和群体的经验和知识,运用一定的方法,对市场未来的趋势、规律、状态做出质的判断和描述。定性分析较为常用的有专家会议法、德尔菲法和类推预测法。

定量分析是依据市场历史和现在的统计数据资料,选择或建立合适的数学模型,分析研究其发展变化规律并对未来做出预测。定量分析包括时间序列分析、因果分析和其他分析方法。其他分析方法主要借助复杂的数学模型模拟现实经济结构,分析经济现象的各种数量关系,从而提高人们认识经济现象的广度、深度和精度,更能适用于现实经济生活中的中长期市场分析。但这些分析方法比较复杂,需要比较高深的专业知识。

实际进行样本数据分析时,经常利用两种以上的不同分析方法进行组合预测,既可以是几种定量方法的组合,也可以是几种定性方法的组合,更多的是定性方法和定量方法的组合分析。

如表 2-193 给出几种常用分析方法的特点及其运用范围、精度等,分析人员可以根据分析内容、历史资料的可能性及两者之间的关系、要求的精度等因素,选择适用的方法。

表 2-193 几种常用的分析方法

分析方法 因素与条件	定性方法			定量方法					
				时间序列分析法			因果分析法		
	专家会议法	德尔菲法	类推预测法	移动平均法	指数平滑法	趋势外推法	回归模型	经济计量模型	弹性系数法
方法内容简单介绍	组织有关方面的专家，通过专家会议的形式进行预测，然后综合专家意见，得出结论	专家会议法的发展，对受聘专家小组进行匿名调查，多轮反馈，综合整理，对结果进行统计分析处理	运用事物发展的相似性原理，对相互类似的序列中连续几个新产品的出现和发展过程进行对比性分析	为消除季节性和不规律性的影响，取时间序列中连续几个数据值的平均值（算术平均值或加权平均值）	与移动平均法相似，考虑历史数据近期的作用不同，给予递增的权值，要求数据量少，包括有多重指数的滑动模型	运用一个数学模型拟合一条趋势线，然后用这个模型外推未来事物的发展	运用事物发展内部因素的因果关系，分析建立回归模型，包括一元回归，多元回归和非线性回归	运用事物内部发展的复杂因果关系，建立模型，确定参数，应用方程进行预测	运用两个变量之间的弹性系数进行预测
适用时间范围及用途	长期分析、科技预测、新产品预测	长期分析、科技预测、新产品预测	长期分析、科技预测、新产品预测	短期预测	短期预测	中长期预测	短、中、长期分析与科技预测	短、中、长期分析	短、中、长期分析
需要的数据资料	将专家的意见综合、分析与处理	将专家的意见综合、分析与处理	产品或科学技术发展的多年历史资料	数据越多越好，至少3年以上，数据最低要求5~10个	数据越多越好，至少3年以上，数据最低要求5~10个	至少5年数据	定量分析资料，需要几年的数据	定量分析资料，需要几年的数据	定量分析资料，需要几年的数据
精确度	一般	较好	一般	一般	较好	短期很好，中、长期较好	很好	中、短期很好，长期较好	一般

(3) 样本数据的计算

1) 收集的样本数据整理

如某城市轨道交通线路的样本数据整理如表 2-194 所示。

样本数据　　　　　　　　表 2-194

影响因素类别	影响因素	试运营前必须实现的功能数	实际实现的功能数	功能实现率
设备系统	信号系统	40	38	0.833
	通信系统	32	31	0.99
	车辆系统	56	56	1
	供电系统	39	39	1
	屏蔽门	51	50	0.98
	综合监控系统	17	17	1
	火灾报警系统	83	81	0.982
联调联试管理制度	组织机构及其管理办法	100	75	0.75
	联调联试方案	100	85	0.85
	联调联试计划	100	75	0.75
	联调联试信息及文档管理	100	75	0.75
	调试现场记录	100	75	0.75
外部干扰因素影响	人为干扰因素	100	75	0.75
	环境干扰因素	100	65	0.65
接口调试	信号与车辆接口	63	63	1
	信号与屏蔽门接口	50	47	0.95
	信号与通信接口	42	42	1
	综合监控与机电系统接口	72	72	1
	FAS 与机电系统接口	88	88	1

2) 样本数据的计算过程

① 计算影响因素的最终效果评估值

城市轨道交通设备系统各专业功能实现率指标 X_i 和接口功能设计实现率指标 A_i 根据平均值法计算；调试阶段组织管理、信息管理指标

第二章 CBTC 信号系统调试

Y_i 和调试阶段干扰因素情况指标 Z_i 根据综合分析法计算。

例如：

a. 在设备系统功能及性能实现率 X_i 中有 X_1、X_2、X_3、X_4、X_5、X_6 和 X_7 共计 7 个因素，接口功能设计实现率指标 A_i 中有 A_1、A_2、A_3、A_4 和 A_5 共计 5 个因素，以信号系统的功能和性能实现率 X_1 为例，根据上表所述，信号系统的调试实际实现率为 83.3%，则 X_1 的计算式为：

$$X_1 = 1/7 \times 0.833 \approx 0.119$$

同理，可以计算其他影响因素 X_2、X_3、X_4、X_5、X_6、X_7、A_1、A_2、A_3、A_4 和 A_5 的评估值。

又如：

b. 调试阶段组织管理、信息管理指标 Y_i 和调试阶段干扰因素情况指标 Z_i 根据综合分析法得出，首先给出 Y_i 和 Z_i 的专家打分（对联调联试效果的影响比重），汇总见表 2-195，再用各因素影响比重的平均值乘以该影响因素的实测值，得到该影响因素的评估值。以联调联试组织机构及其管理办法实现率 Y_1 为例，前文给出的 Y_1 专家打分值为 75%，则 Y_1 的计算式为：

$$Y_1 = 1/5 \times 75\% = 0.15$$

同理可以计算其他影响因素 Y_2、Y_3、Y_4、Y_5、Z_1 和 Z_2 的评估值。评估值计算后形成的汇总，见表 2-195。

评估值汇总　　　　　　　表 2-195

类别	影响因素	评估值
X	X_1	0.119
	X_2	0.116
	X_3	0.116
	X_4	0.116
	X_5	0.116
	X_6	0.116
	X_7	0.116

续表

类别	影响因素	评估值
Y	Y_1	0.15
	Y_2	0.17
	Y_3	0.15
	Y_4	0.15
	Y_5	0.15
Z	Z_1	0.375
	Z_2	0.325
A	A_1	0.2
	A_2	0.19
	A_3	0.2
	A_4	0.2
	A_5	0.2

② 联调联试效果评价值 M

联调联试效果评估值 M 的计算式为：$M = \theta\sum_{i=1}^{7} X_i + \alpha\sum_{i=1}^{5} Y_i + \beta\sum_{i=1}^{2} Z_i + \varepsilon\sum_{i=1}^{5} A_i$，式中的权重参数 $\theta+\alpha+\beta+\varepsilon=1$，得出：

$\theta=\alpha=\beta=\varepsilon=1/4=0.25$ 将上述统计表中 X_i、A_i、Y_i、Z_i 代入 M 的计算式中，得到 M 效果评价值：

$$M=0.8532$$

注：M 值在 0.8 左右的线路具备初步的试运营条件。

针对城市轨道交通联调联试效果的评价，通过分析其主要影响因素建立了评价模型；采用平均值法、专家分析法和综合分析法确定各影响因素的评估值；然后采用数理统计和加权的方法确定城市轨道交通联调联试效果评价的阈值，以此作为判断城市轨道交通联调联试效果的依据。

宁波轨道交通 1 号线二期行车设备联调联试数据统计样本，见表 2-196～表 2-198。

第二章 CBTC 信号系统调试

行车设备功能测试

表 2-196

一、信号、车辆、通信、屏蔽门设备功能测试

序号	项目	科目	完成情况		
			科目数	首测合格率	最终合格率
1	无动车	时钟	3	100%	100%
		专用电话	18	100%	100%
		公务电话	1	100%	100%
		车载无线台	1	100%	100%
		800M 无线通信	1	96%	100%
		广播	20	95%	100%
		调度对站台 PIS 发布信息	1	100%	100%
		车站站台发车端 CCTV	9	99%	100%
		站台紧急停车	54	100%	100%
		大屏、MMI 显示一致性检查	1	100%	100%
		中央对站台 CCTV 监视	1		0%
		MMI、HMI 操作	35	90%	100%
		车辆段与正线接口	1	100%	100%
		人工道岔操作	5	100%	100%
2	单列车	出场时分	2	100%	100%
		入场时分	2	100%	100%
		区间运行时分查定	3	100%	100%
		屏蔽门/安全门与车门联动同步	3	98%	100%
		中央调取列车图像	1	100%	100%
		线路停车牌位置验证（司机口述）	1	70%	100%
		车站紧急停车	1	100%	100%
		跳停	1	100%	100%
		扣车	2	100%	100%
		限速	1	100%	100%
		超速	1	100%	100%
		列车退行	1	100%	100%
		列车紧急停车按钮激活	1	100%	100%
		列车催发	1	100%	100%

续表

一、信号、车辆、通信、屏蔽门设备功能测试					
序号	项目	科目	完成情况		
^	^	^	科目数	首测合格率	最终合格率
2	单列车	交路道岔检验及折返时间查定	6	100%	100%
^	^	屏蔽门稳定性，5000次开关测试	9	100%	100%
^	^	屏蔽门夹物	1	100%	100%
^	^	车门夹物	1	100%	100%
^	^	屏蔽门/安全门故障对列车运行影响	2	100%	100%
^	^	ATO 停站精度	2	100%	100%
^	^	车门紧急拉手测试	1	100%	100%
^	^	DMI 显示正确性	1	100%	100%
^	^	DMI 与发车表示器倒计时一致性	1	100%	100%
^	^	列车区间阻塞	1	100%	100%
^	^	列车区间火灾	1		0%
^	^	乘客列车呼叫	1	100%	100%
^	^	列车自动广播	1	100%	100%
^	^	列车人工广播	1	100%	100%
^	^	OCC 对列车广播	1	100%	100%
^	^	站台预告到站广播	9	0%	100%
^	^	车站 PIS 显示	9	100%	100%
^	^	列车 PIS 显示	1	100%	100%
^	^	后备模式出站闯红灯安全制动功能	5	100%	100%
^	^	列车 LED	1	100%	100%
^	^	800M 覆盖	1	98%	100%
^	^	无线台通话测试	16	87%	87%
^	^	车载无线台站名显示及注册	10	100%	100%
^	^	故障模拟	6	84%	100%
^	^	岔区计轴受扰预复位	2	100%	100%
^	^	网压监测	1	100%	100%
3	双列车	双列车 10min 间隔	1	100%	100%
^	^	双列车 8min 间隔（5min）	2	100%	100%
^	^	双列车最小间隔追踪运行	2	100%	100%
^	^	列车故障模拟救援	3	100%	100%
^	^	网压监测	1	100%	100%

第二章 CBTC信号系统调试

续表

一、信号、车辆、通信、屏蔽门设备功能测试

序号	项目	科目	完成情况		
			科目数	首测合格率	最终合格率
4	多列车	4列车15min间隔运行	1	100%	100%
		4列车高密度运行	3	100%	100%
		12列车8min间隔运行	1	100%	100%
		18列车运行	4	99%	100%
		网压监测	1	100%	100%
合计			282		97%

二、设备接口功能测试

项目		科目	完成情况		
			科目数	首测合格率	最终合格率
1.5	中央级信号系统大屏接口	信号设备提供给大屏的信号	7	100%	100%
		ISCS设备提供给大屏的信号	3	100%	100%
		CCTV设备提供给大屏的信号	2		0%
		清分设备提供给大屏的信号	2		0%
1.6	信号与屏蔽门/安全门接口	PSD关闭且锁紧状态，信号稳定与现场一致性良好	1	100%	100%
		PSD互锁解除信息	1	100%	100%
		开门命令	1	100%	100%
		关门命令	1	100%	100%
		车门及PSD均关好才允许停站列车启动或进站列车进站	1	100%	100%
2.1	信号系统与车辆系统接口	信号设备提供给车辆的信号	10	100%	100%
		车辆提供给车载信号系统的信号	11	100%	100%
2.2	PIS	PIS系统与信号ATS系统接口	1	100%	100%
2.3	传输	传输与信号电源接口	10	100%	100%
		传输与AFC接口	10	100%	100%
		传输与门禁接口	10	100%	100%
2.4	无线	无线与信号ATS接口	2	100%	100%
合计			73		88%

行车设备能力测试，如表 2-197 所示。

行车设备能力测试　　　　　　　　　表 2-197

一、信号设备能力测试				
项目	科目	完成情况		
		科目数	首测合格率	最终合格率
信号专业能力测试	列车出入场能力			
	停车场出场能力	1	100%	100%
	停车场入场能力	1	100%	100%
	停车场交替出场能力	1	100%	100%
	停车场交替入场能力	1	100%	100%
	列车交替折返能力			
	折返站交替折返能力	1	100%	100%
	列车运行安全防护			
	ATP 超速防护	1	100%	100%
	侧向过岔安全防护	1	100%	100%
	轨道尽头安全防护	1	100%	100%
	反向 ATP 安全防护	1	100%	100%
	站台紧急按钮防护	1	100%	100%
信号设备合计		10		100.00%

二、通信设备能力测试				
项目	科目	完成情况		
		科目数	首测合格率	最终合格率
通信专业能力测试	传输降级	1	100%	100%
	无线降级	1	100%	100%
通信设备合计		2		100%

三、车辆设备能力测试				
项目	科目	完成情况		
		科目数	首测合格率	最终合格率
车辆设备能力测试	车辆超速保护功能	1	100%	100%
	车门安全防护功能	1	100%	100%
	车辆极限能力	1	100%	100%
	车辆牵引制动曲线（稳定性）功能	1	100%	100%
车辆设备合计		4		100%

续表

四、供电设备能力测试					
项目	科目	完成情况		
^	^	科目数	首测合格率	最终合格率
供电	供电系统弱电设备抗干扰能力测试	3	100%	100%
^	牵引供电系统各种运行方式	3	67%	67%
^	车站应急照明投入功能测试	9		0%
供电设备合计		15		55.67%
行车设备能力测试完成情况统计		31		85.22%

行车设备测试检验，如表 2-198 所示。

行车设备测试检验　　　　　表 2-198

专业	项目	完成时间	完成情况		
^	^	^	科目数	首测合格率	最终合格率
信号	列车运行安全防护功能测试	2016.01.14	5	100%	100%
^	车辆超速保护功能测试	2015.12.15	4	100%	100%
^	列车车站扣车和跳停功能测试	2016.01.14	3	100%	100%
^	列车追踪运行防护功能测试	2015.12.23	1	100%	100%
车辆	车门安全防护功能测试	2015.12.15	4	100%	100%
通信	与子时钟系统接口功能测试	2016.01.06	2	100%	100%
^	专用无线调度及无线广播功能测试	2015.12.23	3	100%	100%
自动化	站台门乘客保护性功能测试	2015.12.27	3	100%	100%
供电	供电系统运行安全功能测试	2016.01.11	14	93%	93%
行车设备系统测试检验合计			39		99.21%

附录：联调联试评估范本

轨道交通 1 号线二期系统联调联试评估报告多列车系统联调联试

一、概述

该评估报告对宁波轨道交通 1 号线二期邱隘至霞浦站、控制中心及朱塘村停车场信号、通信、车辆、供电等行车设备相关联调联试科目的测试结果进行总结。

（一）范围

轨道交通 1 号线二期邱隘至霞浦正线轨行区及区域内各车站、控制中心、朱塘村停车场行车设备。

（二）目的

检验各系统间功能，确保信号、通信、车辆、供电等设备系统功能，及时发现存在问题。验证各关联功能是否与设计相符，确保各系统间响应能力，并满足运营要求。全面检查系统，检漏纠错，确保系统能完全满足运营使用要求。

二、联调联试科目

(1) 4 列车 15min 间隔运行（8′23″）。
(2) 出入段线交替出段。
(3) 出入段线交替入段。
(4) 霞浦站交替折返。
(5) 12 列车 8min 间隔运行（7 列车 8′23″）。
(6) 18 列车（11 列车）5min 间隔运行、手动驾驶模式运行、全线降级模式运行、CBTC-BM 模式混跑运行。
(7) 6 列车大小交路折返。

(8)网压监测。

三、联调联试结果

(一)12月31日多列车8min间隔运行6圈准点率为100%。

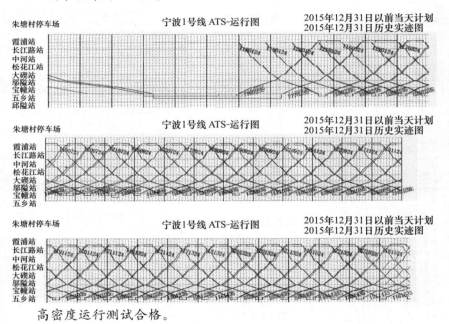

高密度运行测试合格。

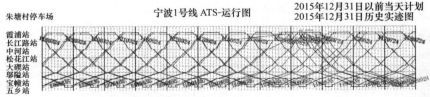

(二)1月6日7列车约8min间隔运行8圈运行准点率为98.51%。

时刻表准点率(2016-01-06~2016-01-06)

日期	车站/站台	统计类型	实际单程数	准点单程数	准点率
2016-01-06	霞浦站 (T012963)	终到准点率 (02分00秒以内记为准点)	67	66	98.51%

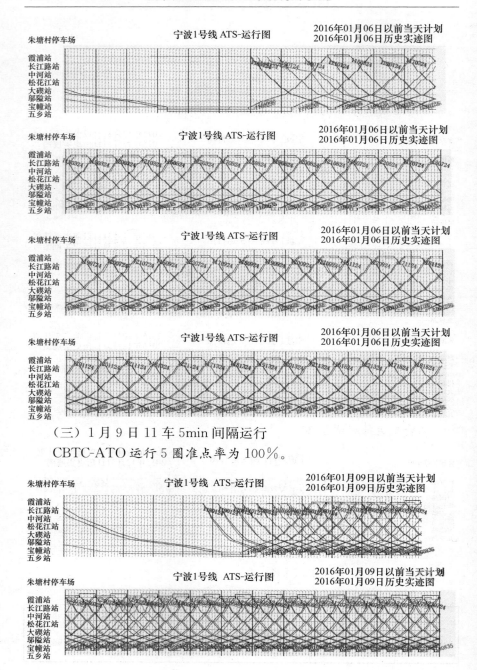

（三）1月9日11车5min间隔运行

CBTC-ATO运行5圈准点率为100%。

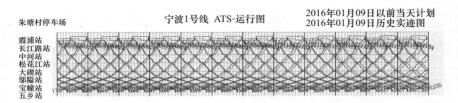

下图为 ATPM 手动驾驶，系统功能正常。

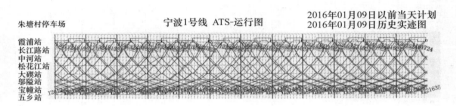

（四）1月11日大小交路运行

下图为大交路运行2圈，小交路运行3圈运行图。

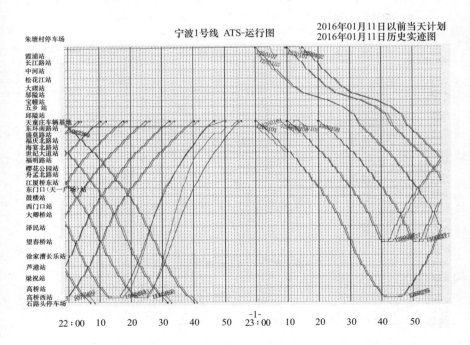

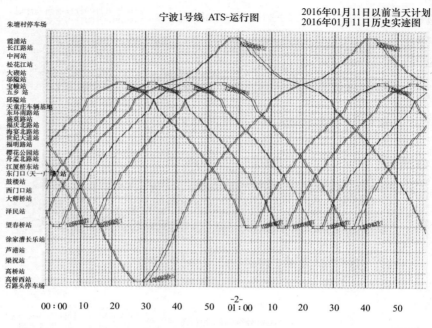

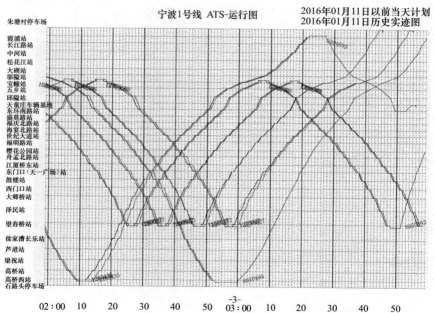

（五）ATO 停站精度、屏蔽门联动

在两圈的联调联试过程中，ATO 停站精度在停车标准范围内，屏蔽门与车门联动正常。

（六）PIS 功能

在联调联试过程中，PIS 系统报站功能（全自动报站）、动态地图、客室 LCD、IDU 信息显示正常。

（七）网压监测

通过对运行中列车数据的监控，发现网压值的波动范围在 1466～1835V 之间，在运行过程中共出现 40 次网压超过 1800V 的情况，均发生在制动工况中。

具体测试时间及完成情况详见附件。

四、联调联试问题汇总

（1）手动驾驶运行，造成列车晚点；

（2）降级模式运行，由于驾驶操作不熟练，造成部分列车晚点。

五、结论

多列车联调联试中的所以项目均已完成测试，总体合格率为 100%，相关系统主要技术参数符合设计及国家相关规范要求，能够满足运营需求。

附件：轨道交通 1 号线二期工程多列车系统联调联试完成情况统计表

××市轨道交通集团有限公司

系统联调联试工作办公室

2016 年 1 月 28 日

附件:

轨道交通 1 号线二期工程多列车系统联调联试完成情况统计表

项目		联调联试时间	复测情况			完成情况			备注
			日期	复测项	结果	计划项目数	已完成项目数	总体完成率	
4 列车 15min 间隔运行 (8'23")		2015.12.31				1	1	100%	
4 列车高密度运行	出入段线交替出段	2016.01.06				1	1	100%	
	出入段线交替入段	2015.12.31				1	1	100%	
	霞浦站交替折返	2016.01.06				1	1	100%	
12 列车 8min 间隔运行 (7 列车 8'23")	5min 间隔运行	2016.01.09				1	1	100%	
18 列车运行 (11 列车)	手动驾驶模式运行	2016.01.09				1	1	100%	
	全线降级模式运行	2016.01.09							
多列车	CBTC-BM 模式混跑运行	2016.01.09				1	1	100%	
6 列车大小交路折返	高桥西-霞浦、望春桥-宝瓢	20106.01.11				1	1	100%	
网压监测	多列车运行	2016.01.09				1	1	100%	
合计						11	11	100%	

（二）专家测试

在城市轨道交通建设周期中，试运营专家评审是保障建设与运营单位顺利交接的关键步骤，也是对城市轨道交通系统综合联调联试的功能验证，是对新建线路载客试运营条件的一次全面检验和科学评价，将有效地保障新线开通试运营后的运营安全和客运服务质量。

城市轨道交通试运营专家评审主要包括以下15个测试检验项目：
（1）车辆超速保护功能测试；
（2）车门安全防护功能测试；
（3）列车运行安全防护功能测试；
（4）列车追踪运行防护功能测试；
（5）列车车站扣车和跳停功能测试；
（6）与主时钟系统接口功能测试；
（7）专用无线调度及无线广播功能测试；
（8）供电系统运行安全功能测试；
（9）车站站台火灾联动功能测试；
（10）列车区间火灾联动功能测试；
（11）区间水泵安全运行功能测试；
（12）站台门乘客保护性功能测试；
（13）车站综合应急后备功能测试；
（14）自动灭火系统模拟启动测试；
（15）乘客车站客运服务体验测试。

根据《城市轨道交通试运营系统测试检验规范》（征求意见稿）要求，试运营基本条件评审信号系统测试重点科目5项，分别是：
（1）列车运行安全防护功能测试；
（2）列车追踪运行防护功能测试；
（3）列车车站扣车和跳停功能测试；
（4）站台门乘客保护性功能测试；
（5）车门安全防护功能测试。

1. 测试范围

A站至E站下行正线（含辅助线、××停车场出入段线），E站至A站上行（含辅助线、××停车场出入段线）及区域内各车站。站场平面如图2-28所示。

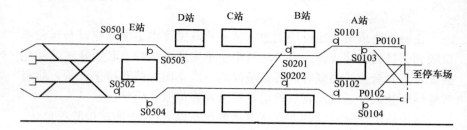

图 2-28　站场平面示意图

2. 测试科目分组及人员分工

专家评审期间的系统测试工作由行车调度部集中指挥；相关设备使用、管理专业具体负责系统测试期间的现场管理及设备操作；根据×号线×期系统联调联试组织架构，信号系统测试相关科目由行车设备专业组负责实施；项目组根据测试科目及小组内专业分工，分解具体工作。行车设备专业组测试科目职责分工如下：

① 调度指挥：负责人为 OCC 调度主任，本小组负责系统测试期间的行车组织及调度指挥工作。

② 信号设备测试：负责人为通号中心负责人，本小组负责信号系统科目的系统测试工作，并配合其他小组做好关联项目的测试工作。

③ 车辆设备测试：负责人为车辆负责人，本小组负责车辆系统科目的系统测试工作，并配合其他小组做好关联项目的测试工作。

由行车调度部按测试方案编制系统测试期间的行车组织方案，同时，运营分公司各生产部门其他专业人员，须配合小组做好系统测试工作。

3. 测试用车安排

系统测试期间由行车调度部统一指挥。本次系统测试须提供三列电客车（含一列备用车）；具体安排如下：

① T1 车：用于信号设备测试：×月×日，××：××前，由行车调度部组织 T1 车到 A 站下行站台待令，待信号专家上车后，按行调指令进行信号设备测试；测试项目结束后，T1 列车开行至 A 站下行站台停车进行开门作业，测试人员下车后，按行调指令回场（段）。

② T2 车：用于信号列车追踪测试；×月×日，××：××前，组织 C 站上行站台待令。追踪测试时 T2 作为前行列车，待 T1 车运行至

第二章 CBTC信号系统调试

D站上行站台后,由行车调度组织进行列车追踪测试;测试结束后,按行调指令回场(段)。

③ T3车:为后备列车,用于列车故障无法满足信号测试条件时启用,停于A站折返线待命。

4. 测试区域及测试步骤安排

(1) 测试区域及测试步骤

测试区域及测试步骤如图2-29所示。

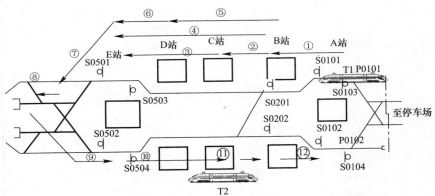

图 2-29 测试区域及测试步骤

(2) 测试项目总体安排

测试项目总体安排如表2-199所示。

5. 车门安全防护功能测试

(1) 概述

本测试主要验证车门安全防护的正确性。测试要求验证列车在正常运行过程中,列车驾驶员执行打开车门操作时,车门不能打开,车门零速保护功能正常,一旦列车任意一扇车门因故打开,列车应立即实施紧急制动。

测试总体安排　　　　　　　　　表 2-199

分组	序号	测试科目	测试时间	测试区域	测试项目	备注
行车设备组	1	车辆超速保护功能测试	×月×日 ××：××	A至B上行区间	1）车辆超速保护功测试	
	2	车门安全防护功能测试			2）车门安全防护功能测试	
	3	列车运行防护功能测试	×月×日 ××：××	A站至B站上下行区间（含辅助线）	1）限速区段安全防护测试	
					2）侧向过岔安全防护测试	
					3）反向ATP安全防护测试	
					4）轨道尽头线安全防护测试	
					5）退行速度及距离防护测试	
					6）ATP超速防护测试	
					7）站台门安全防护测试	
					8）站台紧急关闭按钮防护测试	
					9）降级模式下闯红灯防护测试	
	4	列车追踪运行防护功能测试			10）通信列车追踪	
					11）非通信列车追踪	

（2）输入：前置条件

检验测试前，需确保信号-车辆接口功能满足测试条件，需提前准备标准试块、压力测试仪。

（3）过程：调试内容、方法

1）测试内容

车门安全防护功能测试遵循以下几个条件：

① 列车驾驶员以 ATP 防护下驾驶列车运行。

② 列车运行速度不为零时，列车驾驶员进行开门操作，记录车门动作情况。

③ 列车运行速度不为零时，在客室内操作乘客紧急手柄解锁车门，记录列车保护动作；在恢复至车门锁闭后，记录是否能解除保护。

④ 用标准试块测试车门防夹和重开门功能，并测试车门关门压力。

2）测试方法

车门安全防护功能测试如表 2-200 所示。

第二章 CBTC 信号系统调试

车门安全防护功能测试   表 2-200

序号	地点	负责人	行调	司机	车辆专业	测试标准
1	A站下行站台	发布命令：列车将进行车门安全防护功能测试，通知列车上人员注意，请车上人员站稳扶好				
2	A站~B站下行区间		排列A站－B站下行行进路，通知T1车司机以ATPM模式10km/h的速度驾驶列车	列车以ATPM驾驶模式，以10km/h的速度驾驶列车		
3	A站~B站下行区间	通知车辆专业随机按压两侧开门按钮		保持驾驶模式	根据负责人指令按压任意侧车门开门按钮	车门不会打开，车门零速功能正常
4	A站~B站下行区间	通知司机操作司机室开门按钮		根据负责人指令在司机室按压任意侧车门开门按钮		车门不会打开，车门零速功能正常
5	A站~B站下行区间	通知司机列车降速至5km/h，在客室内操作乘客紧急手柄解锁车门		保持驾驶模式，速度降至5km/h	操作任意侧乘客紧急手柄解锁车门	列车触发紧急制动，列车保护动作满足设计要求，在恢复至车门锁闭后能解除保护
6	B站下行站台	通知司机B站下行站台停稳		按照负责人指令站台停稳		

续表

序号	地点	负责人	行调	司机	车辆专业	测试标准
7	B站下行站台	通知司机停稳后办理开关门作业，通知车辆专业利用标准试块测试车门防夹及重开门功能，并用压力测试仪测试车门关门压力试防夹功能		办理开关门作业	利用标准测试块测试防夹功能	车门防夹及重开门功能应符合设计要求，车门关门压力应符合设计要求
8		车门安全防护功能测试结束，下面准备限速区段安全防护测试				

（4）输出：调试结果

① 列车运行速度不为零时，列车驾驶员执行打开车门操作，车门不能打开，车门零速保护功能正常。

② 列车运行速度不为零时，在客室内操作乘客紧急手柄人工解锁车门，车载信号系统触发紧急制动停车，列车保护动作符合设计要求，在恢复至车门锁闭后能解除保护。

③ 车门防夹、重开门功能以及车门关门压力应符合设计要求。

④ 测试结果：见表2-201。

车门安全防护测试　　　　　　　　表 2-201

测试地点	测试内容	测试标准	测试结果
A站～B站下行	列车以 ATPM 驾驶模式，以 10km/h 的速度驾驶列车，途中随机按压两侧开门按钮以及司机操作台上开门按钮	车门不会打开，车门零速功能正常	□车门打开 □车门关闭
A站～B站下行	列车降速至 5km/h，在客室内操作乘客紧急手柄解锁车门	列车触发紧急制动，列车保护动作满足设计要求，在恢复至车门锁闭后能解除保护	□制动急停 □无制动

续表

测试地点	测试内容	测试标准	测试结果
B站下行站台	列车停稳站台后，用标准试块测试车门防夹及重开门功能	车门防夹及重开门功能应符合设计要求	□正常 □异常
B站下行站台	用压力测试仪测试车门关门压力	车门关门压力应符合设计要求	测试值：_____

6. 列车运行安全防护功能测试

（1）概述

本测试检验列车超速、限速、轨道尽头停车、退行、反向行车等作业的安全防护功能的有效性。列车运行安全防护功能测试内容包括以下9项：

① 限速区段安全防护测试；

② 侧向过岔安全防护测试；

③ 反向ATP安全防护测试；

④ 轨道尽头线安全防护测试；

⑤ 退行速度及距离防护测试；

⑥ ATP超速防护测试；

⑦ 站台门安全防护测试；

⑧ 站台紧急关闭按钮防护测试；

⑨ 降级模式下闯红灯防护测试。

（2）前置条件

测试检验前，应准备好轨道布置图、进路及运行线定义图及操作手册等。

（3）调试内容、方法

1）限速区段安全防护测试

① 测试内容

a. 在列车自动监控（ATS）上对线路某区间设置临时限速。

b. 列车以ATP防护下行车，加速到线路临时限速值。

c. 记录列车临时限速值、触发常用制动和紧急制动时的速度。

② 测试方法（表2-202）

限速区段安全防护测试　　　　　　　表 2-202

序号	地点	负责人	行调	司机	测试标准
1	B站下行站台	发布命令：列车将进行限速区段安全防护测试。请行调设置B站～C站下行区间临时限速，临时限速为40km/h	设置B站～C站下行区间40km/h临时限速；回复临时限速设置成功		
2		确认前方进路正确，令司机以ATPM模式运行		以ATPM模式动车	
3	临时限速区域	通知列车上测试人员注意，测试过程中列车会紧急停车，请车上人员站稳扶好			
4	临时限速区域	命令：司机加速直到接近信号系统推荐速度值		加速直到接近信号系统推荐速度值	列车发出警报约3s
5	临时限速区域	命令：司机继续加速至紧急制动触发速度值		忽略报警继续加速直到紧急制动触发速度值	紧制速度不超过40km/h；列车触发紧急制动，直至停稳
6	C站下行站台	通知限速区段安全防护测试完成，列车以ATP模式运行至C站下行站台，下面准备退行速度及距离防护测试		以ATP模式运行至C站下行站台	

2）退行速度及距离防护测试

① 测试内容

a. 以 ATP 防护下人工驾驶列车进站，并驾驶列车越过停车点停车，实际越过停车点的距离应小于设计规定距离。

b. 转换反向驾驶模式，并驾驶列车缓行回退，退行速度小于设计规定速度。

第二章 CBTC 信号系统调试

c. 回退过程中,记录最大退行速度、回退距离及停准状态,记录触发紧急制动时的回退距离和退行速度。

d. 继续以 ATP 防护下人工驾驶列车进入下一站。列车到站时,指示驾驶员驾驶列车越过停车点停车,实际越过停车点的距离应小于设计规定的距离。驾驶员转换反向驾驶模式,退行速度超过设计规定速度。

e. 回退过程中,记录最大退行速度和回退距离,记录触发紧急制动时的回退距离和退行速度。

f. 继续以 ATP 防护下的人工驾驶模式驾驶列车进入下一站。列车到站时,指示驾驶员驾驶列车越过停车点停车,实际越过停车点的距离应大于设计规定距离。

g. 转换反向驾驶模式,记录车载 ATP 反应情况及提示信息。

② 测试方法(表 2-203)

退行速度及距离防护测试   表 2-203

序号	地点	负责人	行调	司机	测试标准
1	C 站下行站台	发布命令:通知列车将进行退行速度及距离防护测试			
2	C 站下行站台	令司机不停车驾驶列车越过停车点(大于 0.5m 小于 5m)后停车,转换 RMR 驾驶模式,并驾驶列车以小于 5km/h 速度但不低于 1km/h 缓行回退至停车位		驾驶列车越过停车点(大于 0.5m 小于 5m)后停车,转换 RMR 驾驶模式,以小于 5km/h 速度但不低于 1km/h 缓行后退对标,对标后手动开关门作业	列车回退至停车位,车门与屏蔽门联动
3	C 站下行站台			C 站下行站台对标停稳	
4	C 站下行站台	令行调排列 C 站~D 站下行进路,令司机以 ATPM 模式正常行车	排列 C 站~D 站下行进站进路	以 ATPM 模式正常行车	

续表

序号	地点	负责人	行调	司机	测试标准
5	D站下行站台	当列车到达D站下行站台时,令司机不停车驾驶列车越过停车点(大于0.5m小于5m)后停车,转换RMR驾驶模式,并驾驶列车以大于5km/h速度缓行回退		驾驶列车越过停车点(大于0.5m小于5m)后停车,转换RMR驾驶模式,以大于5km/h速度缓行回退	回退速度超过5km/h,列车触发紧急制动
6	D站下行站台			缓解列车紧制	
7	D站下行站台	令行调排列D站~E站下行进路,令司机以ATPM模式正常行车	排列D站~E站下行进站进路	以ATPM模式正常行车	
8	E站下行站台	命令:当列车到达E站下行站台时,司机不停车驾驶列车越过停车点大于5m后停车,转换RMR驾驶模式,并驾驶列车以小于5km/h速度缓行回退5m		驾驶列车越过停车点大于5m后停车,转换RMR驾驶模式,以小于5km/h速度缓行回退5m	超过5m列车紧制
9	E站下行站台			缓解列车紧制	
10	E站下行站台	通知退行速度及距离防护测试完成,下面准备反向ATP安全防护测试测试			

3) 反向ATP安全防护测试

① 测试内容

a. 列车切换驾驶端,以ATP防护下反向行车。

b. 实施列车超速、限速、正常开关门等操作。

c. 记录反向行车情况下ATP安全防护功能的正确性。

② 测试方法(表2-204)

第二章　CBTC 信号系统调试　　311

反向 ATP 安全防护测试　　表 2-204

序号	地点	负责人	行调	司机	测试标准
1	E 站下行站台	发布命令：开始反向 ATP 安全防护测试，请行调排列 E 站下行至 B 站下行站台的反向进路	排列 E 站下行至 B 站下行站台的反向进路；回复：E 站下行至 B 站下行站台的反向进路排列成功		
2				换端结束	
3	E 站下行站台～B 站下行站台	命令：司机以 ATPM 模式反向正常发车，列车经 D 站、C 站、B 站正常停站开关门作业		以 ATPM 模式反向正常发车，D 站、C 站、B 站正常停站开关门	列车行驶过程中，各项指标状态正常
4	B 站下行站台	通知反向 ATP 安全防护测试完成，下面进行站台门安全防护测试测试			

4）站台门安全防护测试

① 测试内容

a. 列车以 ATP 防护下行车。

b. 列车在进站前或者出站过程中，站台门打开，记录列车紧急制动情况。

c. 列车停在站台区域打开站台门，记录列车启动离站情况。

② 测试方法（表 2-205）

站台门安全防护测试　　表 2-205

序号	地点	负责人	行调	司机	屏蔽门专业	测试标准
1	B 站下行站台	发布命令：列车将进行站台门安全防护测试，请行调排列 B 站下行站台至 E 站下行站台的进路	排列 B 站下行站台至 E 站下行站台的进路			

续表

序号	地点	负责人	行调	司机	屏蔽门专业	测试标准
2		通知列车上人员注意，请车上人员站稳扶好		换端成功		
3	B站下行站台~E站下行区间	令司机以ATO模式从B站下行开始运行，到C站下行站台后正常开关车门作业		以ATO模式发车，C站下行站台开关门作业		屏蔽门正常联动
4	C站下行站台			开关门作业完		
5	C站下行~D站下行区间	通知D站屏蔽门专业人员，设置D站下行站台尾端22#屏蔽门打开			回复D站下行站台尾端22#屏蔽门打开设置成功	
6	C站~D站下行区间	令司机以ATO模式运行		ATO模式发车		列车应在D站站外停稳
7	D站下行站台	通知D站屏蔽门专业人员，恢复D站下行站台尾端22#屏蔽门		保持ATO模式不变		回复D站下行站台尾端22#屏蔽门已恢复	
8	D站下行站台			保持ATO模式不变，列车自动运行		
9	D站下行站台	通知D站屏蔽门专业人员，当列车车头经过D站站台22#屏蔽门时，设置D站下行尾端22#屏蔽门打开			回复收到通知	

续表

序号	地点	负责人	行调	司机	屏蔽门专业	测试标准
10	D站下行站台				D站下行站台尾端22#屏蔽门打开设置成功	列车触发紧急制动
11	D站下行站台	通知D站屏蔽门专业人员,恢复D站下行站台尾端22#屏蔽门			回复D站下行站台尾端22#屏蔽门已恢复	
12	D站下行站台			以AT-PM模式对标停车		
13	D站下行站台			列车正常对标后		
14	D站下行站台	通知D站屏蔽门专业人员,设置D站下行站台尾端22#屏蔽门打开			回复D站下行站台尾端22#屏蔽门打开设置成功	
15	D站下行站台	令司机以AT-PM模式运行		在AT-PM模式下,尝试推牵引		列车不能正常启动发车
16	D站下行站台	通知D站屏蔽门专业人员,恢复D站下行站台尾端22#屏蔽门			回复D站下行站台尾端22#扇屏蔽门已恢复	
17	D站下行站台	通知D站屏蔽门专业人员,当列车车尾经过D站站台22#屏蔽门时,设置D站下行尾端22#屏蔽门打开			回复收到通知	

续表

序号	地点	负责人	行调	司机	屏蔽门专业	测试标准
18	D站下行站台	令司机以ATO模式运行		ATO模式发车		
19	D站下行站台				D站下行站台尾端22#屏蔽门打开设置成功	列车触发紧急制动
20	D站下行站台	通知D站屏蔽门专业人员，恢复D站下行站台尾端22#屏蔽门			回复D站下行站台尾端22#屏蔽门已恢复	
21		通知站台门安全防护测试测试完成，准备站台紧急关闭按钮防护测试				

5）站台紧急关闭按钮防护测试

① 测试内容

a. 在综合应急后备设备（如 IBP 盘）上或站台上，各情况下触发站台紧急关闭按钮，测试列车运行情况。

b. 列车进站前，触发站台紧急关闭按钮，记录列车进入站台区域情况。

c. 列车在站台区域运行中触发站台紧急关闭按钮，记录列车紧急制动情况。

d. 列车停在站台区域触发站台紧急关闭按钮，记录列车启动离站情况。

e. 列车出站时触发站台紧急关闭按钮，记录列车紧急制动情况。

② 测试方法（表 2-206）

6）侧向过岔安全防护测试

① 测试内容

a. 以 ATP 防护下行车，列车加速到道岔侧向最高限制速度。

站台紧急按钮防护测试

表 2-206

序号	地点	负责人	司机	站务人员	测试标准
1		发布命令：列车将进行站台紧急按钮防护测试，通知列车上人员注意，请车上人员站稳扶好			
2	D站下行站台	通知E站站务，激活E站下行车站紧急停车按钮（IBP盘实现）		激活E站下行IBP盘车站紧急停车按钮；回复E站下行IBP盘车站紧急停车按钮激活成功	
3	D站下行站台	令司机以ATO模式运行	ATO模式发车		列车不能正常进入E站车站，站外停稳
4	D站～E站下行区间	通知E站站务，取消E站下行车站紧急停车按钮激活	保持ATO模式	取消E站下行车站紧急停车按钮激活；回复E站下行车站紧急防护按钮激活取消成功	
5			保持ATO模式不变，列车自动运行		
6	E站下行站台	通知E站站务，当列车驶入E站站台一半距离时，还未停准站台时，激活E站下行尾端紧急停车按钮（站台实现）		回复收到通知	
7	E站下行站台			激活E站下行站台尾端紧急停车按钮；回复E站下行站台尾端紧急停车按钮激活成功	列车触发紧急制动

续表

序号	地点	负责人	司机	站务人员	测试标准
8	E站下行站台	通知E站站务,取消E站下行车站紧急停车按钮激活		取消E站下行车站紧急停车按钮激活;回复E站下行车站紧急防护按钮激活取消成功	
9	E站下行站台	令司机以AT-PM模式对标停车	ATPM对标停车		
10	E站下行站台	通知行调排列E站下行站台至存车线的折返进路	排列E站下行站台至存车线的折返进路;回复E站下行站台至存车线的折返进路排列成功		
11	E站下行站台	通知E站站务,激活E站下行车站紧急停车按钮(IBP盘实现)		激活E站下行IBP盘车站紧急停车按钮;回复E站下行IBP盘车站紧急停车按钮激活成功	
12	E站下行站台	令司机以AT-PM模式运行	在ATPM模式下,尝试推牵引		列车不能正常启动发车
13	E站下行站台	通知E站站务,取消E站下行车站紧急停车按钮激活		取消E站下行车站紧急停车按钮激活;回复E站下行车站紧急防护按钮激活取消成功	
14	E站下行站台	通知E站站务,当列车驶离E站站站台过程中,还未完全驶离时,激活E站下行站台头端紧急防护按钮(站台实现)		回复收到通知	

第二章 CBTC 信号系统调试

续表

序号	地点	负责人	司机	站务人员	测试标准
15	E 站下行站台	令司机以 ATPM 模式运行	ATPM 模式发车	激活 E 站下行站台头端紧急停车按钮；回复 E 站下行站台头端紧急停车按钮激活成功	列车触发紧急制动
16	E 站下行站台	通知 E 站站务，取消 E 站下行车站紧急停车按钮激活		取消 E 站下行车站紧急停车按钮激活；回复 E 站下行车站紧急防护按钮激活取消成功	
17		通知站台紧急按钮防护测试完成，准备侧向过岔安全防护测试			

b. 记录触发紧急制动时的列车速度。

② 测试方法（表 2-207）

侧向过岔安全防护测试　　　　表 2-207

序号	地点	负责人	行调	司机	测试标准
1	E 站下行站台	发布命令：开始侧向过岔安全防护测试，请行调排列 E 站下行至折返线的进路，并单锁道岔	排列 E 站下行至折返线的进路，并单锁道岔。回复 S0501 至折返线的进路排列成功		
2		命令：司机以 ATPM 模式正常发车		以 ATPM 模式正常发车	
3	道岔区域	通知列车上测试人员注意，请车上人员站稳扶好			
4		列车进入岔区侧向时，令司机超速		加速超过信号系统推荐速度值	列车触发紧急制动

续表

序号	地点	负责人	行调	司机	测试标准
5		通知侧向过岔安全防护测试完成,列车紧制缓解后以ATPM模式运行至折返轨停稳后,准备进行轨道尽头线安全防护测试		以ATPM模式运行至折返轨停稳	

7) 轨道尽头安全防护测试

① 测试内容

a. 排列一条到达轨道尽头的进路,以ATP防护下驾驶列车行驶到轨道尽头停车点。

b. 列车到达停车点前的整个过程中,记录列车在不同位置的速度值;若列车依然未能减速,列车驾驶员应实施紧急制动。

② 测试方法(表2-208)

轨道尽头安全防护测试　　表2-208

序号	地点	负责人	行调	司机	测试标准
1	E站下行折返线	命令:司机以ATPM模式正常发车		以ATPM模式正常发车	
2	E站下行折返线	命令:司机在折返线线停车点继续推牵引强行,以不大于5km/h的速度越过停车点		在折返线停车点继续推牵引强行,以不大于5km/h的速度越过停车点	列车触发紧急制动
3	E站下行折返线	通知列车上人员,轨道尽头安全防护测试完成,列车退行至停车点停稳后换端,准备降级模式下闯红灯防护测试		列车退行至停车点停稳后换端	

8) 降级模式下闯红灯防护测试

① 测试内容

a. 关闭车站前方道岔处的防护信号机或关闭出站信号机。

b. 列车采用点式ATP等降级模式行车,列车运行至防护信号机或出站信号机。

c. 记录列车触发常用制动或紧急制动情况。

第二章　CBTC 信号系统调试

② 测试方法（表 2-209）

降级模式下闯红灯防护测试　　表 2-209

序号	地点	负责人	行调	司机	测试标准
1	E 站上行折返线～E 站上行站台	发布命令：列车将进行降级模式下闯红灯防护测试，通知行调封锁 S0504 信号机	封锁 S0504 信号机；回复 S0504 信号机封锁成功		
2	E 站上行折返线～E 站上行站台	令司机在折返线转点式后备模式（BM-ATPM）动车		在折返线转点式后备模式（BM-ATPM）动车	
3		通知列车上人员注意，请车上人员站稳扶好			
4	E 站上行折返线～E 站上行站台	令司机保持运行速度越过 S0504 信号机		保持运行速度越过 S0504 信号机	列车越红灯后触发紧急制动
5	E 站上行站台	令司机以 RMR 模式后退对标		RMR 模式后退对标停稳	
6	E 站上行站台	通知行调解除封锁 S0504 信号机	解封 S0504 信号机；回复 S0504 信号机解封成功		
7		通知降级模式下闯红灯防护测试完成，准备 ATP 超速防护测试			

9）ATP 超速防护测试

① 测试内容

a. 列车以 ATP 防护下行车。

b. 列车加速到发出超速报警，忽略报警继续加速到紧急制动触发。

c. 记录限速显示、报警情况以及触发紧急制动时的速度。

② 测试方法（表 2-210）

ATP 超速防护测试 表 2-210

序号	地点	负责人	行调	司机	测试标准
1		发布命令：列车将进行 ATP 超速防护测试，通知列车上人员注意，请车上人员站稳扶好			
2	E 站上行站台	令行调排列 E 站～D 站上行进路	排列 E 站～D 站上行进路		
3	E 站～D 站上行区间	令司机以 ATPM 模式按照信号推荐速度运行，推牵引超过信号推荐速运行速度		推牵引超过信号推荐速运行速度	列车发出超速报警
4	E 站～D 站上行区间	令司机忽略报警继续加速直到紧急制动触发速度值		忽略报警继续加速直到紧急制动触发	列车触发紧急制动，直至停稳
5	E 站～D 站上行区间	通知车上人员，ATP 超速防护测试完成，准备列车追踪运行防护功能测试		保持停稳，准备列车追踪运行防护功能测试	

(4) 输出：调试结果

① 列车运行接近 ATP 最大允许运行速度行驶，驾驶台显示单元应有报警，加速至最大允许运行速度时，车载 ATP 应施加紧急制动。

② 限速点设置成功后，若出现超速，列车应触发超速防护制动，超速防护制动点的速度应低于区段临时限速值。

③ 进站列车超过站台停车点后，超过距离小于设计规定距离，列车回退超过 ATP 允许的回退距离或者回退速度超过设计规定速度，车载 ATP 会触发紧急制动；进站列车超过站台停车点后，超过距离大于设计规定的距离，列车不能进行回退到本站台对位停车。

④ 按道岔侧向最高限制速度运行，应触发 ATP 制动，超速防护制动点应低于道岔侧向最高限制速度。

⑤ 以 ATP 人工驾驶模式驾驶列车到达停车点时，列车允许最大速度降为系统限定值，列车越过停车点设定距离后，列车允许最大速度降为零，强行越过应触发紧急制动。

第二章 CBTC 信号系统调试

⑥ 列车以 ATP 防护模式反向运行正常,超速、限速等功能防护正确。

⑦ 列车在进站前或者出站过程中,站台门打开,列车应施加紧急制动。列车停在站台区域打开站台门,列车不能启动离站。

⑧ 在列车进站前、进站中、停靠等情况下触发站台紧急关闭按钮,列车安全防护动作和功能正确。

⑨ 列车降级模式下驾驶列车闯红灯防护应触发常用或紧急制动。

测试结果记录表如表 2-211 所示。

测试结果记录表   表 2-211

测试地点	测试内容	测试标准	测试结果
1. 限速区段安全防护测试			
B 站至 C 站下行	行调在列车运行区间设置临时限速 40km/h。设置完成后令司机动车。司机以 ATPM 防护模式行车,列车加速直到接近信号系统推荐速度值	列车发出报警	□OK □NOK
B 站至 C 站下行	忽略报警继续加速直到紧急制动触发速度值,紧制速度不超过 40km/h	列车触发紧急制动,直至停稳	□OK □NOK
2. 退行速度及距离防护测试			
C 站下行站台	令司机不停车驾驶列车越过停车点(大于 0.5m 小于 5m)后停车,转换 RMR 驾驶模式,并驾驶列车以小于 5km/h 速度但不低于 1km/h 缓行回退至停车位	列车回退至停车位	□OK □NOK
D 站下行站台	司机以 ATPM 模式正常行车,当列车到达 D 站时,司机不停车驾驶列车越过停车点(大于 0.5m 小于 5m)后停车,转换 RMR 驾驶模式,并驾驶列车以大于 5km/h 速度缓行回退	回退速度超过 5km/h,列车触发紧急制动	□OK □NOK
E 站站下行站台	司机以 ATPM 模式正常行车,当列车到达 E 站时,司机不停车驾驶列车越过停车点大于 5m 后停车,转换 RMR 驾驶模式,并驾驶列车以小于 5km/h 速度缓行回退 5m	超过 5m 列车紧制	□OK □NOK

续表

测试地点	测试内容	测试标准	测试结果
3. 反向 ATP 安全防护测试			
E 站至 B 站下行进路	行调排列 E 站至 B 站下行站台的反方向进路,令司机以 ATPM 模式反向正常发车,列车经 D 站、C 站、B 站正常停站开关门作业	列车行驶过程中,各项指标状态正常	□OK □NOK
4. 站台门安全防护测试			
C 站下行	列车以 ATO 模式从 B 站下行开始运行,到 C 站下行站台后正常开关车门	屏蔽门正常联动	□OK □NOK
C 站至 D 站下行	列车以 ATO 模式运行,在 C 站出站时,D 站设置下行屏蔽门单扇意外打开	列车应在 D 站外停稳	□OK □NOK
C 站至 D 站下行	列车以 ATO 模式运行,即将到达 D 站站台时,D 站设置下行屏蔽门单扇意外打开	列车触发紧急制动	□OK □NOK
C 站至 D 站下行	列车正常对标后,D 站设置站台单扇屏蔽门打开,司机尝试推牵引出站	列车不能正常启动发车	□OK □NOK
C 站至 D 站下行	列车以 ATO 模式运行,列车低速出站时,D 站设置列车驶出站台屏蔽门单扇意外打开	列车触发紧急制动	□OK □NOK
5. 站台紧急按钮防护测试			
D 站至 E 站下行	列车 D 站发车前,E 站下行车站激活车站紧急防护按钮(IBP 盘实现)	列车不能正常进入 E 站,站外停稳	□OK □NOK
E 站下行	列车驶入 E 站站台一半距离时,还未停准站台时,激活 E 站下行尾端紧急防护按钮(站台实现)	列车触发紧急制动	□OK □NOK
E 站下行	列车停准 E 站站台时,激活 E 站紧急防护按钮(IBP 盘实现)	列车不能正常启动发车	□OK □NOK
E 站下行	列车正驶离 E 站站台过程中,还未完全驶离时,激活松花江路站下行站台头端紧急防护按钮(站台实现)	列车触发紧急制动	□OK □NOK
6. 侧向过岔安全防护测试			
E 站至 E 站折返线	行调排列 E 站下行至折返线的进路,并单锁道岔 令司机以 ATPM 模式正常发车,当列车进入岔区侧向时,司机故意超速	列车触发紧急制动	□OK □NOK

续表

测试地点	测试内容	测试标准	测试结果
7. 轨道尽头安全防护测试			
E站折返线	令司机在E站折返线停车点继续推牵引强行，以不大于5km/h的速度越过停车点	列车触发紧急制动	□OK □NOK
8. 降级模式下闯红灯防护测试			
E站上行	接上步，列车在折返轨转点式后备模式（BM-ATPM）运行，后备模式升级成功后，封锁S0504信号机，司机保持速度并越过S0504信号机	列车越红灯后触发紧急制动	□OK □NOK
9. ATP超速防护测试			
E站至D站上行区间	列车驾驶员以ATPM模式按照信号推荐速度运行，司机推牵引超过信号推荐速运行速度	列车发出超速报警	□OK □NOK
E站至D站上行区间	忽略报警继续加速直到紧急制动触发速度值，继续运行至D站上行站台	列车触发紧急制动，直至停稳	□OK □NOK

7. 列车追踪运行防护功能测试

（1）概述

本测试检验列车追踪运行情况下安全防护的有效性。列车追踪性测试包括通信列车追踪测试和非通信列车追踪测试。

（2）前置条件

测试检验前，应准备好轨道布置图，进路及操作手册等。

（3）调试内容、方法

① 选取一段区间，前行列车在ATP人工驾驶模式下运行或者在切除ATP下的人工驾驶模式下运行。

② 后续列车以列车自动运行（ATO）驾驶模式紧跟前行列车运行。

③ 前行列车分别采取几种速度运行和在区间停车。

④ 观察和记录后续列车运行情况。

通信列车追踪测试如表2-212所示，非通信列车追踪测试如表2-213所示。

通信列车追踪测试　　　　　表 2-212

序号	地点	负责人	行调	司机	测试标准
1	D 站下行站台	发布命令：列车将进行通信列车追踪测试，通知行调设置 C 站上行站台 T1 车自动触发进路；排列 D 站上行至 B 站上行的进路	设置 T1 车自动触发进路；排列 D 站上行至 B 站上行站台进路；回复 T1 车自动触发进路设置成功，D 站上行至 B 站上行站台进路排列成功		
2	D 站-B 站下行区间	令司机以 CBTC-ATO 模式运行，接近 T2 车，D 站正常停站		T1 车 CBTC-ATO 模式发车	
3	C 站下行站台			T2 车开关门作业后，CBTC-ATO 模式发车	
4	C 站-B 站下行区间	T1 车在 T2 车后方自动停车后，通知 T1 车以 CBTC-ATO 模式运行		T1 车司机以 CBTC-ATO 模式运行；T2 车保持 CBTC-ATO 模式不变	
5	C 站-B 站下行区间	通知 T2 列车在 B 站台正常上下客		T1 车保持 CBTC-ATO 模式不变	T1 列车在站台外等候，并保持安全距离，正常停稳
6	B 站下行站台			T1 车以 AT-PM 模式运行 T2B 站下行站台停车	
7		通知通信列车追踪测试完成，准备非通信列车追踪测试			

非通信列车追踪测试   表 2-213

序号	地点	负责人	行调	司机	测试标准
1		发布命令：列车将进行非通信列车追踪测试			
2	B站上行站台	令T1车司机以ATPM模式运行		T1车以ATPM模式发车	
3	B站-A站上行区间	令T2车切除ATC模式		T2车在B站上行站台切除ATC模式	
4	B站上行区间	令T2车以30KM/h速度运行至A站上行站台停稳		T2车以30KM/h的速度运行至A站上行	
5	B站-A站上行区间	令T1车司机以ATPM模式接近T2车		T1车以ATPM模式接近T2车	T1列车保证安全停车，正常停稳
6	A站上行站台	令行调排列A站上行至折返线进路，令T2车停于A站上行折返线，令T1车停于A站上行站台，专家下车	排列A站上行至折返线进路	T1车平稳运行至A站上行站台，开关门作业，专家下车；T2车运行至A站上行折返线停稳	
7	B站-A站上行区间	通知非通信列车追踪测试完成，所有内容测试已完成			

（4）输出：调试结果

依据前行列车距离和速度变化，后续列车能够自动调整其追踪运行速度并保持一定的安全追踪运行距离，安全距离符合设计要求。测试结果如表 2-214 所示。

通信列车追踪测试结果　　　　　　　　　　表 2-214

D站上行~B站上行	T1 列车（CBTC-ATO）跟踪接近 T2 列车	T1 列车保证安全停车	□OK □NOK
B 站	T2 列车在 B 站台正常上下客，T1 列车跟踪接近 T2 列车	T1 列车在站台外等候，并保持安全距离	□OK □NOK
非通信列车追踪			
B 站~A 站上行	T2 列车在 B 站上行站台切除 ATC 模式；待 T2 车切除 ATC 模式后，T1 列车以 CBTC－ATPM 模式从 B 上行站台发车，跟踪接近 T2 列车	T1 列车保证安全停车	□OK □NOK

8. 列车车站扣车和跳停功能测试

（1）概述

本测试验证列车站台扣车和跳停功能的有效性。

（2）前置条件

测试检验前，需确保 ATS 子系统功能正常，具备跳停、扣车功能。

（3）调试内容、方法

① 在正常运行模式下，一列车以 ATO 或 ATP 运行，在中央或车站控制中心设置车站 A 扣车，车站 B 跳停。

② 记录车站 A 列车被扣情况，停站倒计时结束后，检查出站进路是否触发，列车是否能够自动发车。

③ 通过 ATS 取消对车站 A 的扣车，记录出站进路是否会自动触发。

④ 列车以 ATO 或 ATP 发车，记录列车在车站 B 跳停情况。

列车车站扣车跳停功能测试过程如表 2-215 所示。

列车车站扣车跳停功能测试　　　　　　　　表 2-215

序号	地点	负责人	行调	司机	测试标准
1		发布命令：列车将进行扣车跳停功能测试			
2		令行调设置 A 站扣车	设置 A 站扣车		记录车站 A 列车被扣情况，停站倒计时结束后，检查出站进路是否触发，列车是否能够自动发车

第二章 CBTC 信号系统调试

续表

序号	地点	负责人	行调	司机	测试标准
3	A 站下行站台	令 T1 车司机以 ATPM 模式运行		T1 车以 ATPM 模式发车	扣车未取消时列车无速度码
4	A 站下行站台	令行调取消扣车	取消 A 站扣车		记录出站进路是否会自动触发
5	A 站至 B 站下行区间	令行调排列 A 站至 B 站下行进路,令 T1 车以 ATPM 模式发车	排列 A 站至 B 站下行进路	T1 车以 ATPM 模式发车	
6	B 站	令行调设置 B 站跳停功能	设置 B 站跳停功能		记录列车在车站 B 跳停情况

(4) 输出: 调试结果

① 车站设置扣车和跳停时,ATS 站台图标显示符合设计要求。

② 列车停靠被扣车站后,倒计时结束,自动出站进路不会触发,列车不能发车。

③ 车站设置跳停时,列车应不停靠跳停车站。

列车车站扣车跳停功能测试结果如表 2-216 所示。

列车车站扣车跳停功能测试 表 2-216

A 站	A 站设置扣车功能	T1 列车扣车,倒计时结束,自动出站进路不会触发,列车不能发车	□OK □NOK
A 站	T1 车设置大碶站扣车	T1 列车扣车,倒计时结束,自动出站进路不会触发,列车不能发车	□OK □NOK
A 站	取消 A 站扣车	记录出站进路是否会自动触发	□OK □NOK
B 站	T1 车设置 B 站跳停	T1 列车不停靠跳停车站	□OK □NOK

9. 站台门乘客保护性功能测试

(1) 概述

本测试检验站台门运行对乘客保护功能的有效性。

(2) 输入：前置条件

标准试块，尺子，秒表，无线手持台，测力计。

(3) 过程：调试内容、方法

1) 测试内容

① 站台门和车门联动性测试。列车到站和离站，列车驾驶员打开或者关闭车门，站台门相应联动打开或者关闭，记录车门和站台门打开或关闭的联动情况。

② 防夹保护功能测试。将标准试块测试分别在离地不同距离遮挡滑动门，列车驾驶员操作关门。观测滑动门的报警显示、动作情况，并测量滑动门的夹击力。

③ 测量车站站台门和列车车体的间距。

2) 测试方法

站台门乘客保护性功能测试过程如表 2-217 所示。

站台门乘客保护性功能测试　　　　表 2-217

序号	地点	负责人	司机	屏蔽门专业	测试标准
1		发布命令：列车将进行站台门乘客保护性功能测试			
2	C 站站台	令 T1 车司机以 ATPM 模式进入 C 站，正常开关门	T1 车以 ATPM 模式进站，停稳后正常开关门		站台门相应联动打开或者关闭
3	C 站站台	令司机再次进行开关门作业，同时令屏蔽门专业配合人员做好防夹测试	列车驾驶员操作关门	将标准试块测试分别在离地不同距离遮挡滑动门	观测滑动门的报警显示、动作情况，并测量滑动门的夹击力
4	C 站站台	令屏蔽门专业配合人员测试车站站台门与列车车体的间距		测试车站站台门与列车车体的间距	

(4) 输出：调试结果

① 站台门和车门联动功能正确。

② 滑动门探测到障碍物应自动弹开，滑动门夹击力应符合设计要求。

③ 站台门与车体间隙应符合设计要求。

站台门乘客保护性功能测试结果如表 2-218 所示。

站台门乘客保护性功能测试　　　　表 2-218

C 站	C 站开关门联动测试	站台门和车门联动功能正确	□OK □NOK
C 站	C 站站台门防夹测试	滑动门探测到障碍物应自动弹开滑动门	□OK □NOK
		夹击力应符合设计要求	测试值：_____
C 站	站台门与车体间隙测试	记录车体间隙	测试值：_____

第三章　CBTC 信号系统维护

第一节　城市轨道交通信号系统维护概述

城市轨道交通信号系统维护是对 ATC（自动控制）子系统、CI（联锁）子系统、ATS（自动监视）子系统、DCS（数据通信）子系统、MSS（维护支持）子系统进行监视、保养和故障应急处理，保障行车运营的安全可靠。

一、维护目标及要求

信号系统设备是城市轨道交通组织指挥列车运行，保证行车安全，提高运输效率，传递运行信息，改善行车人员劳动条件的重要设施。信号维护工作必须坚持"安全第一、预防为主"的方针，贯彻预防与整修相结合的原则，确保信号设备运用状态良好。要积极采用新技术、新器材、新工艺，提高信号设备的可靠性、可用性和安全性；要积极采用现代化的技术手段，优化维护作业方式方法，推进修程修制改革，提高劳动生产率，要全面落实责任制，完善考核制度，提高维护管理水平。

轨道交通信号系统多、设备先进，安全可靠性要求高。设备的一个小小故障都可能造成很大的安全隐患，所以一旦发现故障我们的原则是立即着手解决。与行车安全有关的设备维修工作要根据轨道交通"昼行夜停"的规律，选择夜间停车以后检测、检修。其他使用中的设备需要检修时，在确保不影响使用的情况下检修。如果检修会影响设备使用，将采取临时维持使用状态待夜间停车以后检修方式。在任何时间检修、检查使用中的电路时必须遵循按程序先办手续，再进行工作的原则。工作结束后必须确认完好后将情况通知调度消点。

二、维护范围

信号设备按分布位置主要分为：车站/段设备、车载设备、中心设备。信号系统组成如图 3-1 所示。

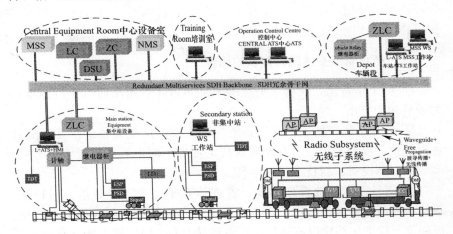

图 3-1　信号系统结构图

如图 3-1 所示，车站/段设备主要分车站/段室内设备和轨行区设备，车站/段室内设备有：联锁设备、电源设备、站级 ATS 设备、数据通信设备、计轴设备、发车计时器、紧急停车设备、组合柜、分线柜、区域控制器、线路控制器。轨行区设备有：转辙机、信号机、磁头设备、轨旁通信设备（波导管、漏缆、信标等）。

车载设备主要包含车载通信设备（信标接收天线、无线接收天线、交换机、调制解调器）、车载控制器、司机操作台、编码里程计等。

中心设备主要包含中央级监测设备、中央级 ATS 设备、FEP（外部接口处理设备）、网管设备。

第二节　城市轨道交通信号系统维护管理

城市轨道交通信号设备技术发展迅速，每条线路信号设备都有很大的差异，每条新线建成，人员、设备、维护管理模式都要经过新一轮的磨合，面对新的挑战。宁波轨道交通 1 号线、2 号线采用基于无线波导管通信的 CBTC 信号系统，宁波轨道交通 3 号线采用国内最新的基于 LTE 综合无线通信的 CBTC 信号系统；宁波轨道交通 1 号线、2 号线分别采用不同型号和厂家的转辙机。在大量新技术、新设备广泛运用，提高生产效率的同时,也给现场的维护人员带来了前所未有的考验。面对先进技术的使用,必须有与之相适应的维护管理办法,只有设备检修质量提高了,才能充分地、稳定地发挥新技术的优势。

一、新建轨道交通线路面临的困难

① 员工年轻化、现场维护经验不足与新建轨道交通线路故障率高的矛盾较为突出。

② 信号系统新技术、新设备的应用,致使信号设备维护知识更新速度加快,周期变短,对有经验的技术管理干部也形成了较大的考验,多数人对新设备、新技术望而生畏。

③ 信号工区基础管理薄弱,管理体系不完善、不规范、不精细。新技术和新设备大量运用于现场,但工区内部管理的制度化、规范化、流程化、标准化等建设不到位。作业指导书和检修周期生搬硬套设备维护手册及"兄弟"地铁公司作业指导书,未能结合自身实际,面对新建线路的复杂情况起不到指导作用。

④ 轨道交通信号设备维护只能在夜间结束运营后进行,检修时间短、施工条件差增大了设备维护和技术改造工作的难度。

⑤ 维护支持系统故障报警不够精准,缺少信号系统亚健康状态诊断,导致风险残留,信号系统隐患得不到预防性处理。

⑥ 新建线路接口设备故障率较高,如道岔失表故障、屏蔽门无法联动故障等,但专业间维护人员的磨合程度不够,影响对故障的处理、判断,降低了故障处理效率。

⑦ 新线接管后,由于设备安装已成型,需遵循开通后保障白天正常运营的管理规定,施工遗留问题难以整改,对线路正常运营增加隐患。

二、维护管理办法研究

要想提高设备维护效果,需做到精细化管理,结合现场实际情况、不同设备的特点制定针对性维护大纲,最终精细化普及,对每个设备做到"精修细检"、每一项作业做到"标准化"、"规范化"、"制度化",确保设备稳定运行。

(一)人才队伍的培养与壮大

专业技术人员的技能是信号设备维护管理的基础,只有专业技术人员具有足够的技术能力、执行力、较高的安全规章意识才能保障运输生产的安全稳定。宁波轨道交通通号中心按照设备分布建立不同的工区：正线工区、车载工区、车场工区、中央控制大厅工区，组织现场理论实操培训，在质保期内跟进厂家故障处理，起到边故障处理边积累经验的效果，逐渐熟悉线路信号系统，形成脱离厂家支持、自主维修的模式。2014年1号线一期针对道岔工况不良的情况请专家"把脉"指导，将专家的经验、技术充分吸收并举一反三，充分运用到日常道岔检修及后续2号线一期、1号线二期的新线开通的道岔整改当中。

（二）根据设备运行规律结合现场实际情况，合理确定维护管理思路

宁波轨道交通1号线一期2014年1月份开始试运行至2014年5月份正式试运营阶段，设备故障率较高，共发生故障160起，月均故障30多起，5月份以后故障率开始平稳下降，直至2016年信号设备运行基本稳定，月均故障6~8起，月均故障数减少70%。

实践证明不仅信号设备，大多数设备故障率均与"浴盆曲线"描述的特征相符。如图3-2所示，从该函数曲线可以看出在新线接管开通初期处于设备磨合适应期，故障率较高，需要维护人员根据实际情况进行合理的维护和调整；经过一段时间的磨合期后设备运行进入有效寿命期，该时期设备运行稳定，故障率低；而后设备由于正常耗损、老化，故障率又开始升高，需要维护人员提前采取应对措施，预防设备故障发生。

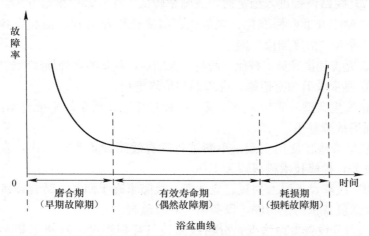

图3-2 设备故障函数曲线

宁波轨道交通通号中心根据"浴盆曲线"的典型特点,将信号系统全生命周期分为 3 个阶段,如图 3-3 所示。

图 3-3　信号设备生命周期

根据信号设备全生命周期三个阶段——磨合期、稳定期、耗损期的各自特点,制定合适的维护管理思路:

(1) 在新线接管开通前至新线试运营一年内,加大检修维护力度,监视力度,制定合适的检修规程。

① 全力开展全线轨行区、室内、车载设备排查整治工作,摸清设备状态,进行设备运行环境清洁及设备除尘,及时消除故障隐患。

② 关键设备缩短检修周期:将非关键道岔(非折返道岔)月度检修缩短为道岔双周检修,关键道岔(折返道岔)缩短为周检修。

③ 磨合期设备故障率较高,联合厂家做好应急处理工作,总结故障处理经验,熟悉新设备;针对典型故障,开展全线专项平推整治,举一反三,消除同类故障隐患。

(2) 线路设备进入稳定期,故障率较低,逐步调整检修方式:

① 制定并推广标准化、规范化、制度化作业流程,提高设备检修质量,进入"精修细检"期。

② 完善和提升员工技能,脱离质保期后,具备独立处理故障的能力。

③ 逐步取消加密检修,合理调整检修规程。

④ 发生典型故障后,举一反三,针对性地开展全线平推整治工作,消除同类故障隐患。

⑤ 结合维护使用实践,不断进行既有线路设备改造工作,新设备科研攻关,检修技术科研攻关工作。

(3) 线路设备进入损耗、老化期,故障率逐步回升,结合设备履历台账加强设备预防性检修,设备运行状态监视。

① 参考设备寿命情况,分析线路设备耗损程度,对使用频次较高的设备做好耗损更换准备,做好预防,避免设备老化故障率升高。

② 设备进入中修、大修阶段，确保设备运行状态良好。

(三) 信号工区维修管理精细化

(1) 每一项检修作业制定合理的检修规程、标准工艺卡，检修记录本，作业过程严格按照标准执行，避免漏修、漏检。

(2) 设备台账管理，建立设备基础台账、图纸台账、设备动态台账如道岔数据记录表，测试台账、备品备件台账、工具仪表台账、软件台账等。做到工区所有物品全部有账。所有台账均建有目录、电子版、纸质版统一修改。

对管辖内每一项设备都建立有设备动态台账，每一组道岔、每一架信号机、每一个信标均有动态台账与之一一对应。如表 3-1 所示，道岔动态台账记录表格，该表格能反映其历史数据，为道岔的调试、故障处理提供健全的参考数据。由于道岔的机械、电气特性能准确反映道岔状态，因此密切关注道岔各部位数据变化，能及时掌握道岔变化规律，以便进一步分析、处理存在问题。

道岔动态台账记录本　　　　　　表 3-1

尖二牵引点轨缝(mm)	尖轨动程(mm)	开程片(mm)	密贴片(mm)	自然状态斥离轨开口(mm)	自然状态密贴情况(mm)	道岔转换力	表示缺口 检修前	表示缺口 检修后	2/4mm测试	锁闭临界值

每日巡视关注道岔动作电流曲线，如图 3-4 所示，通过观察道岔动作电流曲线变化趋势，提前发现道岔转换阻力升高的趋势，消除故障隐患。

(3) 轨道交通信号系统作业只能在夜间收车后进行，时间短，条件差，一旦销点下线后再发现有问题，想要补救非常困难。因此，作业前需要指定施工负责人，对施工全面把控，施工前提前做好工作预想，制定好维修方案、专项施工方案。

(4) 维修质量过程控制。为保证设备质量达到标准，对关键设备的检修执行复查制度，即每次维修、施工均安排质量复查人员，"天窗"维修作业完成后，室内人员通过微机监测设备测量电气特性，进行施工前后数据对比分析。

(5) 作业验收。工长、工程师每月组织人员对所辖信号设备检修作业进行验收，总结检修作业中存在的不足，分析其发生的原因，举一反

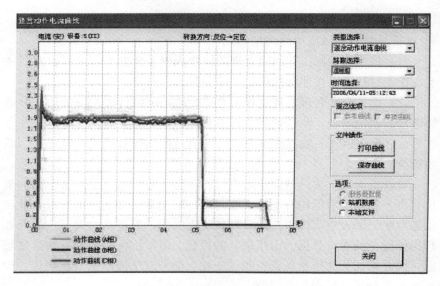

图 3-4 道岔动作电流曲线

三,克服同类问题。同时,在整改检修作业存在的不足中,提高员工的技术业务能力和责任心,避免问题再次发生。

(6) 完善故障管理机制。在故障处理及平时日常维护中,发现典型故障隐患应以点及面,举一反三制定全线设备平推排查方案,消除同类隐患,不能就事论事、头痛医头、脚痛医脚。

(7) 动态分析,定期对工区所辖设备进行动态分析,分析依据为设备动态台账、测试台账、微机监测记录表等,对电气特性参数偏差较大的设备重点分析,及时发现并消除故障隐患。

(8) 应急管理。每一项设备的应急工具单独打包,固定存放;每一包工具内均有工具清单;应急工具包应加封管理,平时正常维修严禁使用。

针对每个设备制定相应的故障应急处理流程,每一个故障处理流程图都具有实际的指导意义。

应急演练常态化,锻炼员工故障应急处理能力。演练前,对值班人员、故障处理人员等所有参演人员保密。通过演练检验员工技术能力并不断完善故障处理方案,为后续真正的突发故障处理打下坚实的基础。

(四) 检修技术攻关，设备科研改造

信号设备分部广，受现场复杂条件、动态因素多、设备差异大等影响，不能完全生搬硬套"兄弟"地铁维修方法，需要自身结合设备实际运行情况对检修技术不断科研攻关，成立道岔检修技术攻关小组，定期汇总现场道岔检修时遇到的问题、隐患，研究问题整改的方式方法，不断完善并推广道岔检修工艺卡，提高全员技术水平。

信号设备发展迅猛，积极开展新设备科研改造工作，如既有的维护支持系统精准程度不高，需要不断升级改造，为信号维护提供更准确的数据信息；S700K 转辙机排骨型接点组升级改造，提高转辙机接点组稳定性、可靠性。

(五) 新线参建

提前介入新线建设工作，严把信号设备安装调试质量关。新线建设期，是提前发现安装缺陷，并整改克服的好时机，应成立新线建设小组，参与信号设备安装施工，严格按照地铁施工规范把控安装过程，每周定期参与施工会议，将施工问题及时反馈给建设方并要求整改。

在设备验收时，制定统一详细的标准，严格按照标准执行，精检细验，不给新线的开通运行留下隐患。

新线建设小组在把控施工工艺的同时能熟悉新线设备、安装工艺，应提前建立新线设备台账。各种设备的接口方式、位置，软、硬件配置统一，为以后的维护管理做好铺垫。

(六) "接口"设备维护管理工作的完善

信号系统与车辆、屏蔽门、工务、通信等诸多专业都存在接口设备，接口设备的稳定运行有赖于各专业维护人员共同努力和相互配合。各专业应该加强接口设备的维护技术的培训，规范维修办法，分清职责界限，加快接口设备专业间磨合速度，制定检修标准：信号、工务专业道岔工电联整标准的制定、信号专业与车辆、屏蔽门、通信、自动化等专业接口设备的联系、划分界限标准的制定。

第三节　站场设备维护

轨道交通站场设备主要分布在正线和车场，因此也可统称为轨旁设备，其中主要包含了室内信号设备和轨行区信号设备，站场设备组成如

图 3-5 所示。

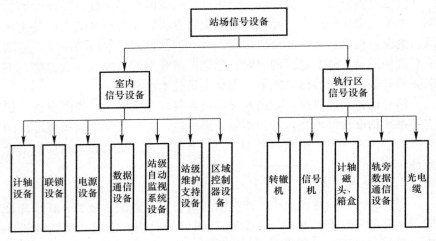

图 3-5 站场信号设备结构图

一、站场室内信号设备维护

（一）一般要求

检修人员配置合理安排，折返站、车场 24 小时驻点保障。

检修人员必须经过专业技能培训和三级安全培训，并考试合格后方能上岗作业。

检修人员熟悉设备设施状况，掌握检修技能，满足两人以上互控。

根据设备特性和设备使用情况制定检修工艺标准、检修记录本及检修规程。

工器具及消耗量携带齐全。

检修人员需携带相应修程的检修工艺卡、检修记录本。

在检修作业过程中应始终保证安全接点可靠断开。

做好安全预想，执行"三不动"、"三不离"、"三预想"安全制度。

（二）对站场室内信号设备进行检查和维修

轨旁室内信号设备种类较多，统一以设备房为单位按照一定周期进行维护，分为设备房日检、设备房双周检、设备房月检、设备房季检、设备房年检。采用日常监视结合夜间检修的方式，确保设备工作环境良好,运行正常。

1. 电源设备维护

(1) 电源设备维护

设备房内电源设备主要包括:电源屏设备、UPS 设备、稳压柜、外电网配电设备。电源设备维护项目及标准如表 3-2 所示。

电源设备维护项目及标准　　　　　　　表 3-2

序号	检修周期	检修及测试项目	标准及方法	备注
1	日检	机房环境检查	满足铁路信号维护规则规定中关于室内铁路信号设备使用的温度、湿度、压强、介质等环境要求	
2		检查直流屏面板一二路电源指示灯	1) 在一、二路都有电的情况下,一、二路电指示绿灯都应该常亮 2) 当某路电停电时,对应该路指示灯灭要求两路供电均正常供电	
3		检查切换屏后交流接触器(KM××)吸合状态是否正确	交流接触器吸合正常	
4		告警蜂鸣器	告警蜂鸣器电源开关和告警开关应置于开位置,以提示告警	
5		平面巡视各个电源屏各个模块面板指示灯是否正常	各模块灯位显示正常	
6		记录各个模块面板数码显示器显示的电压电流	模块在正常带载情况下都会显示电压电流,如出现有电压无电流的情况,请及时检查	
7		平面检查输入,输出防雷板指示灯及防雷块状态	1) 正常情况下防雷块压敏电阻窗口显示绿色,异常显示红色 2) 正常情况下各个防雷指示灯应该常亮 3) 如板件损坏,指示灯灭掉	
8		平面检查电源屏系统(包括 UPS 内部)各个开关(包括输入、输出、防雷等)状态	正常情况下,各个开关应该处于闭合状态	

续表

序号	检修周期	检修及测试项目	标准及方法	备注
9	日检	检查电源屏监控器告警数据	1）正常情况下，电源屏显示无告警； 2）如电源屏出现故障，电源屏监控器会显示告警数据	
10	日检	记录监控器上输入电压电流，输出电压电流数值	和以往数据进行比较，正常情况下，各个数值不应该出现太大偏差，如出现偏差较大的数据，请关注	
11	日检	查看 UPS 面板指示灯	UPS 面板指示灯显示正常，UPS 在正常工作情况下，应该处于主路逆变状态，如果处于旁路或者电池放电，或者输出禁止等异常情况，相应的指示灯会指示。此时请结合告警信息进行排查	
12	日检	查看 UPS LCD 面板显示内容	对 UPS 输入、输出、电池、当前记录等内容进行查看，输入、输出、电池数据不应该出现太大偏差，如果出现偏差太大数据，请关注。UPS 当前记录应该显示主路逆变供电	
13	日检	检查有无异常噪声，及风扇运行情况	正常情况下，无巨大异常噪声，风扇运行	
1	月检	利用天窗维修点，手动对电源屏输入电源进行切换	1）正常情况下，输入电源切换，不会影响正常输出； 2）如果出现系统无法正常切换或切换过程中出现部分电源输出中断，请关注	
2	月检	对输出电源各路进行绝缘测试	1）正常情况下，各路输出绝缘应该满足维护规则需求； 2）如果出现异常，请关注，进行断输出空开电源屏内部绝缘测试和单独负载绝缘测试，寻找原因	
3	月检	断开输出防雷保险底座，检查输出防雷保险	正常情况下，输出防雷保险应该导通	
4	月检	检查并记录电源屏监控器里的历史告警数据	对于由于电源屏自身问题多次出现自动告警并能恢复的历史告警数据，需要关注	

续表

序号	检修周期	检修及测试项目	标准及方法	备注
5	日检	对电源屏输入，各路输出电源电流进行实测	实测结果应该满足要求，并且和监控器显示结果基本一致	
6	日检	对 UPS 监测面板历史告警数据进行查看	对于由于 UPS 自身问题多次出现自动告警并能恢复的历史告警数据，需要关注	
7		对 UPS 的蓄电池外观进行检测	电池无膨胀，漏液，端子爬酸，生锈等异常情况	
1	季检	利用天窗维修点，手动对各个模块进行主备切换	1）正常情况下，主备模块能够互相切换，并且不会影响正常输出；2）如果出现模块无法正常切换或切换过程中出现部分电源输出中断，请关注	
2	季检	手动分别断系统输入电源，断模块输入电源，断输出空开，检查监控器告警是否正常	正常情况下，监控器对每个开关的分断，都会有相应的告警，在开关闭合后，告警会自动消失	
3		检查系统防雷，安全地线	测试电源屏外接防雷，安全地线线径，对地电阻是否满足要求	
4		利用天窗点，对电池进行放电测试，并在放电测试过程中测量电池电压。此时负载，不应该低于 UPS 容量的 20%	放电测试过程中，记录电池最终放电时间，放电时间应该不明显低于正常后备时间，如果放电时间大大缩短或电池电压降低速度过快，并且 UPS 会提示电池需更换，则电池寿命降低，需要更换电池	
1	年检	利用大天窗维修点，停用电源屏设备。拆开电源屏各个面板，检查各个开关及端子上的连线状态并进一步紧固	需要停电对电源屏各个输入开关及各个变压器端子进行紧固，各个线缆无松动，无老化现象。紧固线缆时注意紧固力矩合适，避免力量过小，线缆无法正常紧固，同时也避免力量过大，拧坏开关及端子	

续表

序号	检修周期	检修及测试项目	标准及方法	备注
2	日检	利用大天窗维修点,断开UPS电池。检查电池上的连线状态并进一步紧固	需要断开UPS电池开关对各个电池端子进行紧固,各个线缆无松动,无老化现象。紧固线缆时注意紧固力矩合适,避免力量过小,线缆无法正常紧固,同时也避免力量过大,拧坏端子。紧固过程中,注意工具绝缘及操作规范,电池电压高达500VDC,切勿短路。否则会烧毁电池并影响人身安全	
3		电源屏除尘	系统、UPS、电源模块等所用防尘网应每年检查、清洗灰尘或更换等。电源模块及UPS内部板件、系统板件等,应根据实际环境情况,由专业维护人员定期除尘	

(2) 电源设备问题处理

智能信号电源系统,本身具备故障判断功能,当系统出现故障时各单元均有故障提示,监控单元同时显示故障内容。电源系统故障按照系统组成可分为三大类:配电故障、电源模块故障、监控模块故障。检修的一般步骤是:

第一步:查看告警内容。

系统出现故障时,一般会有声光告警,故障灯亮,蜂鸣器告警;监控单元故障灯亮,蜂鸣器告警。查看系统监控单元的告警内容,根据告警内容便可以确认故障范围。

电源模块发生故障时,一般还可以根据模块面板上的状态指示灯大致判断模块的故障内容。

第二步:根据故障内容,对故障进行核实。

第三步:故障检修。

根据故障内容和实际情况,应该积极地消除故障隐患,保证设备的安全运行,参见表3-3。

第四步记录故障系统编号、故障部件编号、故障现象,填写故障处理记录。

第三章　CBTC信号系统维护

电源设备故障处理方法　　　　　　表 3-3

故障现象	告警状态	告警信息	处理方法
交流输入相电压大于过压告警点	故障灯亮，蜂鸣器告警；监控模块故障灯亮，蜂鸣器告警	交流当前状态：交流输入过压	改善电网条件，电压下降后自动恢复
交流输入相电压小于欠压告警点	故障灯亮，蜂鸣器告警；监控模块故障灯亮，蜂鸣器告警	交流当前状态：交流输入欠压	改善电网条件，电压下降后自动恢复
交流输入缺相	故障灯亮，蜂鸣器告警；监控模块故障灯亮，蜂鸣器告警	交流当前状态：交流输入缺相	交流输入正常后会自动恢复
当前工作电网交流输入停电	故障灯亮，蜂鸣器告警；监控模块故障灯亮，蜂鸣器告警	交流当前状态：交流输入停电	交流输入正常后会自动恢复
两路输入其中有一路出现故障	故障灯亮，蜂鸣器告警；监控模块故障灯亮，蜂鸣器告警	交流当前状态：交流输入1（或2）断电	交流输入1（或2）正常后会自动恢复
C级防雷器出现故障	故障灯亮，蜂鸣器告警；监控模块故障灯亮，蜂鸣器告警	交流当前状态：C级防雷空开跳	更换防雷器后会自动恢复
配电单元与监控模块的通信线没有插好	监控模块故障灯亮	当前状态：配电监控通信中断	通信线连接正常后，可以恢复
电源模块与监控模块的通信线没有插好	监控模块故障灯亮，蜂鸣器告警	模块当前状态：模块通信中断	通信线连接正常后，可以恢复
监控模块设置的模块数或地址与实际模块不符	监控模块故障灯亮，蜂鸣器告警	模块当前状态：×××模块通信中断	重新设置后，可以恢复

续表

故障现象	告警状态	告警信息	处理方法
模块输入故障	监控模块故障灯亮，蜂鸣器告警	模块当前状态：×××模块通信中断	模块输入正常后会自动恢复
模块输出故障	监控模块故障灯亮，蜂鸣器告警	模块当前状态：×××模块故障	模块输入正常后会自动恢复
模块保护	监控模块故障灯亮，蜂鸣器告警	模块当前状态：×××模块保护	模块输入正常后会自动恢复
输出空开跳	监控模块故障灯亮，蜂鸣器告警	当前状态：×××输出断电	排查跳空开原因后，重新闭合空开

1) 安全注意事项：

① 在进行故障检测时，不要接触到交流高压部分。

② 在进行故障维修时，工具应做绝缘包扎处理。

③ 模块维修后，在上电测试之前要测试是否有短路现象。

④ 对于监控模块、液晶屏故障时，应把监控模块、液晶屏复位或断电后重新上电，确认是否可以恢复。

2) 配电故障处理与检修

配电的故障一般有：交流输入过压、交流输入欠压、交流输入缺相、交流输入停电、空开跳闸、防雷器故障。配电故障发生时，监控模块的液晶屏上可以观察到交流故障告警的内容，同时直流柜的故障灯亮，蜂鸣器告警；维修时，先把蜂鸣器（位于直流柜上门内部）的控制开关拨到故障消音位置，查找相应的故障内容，进行相应的处理，维修处理完毕告警回叫，将告警控制开关拨到故障告警位置。配电故障告警时，请核实告警内容是否和实际相符，如果不符合，可以基本判定为配电监控板或对应空开检测板故障。

输出空开可以手动操作，断开空气开关，使空气开关跳闸，可以模拟故障发生时的现象，输出告警信号；将空开置于接通位置，告警消失。

C级防雷器输出为常闭信号，断开防雷器的任意一个防雷空开，输出告警信号；将防雷空开闭合，告警消失。

① 交流输入故障检测，检修流程如图 3-6 所示。

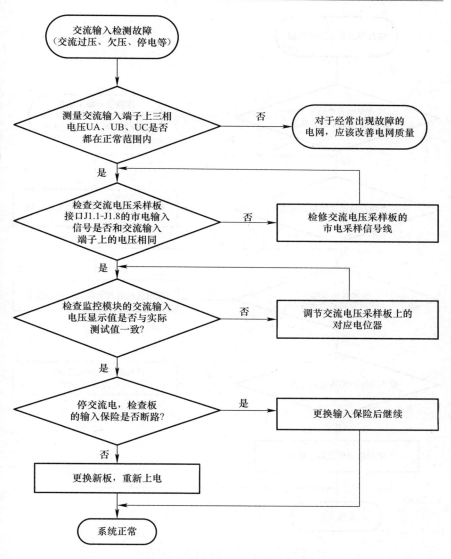

图 3-6 交流输入故障检修流程

② 输出空开跳闸故障,故障原因有:交流负载故障导致空开跳闸,空开本身故障、空开检测板上开关量检测电路故障将导致空开跳闸故障告警。故障处理流程如图 3-7 所示。

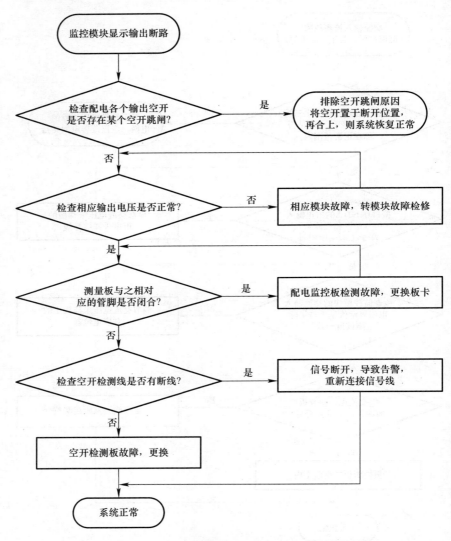

图 3-7 空开跳闸故障处理流程

3) 电源模块故障处理与检修

电源模块故障类型主要有：模块通讯中断、输出空开跳。故障原因主要有输入过欠压、输出过欠压、过温、过流、通讯异常等。

① 通讯中断故障处理流程如图 3-8 所示。

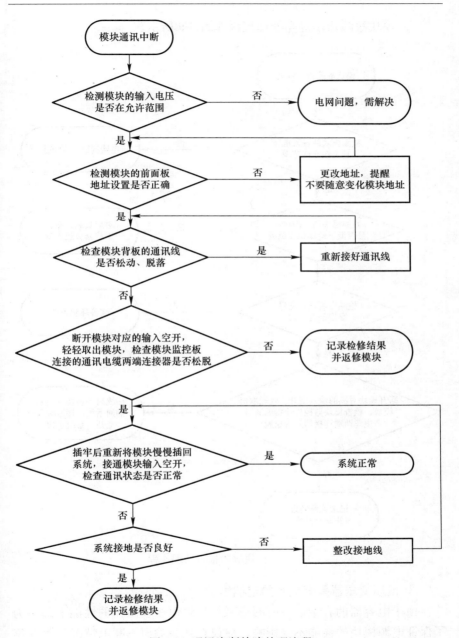

图 3-8　通讯中断故障处理流程

② 模块故障指示灯亮处理流程如图 3-9 所示。

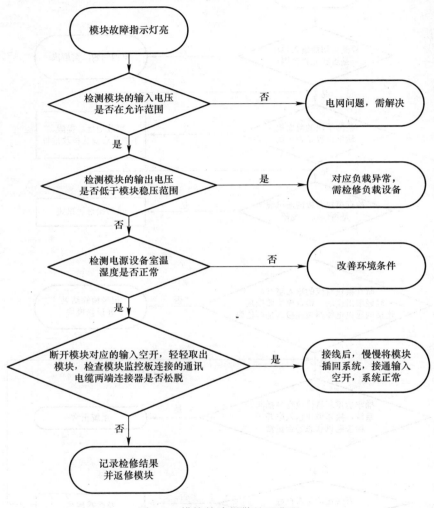

图 3-9 模块故障报警处理流程

③ 恒压变压器配套电容的定期维护

由于电容器的容量会随时间衰减，导致恒压变压器的性能下降，为了保证电源模块的性能不受影响，建议在系统输出不断电情况下每 5 年定期更换一次恒压变压器电容。电源模块恒压变压器配套电容更换流程如图 3-10 所示。

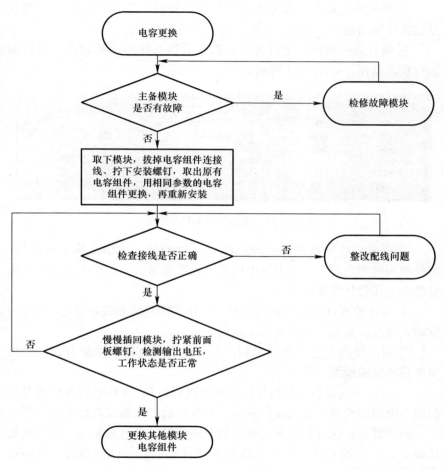

图 3-10 电源模块恒压变压器配套电容更换流程

2. 室内计轴设备维护

计轴设备是用来检测列车（轮轴）是否占用轨道区段的一种安全装置，它与轨道电路相比，具有不受轨道路线状况影响，不需切割轨道，加装轨道绝缘，适用于长大轨道区段等一系列优点。室内计轴设备主要有计轴主机、计轴诊断设备、计轴输入输出设备、风扇等设备组成。

(1) 室内计轴设备维护要点

① 机房环境检查、满足铁路信号维护规则规定中关于室内铁路信号设备使用的温度、湿度、压强、介质等环境要求。

② 每日通过对计轴主机板卡状态查看以及使用诊断软件对设备的运行状态监视，如图 3-11 所示。

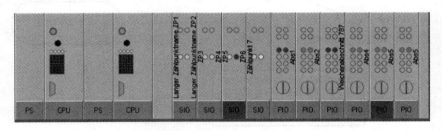

图 3-11　诊断机板卡状态显示

③ 每月对计轴设备输入输出端子进行测量：计轴主机电源电压、室外磁头电源电压、继电器供电电压、计轴诊断机、温控风扇电压，满足供电电压设计要求。

④ 每年检查计轴机柜接地情况，机柜防雷接地和设备接地不大于 1 欧姆，电缆屏蔽层接地不大于 1 欧姆。

⑤ 对一年内没有列车经过的区段，进行继电器驱动板卡到轨道继电器输出试验检测。

⑥ 对一年内没有进行过复位作业的区段，在 ACE 进行并口板及复位输入电路的检查，通过复位操作、室外计轴点划轴或者轧车来实现。

直接复位：执行复位前，调度员必须确保区段内无车。一旦接到复位命令，ACE 检查无禁止复位的技术条件，例如持续故障等，将使区段立即出清。

预复位：执行复位前，一旦接到复位命令，ACE 检查无禁止复位的技术条件，例如持续故障等。随后一列车必须通过该区段，ACE 检查检测点的正确运行，只有在进入和离开该区段的轴数相同时，ACE 才会使该区段出清。

⑦ 对于机柜后门背部的防尘网应每半年定期做除尘处理或者清洗维护，保持机柜通风良好。

⑧ 机柜内部应每月进行带电除尘即机柜清洁；每年进行下电除尘

即板卡除尘。

(2) 计轴设备问题处理

计轴系统的故障一般会表现在：与之相连的联锁系统人机界面和微机监测告警信息中。发生故障时，在人机界面会出现如下信息：

1) 整个联锁区全部计轴轨道继电器无车落下，表现为区段无车但是显示红光带。

2) 一个或几个计轴轨道继电器无车落下，表现为相应区段车已出清，但却显示为红光带。

计轴区段故障、轨道继电器无车落下时，在 CBTC 模式下，计轴将被切除，通过车地无线通信追踪列车占用位置。

发现以上问题后应查看相对应的轨道继电器状态，具体故障处理流程见图 3-12。

① 集中联锁区域全部轨道继电器无车落下故障处理流程：

如图 3-12 所示，集中联锁区域全部继电器无车落下，一般先考虑电源问题，可在机柜电源输入端子排测量输入电源，没有问题再向下进行。检查计轴主机 CPU 板卡和电源板，更换故障板卡，确保区段无车后执行复位操作，故障处理完毕。

② 个别轨道继电器无车落下故障处理流程：

a. 个别区段继电器无车占用时落下，一般先检查输出板上对应区段指示灯，如果显示正确，考虑输出端子排对应区段保险管可能损坏。如果测量后确认是保险管坏，需更换相应保险管。

b. 检查故障区段对应计轴点的数据耦合单元，如果红色保险报警灯亮，说明需要更换数据耦合单元保险丝。

c. 如果以上步骤都是正常的，检查输入板，如果显示不正常，灯位不亮则需要更换输入板。输入板支持热插拔。

d. 检查输出板，如果显示不正常，需要更换输出板。输出板支持热插拔。

e. 如果故障仍没有消除，就要考虑室外计轴点的 EAK 和计轴磁头故障，检查模拟板、评估板指示灯，先确保插紧，如还有问题需要更换板卡。

f. 测量磁头电气特性数据，观察磁头外观，确认计轴磁头设备是否需要更换。

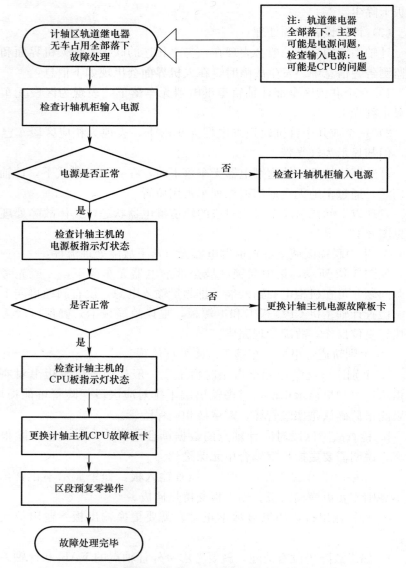

图 3-12 集中联锁区域全部轨道继电器无车落下故障处理流程

g. 所有以上步骤处理完毕之后,都需要进行最后一步区段复位工作,维护工作才最终处理完毕。

个别区段继电器无车占用落下故障处理流程,如图 3-13 所示。

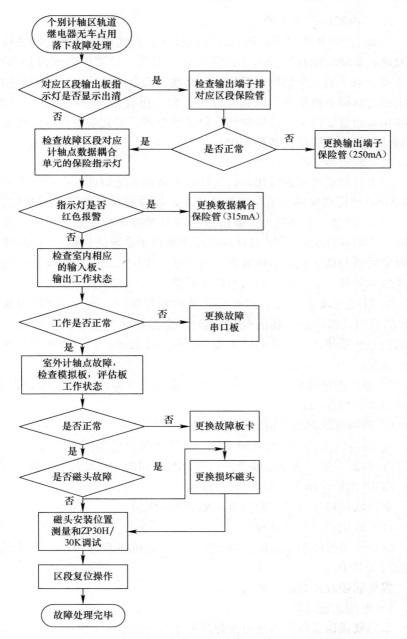

图 3-13 个别区段继电器无车占用落下故障处理流程

3. 室内联锁设备维护

20 世纪 80 年代以来，随着计算机技术、现代通信技术、网络技术的发展，车站联锁开始进入了计算机联锁时代，计算机联锁采用 2×2 取 2 或 3 取 2 的冗余结构，具有高可靠性、安全性的特点。室内联锁设备主要有联锁主机机柜、联锁诊断维护台、组合柜及继电器、接口柜、分线柜等组成。作为直接影响行车的关键设备，对其采用日常监视结合计划性检修的方式使设备稳定运行。

（1）联锁设备维护要点

随着计算机技术的应用，目前计算机联锁系统均设置有诊断维护台（SDM），其提供联锁子系统的系统维护，接收联锁机的诊断结果信息、输入/输出信息、全站简化参数信息、指定参数详细信息。系统正常工作时，不需要查询，SDM 自动接收联锁处理子系统的信息，当 SDM 故障修复后或与联锁机通信恢复后，为了便于维护人员对联锁设备进行监视及故障处理，诊断维护台具有以下功能：

① 联锁处理子系统（IPS）的系统诊断与维护。通过高速网口接收 IPS 的诊断结果信息、输入/输出信息、全站简化参数信息、指定参数详细信息。系统正常工作时，不需要查询，诊断维护台自动接收 IPS 的工作信息。

② 通过网络接收来自 HMI（联锁人机交互界面）的操作和表示，并记录关键操作和表示。

③ 联锁系统网络连接状态监视。

④ 通过以太网为其他管理系统与联锁系统通信提供接口。

⑤ 根据需要，联锁诊断维护台可以与不同的中央维修中心接口。

SDM 维护诊断界面如图 3-14 所示。

室内联锁设备维护内容及方法如表 3-4 所示。

（2）联锁设备问题处理

联锁设备故障根据故障影响程度采用合适的处理方法，联锁处理流程如图 3-15 所示。

常见联锁故障判断及处理方法：

1）电源系统故障

车站联锁设备电源系统分配原理如图 3-16。

联锁机柜配电箱如图 3-17 所示。

第三章 CBTC 信号系统维护

图 3-14 诊断维护台界面

联锁设备维护内容及方法　　　　　　　　　表 3-4

序号	检修周期	检修及测试项目	标准及方法	备注
1	日检	机房环境检查	满足铁路信号维护规则规定中关于室内铁铁路信号设备使用的温度、湿度、压强、介质等环境要求	
2		查看诊断维护台网络连接状态	联锁设备网络连接正常，若不正常首先重启工控机；重启故障未解除以后在点内将相应网线重新拔插，看到网卡绿灯闪烁后再次查看网络状态，若还不正常，基本判断为网卡故障	
3		查看诊断维护台记录信息	查看有无故障信息，有故障信息及时处理	
4		查看联锁机工作状态	联锁机上灯位显示正常，主备机切换模式处于自动位	
1	季检	各类板卡电气参数测量、调整	板卡供电电压在设计范围内	
2		联锁冗余切换测试	利用天窗点进行联锁倒机试验，主备机互倒 2～3 次	

序号	检修周期	检修及测试项目	标准及方法	备注
3	季检	对计算机配电柜及计算机电源插头进行一次全面检查	用外用表测量计算机配电柜输出,及计算机电源插头,符合设计范围以内	
4		进行开关机试验,联锁设备下电除尘	分别对联锁主备机进行重启功能性试验,分别对联锁主备机下电清灰	
1	年检	备品备件维护	在实验室对联锁备件进行更换上电,查看维护台均正常后,即可将换下来的板子进行复原。有芯片或CF卡的板卡注意将其取下,插到备件上面	当需要更换设备板卡时,需切断机柜电源,并检查所更换板卡的设备号,包括序列号

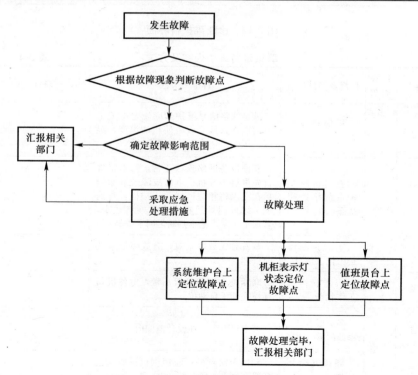

图 3-15 车站联锁设备故障处理流程

第三章 CBTC 信号系统维护

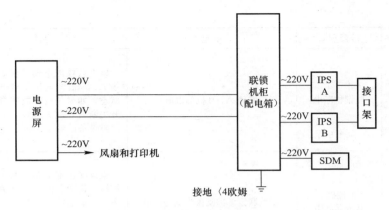

图 3-16　车站联锁设备电源系统分布原理图

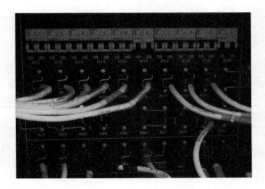

图 3-17　配电箱示意图

常见电源系统故障及处理方法如表 3-5 所示。

联锁电源系统故障处理方法　　　　　　　　表 3-5

序号	故障现象	影响范围	处理办法
1	外电断电	联锁机及联锁维护支持终端电源是由电源屏供出经 UPS 稳压后的电源，当某种原因导致电源中断时，电源屏的 UPS 能持续供电（在充满电的情况下）；在 UPS 供电时间到，还不能恢复外电的情况下，联锁系统必须停止	检查联锁机柜空开是否在闭合状态

续表

序号	故障现象	影响范围	处理办法
2	联锁机断电	影响联锁 A、B 机的供电	检查联锁配电箱分配到联锁 A、B 机的电源空气开关状态，如果是设备故障导致开关断开，应先关闭、更换故障设备后再开启空开
3	工控机、显示器断电	影响联锁维护支持终端的供电	检查联锁配电箱分配到工控机、显示器的空气开关状态，如果是设备故障导致开关断开，应先关闭、更换故障设备后再开启配电箱空开

2）道岔类故障

道岔类故障报警及处理方法如表 3-6 所示。

道岔类故障报警原理分析及处理方法　　　　表 3-6

序号	故障现象	分析原因及处理
1	挤岔报警	可能有石渣等异物造成道岔无法转到位，可来回多操几下，采用变更进路，如还是无法到位及时到现场排查
2	道岔输出后没有驱动	切换联锁机，如开始为 A 机工作，将其切换到 B 机工作，看道岔能否驱动
3	输出后继电器能够动作	上一步可以初步排除硬件输出板问题，当再次驱动道岔时，注意 DCJ（或 FCJ）及 DCQD 是否动作，如继电器正常动作但道岔仍未转动，根据道岔动作原理图排查室内电路及室外电路情况
4	输出后继电器没有动作	驱动码位灯亮，但继电器不动作，可按接口电路检查 KZ/KF 电源环线是否正常，电压是否在规定范围内，驱动板输出码位电压是否在规定范围内
5	输出板出错	如驱动码位灯不亮，更换该报错输出板即可恢复

联锁诊断机故障处理如表 3-7 所示。

联锁诊断机故障处理　　　　　　　表 3-7

序号	故障现象	分析原因	处理办法
1	输出端口未驱动	这种故障是由于输出板上的电流监测模块没用监测到电流的原因而报警的。可能原因是： ① 输出板该码位电流监测模块故障，不能检测到电流通过，这种故障只需更换输出板即可恢复正常； ② 从输出板到驱动继电器之间的回路中有断线，确实造成输出板已输出而继电器不能驱动，这种故障可以通过检查继电器至联锁机柜之间的配线查出； ③ 输出板上没有驱动电源，此时输出便会报出该信息	① 关闭联锁机； ② 拔出该输出板，更换新的输出板； ③ 联锁机开机，系统同步后办理操作试验原来报故障的码位是否还是有问题； ④ 若更换板子后仍有问题，检查 96 芯插头上 KZ-VRD-Q（安全校验继电器前接点）与 KF-VRD-Q 的电源，或是检查相应码位的针是否有问题，或者在驱动该码位时测量继电器线圈两端的电压是否满足要求
2	输出端口未驱动—正、负电混电	这种故障是由于外界混电造成输出板输出端口有正电，可以通过检查联锁机柜该输出板至继电器之间的配线来查找混电的位置	检查联锁配电箱分配到联锁 A、B 机的电源空气开关状态，如果是设备故障导致开关断开，应先关闭、更换故障设备后再开启空气开关
3	输出板出错	输出板故障时该板报错	更换该报错输出板即可恢复
4	冗余机标志采集不到	联锁机启动后采集不到系统的标志位，主要有以下情况： 系统采集板上采集标志位的码位故障，更换系统采集板即可恢复； 系统采集电缆故障，需要更换系统采集电缆； 电源机箱系统采集的空气开关跳开了，闭合即可恢复	关闭联锁机； 检查系统采集电缆，如有问题可更换该电缆或插头； 检查相关空气开关
5	通道出错	这种故障说明 VLE 板上的上 CPU 读写输入、输出板出错，引起这种问题主要是以下原因： ① I/OBUS2 板故障； ② I/OBE2 板故障； ③ 总线电缆故障； ④ 输入板故障； ⑤ 输出板故障	① 关闭联锁机； ② 更换故障印制板； ③ 开启联锁机

采集及驱动类故障如表 3-8 所示。

联锁采集、驱动类故障处理 表 3-8

序号	故障现象	分析原因及处理
1	在 HMI 上显示道岔断表示、灯丝断丝、轨道电路红光带或其他报警信息等问题	① 查相应继电器是否吸起,若没有吸起,则找继电接口原因; ② 若相应继电器已吸起,通过 SDM 看是否有采集板故障,若有可更换主机该采集板; ③ 若主备机都没亮灯则说明采集信息都未送来,则说明故障在采集插头至该继电器接点之间,可通过接口架来区分故障在哪侧,然后逐点查找; ④ 若出现一块采集板上同一组的 8 个码位(甚至更多)都采集不到的情况,则肯定是该组采集码位的负电的线有问题,可从接口架相应位置检查; ⑤ 若出现某些码位时好时坏,更换板子也是如此,则可在接口架量一下该采集的电压,是否达到标准,若不达标,一般情况是继电器节点接触不良所致
2	在 HMI 上发现有信号开不了、道岔操不动等问题	① 查相应继电器是否吸起,若能吸起,则找继电接口原因; ② 若相应继电器没有吸起,查相应输出板该码位是否亮灯,若亮灯则说明故障点在输出板至继电器励磁线圈之间,此时先量接口架相应位置是否有 24V 电送出,有电则故障在接口架至继电器励磁线圈之间,没有电则故障点在接口架至输出板之间,可查相应输出插头和该信号电缆有没有问题

4. 区域控制器维护

(1) 区域控制器维护

区域控制器作为 CBTC 模式的关键性设备,一般采用 3 取 2 冗余模式,若区域控制器发生故障只能降级后备模式运营。其维护要点如下:

1) 保证设备运行环境良好,满足铁路信号维护规则规定中关于室内铁路信号设备使用的温度、湿度、压强、介质等环境要求。

2) 注意监视区域控制器运行状态,检查板卡灯显无异常。

3) 确保机柜风扇正常运行。风扇是易老化部件,建议每 4 年更换一次。

4) 定期对机柜内部进行清扫整顿。

(2) 区域控制器问题处理

1) 区域控制器冗余主机故障,如果维护中发生误操作可能会导致 2oo3 平台(区域控制器)宕机;对故障主机或板卡更换步骤如下。

① 戴上防静电手腕。
② 把故障板卡供电开关迅速拧至 OFF 位。
③ 更换备件板卡，并迅速将供电开关拧至 NO 位，重启该通道。
④ 重启通道 3min 之后，检查各通道工作正常。
2) 区域控制器机柜风扇故障
及时更换新的风扇，即使只有一个风扇故障，也要更换整个风扇组。
5. 站级 ATS 系统维护
ATS 系统分为车站级和中央级两部分，车站及车辆段 ATS 子系统负责采集现场信号设备的状态信息，并执行控制中心发来的控制命令（非自动车辆基地除外）。
车站级 ATS 系统架构一般如图 3-18～图 3-20 所示，主要包括车站 ATS 分机、ATS 操作工作台（终端）、光电转换器、双路冗余网络、发车计数器等。

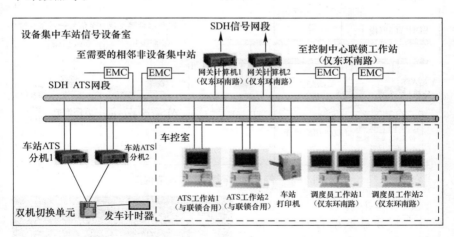

图 3-18 设备集中站 ATS 结构图

(1) 站级 ATS 系统维护要点
① 保证设备运行环境良好，满足铁路信号维护规则规定中关于室内铁路信号设备使用的温度、湿度、压强、介质等环境要求。
② 检查光电交换机 EMCT 状态显示灯正常，电源灯常亮，通信灯闪烁。
③ 站级 ATS 主机至少一个月重启一次，主备机应分别重启。

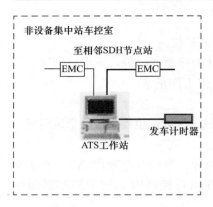

图 3-19　设备非集中站 ATS 结构图

④ 每月进行一次主备机倒机试验，确保冗余切换功能正常，在各设备倒机时请等冗余设备完全启动后再进行倒机操作，可等待 10～20min。

⑤ 可在监视终端查看站级 ATS 和中央级 ATS 设备的网络连接情况。

⑥ 查看 ATS 维护工作站，检查站级 ATS 工作站显示信息，如图 3-21 所示。

最上面显示路线名、车站名、软件版本号、当前时间。

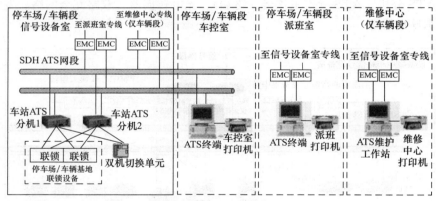

图 3-20　停车场/车辆段 ATS 结构图

左面显示打印的日志，可在日志服务器上结合日志分析文档查看日志。

右面显示设备状态：

Local status：当前机器是否主机；

CI：显示是否和联锁连接；

Standby：与另外一台 lats 的连接状态；

CATS/LATS/GPC/ATC：

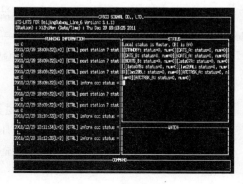

图 3-21　ATS 维护工作站显示

与连接设备的状态。

⑦ 每日巡视站级自动监视主机运行状态，板卡灯位正常，切换模式处于自动位。

⑧ 每月重启一次监视终端设备。

⑨ 每日巡视发车计数器显示情况，检查发车计数器与ATS服务器数据连接状态，如有异常及时整治。

（2）站级ATS系统问题处理

1）ATS服务器上电后，双机热备机笼电源指示灯灭：

检查外部引入到机柜的交流电源是否断电。

检查引入到电源板的电源线是否松动。

电源板的保险丝是否完好。

2）ATS服务器，热备板不工作

检查机笼后面板上A、B端口与主备机之间的接口线缆的物理连接。

检查电源或者相关接口的内部配线。

与其他系统接口不能工作。

检查热备机笼后面板与其他系统（如时钟）的物理接口及连线。

6. 站级维护支持系统维护

信号设备维护支持系统是整个信号系统的设备状态监测和维护的辅助工具，主要用于维护信息的采集，帮助维修调度人员对故障设备进行定位，管理维修作业。检修人员可借助信号设备维护支持系统制定、计划与安排维修工作，达到比传统人工方式更好的效果，其主要由中心级和车站级两部分组成。站级维护支持系统设置在车辆段、停车场和正线设备集中站。负责从车站层接入设备的信息获取。

（1）站级维护支持系统维护要点

① 每日通过远程调阅或现场检查系统的通信状态，查看维护支持系统与各系统的连接状态。

② 每日巡视监测系统设备灯无异常状态，监测系统正常，监测系统设备无异常发热情况处理监测报警信息。

③ 每月对维护支持终端重启一次。

④ 每季度检查监测站机显示器视屏线、电源线插接牢固；检查工控机电源、网线、CAN线以及485和422通信线插接牢固；检查打印

机 USB 接口线、电源线插接牢固。

⑤ 每季度检查网络设备：检查路由器电源线、网线或其他通信线插接牢固；检查交换机电源线、网线或其他通信线插接牢固。

⑥ 每季度检查电源：检查大功率电源输入、输出插接牢固，检查大功率电源及输出线无异常发热。

⑦ 每季度检查采集设备：检查接口通信分机电源线、网线、485 通信线是否接触牢固；检查智能采集单元电源、工作、通信状态表示灯显示正常。

⑧ 每季度设备清扫除尘：工控机、显示器、打印机、音箱除尘清扫、路由器、交换机、12V 大功率电源、接口通信分机、监测机柜、采集单元清洁无灰尘；对工控机进行一次磁盘碎片清理。

⑨ 每年对采集模拟量与实际测量结果进行校核。

(2) 站级维护支持系统问题处理

1) 为了使维护人员更好地处理监测故障，我们将信号设备维护支持系统故障分为以下四类：

① 电源系统故障：当机柜电源指示灯熄灭，则说明机柜断电，需要检查机柜 220V 电源空开是否处于断开状态以及电源屏是否给监测机柜供电。

② 站机系统故障：是指站机系统宕机，通常表现为显示界面黑屏、键盘鼠标无法使用以及工控机无法启动等。

③ 模拟量采集报警：此类报警主要为监测系统自采集设备报警以及采集数值报警。可通过站机程序界面的报警查询窗口、实时报警窗口中看到，如图 3-22 所示。

④ 智能接口报警：此类报警主要是监测系统与其他系统间接口报警以及其他系统送给监测的报警，可通过站机程序的系统状态图窗口获取。

2) 维护监测系统工作异常或报警处理流程如图 3-23 所示。

① 首先判断监测系统是否能够正常工作，当监测系统不能工作时，需要检查机柜供电是否正常以及站机系统是否宕机；当监测系统可以正常工作时，可通过查询监测自身的报警系统，根据不同的报警内容对故障进行类型划分，从而转向不同故障处理子流程。

② 在进行故障处理时应遵从"先易后难，先内后外"的原则。

第三章 CBTC 信号系统维护

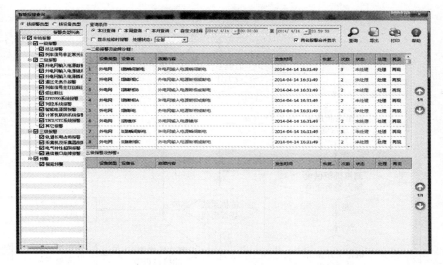

图 3-22 报警查询窗口

③ 在进行故障处理时应根据系统采集原理，尽可能缩小故障影响范围，不可盲目地切断不相关的采集项。

④ 在进行故障处理时，需要首先鉴别站机系统反馈的问题是否与现场一致，采集项与现实是否一致，以鉴别是否真实故障。

⑤ 在进行故障处理时，请首先记录并保存相关问题的现象（必要时可截图、拍照）、原始数据等资料，便于后续技术支持和问题库更新。

（3）绝缘测试故障处理流程

绝缘测试设备与站机通过 CAN 总线连接，当出现不能进行测试或测试数值与实测数值不一致等异常情况时，可按图 3-24 所示流程处理。

电缆绝缘测试故障首先需要判断 CAN 通信是否正常，可通过查看通信状态图中综合分机通信状态进行判断。如果通信不正常，需要通过重新连接 CAN 线、重启综合分机、重启工控机、更换板、更换卡等方法进行逐步排查；如果通信正常，则需要通过更换绝缘表、更换绝缘接口板、更换开出板、更换 CPU 板等方法进行逐步排查。

如果监测系统测试出来的数值与实际测量的数值一致，则监测系统没有故障，需要检查被测设备状态。

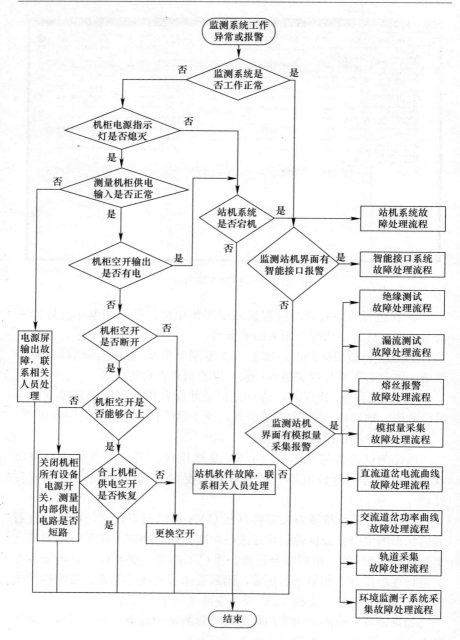

图 3-23 维护监测系统故障处理流程图

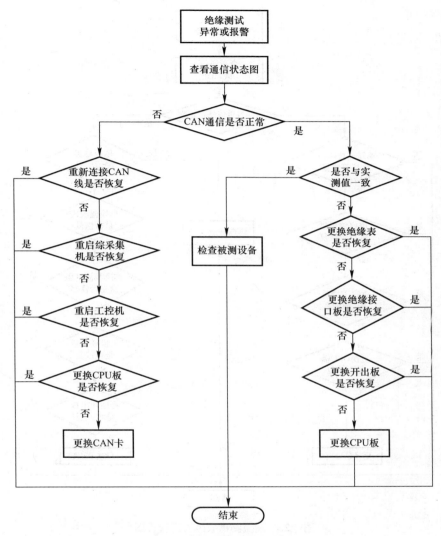

图 3-24 绝缘测试故障处理流程

(4) 漏流测试故障处理流程

漏流测试设备与站机通过 CAN 总线连接,当出现不能进行测试或测试数值与实测数值不一致等异常情况时,可按图 3-25 所示流程处理。

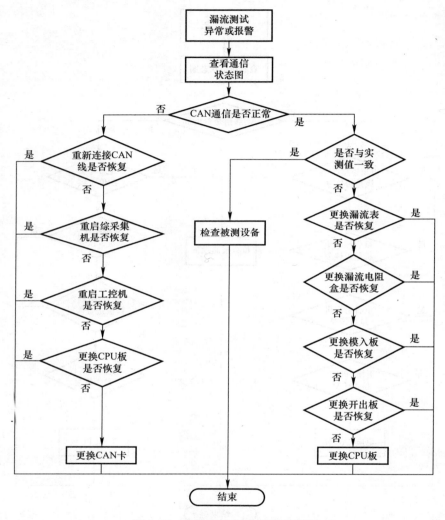

图 3-25　漏流测试故障处理流程图

电源漏流测试故障首先需要判断 CAN 通信是否正常，可通过查看通信状态图中综合分机通信状态进行判断。如果通信不正常，需要通过重新连接 CAN 线、重启综合分机、重启工控机、更换板、更换卡等方法进行逐步排查；如果通信正常，则需要通过更换漏流表、更换漏流电阻盒、更换模入板、更换开出板、更换 CPU 板等方法进行逐步排查。

如果监测系统测试出来的数值与实际测量的数值一致，则监测系统没有故障，需要检查被测设备状态。

（5）熔丝报警故障处理流程

本流程适用于通过综合层开入板采集的各种开关量采集。当站机界面上有熔丝报警提示或实际有报警而监测未报出来等异常情况时，可按图 3-26 流程处理。

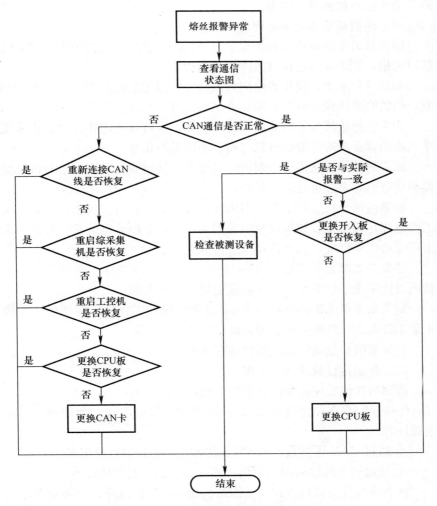

图 3-26　熔丝报警故障处理流程图

熔丝报警故障首先需要判断 CAN 通信是否正常，可通过查看通信状态图中综合分机通信状态进行判断。如果通信不正常，需要通过重新连接 CAN 线、重启综合分机、重启工控机、更换板、更换卡等方法进行逐步排查；如果通信正常，则需要通过更换开入板、更换 CPU 板等方法进行逐步排查。

如果监测系统测报警与实际报警的数值一致，则监测系统没有故障，需要检查被测设备状态。

（6）模拟量采集故障处理流程

模拟量采集故障首先根据报警来源判断是接口还是自采集，如果是接口采集，则进入智能接口故障处理流程。

如果是自采集，应检查监测数值与实际测量数值是否一致，如果一致，则监测系统没有故障，需检查被测设备。

如果监测数值与实际测量数值不一致，应打开通信状态图检查采集单元通信状态来确认通信分机与站机通信是否正常。

如果通信分机通信中断则可通过重新连接网线、重启通信分机、更换通信分机等方法进行逐步排查。

如果通信分机通信正常，则依次检查采集单元通信状态、采集单元工作电源是否正常，如果这两项是正常的，需更换采集单元。若更换采集单元后仍未恢复，需更换接口通信分机。

如果采集单元工作电源为 0，则检查大功率电源输出是否正常，正常则更换采集工作电源，不正常则更换大功率电源。

如果采集单元工作电源不为 0，此时测量的工作电压应该低于模块正常工作电源，判断是否需要直接更换大功率电源。

自采集模拟量故障处理流程如图 3-27 所示。

（7）智能接口故障处理流程

监测与其他系统智能接口类型一般可分为 3 类：

① 通过 MOXA 连接的 RS485 和 RS422 通信方式，如联锁、智能电源屏等。

② 通过 CAN 卡连接的 CAN 通信方式，如智能灯丝报警。

③ 通过网卡连接的网络通信方式，如计轴、道岔缺口等。

各类通过智能接口方式与监测站机建立通信的故障，故障处理流程如图 3-28 所示。

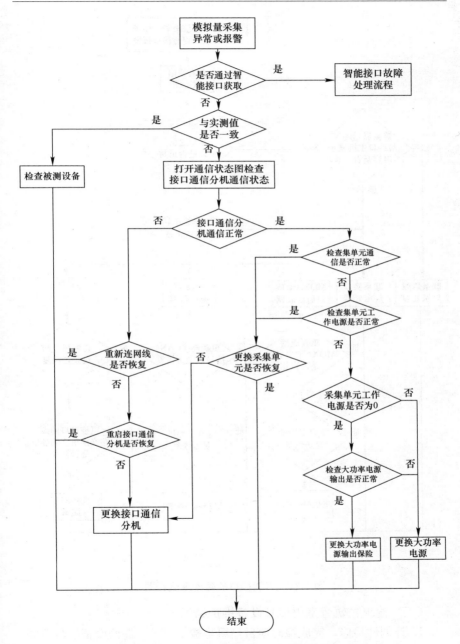

图 3-27 自采集模拟量故障处理流程

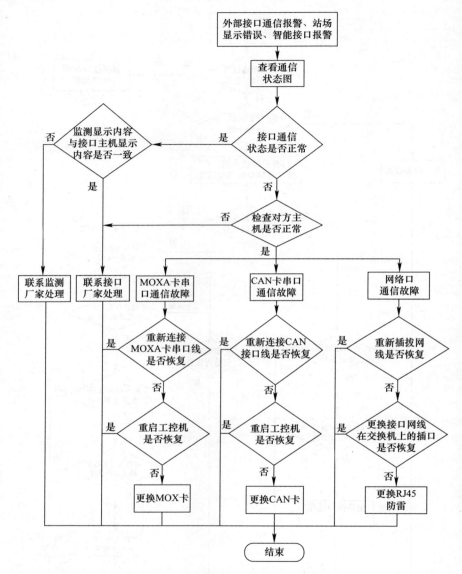

图 3-28 智能接口故障处理流程图

(三) 输出：轨旁室内信号设备维护结果

1. 计划性检修，完成检修项目，填写检修记录，保证设备运行良好可以参照上述信号设备维护内容及方法，按日、周、月、季及年度以上的检修周期制定合适的检修记录本和检修工艺卡，检修人员按照检修工艺卡及检修记录表的检修项目和标准进行维护。若无异常问题则按检修记录本要求进行填写。

2. 纠正性检修，发现设备问题及时排查处理，消除设备故障隐患

如在维护中发现问题，可参照上述信号室内设备问题处理方法建议，进行问题排查。根据施工管理规定和现场情况来判断是否需要天窗点进行抢修。根据问题的严重程度和典型性来确定是否进行平推整改。

二、轨行区信号设备维护

轨行区信号设备是信号执行输出动作的设备，对行车起着关键性作用，轨旁室外设备主要包括转辙机、信号机、计轴磁头及箱盒、轨旁数据通信设备及光电缆等。一般白天运营时段利用监视系统对轨旁设备保持监视，按设备种类不同合理安排检修计划，利用夜间天窗点分别对轨旁信号设备执行检修，保证设备运行状态良好。

（一）输入：一般要求

制定设备监测日巡视、轨行区检修标准、检修记录表、工艺卡。

申请轨行区夜间天窗作业点。

检修人员必须经过专业技能培训和安全记录培训，并考试合格后方能上岗作业。

检修人员熟悉设备设施状况，掌握检修技能，满足两人以上互控。

信号机及道岔检修室内道岔电操，排列进路，室外道岔转换须设专人防护。

工器具及消耗料携带齐全。

携带相应修程的检修工艺卡、检修记录本。

在检修作业过程中应始终保证安全接点可靠断开。

做好安全预想，执行"三不动"、"三不离"、"三预想"安全制度。

（二）对轨行区信号设备进行检查和维修

1. 转辙设备维护

转辙设备作为道岔的转换装置，其运行的稳定性直接影响行车安全与效率，目前轨道交通主要采取白天监视转辙设备动作状态，夜间利用天窗点下轨行区维护的方式，一般分为月检、半年检、年检，除此之外还与工务针对道岔结合部位进行联整。

通过对转辙设备的维护工作，保持转辙设备工作状态良好，如发现异常隐患，及时排查、整治，确保正常运营。下面以 9# 外锁闭道岔与 S700K 转辙机为例进行说明。

（1）S700K 转辙机及外锁闭装置的维护要点

1）机外检查

① 外观清洁（月度）

a. 机外重新涂油以前，需将机外各部件用抹布清扫干净，部件表面无油污、杂物、锈蚀，特别是锁钩、锁闭杆、锁闭框、锁闭铁等相互间有磨痕的接触面，务必清扫干净，重新油润。

b. 将转辙机的安装基坑、基槽内的杂物清走，确保没有积水（受现场条件限制时确保积水不浸泡设备）。

② 各部位螺丝、螺栓紧固、防松帽齐全（年度紧固并作防松标识、月度注意检查）

a. 面对尖轨，正确下蹲后从左往右依次紧固各部安装螺丝，螺栓注油适当（有绝缘处的螺栓不用加油）。

b. 紧固角钢螺丝和锁闭框螺丝时使用 300mm 梅花扳手（螺栓打转时使用 300mm 活动扳手卡住螺栓头）。

c. 紧固尖轨连接铁时使用 300mm 活动扳手（有打转时使用 300mm 扳手卡住螺栓头）。

d. 紧固下锁闭铁螺丝和限位板时使用 24mm 双开口扳手。

e. 紧固锁闭杆与动作杆连接处的螺丝时使用 300mm 活动扳手。

f. 检查机内四颗转辙机安装螺丝用 30mm 内六角套筒紧固。

g. 机盖螺丝紧固检查，用合适的小十字批。

h. 各处螺丝紧固后必须用红色油漆笔画线作防松标记，并加装防滑帽。

i. 螺栓销、防滑帽置入或退出时，不要用手锤强行敲击。

③ 开口销检查（月度）

a. 开口销安装标准、齐全，劈开不小于 60°。

b. 选用合适的开口销。其中鼓型销的开口销选用 $\phi 4 \times 40$（直径为 4mm，长度为 40mm）。

c. 检查开口销有无磨耗、锈蚀，如已变形的必须更换。

d. 开口销的材质要选用钢材质的。

e. 鼓形销的开口销开口处要留有余量,如图 3-29 所示。

④ 安装装置、转辙机方正检查(年检尺查)

a. 检查长、短角钢无锈蚀和裂痕。

b. 道岔长角钢与直基本轨垂直,用方尺平放在轨面上测量,方尺的平行边紧贴直基本轨的内侧,一边对准直基本轨角钢轨腰固定螺丝的中心,与另一曲基本轨角钢轨腰固定螺丝中心偏差不大于 10mm。再检查方尺边缘(或中心线)与长角钢边缘(或中心线)是否平行,两端偏差不大于 10mm,如图 3-30 所示。

图 3-29　鼓形销的开口销检查

图 3-30　长角钢的方正测量

c. 短角钢与直基本轨平行,偏差量不大于 10mm。如图 3-31 箭头 3 所示距离与箭头 4 所示距离偏差量不大于 10mm。

d. 电动转辙机与直基本轨相平行,机体纵侧与直基本轨垂直偏差小于 5mm。如图 3-31 红色箭头 1 所示距离与箭头 2 所示距离偏差小于 5mm。

e. 动作杆与动作连接杆应成一直线,没明显的偏差。动作连杆安装方正,与长角钢平行,偏差量不大于 10mm。如图箭头 5 所示距离与箭头 6 所示距离偏差量不大于 10mm。

f. 长短表示杆上下基本重叠,安装方正,与长角钢平行,偏差量不大于 10mm。测量方法与动作连杆相同，如图 3-31 箭头 7 所示距离与箭头 8 所示距离偏差量不大于 10mm。

图 3-31　安装装置与方正检查

g. 检查转辙机水平，通过动作连接法兰与动作杆连接销轴插入的别卡程度来判断转辙机与机外杆件是否水平，若连接法兰销轴插取无别卡，证明转辙机水平。罩筒一端应比动作杆伸出端略高 4~8mm。

⑤ 设备除油、油漆处理（月度）

a. 对转辙机、杆件、安装角钢等清扫，如出现锈蚀如图 3-32，铲除锈蚀部分，整机涂上防锈油及外漆。油漆油层应完整，无剥落现象并保持鲜明，防锈油漆干透后才能涂上外漆，漆膜不能太厚。

图 3-32　设备的除锈、油漆处理

b. 对于镀锌的机盖和安装角钢清扫干净即可，一般不用另外补涂油漆。机内的检测杆和锁闭杆等很多部件由于是不锈钢材质，也是不用油漆的。

⑥ 绝缘测试（年检）

用摇表测量被绝缘分隔的两端钢轨或金属件的阻值，若电阻值为 10MΩ 以上，说明绝缘良好。

⑦ 转换力测试及调整（年检）

手摇道岔转换平顺，解锁、锁闭尖轨无反弹。转换力测量，道岔转换力不得大于转辙机额定拉力。

2）机内检查

① 检查遮断开关

a. 闭合遮断器时检查摇把挡板能有效阻挡摇把插入，如图 3-33 所示，要求摇把挡板必须遮住摇把齿轮孔的 2/3 的面积，且摇把挡板无碰触到摇把齿轮。

图 3-33　摇把挡板能有效阻挡摇把插入

b. 切断遮断器时检查摇把能顺利插入摇把齿轮孔内，并且此时摇把挡板无造成摇把转换阻力增大的可能，如图 3-34 所示。

c. 摇把挡板在遮断开关闭合状态下与齿轮之间的间隙 1～3mm，如图 3-35 所示，遮断开关锁闭、开启动作灵活。必要时可通过调整遮断开关组与摇把挡板的连杆上的活动接头，如图 3-33，来改变连杆的长度，从而满足上述要求。

图 3-34　切断遮断开关时挡板正常打开

图 3-35 摇把挡板在遮断开关闭合状态下与齿轮间隙

d. 检查遮断器接线端子螺丝和遮断开关组固定螺丝是否紧固良好,如图 3-36 所示,使用十字螺丝刀或一字螺丝刀检查接线端子螺丝紧固情况,使用十字螺丝刀或一字螺丝刀检查遮断开关组的固定螺丝紧固情况,螺丝紧固检查时需注意用力适当,防止用力过猛造成端子破裂或螺丝滑扣,并使用合适的螺丝刀来拧紧螺丝,防止使用工具不当造成螺丝头滑牙(年检)。

e. 如发现接线端子的压线螺丝拧紧后接线端子仍有松动,此情况是该端子底座松动,必要时需从遮断开关组下部用十字螺丝刀紧固好相应接线端子(年检)。

f. 遮断开关接点通、断电性能良好,检查遮断开关接线端子是否有烧黑或氧化现象并进行处理,使用万用表欧姆档测量遮断开关接点的接触电阻,要求≤10Ω,测量前要拔出插接器,测量完成后务必将插接器插接牢固并将两侧的紧固卡卡好,且互控人要检查(年检),如图 3-36 所示。

g. 如发现有接触电阻过大或端子烧黑、氧化严重的,必须更换整个遮断开关组或相应的遮断开关(年检)。

② 速动开关组检查

a. 检查速动开关组接线端子螺丝和速动开关组固定螺丝是否紧固良好,使用十字螺丝刀或一字螺丝刀检查速动开关组接线端子螺丝紧固情况,使用一字螺丝刀检查速动开关组固定螺丝紧固情况。检查时需注意要用力适当,防止用力过猛造成速动开关外壳破裂或螺丝滑扣,并使用合适的螺丝刀来拧紧螺丝,防止使用工具不当造成螺丝头滑牙(年检)。

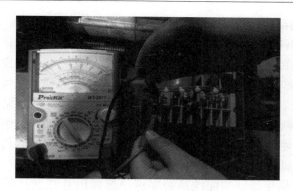

图 3-36　遮断开关接点电阻测量

b. 检查速动开关外壳有无破裂，用手轻摇检查各速动开关是否固定良好，注意要防止用力过猛造成速动开关外壳破裂。如发现速动开关固定不良有松动情况的，则在速动开关组底部用十字螺丝刀紧固相应的速动开关固定螺丝，如速动开关外壳破裂的则更换整个速动开关组或相应的速动开关。

c. 检查速动开关接点通、断电性能良好，检查速动开关接线端子是否有烧黑或氧化现象，使用手电筒检查速动开关接点是否发黑严重，使用万用表测量遮断开关接点的接触电阻，要求≤3Ω，如图 3-37 所示，道岔定反位都要测试，测量前要断开遮断开关或拔出插接器。如发现有不满足要求的则更换整个速动开关组或相应的速动开关。

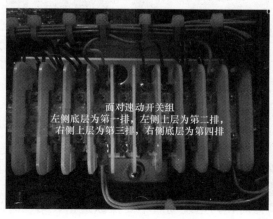

图 3-37　速动开关组检查

③ 机内配线检查

a. 目测各配线、绝缘套管有无绝缘破损、裂纹、老化、脱落、断痕及磨损现象，检查各类压线耳压线是否紧固无松脱的迹象，检查压线耳部位的配线芯线是否有外露、断股或造成绝缘破损或混线的可能。

b. 检查各类配线是否绑扎良好、美观及固定良好，无松脱或固定不良造成拉断、压断的可能。检查遮断开关组及速动开关组处接线端子的配线，应使用扎带在对应每个端子的位置处绑扎好，以便做到既美观又容易区分每个接线端子的配线。

c. 检查插接器处的配线是否穿进绝缘管内并在插接器的入线孔内固定良好，及插拔插接器时无造成配线松脱的可能，插拔插接器时注意不要让配线扭绞，以免插拔次数多了之后容易造成配线内部芯线断裂，检查插接器和插接座的针脚是否发黑严重或氧化造成接触不良的可能。

④ 传动装置检查

a. 滚珠丝杠保持清洁、动作平稳无噪声。滚珠丝杠表面无裂纹或受损点。

b. 摩擦连接器上的漆封完整，止动片、M48 螺栓位置正确、不脱落，如图 3-38 所示。

图 3-38　摩擦连接器止动片、螺栓

⑤ 保持器检查

a. 保持器上的铅封完好，外表无锈蚀。

b. 道岔检修时，到达现场后不要操纵道岔，第一时间开盖检查测量滚珠丝杠上的丝母与保持联结器间的间隙（以下统称为间隙）是否大于 6mm，或用手摇把将转辙机往继续锁闭的方向手摇（道岔本身锁闭，但仍继续往锁闭方向摇），观察摩擦联结器是否空转，如不空转则观察手摇把是否转 3 圈后摩擦联结器再空转（滚珠丝杠丝扣的尺寸为 5.5mm 左右，在道岔锁闭并且滚珠丝杠上的丝母与保持联结器无间隙的情况下，摩擦联结器反转 3 圈左右、手摇把反转 6 圈左右会造成锁舌回缩超过 3mm 导致速动开关组被顶起断开表示），由此来判断该间隙是否大于 6mm，然后再电操转换道岔进行上述检查。将两次测得的结果进行比较，如电操道岔后测得间隙等于或小于开盖后测得的间隙，则可判断该道岔在列车通过时造成摩擦联结器反转情况不严重，反之则需要进行进一步的检查。

⑥ 各类杆件检查

a. 检查动作杆、检测杆、滚珠丝杠、齿轮组注油情况，保持清洁，无锈蚀；缺油时，应及时涂油，量适当。

b. 检查锁舌和锁闭块弹出、缩入灵活，并且满足要求，锁闭块弹出长度≥10mm。

c. 检查动作杆、检测杆、滚珠丝杠的动作，应平顺无卡阻，若出现弯曲，则应立即更换。

d. 检测杆与长短表示杆的连接鼓形销油润良好、不旷动，旷动不得大于 1mm，旷动大于 1mm 时则需要更换鼓形销。

e. 长、短表示杆的有扣轴套、无扣轴套、紧固螺帽紧固，调整丝扣的余量≥10mm。

f. 机外上下检测杆无张嘴，张嘴不得大于 1mm，如果有张嘴则要调整尖端铁和长短表示杆的高度。机外上下检测杆错位现象，如果有错位现象则要用 300mm 活口扳手尖端铁固定螺母前后移动尖端铁。

g. 各部螺栓清扫干净；杠件及各连接销表面、配合面应油润，无污垢不锈蚀。

⑦ 机箱整体检查

a. 清洁及密封检查。整机密封良好，密封圈保持弹性、无老化现象；机内无积水、无积土、无杂物、无锈蚀。

b. 机盖密封良好、不松动；封孔盖封闭严密，能保证防水、防尘。

c. 机壳及机盖表面检查。机壳、机盖无裂痕或破损，外观整洁；机盖上有道岔编号、字迹、标志清楚，无锈蚀；机盖不松动，进线缆装置防护有效。

d. 机盖灵活性检查。机壳开启灵活,关闭时锁闭良好;开关锁壳上的锁盖无锈蚀、脱落。

e. 清洁分线盒、终端盒内部配线、元件(箱盒保持密封,不宜经常打开检查,每年一次即可)。

3) 转辙机注油

① 齿轮组(摇把齿轮、电机齿轮)涂润滑脂:在转辙机静止时对四个齿轮涂润滑脂(每季度一次)。

② 动作杆涂润滑脂:对动作杆在转辙机外的部分,应在转辙机伸出状态下涂润滑脂。而在转辙机内部的部分应在伸出、拉入两种情况下涂润滑脂(每月一次)。

③ 滚珠丝杠涂润滑脂:在涂润滑脂前,应先用棉布清洁滚珠丝杠,然后在丝杠两个终端位置分别涂润滑脂多次,转辙机转换多次(每半年一次)。

④ 检测杆涂润滑脂及注润滑油:检测杆的可及表面分别在两种状态下(伸出和拉入)涂润滑脂。此外,两个检测杆的贴合面通过上层检测杆的注油孔来注油(每季度一次),如图 3-39 所示。

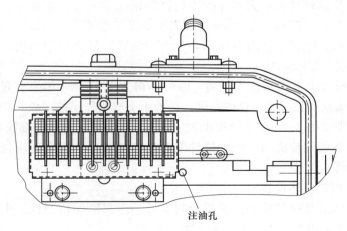

图 3-39　检测杆贴合面注油

⑤ 锁闭块注润滑油:通过图 3-40 所示的小孔,在两种终位状态下给锁闭块注入润滑油。并使转辙机转换多次(每半年一次)。

⑥ 操纵板注润滑油：操纵板的滑动面从上侧是可及的。注润滑油前应保持联结器处在远离摩擦联结器的一端（每半年一次），如图 3-41 所示。

⑦ 动作杆、检测杆机外部分涂润滑油（每月一次）；

⑧ 机外锁闭杆的卡槽、锁钩面及销轴等处注润滑油（每月一次）。

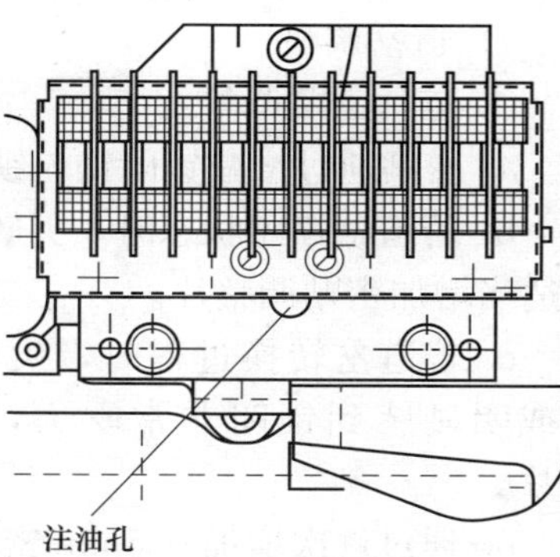

注：注油前应该先用无纺布清洁机内机外污垢，保持涂油面干净清洁。对长期处于伸出定位、动作次数较少或环境过潮、污染严重，或者因长期多次动作造成润滑脂流失而导致齿轮、锁舌、杆件等零件表面润滑条件恶劣的，可视具体情况适当增加涂脂或涂油的次数。

图 3-40　锁闭块注润滑油

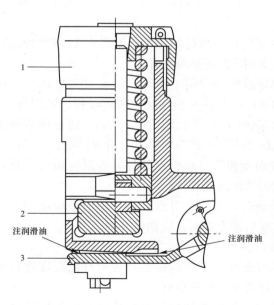

图 3-41　操纵板注润滑油
1—调节螺母；2—动作杆；3—操纵板

4）道岔调整

① 道岔密贴调整：

a. 密贴通过增减锁闭铁与锁闭框间的密贴调整片厚度来进行。

b. 若道岔锁闭状态时，尖轨与基本轨有明显缝隙，说明没有密贴，应适当增加密贴调整片。

c. 若道岔转换过程时，尖轨与基本轨已经密贴，但道岔无法锁闭或明显感到锁闭非常吃力，说明密贴过紧，应适当减少密贴调整片。

d. 通过逐次增加 0.5mm 密贴片，直到动作杆不锁闭，锁舌不弹出（非表示卡缺口原因）。此时，从已加入的密贴片中取出 2.5mm（冬天）/3mm（夏天）密贴片。紧固密贴调整螺丝前，应将道岔操动到当前调整位。

② 道岔开程调整：

a. 使用钢卷尺或直尺检查道岔开程是否符合规定要求（尖一：160±3mm，尖二：80±3mm，尖一、尖二开程定反位均匀，同大同小）。

b. 若道岔定反位开程过均过大，则需在 U 型铁处增加相应的开程调整片，并减少相应的密贴调整片。

c. 若道岔定反位开程偏差≥2mm，通过调整动作连接杆与转辙机动作杆连接的叉形接头使开程达标，两边开程、锁闭量基本保持均匀，尖 1 锁闭量≥35mm，尖 2 锁闭量≥20mm。通过调节动作连接杆的长短，均匀定反位开程的方式对密贴不会造成影响。

d. 第一牵引点和第二牵引点开程偏差量应保持一致，以避免在转动过程中出现尖轨扭曲。

e. 道岔操动时，第一牵引点和第二牵引点应能同时锁闭，或者先动先锁。若出现后动先锁时，应调整开程。

③ 表示缺口调整：

a. 缺口通过改变与尖轨连接的外表示杆的长度进行调整；调整前要确保道岔开口及密贴调整良好。

b. 第一牵引点转辙机缺口指示标外沿与检测杆缺口外沿两边距离均为 1.5mm，第二点转辙机缺口指示标外沿与检测杆缺口外沿两边距离均为 2mm；允许偏差±0.5mm。

c. 调整时首先要确定检测杆的移动方向后,用 300mm 活口扳手或管钳松开紧固螺丝,调整无扣轴套,带动有扣轴套达到移动表示杆的目的。无扣轴套有 6 个面,调整一个面表示杆大概移动 0.2～0.3mm。

d. 通过旋动表示杆的轴套和螺母,以调整表示杆的伸缩量,使缺口达标,表示杆螺栓紧固并绑扎铁丝防止其松动。

e. 紧固表示杆紧固螺丝时注意表示杆的方正,在检测杆叉型接头处表示杆接头应当与叉型接头两侧有一定的活动量,没有明显偏向一边的现象,如图 3-42、图 3-43 所示。

图 3-42　表示杆接头位置正确示意图

图 3-43　表示杆接头偏向一边示意图

(2) S700K 转辙机及分动外锁闭道岔问题处理

转辙机/道岔维护主要是在夜间进行,维护中发现道岔扳动异常,需根据现场情况采取合适的处理方法,保障次日正常运营。

转辙机及分动外锁闭道岔故障主要分为:转辙设备及电路故障、分动外锁闭道岔机械故障两方面。

1) 转辙设备及电路故障现象及处理方法如表 3-9 所示:

转辙设备及电路故障现象及处理方法　　　　表 3-9

序号	故障现象	原因及分析	处理办法	备注
1	转辙机不动作	有无三相电输入或缺相	正确输入三相交流电	安全接点是否接通
		转辙机动作电路是否断（混）线	排除电路故障	
		继电器是否可靠动作	排查继电器工作状态	
		电机是否有卡阻及电机绕组断路或短路	检查电机传动齿轮排除卡阻或更换电机	
2	电机转动摩擦连接器打滑，动作杆不能动作	机内外有无卡阻	排除卡阻	
		输入三相电相序是否正确	调整正确相序	
3	动作中停止转换	机内外有无卡阻	排除卡阻	速动开关组是否异常转换
		转辙机动作电路是否故障	排除电路故障	
		滚珠丝杠是否松脱	检查滚珠丝杠是否完好，更换有关零部件	
4	转换到位后无表示	机内检测杆检测位置是否正确	调整机外长短表示杆螺母	
		转辙机表示电路是否故障	排除电路故障	
		锁闭块是否卡阻	分解检查排除卡阻	
		速动开关组是否有卡阻	排除卡阻	
5	转换正常但表示时有时无	接点是否虚接，配线是否受损	更换接点或使配线连接可靠	
		排查表示电路插接端子、继电器是否插接不良	重新插接接线端子、继电器插座；更换故障继电器	
		伸出位置的锁舌是否非正常回缩严重	综合调整道岔减小尖轨反弹力，更换锁舌	
		速动开关组固定螺钉是否松动	紧固螺钉	
		速动开关组轴用挡圈是否脱落	加装轴用挡圈	

续表

序号	故障现象	原因及分析	处理办法	备注
6	机盖松动	机盖扣封位置是否正确	重新扣封，确认钩卡位置是否正确	
		锁栓、锁钩位置是否调整到位	调整锁栓及锁钩位置使机盖密封配合适当	
		密封圈是否失效	更换	
		支撑板或锁栓是否失效	更换	

2) 分动外锁闭道岔机械故障现象及处理方法

道岔部位病害有多方面因素造成，要通过看、听、测、试等方法，找出道岔具体病害，分析真实原因，采取针对性措施，开展工电联整，消除病害，保证转辙机能正常拉动道岔。

① 尖轨反弹、抗性大

a. 现场道岔转换时有异声，解锁时发出"哐"的声音，微机监测道岔动作电流曲线翘头，转换力较大，手摇道岔阻力大，机内锁闭块与保持连接器磨耗大且锁闭时顶死。

b. 原因分析

（a）电务原因：道岔调整不当，密贴过紧；外锁闭道岔锁闭量、密贴力调整不一致，多机牵引道岔尖轨动程不满足"同大同小"原则。

（b）工务原因：尖轨拱曲、侧弯，基本轨轨向不良，造成斥离尖轨或密贴尖轨反弹，需要工务弯轨或更换；顶铁顶死；跟端特种螺栓磨损，夹板间隙不够，轨距块设置不合理，跟端支局不良。

c. 整治方法

按照工电联整标准整治不良尖轨；整治道岔几何尺寸达标；调整顶铁；整治支局；安装转辙机杆件之前，保证尖轨刨切范围内宏观密贴，斥离轨拨出不反弹；调整锁闭量，密贴力。

② 尖轨吊板

a. 现象

尖轨头部轨底与滑床板有超标缝隙。

b. 原因分析

转辙部位水平轨道不良的原因有：转辙机牵引点前、中、后部滑床板受力不匀，个别滑床板偏高，胶垫失效。

c. 整治方法

工务捣固，更换失效或不合适胶垫。

③ 2mm、4mm 失效

a. 现象

在第一牵引点动作杆（锁闭杆）中心处，做"2mm"测试，道岔不锁闭无法给出表示，做"4mm"测试，道岔锁闭并给出表示。

b. 原因分析

（a）电务：调整不当，密贴过紧或过松；故障电流偏大。

（b）工务：安装转辙机杆件前尖轨与基本轨密贴位宏观不密贴，尖轨飞边。

c. 整治方法

电务调整合适的密贴力，工务安装工电联整标准进行整改。

④ 道岔转换阻力大

a. 现象

道岔转换卡阻，尖轨扭曲、颤动，严重时造成道岔转换不到位。

b. 原因分析

（a）尖轨反弹（密贴时和斥离时）。

（b）道岔不方正。

（c）转辙机安装不方正、机内与机外杆件不直。

（d）吊板严重，滑床板毛刺、脱焊、断裂、单边磨耗等。

（e）清扫注油不良。

（f）多机牵引道岔各牵引点定反位开程调整不均匀。

c. 整治方法

整治几何尺寸，减少尖轨反弹；整治尖轨吊板情况，转辙机安装不方正、杆件不平直情况，道岔不方正情况；加强滑床板清扫涂油，转辙机杆件注油。

⑤ 转辙机缺口变化

a. 现象

转辙机表示缺口发生变化，严重时导致无法给出表示，电机空转。

b. 原因分析

（a）轨温变化导致尖轨爬行导致表示杆偏移。

第三章　CBTC 信号系统维护

（b）检测杆活口接头安装不平直、螺栓松动。

（c）表示杆叉型接头鼓形销松动或磨耗≥1mm，表示杆上下张口。

c. 整治方法

针对季节、温度特性对表示杆缺口进行针对性调整。

调整活口接头安装平直，用 375mm 开口扳手拧紧缺口调整螺母并加铁丝。

更换鼓形销或上下表示杆。

为了及时消除道岔病害，需定期开展道岔结合部工电联整，电务和工务专业分别按照工电联整要求表进行调整和整治，分动外锁闭工电联整表如表 3-10 所示。

分动外锁闭道岔工电联整标准　　　　表 3-10

专业	项目	序号	标准
工务	几何尺寸	1	轨距：符合 TB/412《标准轨距铁路道岔技术条件》
		2	高低、方向、水平、三角坑：不大于 4mm
		3	支距：不超过±2mm
		4	尖轨动程：不超过±3mm
		5	护背距离：<1348mm，查照间隔>1391mm
		6	轨缘槽宽度<（42+3）mm 或>（42-1）mm
		7	基本轨横移<2mm
	钢轨	8	重伤钢轨：辙叉或焊缝裂纹重伤需加固
		9	自然状态，尖轨或心轨尖端密贴<0.5mm/尖轨或心轨其他竖切部位密贴<1mm
		10	尖轨、基本轨、辙叉、翼轨竖切肥边<1mm
		11	尖轨、基本轨硬弯<0.5mm/1mm
		12	尖轨翘头、弓腰或后靠<2mm
		13	尖轨非工作边与基本轨工作边间距>（65-3）mm
		14	绝缘接头、胶接绝缘轨端肥边<2mm
		15	绝缘接头轨缝<15mm 或>6mm
		16	柜面或内侧错牙<2mm/<3mm
		17	胶接绝缘单边不可短路/绝缘不可漏泄
	岔枕	18	混凝土岔枕间距相邻误差或偏差<40mm/转辙部位<20mm
		19	钢岔枕与直股垂线偏差<10mm
		20	岔枕空吊、失效
		21	尖轨或心轨与滑床板间隙<1mm

续表

专业	项目	序号	标准
工务	连接零件及锁定	22	两尖轨同时爬行<15mm/单根尖轨或心轨爬行<10mm
		23	连杆、顶铁、护轨螺栓齐全
		24	尖轨根部限位器爬行<10mm
		25	顶铁缺少、顶铁与尖轨缝隙<2mm，不可顶死
		26	铁垫板、胶垫、弹跳缺少
		27	扣件扭力矩>120N·m，接头扭力矩>700N·m
		28	其他各类连接零件齐全，紧固
		29	尖轨部位胶垫窜动或歪斜<10mm
		30	滑床板状态良好
电务	外锁闭及安装装置	31	转辙机角钢安装垂直、平顺，道岔各部件安装偏移量<10mm
		32	转辙机安装水平：外壳边缘与基本轨直线距离相差<5mm
		33	尖轨、心轨开程达到标准（具体各牵引点开程依据不同道岔型号）
		34	尖、心轨各牵引点锁闭量偏差<2mm
		35	尖轨两牵引点间有一定间隙（根据道岔信号确定）以上，道岔不能锁闭或接通表示
		36	第一牵引点满足2mm、4mm试验
		37	外锁闭螺栓紧固，注油良好
		38	转换过程，锁钩与锁闭杆不卡阻
		39	尖轨或心轨尖端至第一牵引点处密贴缝隙<0.2mm，其余部位<1mm
		40	转换部件与岔枕或滑床板间隙>10mm
	杆件	41	各表示杆水平偏差<10mm
		42	各连接杆连接顺平，无别卡
		43	各类锁闭、连接、表示杆，其水平方向两端高低偏差<5mm
		44	各连接杆的连接销与销控磨耗间隙<1mm

2.7#内锁闭道岔 ZDJ9 转辙机维护

ZDJ9信号转辙机在轨道交通的应用越来越广泛，其主要应用于车场车辆段的内锁闭型号，和正线线路的外锁闭型号。本节主要对在车辆段停车场应用较为广泛的内锁闭ZDJ9进行介绍。

（1）外观和周围环境检查

1）检查道岔周围环境状况，查看道岔周围及岔间与基本轨之间是否有异物，影响道岔的转换。

2）检查密贴调整杆、表示杆、角钢。目测道岔密贴调整杆、表示杆、角钢是否存在弯曲、卡阻、损伤等状态。

3）检查滑床板（按计划进行工电联整）。

① 目测滑床板是否油润。

② 检查滑床板是否存在吊板。若存在吊板则用塞尺测量滑床板与尖轨底部的间隙，并记录吊板的数量。标准：前三块滑床板与尖轨底部的间隙不大于 1mm 且不能出现连续三块吊板。

4）检查机盖、机壳、电缆盒、防护管，目测道岔机盖、机壳、电缆盒、防护管外观是否完好，无损伤。

5）道岔角钢安装装置检查（工电联整和年检时需对角钢安装位置数据进行测量、调整）。

6）用硬毛刷和棉纱清洁转辙机表面、机外安装装置的污垢。

7）用防锈油喷在转辙机安装螺母及角钢安装螺母处，使其处于油润状态。

8）道岔紧固检查，年检包含：所有螺栓紧固。

9）采用目测和敲击的形式检查角钢、转辙机、尖轨铁、电缆盒螺栓螺帽是否紧固，对于有松动的螺栓螺帽进行紧固并做防松处理。

10）采用目测的形式检查转辙机机壳防护套管螺栓是否紧固，若有松动，紧固并做防松处理。

11）采用目测检的形式查转辙机内的安全接点开关机构、保持连接器、电机、接线端子座、摩擦连接器、滚珠丝杠组、推板套以及电缆盒内的二极管等螺栓是否紧固。以上依据做好的防松标记来判断其是否松动。

12）采用目测检的形式检查机内和电缆盒接线是否完好无损伤，是否连接紧固，对于连接不紧固的接线应重新进行接线。

13）采用目测检的形式检查所有螺栓的防松帽、防松标记是否完整，检查开口销是否齐全，开口销开口角度是否不小于 60°。

（2）道岔电操各部件检查

1）道岔整体转换过程检查

① 采用目测观察道岔在转换过程中是否有异响，转换时动作是否平稳、顺畅。

② 道岔转换完毕后，观察道岔定、反位是否宏观密贴。

2)检查保持连接器。
① 目测道岔正常转换时,保持连接器是否存在窜动现象。
② 目测保持连接器的铅封是否完好。
3)检查节点开关组,目测开关组接点接触是否良好,无锈蚀和氧化,开关组内部应无灰尘、凝露现象。
4)检查推板套和动作板,目测滚轮在动作板上动作是否灵活。道岔转换时,推板套和动作板是否存在摆动现象。
5)检查电机、减速器、摩擦连接器及滚珠丝杠,采用目测和听的方式检查电机、减速器轴转动是否灵活、滚珠丝杠有无旷动、推板套动作是否顺畅。
6)检查表示连接杆有扣轴套与无扣轴套连接,采用目测或敲击的方式查看表示杆有扣轴套与无扣轴套连接是否紧固。
7)检查密贴调整杆、表示连接杆,目测密贴调整杆、表示连接杆动作前后应平直,不卡别。
8)检查机内和电缆盒密封,目测转辙机内和电缆盒是否有积水或水珠,密封条是否完整。若机内存在积水或水珠的情况,应调整机盖耳上螺母,使得转辙机的密封更好。

(3)目测道岔动作杆、滚珠丝杠、丝杠母、齿轮等是否油润,若出现缺油现象,则按下列作业内容进行注油。
① 动作杆涂润滑脂,动作杆从转辙机内伸出在外的部分应在转辙机伸出状态下涂润滑脂。
位于转辙机内部的部分应在伸出、拉入两种情况下涂润滑脂。此外通过左右方孔套上的注油孔注润滑油。
② 滚珠丝杠涂润滑脂,在定位和反位分别涂润滑脂,并转换转辙机,转辙机转换不少于2个来回(年检时需把设备上的既有油料全部清除干净后重新涂油),如图3-44所示。
③ 丝杠母注润滑油将转辙机转换到推板套远离摩擦连接器一端时,用注油枪在丝杠母的注油孔内注入润滑油,如图3-45所示。
④ 齿轮涂润滑脂,在转辙机静止不动时对齿轮2及摩擦联结器的带槽齿轮涂润滑脂,如图3-46所示。
⑤ 锁闭杆涂润滑脂及注润滑油,锁闭杆的表面分别在两种状态下(伸出和拉入)注润滑油。此外,通过左右方孔套上的注油孔注润滑油,

如图 3-47 所示。

图 3-44　滚珠丝杠涂油

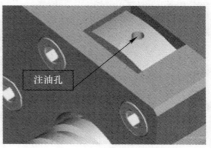

图 3-45　丝杠母涂润滑油

图 3-46　齿轮组涂油

⑥ 锁块及锁闭铁涂润滑脂，锁块的两燕尾斜面和锁闭铁两端斜面涂润滑脂。应在两种终端位置状态下（伸出和拉入）涂润滑脂，并使转辙机转换多次，如图 3-48 所示。

⑦ 动作板注润滑油，当转辙机静止不动，在滚轮抬起时对动作板及速动片注油。

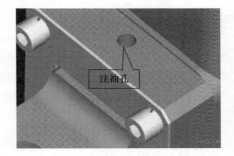

图 3-47　锁闭杆涂油

⑧ 推板套两滑动面涂润滑脂，推板套的下滑动面和侧滑动面分别在两种状态位置下（伸出和拉入）涂润滑脂。

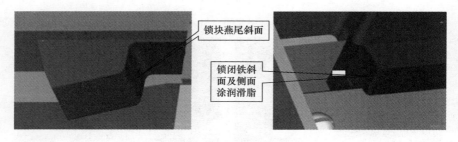

图 3-48　锁块及锁闭铁涂油

⑨ 阻尼机构涂润滑脂，动作杆中部的两斜面为阻尼机构的有效摩擦面，阻尼机构的摩擦头与之相互摩擦。两斜面应定期涂润滑脂，以防止加剧磨损，动作杆停止在一个终端位置时，可在相反方向的斜面涂润滑脂，反之在另一斜面涂润滑脂。

（4）道岔性能试验

1）手摇道岔及安全开关测试

① 采用目测的方式检查安全开关挡板与电机转动轴间间隙是否不小于 1mm。

② 在打开安全接点开关时，电操道岔应不能转动，并且非人工拨动开关管制肘，接点不得自动接触（年检时测量安全节点电阻）。

③ 人工将接点开关接通时，挡板能阻挡手摇把与电机转动轴连接。

④ 手摇道岔，在道岔解锁前观察尖轨状态，是否存在反弹力。

2）测试 2mm/4mm 功能（年检时要使用拉力测试仪对转辙机拉力进行测试）

① 室内电操道岔，分别用 4mm 和 2mm 的密贴片放在尖轨与基本轨之间，分别测试定、反位 4mm 不密贴锁闭，2mm 密贴锁闭。

② 当测出 4mm 密贴时，应扳动远离密贴边的防松螺母，向转换位方向移动，使道岔满足 4mm 不密贴的要求。在调整完毕后，紧固调整螺母，并加开口销。

③当测出 2mm 不密时，应扳动远离密贴边的防松螺母，向转换位相反的方向移动，使道岔满足 2mm 密贴的要求。在调整完毕后，紧固调整螺母，并加开口销。

3）检查表示缺口。在道岔密贴后，采用目测的形式查看锁闭柱是否落入检查缺口且间隙为 2mm。若不满足则采用下列方式进行调整。

① 当道岔伸出时，锁闭柱落入检查缺口且间隙不满足 2mm 时，扳动长表示杆组合接头处的调整螺母，使间隙满足 2mm 要求。调整完毕后紧固调整螺母，并加防松铁丝。

② 当道岔拉入时，锁闭柱落入检查缺口且间隙不满足 2mm 时，扳动短表示杆组合接头处的调整螺母，使间隙满足 2mm 要求。调整完毕后紧固调整螺母，并加防松铁丝。

4）测量开程，用钢尺在动作杆处测量道岔开程（152±2），并做记录。若不满足，应会同轨道专业一起调整。

（5）加封加锁转换试验

① 将遮断器闭合并加锁，并盖好手摇道岔孔。

② 将道岔机盖盖好并加锁。

③ 加锁合上机盖后，对道岔进行两个位置操动，确认遮断器正常。

（6）多次电操道岔，采用目测的方式再次查看道岔转换是否顺畅，动作是否平稳，是否宏观密贴

3. 道岔季节性维护

所有物体都存在热胀冷缩的现象，道岔设备也不例外。轨道交通高架段的设备尤为明显。道岔的季节性变化主要引起道岔爬行，导致道岔的状态发生变化。道岔的爬行主要分为相对爬行和绝对爬行两种。

为有效减少由于季节性变化温度突变而引发的道岔惯性故障，切实提高道岔设备运用质量，这里就如何做好道岔季节性调整做以下总结。

（1）相对爬行

道岔的相对爬行是道岔内岔头、岔尾两股钢轨接头轨端相错量。参考《铁路线路修理规则》规定：道岔两尖轨尖端相错量不大于 20mm。道岔相对爬行可以通过串轨、均匀轨缝的办法进行整治，达到规定的标准。

（2）绝对爬行

道岔的绝对爬行是指整组道岔偏离原铺设的坐标位置，直向方向的纵移。无缝道岔的纵向位移不超过 10mm。而道岔的绝对爬行是客观存在的，更是维修难以解决的，它所造成的病害不可逆。道岔的绝对爬行只有在道岔大修时才能解决，道岔大修 8~10 年为一个周期，病害的形成也在期间，如果大修时没有解决，病害在线路上存在的时间更长，病害也越来越严重，此间完全有可能发生行车事故。

在每年的 3 月 20 日至 5 月 30 日和 9 月 20 日至 11 月 30 日两个阶段内加强道岔的维修调整。

(3) 检查和整改内容

① 做好道岔的检查。

② 做好道岔安装装置的调整。

③ 检查道岔框架结构的变化情况。

④ 好道岔开程、锁闭量的标调工作。

⑤ 做好道岔表示缺口调整工作。

⑥ 加强道岔活动部位注油工作。

⑦ 做好道岔电特性测试、2mm/4mm 试验及提速道岔拉力测试工作。

(4) 做好道岔的检查

对道岔进行一次全面调整，确保松紧合适，保证锁闭杆、动作杆推拉锁闭杆做直线动作，带动锁钩在锁闭框内滑动时不出现磨卡别劲，尖轨解锁时，锁钩在锁闭框内灵活自由落下不受外力影响。调整时做好以下三点：

① 调整前一定要检查道岔外锁闭框是否因工务爬行而有无调整余量，或锁钩是否碰连接铁或锁钩靠近连接铁的，要在高温季节或寒冬来临前联系工务整治（通过工电联整来调整枕木间距平衡调整量）。预留一定的调整余量，以满足季节变化时进行道岔适应性调整的需求，如图 3-49 所示。

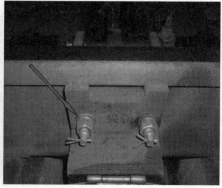

图 3-49　锁钩别卡、锁闭框方正情况查看

② 如图 3-50 所示，检查是否存在因工务尖轨、基本轨爬行而造成道岔杆件不方正。如存在以上情况，对道岔安装装置进行调整。调整时按照两基本轨相对位置，两基本轨锁闭框安装孔应在同一轴线上，误差±3mm，用方尺卡在基本轨上测量，确认两基本轨不错位，道岔转辙装置就不会别劲。对部分道岔存在单尖轨窜动量较多的现象，要仔细观察锁钩两侧，尤其是靠尖轨尖端这侧有否摩擦痕迹，要根据窜动情况做好尖轨连接铁或锁闭铁的调整，减少锁钩的斜度，确保道岔转换顺畅。

③ 如图 3-51 所示，对外锁闭道岔限位铁顶死或已拆除的；联系工务通过工电联整在道岔开程、锁闭量达标情况下，调整工务的偏型套、轨距块，在不改变轨距情况下通过调整滑床板的位置来适当调整限位铁的顶死情况。有内锁闭道岔框架变形、爬行超限的现象要联系工务限期整改。

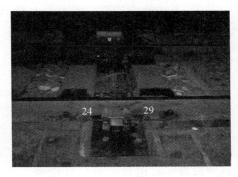

图 3-50 道岔杆件方正检查

图 3-51 顶铁调整

（5）道岔安装装置的调整

做好道岔安装装置的调整，解决道岔安装装置部分因应力集中而增加的道岔转换阻力，即：尖轨部分通过松开提速道岔锁闭框固定螺丝，操纵道岔1~2个来回，释放道岔应力，检查锁闭杆两侧间隙良好，做到锁闭杆在锁闭框中有活动空间，且活动自如后，再紧固锁闭鳌，框消除表示杆别劲、开口现象，有效减少道岔转换阻力。

（6）道岔框架结构

检查道岔框架结构的变化情况，主要存在以下几个方面：

1）道岔方向不正。
2）道岔尖轨区的水泥枕整体不在一个平面内。
3）基本轨刨切部分肥边不大于2mm。
4）检查道岔轨距块的调整状况，消灭道岔有害的三道缝。
5）检查道岔竖切不密情况。

① 道岔方向不正。

道岔方向不正；首先通过拨道保证道岔方向直顺，直基本轨用20m弦量，偏差不大于4mm。道岔混凝土枕间距精确，拨道后道岔直基本轨外侧枕螺栓远视直顺，这样当直基本轨拨直顺，曲基本轨也就被相应带动到位。因直基本轨是道岔几何尺寸的基准点，基本轨不直顺，基准点就没有了，道岔所有尺寸也就没有意义了，比如在方向上两对应的"≈"型的钢轨也能很好地保证轨距和水平，扭曲的基本轨是无法与尖轨刨切面（直线）密贴（一条直线和一条曲线是无法密贴重合）。

② 道岔尖轨区的水泥枕整体不在一个平面内。

这里强调的是尖轨范围内的每个水泥枕面都必须调整在同一平面内。因基本轨是固定在水泥枕上的，也就是受水泥枕高低控制，如果水泥枕面整体不平顺超过4mm，两基本轨在高低上就会形成的"≈"状态，出现空吊或翘头，加大道岔的转换摩擦力。

③ 尖轨无法与基本轨刨切的槽密贴，基本轨刨切部分肥边不大于2mm。

如图3-52，基本轨刨切部分出现肥边，就有可能影响道岔动程，而道岔的表示缺口间隙是2mm±0.5mm，当肥边大于2mm影响了道岔动程时，道岔就会无表示。

④ 需检查工务轨道的"三道缝"（图3-53）。

a. 基本轨轨地边与滑床台槽边的缝隙超过1mm以上。
b. 基本轨的颚部与外侧轨撑不密贴，缝隙超过0.5mm。
c. 基本轨与滑床板挡肩不密贴，缝隙超过0.5mm。

图 3-52　道岔基本轨肥边

检查道岔轨距块的调整状况，消灭道岔有害三道缝

图 3-53　道岔"三道缝"

⑤ 检查道岔竖切不密情况。

有效控制道岔框架结构，解决道岔尖轨、基本轨的纵横向位移引起的道岔别卡、卡表示缺口故障。道床不稳固，转辙设备振动大，内锁道岔挤切销非正常折断。

（7）道岔开程、锁闭量的标调工作

道岔开程不均，会使表示杆定、反位走量不均，容易造成机内检查柱托接点（斥离轨检查不到位），使道岔失去表示。所以维修时必须调整适当。在实际维修中存在两种情况：

道岔密贴不良开程不均，当开程偏大时，应在道岔尖轨与外锁连接铁间加垫；当开程偏小时，应在道岔基本轨与外锁铁间加垫。

道岔密贴良好开程不均：一是道岔一侧开程偏大，一侧开程偏小，此时可调整外锁闭杆连接铁长度，使两侧开程均匀；二是道岔一侧开程偏大或偏小，一侧开程合适；此时应通过在尖轨连接铁与尖轨间加、减垫片或改变工务盘偏型套大小面和移动滑床板的组合方法来解决。

值得注意的是：许多开程不均问题都是由于尖轨病害引起的。如道岔尖轨第一牵引点转换到位后，斥离轨开程在第二牵引点和尖轨跟部的作用力下继续移动以至偏大，此时应采用调整道岔根部扣件或调整尖轨弯曲度的方法来解决。

(8) 道岔表示缺口调整

对所有道岔的表示缺口检查调整一次，道岔缺口调整前必须确保道岔的各部参数符合标准，即开口达标、锁闭量平衡、道岔方正、水平良好、密贴强度测试 2mm/4mm 符合要求，而后对道岔的缺口进行调整。重点解决导致道岔表示缺口变化的病害以及做好道岔缺口的预调整工作。关注气温变化，日夜温差超过 15℃时，有缺口监控的车站应在每天早、中、晚三次查看的基础上，每日最高气温段前即 12：00～14：00 加强调看，及时发现缺口变化。车间、工区应利用缺口监控摸索缺口变化规律，根据缺口变化规律做好道岔缺口的预调整工作（参考段发缺口调整指导意见）。在调整中要注意道岔表示杆的以下两点病害（图 3-54）：

图 3-54 转辙机表示杆

① 检查表示杆方正。
② 检查表示杆销子是否旷动。
(9) 活动部位注油

加强道岔活动部位注油工作，针对晴雨变化，及时进行注油，特别是应注意对锁钩轴销处的注油，轴销处注油必须打开锁钩注油孔用油枪注油，保证轴销与锁钩铜套接触面润滑良好，锁钩活动自如，如图 3-55 所示。

图 3-55　锁钩注油

(10) 道岔特性测试工作

做好道岔电特性测试、2mm/4mm 试验及提速道岔拉力测试工作。对道岔转换电流曲线、提速道岔拉力测试调整一次，对所有道岔 2mm/4mm 试验一次，确保各项特性指标符合标准、2mm/4mm 试验良好。

4. 信号机维护

信号机是后备运营模式下列车运行的主体信号，其设备状态关乎后备模式下信号系统功能的完备性。通过信号机的维护工作，保持信号机状态正常，确保在后备模式下列车依然能凭借地面信号行车，保障运营秩序。

(1) 信号机检修流程

下面以 LED 信号机为例，其检修流程如图 3-56 所示。

1) 外观检查及清洁

① 查看设备周围隧道壁或顶部有无漏水或积水，如有漏水及时上报设备调度要求归口专业整治。

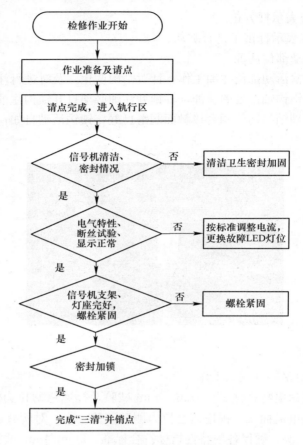

图 3-56 信号机检修流程

② 检查信号机、支架外观完好、无破损、无腐蚀。

③ 检查信号机各灯位透镜面完好、LED 灯珠不亮的比例不可大于 30%,若大于 30%需更换 LED 发光盘。

④ 检查信号机铭牌标识清楚、齐全。

⑤ 检查并整改机座、支架螺栓是否齐全,防松标识是否清晰。

2) 设备安装紧固、密封、配线检查

① 检查并整改信号机端子、终端电缆盒端子配线脱落或压接不牢的情况。

② 紧固信号机机座、支架固定螺栓,并添加防松标识,如发现滑

丝或缺失的情况及时整治。

③ 固定螺栓、箱盒锁注油、防锈。

④ 检查机构和电缆盒密封性，密封胶圈如破损，需及时更换。

3）电气特性测试

① 在点灯变压器输入侧测量供电电压，若电压不在设计范围内需及时整改电源。

② 在点灯变压器输出侧测量供电电压，若电压不在工作范围内，调整变压器变压比。

③ 测量点灯灯丝电流，电流在上下限范围内。

④ 通过拆卸断丝测试线，测试信号机灯丝断丝30%时监测终端、灯丝报警仪报警。

4）设备加封加锁、注油、试验

① 检查机构盖板加锁状况、齐全、功能完好。

② 信号机密封圈完好，满足密封要求。

③ 试验各灯位正常显示、所有以该架信号机为始端进路的进路都能正常开放。

（2）信号机故障现象及处理办法

1）整个LED光源不能点亮

① 用万用表测量点灯变压器输入电压和输出电压，如若变压器有输入电压无输出电压，需更换变压器。

② 如点灯变压器输入、输出电压都在点灯工作范围内，则需要更换发光盘。

③ 如果光源还不能点灯，需要检查光源上电源输入线是否接触良好，将光源输入输出电源线重新插接。

2）信号机工作电流偏高

① 检查变压器二次侧变压比调整是否过高，如果过高调整变压比。

② 检查变压器输入端子上的压敏电阻是否被击穿，如若击穿就及时更换压敏电阻或整个变压器组件。

③ 检查光源上的TVS（瞬态电压抑制二极管）击穿是否造成变压器二次侧短路，如若发生及时更换TVS或整个光源。

3）信号机工作电流偏低

① 检查信号机光源的LED灯珠是否有大量损坏，如若损坏超过

30%就更换光源。

② 测量信号机的端电压是否偏低，调整变压器二次侧输出端子。

5. 计轴磁头维护

计轴设备是后备模式检测区段占用的关键设备。计轴磁头及箱盒是车轮检测和数据处理传输设备，一个区段的出清/占用情况，由两个计轴磁头点检测。

（1）计轴磁头及箱盒维护要点

① 每日通过查看计轴诊断系统软件和维护支持监测软件观察室外计轴检测点运行状态，设备异常的原因分析。

② 以半年为周期对计轴磁头螺栓的紧固、安装情况进行检查。设备箱盒外观无异常，线缆外观无异常，螺栓紧固且防松标示清晰。

③ 以半年为周期查看轨旁计轴箱盒密封性良好，内部板卡灯显正常。

④ 测量计轴箱盒接地电阻，<4Ω。

⑤ 每年对磁头电气参数进行测试，测试项目及要求按照设备的调试手册指标进行，表为泰雷兹 ALZM ZP30H/ZP30K 计轴磁头电气参数调整标准（表3-11）。

AZLM ZP30K 电气调试记录表　　　　　　表3-11

测试项目		容许范围	计轴点	计轴点	计轴点
轨型	型号：				
磁头电缆长度	型号：				
检测点地址：CPU1 的开关位置 S4/S5		Bit1-15			
检测点地址：CPU2 的开关位置 S6/S7		Bit1-15			
EAK 主板	序列号				
接地		接地电阻<4Ω			
EAK 板卡电源 1		22～35VDC			
EAK 板卡电源 2		22～35VDC			
磁头 1 接收电压 MESSAB1（无轮）		+80—+1000mV			
磁头 1 接收电压 MESSAB1（有轮）		-80—-1000mV			
磁头 1 参考电压 PEGUE1（无轮）		与无轮 MESSAB1 一致			
磁头 1 接收电压 MESSAB2（无轮）		+80—+1000mV			
磁头 1 接收电压 MESSAB2（有轮）		-80—-1000mV			
磁头 1 参考电压 PEGUE2（无轮）		与无轮 MESSAB2 一致			

续表

测试项目	容许范围	计轴点	计轴点	计轴点
检测点电源	40-130VDC			
磁头1发送频率	29.8~31.3kHz			
磁头1发送电压	40~85VAC			
磁头2发送频率	26.8~28.6kHz			
磁头2发送电压	40~85VAC			
EAK板卡LED灯位	灯显正常			

（2）计轴磁头及箱盒问题处理

计轴磁头及室外箱盒故障处理分析及方法如表3-12所示。

计轴磁头及室外箱盒故障处理分析及方法　　　表3-12

故障现象分类	故障描述	故障引起的结果	可能的原因	处理办法
整个联锁区红光带	室内故障	全场红光带	供电、CPU板卡问题	排查供电及CPU板卡故障
一个或几个区段红光带	检测点通信故障	相关区段受扰	室内该区段通信板卡故障	更换通信板卡
		相关区段受扰	室外计轴检测点硬件故障	重启或更换检测点板卡、计轴磁头
		相关区段受扰	数据通信中断或干扰	检查配线
		相关区段受扰	室外计轴检测点断电	检查电源
		相关区段受扰	室外计轴检测点地址错误	检查检测点底板上的地址码开关
		相关区段受扰	检测点连接到错误的通信板	检查安装情况
	检测点受扰	相关区段受扰	两个磁头间出现非法轮脉冲，例如受到电磁干扰	当检测点自检成功后，区段才能重新复零
		相关区段受扰	检测点硬件故障	更换检测点硬件
	检测点计数错误，检测点的两个微处理器的轴数计算值不一致	相关区段受扰	检测点硬件故障	更换检测点硬件
		相关区段受扰	由于电磁干扰导致只有一个微处理器计数	对区段进行复零操作
	检测点自检失败	相关区段受扰	车辆在某个磁头上停留时间超72小时	当检测点自检成功后，才可进行复零操作
		相关区段受扰	检测点硬件故障	更换检测点板卡或计轴磁头

续表

故障现象分类	故障描述	故障引起的结果	可能的原因	处理办法
一个或几个区段红光带	检测点磁头干扰（DefectWarning）检测点检测到可能由调车作业或者硬件故障产生的单个磁头系列轮脉冲	相关区段受扰	车辆正在磁头上方进行调车作业。如果该轴非车辆的第一轴，当车辆后退或继续前进时，不会导致区段受扰	只有当检测点自检成功后，检测点状态才能转为正常
		相关区段受扰	检测点设置错误	检查设置情况
		相关区段受扰	磁头或检测点硬件故障	更换磁头或随后更换室外板卡
	检测点传输错误（UARTFault），出现传输错误	至少一个检测点报文错误；多个报文错误时，相关区段受扰	通信电缆出现电磁干扰	消除干扰、室内外接地检测
			通信电缆连接的配线松动	检查配线
			硬件损坏：如评估板、串口板	更换板卡

6. 轨旁数据通信设备维护

轨旁数据通信设备主要分为连续式无线通信设备、点式无线通信设备。

连续式无线通信设备主要实现 CBTC 运营模式下车地无线通信传输功能，主要有以下几种制式：以波导管为载体的车地无线设备、以无线通信漏缆为载体的车地无线通信设备、以无线 AP 为载体的车地无线通信设备等。

点式无线通信设备主要是有源、无源应答器。

（1）轨旁数据通信系统维护

① 每日查看网管系统、维护监测系统，检查轨旁数据通信设备是否有报警，如图 3-57 所示，15：47：55-15：48：16，室外 AP 篮网 QM22、QM37、QM41 设备故障、QM 站光交换机篮网故障。

图 3-57 网管监控信息

② 每季度对轨行区数据通信设备进行外观检查，螺栓紧固、箱盒密封性检查，保证箱盒内部设备运行状态良好。

③ 定期动车对全线数据通信设备进行验证，检查无线场强强度是否正常，连续无线通信设备和点式无线通信设备功能正常。

（2）轨旁数据通信设备问题处理

一般数据轨旁网络采用双网冗余的方式，如果单网故障仍可以保持 CBTC 模式运营，若双网均故障，则需要降级后备模式运营。

故障原因：

① 传输载体故障，需更换相应的波导管/漏缆/AP 等。

② 轨旁传输箱盒内部设备故障，更换相应的设备。

（三）轨行区信号设备维护结果

（1）日常巡视，每日通过查看室内监测设备监视信号机、转辙机、计轴磁头、数据通信系统等设备工作状态，如有灯丝断丝、电流超上限或超下限、计轴检测点故障、转辙机挤岔等报警，及时根据故障影响范围启动相应等级的故障应急处理方案。

（2）计划性检修，完成检修项目，填写检修记录，保证设备运行良好。

可以参照上述轨行区信号设备维护内容及方法，按日、周、月、季及年度以上的检修周期制定合适的检修记录本和检修工艺卡，检修人员按照检修工艺卡及检修记录表的检修项目和标准进行维护。若无异常问题则按检修记录本要求进行填写。

（3）纠正性检修，发现设备问题及时排查处理，消除设备故障隐患，对其他相同设备进行平推整改。

（4）如存在道岔结合部位病害和隐患，可以参照上述分动外锁闭道岔工电联整标准，联合工务进行工电联整，并如实填写道岔工电联整记录表，双方确认。

第四节　车载设备维护

车载设备分为车载 ATC 设备和车载 DCS 设备，车载设备结构如图 3-58 所示。

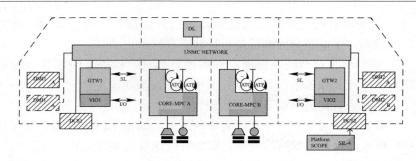

图 3-58 车载设备结构图

如图 3-58 所示,车载信号设备主要有:无线接收天线、应答器天线、编码里程计、司机操作台、车载主机及板卡、中继器、MRE 设备、机笼风扇。

一、前置条件

每日车载设备监测日巡视、制定车载设备检修标准、检修记录表、工艺卡。

作业前,必须按车厂运作程序办理登车请点手续。

所有列车回库,停放在运用库检修股道,且具备上电条件。

作业前,车辆两端挂置"禁止动车"牌。

列车上电前必须确认车底、车上无其他部门作业。

车辆处于升弓状态或 ATC 设备上电时,严禁车底作业。

多个部门作业时,应主动了解情况,协商好后,方可作业。

在车上进行设备初始化功能测试时,必须确定车辆的状态,"高速断路器—分"、"停放制动—合",方可进行。

检修人员熟悉设备设施状况,掌握检修技能,满足两人以上互控。

检修人员工器具携带齐全,按要求穿戴劳保用品。

携带相应修程的检修工艺卡、检修记录本。

做好安全预想,执行"三不动"、"三不离"、"三预想"安全制度。

二、车载信号设备维护

(一)车载信号设备日检内容及方法

1. 车底设备检查

① 目测无线接收天线、应答器天线、编码里程计外观良好,无损

伤、无裂纹；盖板无缝隙、变形。

② 目测无线接收天线连接电缆无损坏、断裂，电缆插头与车辆电气接线箱、无线接收天线、RF 电缆紧固无松脱。

③ 目测应答器天线连接电缆无损坏、断裂，最小曲率半径不小于 150mm，电缆与车体间隙大于 2cm（弧度、间隙针对活动部位）。连接电缆不能影响天线在减震器上的运动。电缆插头与车辆电气接线箱、信标天线紧固无松脱。

④ 目测编码里程计连接电缆无损坏、断裂，最小曲率半径静态部分不小于 75mm，动态部分不少于 150mm。电缆与车体间隙大于 2cm（弧度、间隙针对活动部位）。连接电缆两端的连接插头与插座安装牢固无脱落。

⑤ 目测无线接收天线、应答器天线、编码里程计固定装置齐全、防松标识清晰无错位，无松脱落。

2. 车上设备检查

1）司机操作台固定螺丝齐全，防松标识清晰无错位，无松脱落。

2）打开电气柜的前后门，目测 INT 插头、WCR（包括 CMV 和 SWP）、MRE 均外形良好，整体固定，且相应的数据、电源插头已插紧无松动，固定螺丝的防松标记清晰无错位。

3）确认车载相关设备空开均已合上，在两 M1、M2 车电气柜中确认中继器固定良好且对应空开已推上；确认两端 ATC 切除均在分位。

4）由车辆检修人员配合列车上电、占用一端驾驶室。

5）检查车载交换机灯显状态。

6）检查车载主机机笼板卡灯位状态。

7）检查 DMI（司机操作台）与 CC（车载主机）状态全部可用，CC-DMI 通信正常。

8）检查调整解调器 MRE 状态，检查调制解调器 POWER 亮绿灯，Operation 亮橘红灯。

9）车载主机设备重启及自检：

① 确认"高速断路器—分"、"停放制动—合"。

② 激活主控钥匙。

③ 将方向手柄打至"前"位，按压"RM"按钮。

④ 约 3s 后确认自检状态：DMI 显示"ATC 自检成功"，且列车进

入 RM 模式。

⑤ 确认自检成功后,将方向手柄打至"零"位。

10)取消该端驾驶室占用,检查中继器运行状态,换到另一个驾驶室检查另一端设备状态,重复上述检查操作。

(二)车载信号设备季检内容及方法

1. 车底设备检修

① 同车载信号设备日检。

② 车底信号设备螺栓重新紧固的,重新做好防松标识。

③ 车底信号设备及连接电缆用工业清洁剂和无纺布进行表面清洁。

2. 车上设备检修

1)同车载设备日检。

2)车载主机机柜螺栓重新紧固的,重新做好防松标识。

3)机柜内部设备接地检查(小于 0.3Ω),紧固。

4)风扇清洁:取下风扇并带到干净的房间清洁,如图 3-59 所示。

图 3-59 风扇清洁

5)关闭 CC 带上防静电手腕,取下机笼板卡用毛刷和高压气体喷灌进行除尘,如图 3-60 所示。

6)将清理好的板卡放入防静电袋中,用吸尘器吸去工作台上的灰尘。

7)所有板卡都清洁后,对机笼机架进行全面清理,如图 3-61 所示。

8)静态功能检查。PC 机连接 CC 主机板卡,通过 OMAP(数据分析软件)对下列静态功能检查:

① 主控钥匙开关信号 KSON 输入检查。

② 车门关闭及打开信号 TDCL 输入检查。

图 3-60　板卡清灰除尘　　　　图 3-61　机笼机价清理

③ ATO 按钮 START _ PB 输入检查。
④ ATB 按钮 ATB_PB 输入检查。
⑤ RM 按钮 RM_PB 输入检查。
⑥ 后备/CBTC 按钮 BM_PB 输入检查。
⑦ 人工车门管理开关输入检查：人工开关门、自动开关门、半自动开关门。
⑧ ATC 切除功能及 ATC 切除继电器检查，ATC 切除打到合位。
⑨ 换端检修。
⑩ 完成车载信号设备季度检修，恢复车载设备。
（三）车载信号设备年检内容及方法
1. 同车载设备季检。
2. 动车试验：
（1）测试编码里程计功能，在 OMAP（数据分析软件）上检查 Cog count 的值根据车轮和运行方向的位置增加或减少；检查运行和停车时 OMAP 上的速度和 DMI 上显示的一致。
（2）测试信标天线功能
① 读取信标 ID。
② 列车定位。
③ 校准轮径。
（3）测试 RM 模式
① 正向超速功能。
② 后退超速、超距功能。
③ 运行中转换驾驶模式功能。

④ 开关车门功能。
(4) 测试点式后备模式 ATPM 功能：
① 超速功能。
② 运行中转换驾驶模式功能。
③ 开关车门功能。
④ 验证后备模式有效时间（214s）。
(5) CBTC 模式 ATPM 功能测试：
① 超速功能。
② 运行中转换驾驶模式功能。
③ 开关车门功能。
(6) 点式后备模式 ATO 功能：
① 运行中转换驾驶模式功能。
② 开关车门功能。
③ 验证 BM 模式有效时间（214s）。
(7) CBTC 模式 ATO 功能：
① 精确停车功能。
② 运行中转换驾驶模式功能。
③ 开关车门功能。
(8) 测试 ATB 功能：
① 列车 ATB 折返后，满足停车精度。
② 车门管理开关位于"全自动/半自动"位时折返后，列车能自动开门。
(9) 冗余功能检查：双机冗余车载控制主机和车载冗余网络手动关闭单系，另一系继续保持正常工作：
① 测试车载 CC 冗余功能正常。
② 测试车载 DCS 网络、MRE、中继器冗余功能正常。
(10) 完成车载信号设备年度检修，恢复设备状态。

(四) 车载设备问题处理方法

(1) 车载设备在库内维护发现设备异常时，需根据设备故障影响程度和是否存在故障维修隐患进行问题处理，处理流程如图 3-62 所示。

当检修发现或接报库内车存在故障隐患时，应及时进行故障处理，故障处理后对设备进行试验检查，确认无误后方可故障闭环，向车场调度确认车辆具有上线条件。

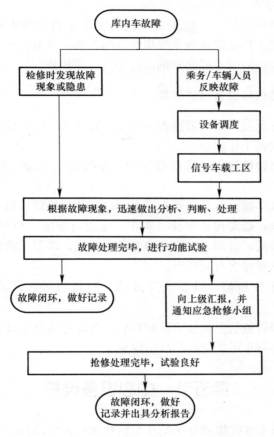

图 3-62 库内车故障处理流程

(2) 车载信号设备在正线运行过程中，如发生故障隐患，应根据故障影响程度应急处理。

① 列车正线紧急制动，若无法重新启动正常运营模式：

司机在行调的指挥下，以 RM 模式运行到最近的存车线退出运营，减小故障列车对运营的影响，信号车载工班立即组织故障处理。

② 列车正线紧急制动，若可以重新启动正常运营模式：

司机在行调的指挥下，以正常模式恢复运营，将列车在终点折返站转后备车，信号车载工班立即在备车线组织故障处理，若故障处理完毕及时向行调汇报,若故障暂不能处理则需返场进一步检修。

③ 列车单系/单端故障,暂不影响行车:

司机在行调指挥下,以正常模式将列车运行至终点折返站转后备车,信号车载工班立即在备车线组织故障处理,若故障处理完毕及时向行调汇报,若故障暂不能处理则需返场进一步检修。

三、车载信号设备维护结果

(1) 日常巡视,每日通过查看中心网管系统,中心监测维护系统监视车载信号设备工作状态。

(2) 计划性检修,完成检修项目,填写检修记录,保证设备运行良好。

完成每日车载设备日巡视和设备重启初始化检修,填写车载信号设备日检记录本,如发现异常及时纠正。完成每季度、每年计划性检修,对设备全面清洁、紧固,进行动静态车载测试,填写车载信号设备检修记录本,如发现异常及时整治。

(3) 纠正性检修,设备突发故障及时排查处理,消除设备故障隐患。

(4) 根据设备状况及故障影响程度,制定专项设备设施平推整改方案,排查全部列车可能存在的故障隐患。

第五节 中心设备维护

中心设备主要收集来自车站及车辆基地的表示信息,在工作站和模拟表示屏上显示出来,并下发调度员的操作命令给正线车站子系统。

中心设备主要有:应用服务器、数据库服务器、通信前置机、网关计算机、调度员工作站、中央级维护支持终端、大屏接口计算机、时刻表/运行图编辑工作站等,中心设备结构,如图 3-63 所示。

一、一般要求

每日通过监测终端检查中心设备运行情况和报警信息,如发现异常及时通知相应工班现场处理。

制定中心设备检修标准、检修记录表及工艺卡。

第三章 CBTC 信号系统维护

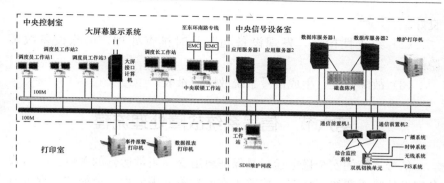

图 3-63 中心信号设备结构图

检修人员熟悉设备设施状况,掌握检修技能,满足两人以上互控。
检修人员工器具携带齐全,按要求穿戴劳保用品。
携带相应修程的检修工艺卡、检修记录本。
做好安全预想,执行"三不动"、"三不离"、"三预想"安全制度。

二、中央信号设备维护

(1) ATS 服务器、工作站每日巡视,查看主备机工作状态、网络状态、机柜风扇均正常。

(2) ATS 服务器、工作站每月重启、倒机,机柜风扇、外部除尘。

(3) 通信前置机每日巡视,查看主、备机,与外系统接口状态连接正常。

(4) 通信前置机每月重启、倒机试验。

(5) 电源监测工作站每日巡视,查看全线电源设备报警信息如有异常及时通知相应工班。

(6) 中央网管系统每日巡视,查看全线轨旁 AP、骨干网及接点通信状态是否正常,如有异常及时通知相应工班。

(7) 中央级维护支持系统每日值守,实时查看全线设备运行状态,如有告警信息及时通知相应工班现场排查。

(8) 全部中央设备每年进行设备内外部全面除尘,时钟同步检查。

三、中央信号设备维护结果

(1) 计划性检修,完成检修项目,填写检修记录,保证设备运行良好。

（2）纠正性检修，发现设备问题及时排查处理，消除设备故障隐患。

（3）故障监视，生成信号系统故障记录表。

第六节　信号系统故障处理流程

信号系统的安全稳定运行是保证轨道交通正常运营的关键。信号设备突发故障需要快速响应、按照正常的故障处理流程、遵循"确保人身及设备的安全"、"先通后复"原则，尽快恢复正常运营。

一、设备运行等级划分

根据系统对行车直接影响的程度分为联锁设备、车载 ATC 设备、轨旁 ATC 设备、电源系统、数据通信设备、ATS 设备、道岔转换设备确保行车期间不中断。微机监测设备、网管设备、电源监测设备、计轴设备、信号机设备在 CBTC 模式下不直接影响行车安全，在故障处理先后次序安排时优先级别低于行车直接影响的系统。

二、设备故障管理办法

（1）值班人员必须实事求是地真实记录故障情况。

（2）凡是运行中的信号设备影响正常使用时不论其时间长短，原因如何，均作信号故障记录。

（3）值班人员必须及时准确地判断故障地点、性质，组织修复，缩短故障时间。

（4）对于调度回线故障必须及时采取倒、代、迂回等应急措施，减少影响程度。

（5）故障处理完以后要及时做好故障处理情况报告，资料并归档。

（6）影响重大的故障处理完以后要分析故障发生的原因，为防止再次发生类似故障，要及时采取防范措施。

（一）信号故障的统计

（1）凡经过生产调度通知处理的故障均按信号故障统计。

（2）凡是巡检过程中自行发现的故障作为自修自检缺陷统计，做好记录分析故障的原因。

(3) 故障性质分责任和非责任两类。违章人为、维修不良、维护施工、原因不明按责任故障统计。其他情况按非责任故障统计。

(二) 信号故障的处理

(1) 各类故障的处理要统一听从控制中心的指挥。线路或各站汇报情况要主动、及时、准确。工作要严格按标准操作，尽职尽责。

(2) 信号设备发生故障，维护人员立即行动，迅速测定故障准确位置，组织人员、器材、尽快恢复，把故障影响控制在最小的范围内。

(3) 控制中心、各个车站机械室应具备重要电路倒接条件。

(4) 故障处理要按故障处理程序进行，受理要编号，处理要做到，时间清楚、原因清楚、地点清楚。

三、设备故障处理一般程序

(一) 故障处理的有关规定

信号设备发生故障时，信号维修人员应首先登记停用设备，且立即上报；经车站值班员同意并签认后，积极查明原因，排除故障，尽快恢复使用。

当发生与信号设备有关联的列车车辆脱轨、冲突、颠覆事故时，信号维修人虽应会同车站值班员记录设备状态，派人监视、保护事故现场，不得擅自触动设备，并立即上报。

对影响行车的设备故障，信号维修人员应将确认的故障现象以及故障原因、处理情况登记在《故障记录本》内。

(1) 首先要了解故障概况。

① 信号故障尚未影响行车，则要根据具体情况，估计到影响列车还有多少时间，能否处理好故障。若能很快修复，不影响列车正常运行，这是最好的结果。

② 若不能很快修复，则要联系车站值班人员，在不违反规章制度和减少损失的情况下，采取应急措施。如有变通进路时请车站值班员改用变通进路，改用引导接车，改道进站等。

③ 上述两项均不能满足，处理和修复故障又没有把握时，应果断登记停用。

(2) 登记到达行车室内,在《车站故障记录登记簿》内填写到达时间并签名。信号设备故障处理,按《施工管理规定》的有关规定办理登记或停用手续。

　　(3) 询问向有关人员详细了解故障发生后的设备状态,工作站表示及其他现象,包括进路排列和开通情况、调车作业情况、列车运行时分、设备技术状态等,这对性质严重、情况复杂、自动恢复的故障尤为重要。采取的方法是口问、耳听、眼看,但是不能轻易动设备,要针对关键问题提出询问,将第一手资料了解清楚。一旦发生与信号有关的重大事故时,切记不要擅自启门、开箱、动设备,同时要派人监视并保护好事故现场,迅速报告生产中心值班工程师和中心领导。

　　(4) 试验根据已经掌握的资料,在站务人员的同意和监督之下,要亲自动手试验。试验时要观察控制台上有关电流表、表示灯、故障报警及其他设备的变化情况,核对故障现象与车站值班人员反映的情况是否吻合,是否有新的情况。如果故障仍然存在,通过试验力求缩小故障范围,便于判断故障部位,尽快处理。如果故障已经不存在,不是故障自动恢复,便是车站办理上有问题。信号、车站双方签认,然后继续观察和检查设备。对时好时坏或一时不能修复的设备故障,应办理停用登记手续,并向上级报告。

　　(5) 对了解、询问、试验所获得的第一手资料进行综合分析,对故障原因和范围做出符合客观实际的大致判断。是电气还是机械,是断线还是混线,故障在室外还是在室内,这一步是处理故障的关键。分析、判断故障正确与否,对排除故障的快慢影响极大,因此,必须力求准确。在对故障未有进行了解、询问、试验、分析、判断以前,决不可乱动设备。

　　(6) 查找根据判断出的大致范围,运用各种不同的处理方法,迅速查找出故障的真正原因。要求做到:

　　① 动作迅速、准确,尽量不使故障自动恢复。

　　② 区别故障是在室内还是在室外,必须十分慎重。因为室内或室外一般相距较远,如果判断失误,徒劳往返,不但劳而无功,更主要的是延误了处理故障的时机,致使原来经过努力可以不影响行车的故障却耽误了列车。

③ 查找方法要正确。对复杂的故障可用多种方法查找，把真正的原因找到。

(7) 处理：处理方法得当。严禁代替站务人员办理转换道岔、开放信号等相关操作，决不能因小失大，为避免发生一般行车事故而违章作业造成人为重大事故。对涉及外单位影响的故障，找到原因也不要自行处理；要与影响的责任单位联系，要通知有关单位联合检查确认后共同处理。为了减少对行车的影响，急于修复时，可在有关单位的委托下，会同车站值班员或有关人员一起处理，信号和车站双方共同签认。处理时要保存好故障实物，如熔断器、灯泡、线头、线圈、引接线、电阻、电容和晶体管等，以便于故障的分析。

(8) 复查试验故障排除后，使设备恢复正常状态，对涉及故障有关的设备，经复查并会同车站值班人员试验确认良好后，才能交付使用，绝不能没有经过试验盲目同意车站使用。

(9) 消记汇报取消登记时要填写故障修复时间和故障原因，由信号和车站双方签字，要及时将故障发生的情况和处理结果如实向上级报告，并填写好《信号故障登记簿》，做好台账记录。

(10) 吸取教训，根据"三不放过"的要求及时进行分析，制定防范措施。发生信号故障后，信号工班应及时填写分析报告。

(二) 故障排查方法

(1) 优选法

① 优选法又称为平分法。如6502电气集中联锁检查的条件很多，网路线较长，当设备故障时，若逐点测量，势必要延长故障处理时间。这就要求我们应该根据不同情况，灵活地利用优选法，合理选择优选点，用电压法测试。一般来说，优选点即是从故障网路的中间选点测量。每次选择故障网路的二分之一，即从中间选点测量。

② 逻辑推理法。信号联锁电路一般都有很强的规律性，总是按一定的逻辑程序传递动作的，而且控制台又装有各种表示灯、电压、电流表和故障报警装置等，因此，很适宜运用逻辑推理法判断信号故障。

③ 试验分析法。运用试验分析法处理故障，一是通过试验把故障现象搞清楚，以便于分析出故障原因；二是通过试验分析缩小故障范围；三是将已掌握的故障资料先进行分析，初步判断出故障的范围或原

因，进行有针对性的试验，以验证判断的正确性。试验有实地试验和模拟试验。最好进行实地试验，当故障不能进行实地试验时，那就要设法进行模拟试验。通过试验分析缩小故障范围，找出故障原因。

④ 校核法。在信号设备日常施工、维修中，更换电缆、配线及其他电气设备或更改电路后出现故障，除常见的断线、混线外，还应考虑到是否配线、改线错误。如果是配线、改线错误，这类故障就复杂了，有时是以断线故障的现象出现，有时是以混线故障的现象出现，也有时是潜伏性的。处理这类故障就可以用校核法。

⑤ 观察检查法。它是利用人的感觉器官对故障部位进行检查。眼看，就是查看设备有无破损、松动、烧结、断线及明显的外界干扰等故障因素；手摸，就是用手触摸某个元器件的温度是否正常，如变压器是否过载等；耳听，就是听设备所发出的声音是否正常等。

⑥ 比较法。无论多么复杂的信号设备，在工作过程中也就是两种状态，即正常工作状态和发生异常或故障，依据设备正常时的状态，在设备故障后，与正常状态相比较，就可以发现设备存在的异常现象，依据比较的结果去分析判断故障。

⑦ 代换法。就是用一个好的元器件或一部分好的电路更换认为有故障的元器件或电路。此法对查找电路中继电器两个同名端接反、电容器失效、二极管、三极管性能不良等故障尤其适用。须注意的是，所代换的元器件或电路要与原来的规格、性能相同。

⑧ 步进法（电压、电流、电阻）。通过设备故障后，根据电气特性的变化，查找故障范围，确定故障点。

⑨ 盘面压缩法。通过建立不同的进路，查找公共电路故障，逐步缩小故障的范围。

（2）反位电压法

反位电压法是常用的方法。所谓反位电压法是指当启动电路发生故障时，人为地将室内 2DQJ 的位置置于与室外道岔实际相反的位置上，借用表示电源查找启动电路故障的一种方法。主要应用在排除转辙机故障。

四、设备故障抢修流程

流程图如图 3-64 所示。

第三章 CBTC 信号系统维护

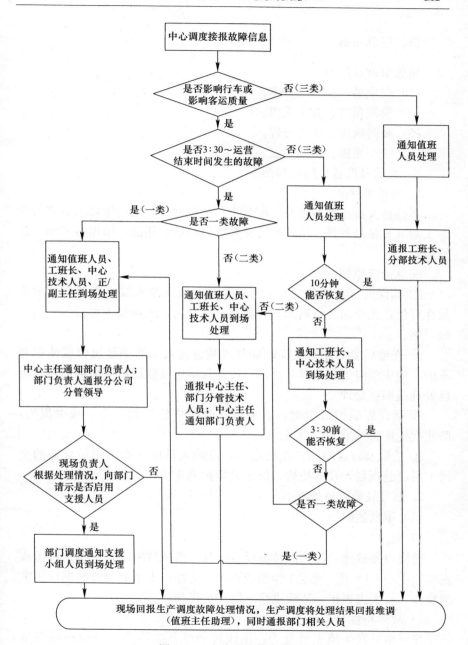

图 3-64 应急处理信息流程图

五、应急预案

紧急事故处理原则：
(1) 安全第一、以人为本。
(2) 早期预警、有备无患。
(3) 及时响应、快速处置。
(4) 统一指挥、协调一致。
(一) 信号设备故障抢修预案
1. 前置条件

各抢修人员按照职责分工配合进行故障处理，现场抢修人员携带应急工器具、备品备件、消耗料，穿戴好劳动防护用品，根据行调命令进行抢修。

应急抢修原则：

① 确保人身及设备的安全。最大限度地减少事故灾难造成的损失放在首位，先全面、后局部，先救人、后救物，先抢救主要设备，后一般设施。

② 先通后复的原则。临时处理或紧急处理能够满足运营或使用要求的，应先临时处理或紧急处理，待运营结束或使用结束后再进行永久性处理或彻底处理。

③ 运营影响最低原则。应采取有效的措施控制事态，减少损失，防止次生灾害的发生。

④ 抢险及时性原则。在接报后，抢险人员应立即采用最合适的交通工具赶赴现场，及时抢修，防止故障扩大化。

2. 信号故障应急处理
(1) 道岔故障
1) 定义

转辙设备故障：是指因转辙设备电气、机械故障或列车挤岔，造成在控制中心（OCC）调度工作站或者车站工作站上不能对道岔进行正常的操作，或失去表示，造成进路不能正常排列。

2) 故障特性分析

按照事故发生地点可分为：正线转辙设备故障和车辆段转辙设备故障。

正线转辙设备故障：道岔操动不到位、无表示等故障导致通过故障区段的行车或折返进路无法排列，严重影响列车运营；经确认如果具备运行条件，通过人工对道岔加锁等措施，列车在该故障道岔区段按OCC指令采用降级模式运行；如果不具备运营条件，则调整列车运营，并组织人员实施抢修。

车辆段转辙设备故障（处于出入段线且影响正线运营）：车辆段道岔挤岔、无表示，操不到位等故障，导致排列的进路信号关闭或通过该道岔的进路无法排列；经确认如具备运行条件，可在现场对道岔加锁后引导列车开行；如不具备运行条件或故障处于出入段线且影响正线运营，则立即组织实施抢修。

3）应急处置

① 应急抢修领导小组

组长：维修部门负责人

组员：生产中心主任、副主任。

② 应急抢修领导小组职责

在事故发生后及时了解、收集故障情况；负责应急抢修的组织、指挥与决策；启动应急响应，制定抢修方案，尽快恢复运营及设备的使用；配合相关部门对事件原因进行调查、分析。

③ 现场抢修小组

现场抢修小组由生产中心主任、副主任、专业工程师、设备维修工班及临时选派人员组成。现场抢修小组设置现场抢修指挥人员和现场抢修作业人员。

④ 现场抢修小组职责

现场抢修指挥人员：原则上由中心主任（或由中心指定能胜任的人员），全权负责现场抢修工作，制定抢修方案，监控抢修方案的实施，保证设备、人身安全，随时向应急抢修领导小组汇报抢修进展情况。

现场抢修作业人员：由生产一线信号人员组成，接受现场抢修指挥人员的指挥，具体实施各项抢修措施。

4）信息报告

一旦转辙设备故障，发现人应及时汇报OCC控制中心行车调度部，行车调度部通知维修部门生产调度启动相关应急预案；部门生产调度通知工班值班人员、部长或分管副部长及生产中心主任。同时由工班值班人员通知工班长、专业工程师，及时安排人员抢修，采取有效措施，防止事态影响的继续扩大。

5）先期处置

工班值班人员应第一时间赶赴故障现场采取有效措施，防止事态影响的继续扩大。

6）应急响应

① 工班值班人员接到故障抢修通知后，应立即通知工班长、专业工程师，及时组织人员抢修；抢修人员立即做好相关抢修准备工作。

② 专业工程师及时了解故障设备及现象，及时联系部门生产调度，安排抢修车辆及抢修所需的其他物资，并配合工班进行抢修设备运送。

③ 抢修人员根据抢修通知，及时了解故障设备及现象，携带抢修工具和材料，正常情况下 10min 后出发。

7）现场抢修

① 抢修程序

a. 接到抢修命令，工班值班人员记录好故障发生的时间、地点、故障原因。

b. 工班值班员接到故障通知后，应携带常用道岔设备检修工具，第一时间赶到现场，找到相应设备，汇报现场情况，根据故障程度请求救援，并办理设备停用。

c. 现场抢修指挥人员根据故障程度组织抢修人员和物资，并通知救援车辆到指定集合点，运送人员物资前往现场。

d. 抢修作业人员根据现场抢修指挥人员要求，执行抢修，完成后进行设备调试，调试正常后，方可清场。

② 故障处理步骤（表 3-13）

8）应急抢修工器具

应急抢修工器具如表 3-14 所示。

9）技术储备与保障

① 各工班在设备房应放置相应设备的图纸资料，并组织相关专业人员认真学习交流；平时及时巡检，检查是否存在故障隐患，防患于未然。

转辙机处理步骤

表 3-13

处理步骤 人员分工	一、应急响应			二、事故处理			三、调整试验		四、抢修结束	
	1. 事故报警	2. 现场调查	3. 前期准备	1. 确定抢修方案	2. 拆除故障部件	3. 更换备品备件	1. 道岔调整	2. 试验	1. 清理现场	2. 设备恢复
应急抢修领导小组			3-2 启动应急抢修处置方案	1-2 审核抢修方案，并报相关人员						2-1 根据现场抢修指挥人员汇报情况，通报部门调度，转辙设备故障恢复
行车调度部门	1-1 通报部门生产调度故障信息									2-4 恢复设备使用
生产调度部门	1-2 通知生产中心负责人及值班人员故障信息			1-3 按抢修方案回复行调						2-2 上报行调转辙设备故障修复

续表

处理步骤 人员分工	一、应急响应			二、事故处理			三、调整试验		四、抢修结束	
	1. 事故报警	2. 现场调查	3. 前期准备	1. 确定抢修方案	2. 拆除故障部件	3. 更换备品备件	1. 道岔调整	2. 试验	1. 清理现场	2. 设备恢复
工班值班人员	1-3 接到故障通知,赶往现场	调查设备损毁情况并及时向工班长、工程师及生产中心主任汇报,请求支援	3-1 在救援人员到达前,保护抢修现场信号设备	1-4 办理设备停用手续	配合抢修人员作业					2-3 办理销点手续
现场抢修指挥人员			3-3 按情况组织人力、物力前往现场 3-4 搬运抢修资料、如转撤机、安装装置等	1-1 初步制定应急修方案,并上报应急抢修领导小组	检查现场抢修作业质量,调整是否符合技术标准		调整道岔开程、贴密及表示缺口	2-2 确认转撤设备故障修复	2-1 向应急抢修领导小组报告,设备故障修复	
抢修作业人员				1-5 按命令执行抢修方案	处理故障				2-1 道岔实验	1-2 清场	
					拆除故障原器件等	更换备品备件				

第三章　CBTC信号系统维护

应急抢修工器具清单　　　　表3-14

序号	物品名称	规格	单位	数量	备注
1	转辙机钥匙套	—	套	2	
2	终端盒钥匙	—	套	1	
3	800M手持台	EADS	台	3	
4	斜口钳	7″	把	1	
5	万用表	FLUKE 17B	台	1	
6	剥线钳	7″	把	1	
7	活动扳手	300mm	把	1	
8	活动扳手	450mm	把	1	
9	棘轮扳手	24mm	把	2	
10	棘轮扳手	30mm	把	2	
11	十字螺丝刀	PH2*100	把	1	
12	十字螺丝刀	PH3*150	把	1	
13	一字螺丝刀	5*100	把	1	
14	一字螺丝刀	2.5*150	把	1	
15	一字螺丝批套	—	套	1	
16	套筒	—	套	1	
17	榔头	—	把	1	
18	钢卷尺	5m	把	1	
19	钢直尺	300mm	把	1	
20	内六角螺丝刀	公制	套	1	
21	弯嘴钳	—	把	1	
22	头灯	海洋王	个	4	
23	手电筒	海洋王	个	2	
24	钢丝钳	8″	把	1	
25	尖嘴钳	6″	把	1	
26	密贴检查锤	2mm/4mm	只	2	
27	大撬棍		根	1	
28	拉力测试仪	TAZH-3S	个	1	

② 信号工程师应保持通信畅通，便于及时接到抢修指令后奔赴现场抢修。

10）其他保障

抢修车辆由维修工程部（根据配车情况调整）生产调度协调安排，要求车辆必须在5min内准备就绪。

（2）联锁设备

1）定义

联锁故障：是指因联锁设备电气、软件故障，造成联锁机无法正常工作，失去对信号设备的监督与控制功能，不能完成进路办理，安全防护等联锁功能。

2）故障特征分析

按照事故发生地点可分为：正线联锁故障与车辆段联锁故障。

正线联锁故障：正线计算机联锁系统因电源故障、联锁机间通信中断、上位机死机、联锁主备机均故障或其他原因造成正线联锁系统无法正常工作，严重影响列车运营，需按照 OCC 指令调整列车运营，并组织相关人员实施抢修。

车辆段/停车场联锁故障：车辆段计算机联锁系统因电源故障、联锁机间通信中断、上位机死机、联锁主备机均故障不具备运行条件或故障处于出入段线且影响正线运营，则立即组织实施抢修。

3）应急组织抢修

① 应急抢修领导小组

组长：维修部部长

组员：生产中心主任、副主任

② 职责

在事故发生后及时了解、收集故障情况；负责应急抢修的组织、指挥与决策；启动应急响应，制定抢修方案，尽快恢复运营及设备的使用；配合相关部门对事件原因进行调查、分析。

③ 抢修队伍

抢修队伍由中心主任、副主任、专业工程师、设备维修工班及临时选派人员组成。

④ 职责

信号值班人员：负责故障前期的现场调查，根据故障程度请求支援，抢修人员未到前保护现场信号设备，配合抢修人员落实抢修措施等。

现场抢修指挥人员：原则上由中心主任（或由中心指定能胜任的人员），全权负责现场抢修工作，制定抢修方案，监控抢修方案的实施，保证设备、人身安全，随时向应急抢修领导小组汇报抢修进展情况。

抢修作业人员：由生产一线信号人员组成，接受现场抢修指挥人员的指挥，具体实施各项抢修措施。

4）信息报告

一旦联锁设备故障，发现人应及时汇报 OCC 设备调度，由设备调度通知部门调度启动本应急预案；部门调度通知信号值班人员、部门领导及通号中心主任、专业工程师，信号值班人员同时第一时间赶赴现场采取有效措施，防止事态影响的继续扩大。信息报告流程如图3-65所示。

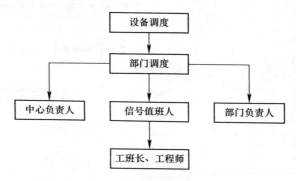

图3-65　信息报告流程图

5）先期处置

联锁设备故障需进行应急抢修时，行调须按照《行车组织规则》降级组织电客车运营，为应急抢修留出空间和时间。

6）应急响应

联锁设备故障按照其影响，停运时间一般可定义为"I较高级别响应"。

7）现场抢修

抢修程序：

① 部门负责人收到联锁设备事故信息后，立即向有关人员了解现场情况；同时启动本应急处置方案，组织应急抢修队伍。

② 信号值班人员接到故障通知后，应携带常用联锁检修工具，第一时间赶到现场，找到相应设备，汇报现场情况，根据故障程度请求救援，办理设备停用，在救援人员到达前，保护抢修现场信号设备，防止其他部门抢修过程中对信号设备造成伤害。

③ 现场抢修指挥人员根据故障程度组织抢修人员和物资，并通知救援车辆到指定集合点，运送人员物资前往现场。

④ 抢修作业人员根据抢修方案，执行紧急抢修，完成后进行设备调试正常后，方可清场。

联锁设备故障判断处理步骤如图3-66及表3-15所示。

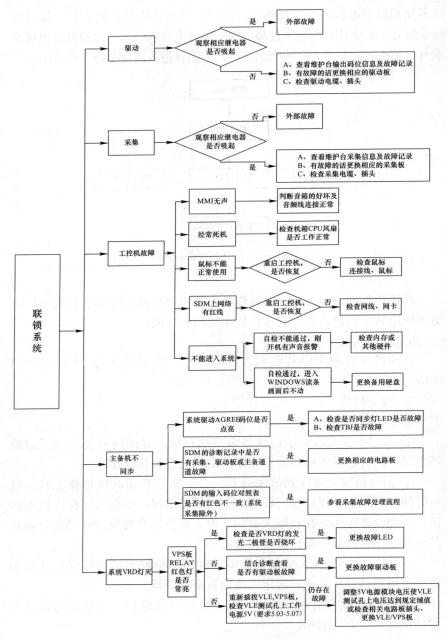

图 3-66 联锁设备故障判断处理流程

第三章 CBTC信号系统维护

表3-15 联锁设备故障应急处理步骤

处理步骤 人员分工	一、应急响应			二、故障抢修				三、功能试验	四、抢修结束	
	1.事故报警	2.现场调查	3.前期准备	1.确定抢修方案	2.关机	3.更换故障模块	4.开机	功能试验	1.清理现场	2.设备恢复
应急抢修领导小组			3-2 启动应急抢修处置方案	1-2 审核信号抢修方案,并通报相关人员						2-1 根据现场抢修指挥人员汇报情况,通报部门调度,故障修复
行调	1-1 向部门调度通报故障信息									2-3 恢复设备使用
部门调度	1-2 向下通知事故信息			1-3 按抢修方案回复设备调度						2-2 上报故障修复

续表

处理步骤\人员分工	一、应急响应			二、故障抢修				三、功能试验	四、抢修结束	
	1.事故报警	2.现场调查	3.前期准备	1.确定抢修方案	2.关机	3.更换故障模块	4.开机	功能试验	1.清理现场	2.设备恢复
信号值班人员	1-3 接到故障通知,赶往现场	调查设备故障情况并及时向有关人员汇报	3-1 登记停用设备,复位故障联锁机,故障依然存在,请求支援	1-4 办理设备停用手续	配合抢修小组作业					2-4 办理销点手续
现场抢修指挥			3-3 按情况组织人力,物力前往现场	1-1 初步制定应急抢修方案,并上报抢修领导小组	联系厂家进行远程指导,检查现场作业是否符合操作规范			1-2 确认设备故障修复	1-1 向抢修小组报告,设备故障修复	
抢修作业人员			3-4 搬运抢修物资	1-5 按命令执行抢修方案	顺序关闭机柜内各模块电源	更换故障板卡	顺序打开机柜内各模块电源	1-1 查看iLOCK联锁系统是否正常工作,试验联锁功能	1-2 清场	

8) 应急保障

① 人力保障

信号抢修队伍成员由中心主任、副主任、信号专业工程师、设备维修工班及临时选派人员组成。

② 抢修设备、设施保障

通信工具：对讲机或手持台不少于 4 台；便于及时汇报、联系。

要求抢修工作小组成员手机 24 小时开机，接到抢修通知后在第一时间内赶赴故障现场。

9) 应急抢修工器具（表 3-16）

联锁应急抢修工器具　　　　表 3-16

序号	物品名称	规格	单位	数量	备注
1	十字螺丝刀	♯5×100mm	把	2	
2	十字螺丝刀	♯2×75mm	把	2	
3	一字螺丝刀	♯5×100mm	把	2	
4	一字螺丝刀	♯2×75mm	把	2	
5	一字螺丝刀	T 系列 3×75mm	把	2	
6	数字万用表	MS8215 电子式	只	1	
7	芯片起拔器		个	1	
8	AMP96 芯端子压接、退针工具		把	1	
9	22 芯端子压接、退针工具		套	1	
10	电烙铁	30W	套	2	
11	偏口钳	7″	把	2	
12	尖嘴钳	6″	把	1	
13	剥线钳	7″	把	1	
14	导线	1.5mm^2	米	50	
15	插针		个	3	
16	活动扳手	150mm	把	1	
17	网线钳		把	1	
18	网线		米	50	
19	水晶头		个	10	
20	网线测试工具		套	1	

10) 技术储备与保障

① 通号在设备集中站均放置相应的电气原理图纸，并组织相关专业人员认真学习交流；平时及时巡检，是否存在故障隐患，防患于未然。

② 信号工程师应保持通信畅通，便于及时接到抢修指令后奔赴现场抢修。

③ 其他各中心成立的相关应急配合小组，对应急提供技术支持和保障。

(3) 中央 ATS 设备

1) 定义

中央级 ATS 设备故障：是指控制中心（OCC）的 ATS 设备发生故障，控制中心 ATS 功能失效时，无法对显示线路实况、发布调度命令，ATS 系统进入降级模式。

2) 故障特征分析

一类故障：中心服务器故障。

二类故障：CATS 与 LATS 通讯故障。

三类故障：CATS 操作命令发送失败。

3) 应急处置

① 应急抢修领导小组

组长：维修部部长

组员：生产中心主任、副主任

② 职责

a. 在事故发生后及时了解、收集故障情况。

b. 负责应急抢修的组织、指挥与决策。

c. 启动应急响应，制定抢修方案，尽快恢复运营及设备的使用。

d. 配合相关部门对事件原因进行调查、分析。

③ 抢修队伍

抢修队伍由中心主任、副主任、专业工程师、设备维修工班及临时选派人员组成。

④ 职责

信号值班人员：负责故障前期的现场调查，根据故障程度请求支援，抢修人员未到前保护现场信号设备，配合抢修人员落实抢修措施等。

现场抢修指挥人员：原则上由中心主任（或由中心指定能胜任的人员），全权负责现场抢修工作，制定抢修方案，监控抢修方案的实施，保证设备、人身安全，随时向应急抢修领导小组汇报抢修进展情况。

抢修作业人员：由生产一线信号人员组成，接受现场抢修指挥人员的指挥，具体实施各项抢修措施。

4) 信息报告

一旦中央级 ATS 设备故障，发现人应及时汇报 OCC 调度，由设调

第三章　CBTC信号系统维护

通知部门调度启动相关应急预案；部门调度通知信号值班人员、部门领导及通号中心主任、专业工程师，信号值班人员同时在第一时间赶赴现场采取有效措施，防止事态影响的继续扩大。信息报告流程如图3-67所示。

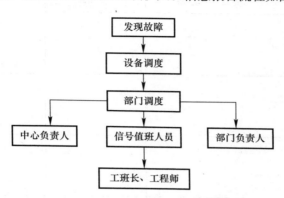

图 3-67　信息报告流程图

5）先期处置

ATS设备故障需进行应急抢修时，行调须按照《行车组织规则》降级组织电客车运营，为应急抢修留出空间和时间。

6）应急响应

中央级ATS设备故障按照其影响停运时间一般可定义为"较高级别"。

7）现场抢修

抢修程序：

① 部门负责人收到中央级ATS设备事故信息后，立即向有关人员了解现场情况；同时启动本应急处置方案，组织应急抢修队伍。

② 信号值班员接到故障通知后，应携带常用ATS设备检修工具，第一时间赶到现场，找到相应设备，汇报现场情况，根据故障程度请求救援，办理设备停用，在救援人员到达前，保护抢修现场信号设备，防止其他部门抢修过程中对信号设备造成伤害。

③ 现场抢修指挥人员根据故障程度组织抢修人员和物资，并通知救援车辆到指定集合点，运送人员物资前往现场。

④ 抢修作业人员根据抢修方案，执行紧急抢修，完成后进行设备调试正常后，方可清场。

故障处理步骤如表3-17所示。

表 3-17 中央级 ATS 设备故障应急处置步骤

处理步骤 人员分工	一、应急响应			二、事故处理			三、调整试验		四、抢修结束	
	1. 事故报警	2. 现场调查	3. 前期准备	1. 确定方案	2. 拆除故障部件	3. 更换备品备件	1. 调试	2. 试验	1. 清理现场	2. 设备恢复
应急抢修领导小组			3-2 启动应急抢修处置方案	1-2 审核抢修方案，并通报相关人员						2-1 根据现场抢修指挥汇报情况，通报部门调度，设备故障恢复
行车调度	1-1 通知部门调度故障信息									2-3 恢复设备使用
部门调度	1-2 通知中心负责人信号值班员故障信息			1-3 按抢修方案回复设修调度						2-2 上报行车设备故障恢复

续表

处理步骤 人员分工	一、应急响应			二、事故处理			三、调试调整试验		四、抢修结束	
	1. 事故报警	2. 现场调查	3. 前期准备	1. 确定抢修方案	2. 拆除部件故障原器件等	3. 更换备品备件	1. 调试	2. 试验	1. 清理现场	2. 设备恢复
信号值班员	1-3 接到故障通知,赶赴现场	调查故障设备损毁情况并及时向有关领导汇报,请求支援	3-1 在救援人员到达前,保护抢修现场设备	1-4 办理设备停用手续	配合抢修人员作业					2-3 办理销点手续
现场抢修指挥人员			3-3 按情况组织人力、物力前往现场	1-1 初步制定应急抢修方案,并上报应急领导小组	检查现场抢修作业质量,是否符合技术标准			2-2 确认设备故障恢复	2-1 向应急抢修小组领导报告设备故障修复	
抢修队伍			3-4 搬运抢修资料、服务器,如工作站等	1-5 按命令执行抢修方案	处理故障		拷贝数据		1-2 清场	
					拆除故障原器件等	更换备品备件		2-1 功能与验实验证		

8）应急保障

① 人力保障

信号抢修队伍成员由中心主任、副主任、信号专业工程师、设备维修工班及临时选派人员组成。

② 通信工具

对讲机或手持台不少于 4 台，便于及时汇报、联系。

要求抢修工作小组成员手机 24 小时开机，接到抢修通知后在第一时间内赶赴故障现场。

9）应急抢修工器具配备

应急处置备品备件材料表如表 3-18 所示。

应急处置备品备件材料表　　　　　表 3-18

序号	工器具名称	规格	单位	数量	备注
1	万用表	MF-14 或数字表	块	1	
2	十字螺丝刀	75/150	把	1	
3	一字螺丝刀	75/150	把	1	
4	手持台	—	台	2	
5	地板吸	—	个	1	
6	网线钳	—	把	1	
7	网线	—	米	50	
8	水晶头	—	个	10	
9	网线测试工具	—	套	2	
10	测试笔记本	—	台	1	

10）技术储备与保障

① 在设备集中站均放置相应的电气原理图纸，并组织相关专业人员认真学习交流。平时及时巡检，检查是否存在故障隐患，防患于未然。

② 信号工程师应保持通信畅通，便于及时接到抢修指令后奔赴现场抢修。

3. 信号设备应急抢修结果

随着轨道交通行业技术水平不断提高，行车密度不断增加，一旦故障发生，如何快速响应，压缩故障延时，高效地组织处理信号设备故障，尽快恢复使用有问题的设备，减少对运输生产的干扰，有其重大的经济和社会意义。信号专业人员应按照检修规则和维护周期对信号设备按计划进行检修,在处理各类关键设备故障时需严格遵守先通后复原则,结合上述应急办法对设备进行应急处理,减少设备故障对列车运行带来的影响。

(二) 防台防汛事故应急准备与响应预案

1. 前置条件

当接到通号生产值班室接到相关台汛通报或发现汛情,由调度判断故障等级,如故障等级较高(严重影响运营或系统运行安全),则由调度通报维护部,由项目总工视故障情况决定启动处置规程。

2. 防台防汛应急准备与响应预案

(1) 结构职责

由中心组成立应急响应小组,负责指挥及协调工作。

组长:中心主任

成员:工班长、值班工程师、包保工程师、工班值班员工、材料物资管理人员

具体分工如下:

① 中心主任负责对重大故障与突发安全事故处置的总体协调和指挥;负责与上级领导部门沟通与汇报;负责对现场采用的抢修方案批准实施。

② 包保工程师和工班长负责抢修工作的组织协调。负责抢修前对现场进行数据采集、状态评估、信息传递;负责抢修技术方案的确定。

③ 工班值班员工和其他员工组成的应急小组负责设备的抢修、排查、恢复。

④ 工班值班员工负责妥善处理好善后工作,清理场地遗留物品。按职能归口负责保持与场地责任管理部门的沟通联系。

⑤ 重大故障抢修组人员负责抢修作业后设备状态的鉴定和有关资料的收集汇总。

⑥ 材料物资管理人员负责抢修作业时设备、仪器的紧急领用及领用协调工作。

(2) 资源配置

① 常备药品:消毒用品、急救物品(绷带、无菌敷料)。

② 各种常用防水沙袋及防水塑料覆盖物。

③ 对于交通不便的工班驻点或者车站应配备应急食物。
④ 工程车。
（3）实施方案
① 按照通知等级或者设备故障情况现场人员应立即上报应急小组，按要求进行排查或者故障排除。
② 现场紧急排水、除水。
③ 办公区、站点机房参加抢险处理人员生活保障、安全防护。
④ 现场脚手架、模板、设备，仪器等的检查与检修。
⑤ 站点通信系统各部位模块、交直流电源柜、现场照明灯及架空线路的检查、加固及抢修。
⑥ 如情况严重，立即拨打"120"急救中心与医院联系或拨打"110、119"救助，详细说明事故地点、严重程度及本部门的联系电话，并派人到路口接应。
3. 防台防汛应急预案结果
通过防台防汛应急预案的制定，系统、科学、有序、高效应对发生在本市的台风、暴雨、高潮、洪水、灾害性海浪和风暴潮灾害以及损害防汛设施等突发事件，保证轨道交通信号设备稳定运行，提高设备防汛防台和整体抗风险能力，最大限度地减少由于自然灾害带来的设备故障风险。

六、重大活动及节假日保驾方案

（一）重大活动及节假日安全保障目标
（1）加强现场管理，杜绝人身伤亡事故、险性事故、严重设备事故和严重综合治理事件；
（2）落实设备抢修预案体制和保障机制，杜绝 30min 及以上严重晚点，控制 5~15min 运营晚点。
（3）提高设备维护质量，控制关键设备故障率，控制乘客有责投诉。
（二）重大活动及节假日保障方案实施
1. 重大活动级节假日安全保障原则
（1）确保轨道交通通号管辖设备的安全运营，做好设施设备的维护、保障和抢修工作，把设备故障对运营的影响降至最小。
（2）确保轨道交通通号乘客服务设施的功能完好，做好优质服务。

第三章 CBTC信号系统维护

2. 响应级别

(1) 一级响应：一级响应为最高级，对应为重大极端情况。

(2) 二级响应：二级响应为次高级，对应为市内大型活动和重大事件。

(3) 三级响应：三级响应为平时期间的常态响应。

3. 值班点布置

24小时（运营期间）值守点按每点2人配置，二、三级响应级别增设专业技术骨干。

4. 技术值守

重大活动及节假日专业工程师及骨干现场值守。

5. 保驾机构的设置

保驾机构设置如图3-68所示。

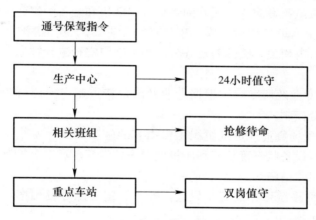

图3-68 重大活动保驾机构图

6. 相关职责

生产中心：按照运营公司保驾信息要求，发布中心保驾方案通知。

班组：负责保驾工作的具体实施，安排组员值守及保驾期间的故障抢修。

7. 保驾管理及措施

(1) 保驾时间

① 一般保驾时间段：7：00～22：00。

② 早高峰保驾时间段：7：00～9：30。

③ 晚高峰保驾时间段：17：00～19：30。

(2) 调整维护方案

① 提高夜间设备维护效率，由于夜间维护作业时间短，尽可能改串联作业为并行作业，多点同时维护。

② 合理组织人员装备，提高劳动生产率和装备使用率。

③ 加强运营期间机房、车站设备的巡检工作，做好设备的状态维护。

④ 加大集中修理的力度，现场以故障查找定位、替换故障件为主。关键设备建立轮修、轮换、轮检制度，在基地设立维修基地，服务与现场。完善网管、监测系统，提高维修的能力。

(3) 加强现场管理

① 进一步完善和落实各类设备应急抢修预案，做到防患于未然，积极开展应急预案演练，做好网络化抢修队伍和装备的组建工作。

② 对重大设备故障、施工项目和跨专业、跨部门等涉及多方协调的工作项目由相关上级部门及分公司相关部门实行流程控制，落实安全职责。

③ 对专业及调度岗位根据专业及岗位特点制定岗位行为规范，实行自我安全控制。

④ 由现场负责人负责组织工作内容的施工交底、安全交底，对工作内容填写设备状态确认表和质量记录表，做好现场安全控制。

(4) 保障措施

① 针对系统存在的安全风险，分类制定应急处置预案，并开展操作培训和演练。

② 落实抢修人员和抢修布点，实行关键岗位双岗值班。

③ 实行24小时技术人员联动机制，建立技术人员就近20min应急响应网络。

(三) 重大节假日及活动期间保障方案结果

通过对重大节假日及重大活动的方案制定和内容细化，从信号专业出发着眼于轨道交通运营畅通有序，对信号设备的稳定运行提供保障应急工作，针对期间故障问题的处理和检修的加密以应对各项突发问题处理。遵守运营公司快速、稳妥、科学地开展应急处置工作，保障广大市民交通出行顺畅，按照"统一指挥，分级负责，属地为主，专业处置"

的原则做好重大节假日和重大活动保障方案。

第七节 典型故障分析

安全是信号专业永恒的主题,信号设备故障是影响轨道交通运营的重要因素之一,其具有多样性、随机性、复杂性的特点。为了提高信号维护人员的故障处理水平和应急处理能力,做到及时准确地处理故障,压缩故障延时,确保行车安全,本章节结合各地铁及各电务段近年来发生的设备故障和广大信号工作者的实践经验以故障汇编的形式进行阐述。

本章节故障案例按照车载和轨旁设备进行划分,车载考虑到信号供应商的多样性,主要提供分析思路和图分析。轨旁除去各供应商的差异外,对于轨旁重要设备计轴和转辙机进行着重讲解。

信号设备故障可按照故障原因、故障性质、故障范围、故障状态、故障部位、故障数量、故障现象进行分类。

(1) 按故障原因分

① 人为故障:违章作业造成的设备故障。

② 设备故障:因为设备材质不良或维修不良而发生的设备故障。

(2) 按故障性质分

① 机械故障:机械设备的材质发生变化,固定螺栓松动。如电动转辙机的机械卡阻、自动开闭器不能协调动作、道岔的缺口、密贴发生变化等造成的故障。

② 电气故障:电子元件发生质变、调整不当、电网电压发生变化等因素造成信号设备的电气特性发生了变化。

(3) 按故障范围分

① 室内故障:机械室内设备发生的故障,如联锁电路、电源屏、控制台、功能模块等造成的故障。

② 室外故障:如室外的道岔、计轴设备、信号机等造成的故障。

(4) 按故障状态分

① 断路故障:本来应该接触良好的器件因故接触不良而造成的故障。

② 短路故障:本来应该具有一定绝缘性能的设备因故使绝缘程度

下降，从而影响设备的电气性能而造成的设备故障。

（5）按故障部位分

① 线路故障：如电缆、变压器箱连接线、道岔跳线断线、短路，造成设备之间的联系线断路或短路等造成的故障。

② 器材元器件故障：器材变质、机械性能发生变化等。

（6）按故障数量分

① 单一故障：同一性质的电路中，同时仅存在一个故障。此类故障体现出的现象较为明显，在日常工作中经常发生，故障现象较易分析。

② 叠加故障：同一性质的电路中同时存在一个以上的故障。此类故障在设备正常使用中较少发生，新设备开通时较为多见。此类故障较为复杂，体现出的故障现象也各不相同，分析较复杂。

（7）按故障现象分

① 非潜伏性故障：通过信号控制设备的自诊能力，在发生故障之后能以一定的形式表现出来的故障。

② 潜伏性故障：只有在使用到该部分电路或器件时，才能发现的故障。在正常使用时，并不能利用信号控制设备的自诊能力发现故障，所以此类故障造成的危害最大。

一、车载故障分析

（一）ATO 不明原因紧制

1. 案例 1

故障情况如表 3-19 所示。

案例 1：ATO 不明原因紧制故障　　　　表 3-19

专业	信号
设备系统	ATC 系统
故障时间	2014 年 06 月 12 日 08：22
故障地点	福明路上行进站
故障现象	2014 年 06 月 12 日 08：22 T010112 车以 CBTC-ATO 福明路上行进站过程中发生不明原因紧制
对运营影响	无

(1) 故障概况

08∶22 在福明上行站台进站时发生 ATO 不明原因紧制。

(2) 影响范围

无。

(3) 处理经过

车载班下车载记录进行数据分析。

(4) 原因分析

T12 车在以 ATO-CBTC 模式进入福明路上行站台过程中，车载收到的 EOA 都正常，且信号没有申请 EB，见图 3-69。

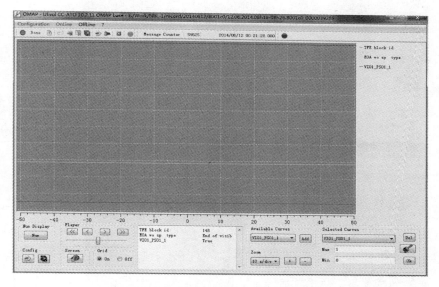

图 3-69　案例 1 原因分析截图（一）

从 EB 类型和当时车速看来，信号设备正常，见图 3-70。

在进站过程中，车辆请求了一次 EB，车载信号无异常，见图 3-71。

(5) 下一步的防范措施

建议车辆专业排查。

2．案例 2

故障情况如表 3-20 所示。

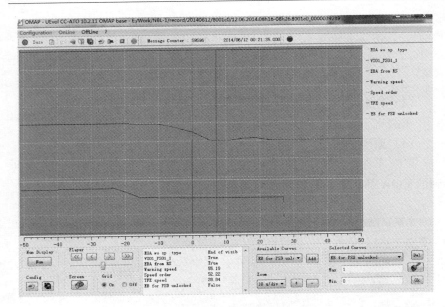

图 3-70　案例 1 原因分析截图（二）

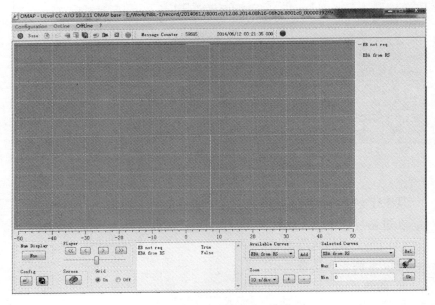

图 3-71　案例 1 原因分析截图（三）

第三章 CBTC信号系统维护

案例2：邬隘上行出站不明原因紧制　　　　　　表 3-20

专业	信号
设备系统	ATC 系统
故障时间	2016年01月05日 12：34
故障地点	邬隘上行出站
故障现象	2016.01.05 12：35：31 01028车以 CBTC-ATO 邬隘上行出站过程中发生不明原因紧制
对运营影响	无

（1）故障概况

2016年01月05日，01028车以 CBTC-ATO 模式进入邬隘上行出站过程中发生不明原因紧制。

（2）影响范围

无。

（3）处理经过

下载数据进行分析。

（4）原因分析

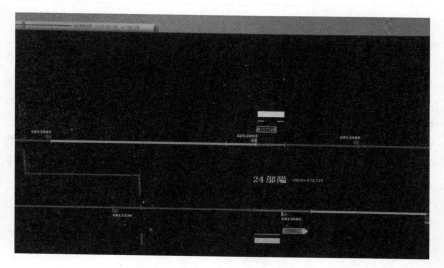

图 3-72　案例2原因分析截图（一）

如图 3-72 所示，12：35：31 当 01028 车在邬隘上行站台出站过程中，01035 车在邬隘下行站台正处于失位状态所以被认为是非通信列车，由于当时 01035 车正进行开关门作业，下行屏蔽门打开。邬隘站为侧式站台，为了满足故障—安全原则，上行屏蔽门打开同时影响下行列车。

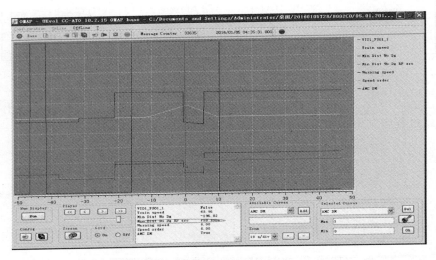

图 3-73　案例 2 原因分析截图（二）

如图 3-73 所示，可以看出 12：35：31，01028 车以 CBTC-ATO 模式运行，在邬隘上行出站过程中突然收到邬隘站屏蔽门打开的信息，图中 Min Dist Wo Dg RP src 由 EOA 变为了 PSDzone，Min Dist Wo Dg 由 859.24m 突变为 -189.97m，从而导致列车的推荐速度突变，而当时 ATO 模式驾驶的速度为 43.96km/h，高于突变后的推荐速度 0，于是列车超速紧制。当屏蔽门状态恢复正常后列车推荐速度恢复，信号系统正常。

（5）下一步的防范措施：

无。

（二）车门与屏蔽门无法联动

1. 案例 1

故障情况如表 3-21 所示。

第三章　CBTC信号系统维护

案例1：福庆北站、福明路站下行站台紧急制动且车门与屏蔽门无法联动故障分析报告　　表 3-21

专业	信号
设备系统	ATC 系统
故障时间	2016 年 01 月 24 日 10：10：34
故障地点	福庆北站、福明路站下行站台
故障现象	2016 年 01 月 24 日，01026 车在福庆北站、福明路站下行站台紧急制动，且车门与屏蔽门无法联动
对运营影响	无

（1）故障概况

2016 年 01 月 24 日，01026 车在福庆北站、福明路站下行站台紧急制动，车门无法打开，制动缓解后司机开关门。

（2）影响范围

无。

（3）处理经过

下载数据进行分析。

（4）原因分析

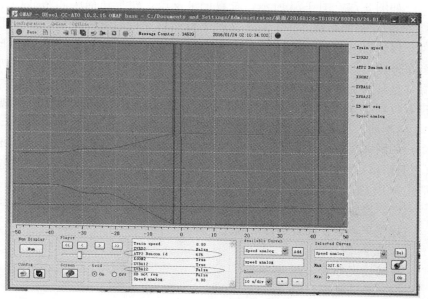

图 3-74　案例 1 原因分析截图（一）

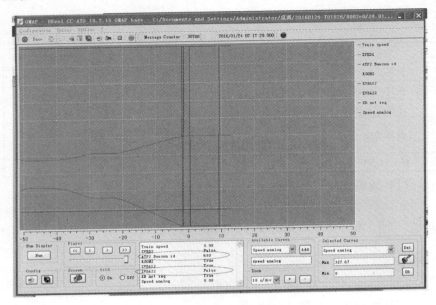

图 3-75 案例 1 原因分析截图（二）

如图 3-74、图 3-75 所示，查看记录发现，列车在福庆北站（10：10：34）、福明路站（10：17：29）下行站台停稳后紧急制动，是由于列车停稳后 ATC 收不到列车停稳信息（ZVBA2 为 false）；正常情况下列车停稳后 ZVBA1 和 ZVBA2 为 true，说明列车已经安全停稳牵引切除并且施加制动，才授权开关门。ATC 请求安全停稳，在规定时间内没有收到安全停稳已经施加的信息，会紧急制动，并在 DMI 上出现"紧急制动：没有采集到安全停稳信息"的报警。

如图 3-76、图 3-77 所示：10：11：15（福庆北站）和 10：17：38（福明路站）收到列车发送停稳信息 ZVBA2 为 true 后，列车制动缓解，能正常开关门。综上所述，信号设备正常。

(5) 经验（教训）总结及后续措施

建议车辆检查设备是否正常。

2. 案例 2

故障情况如表 3-22 所示。

(1) 故障概况

2015 年 12 月 20 日 18 点 41 分，01009 车在江厦桥东下行屏蔽门未

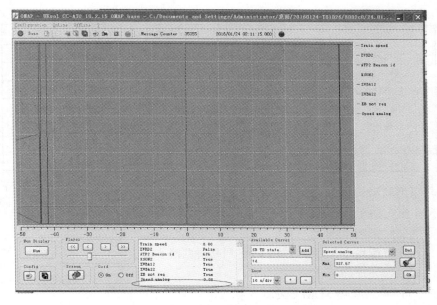

图 3-76 案例 1 原因分析截图（三）

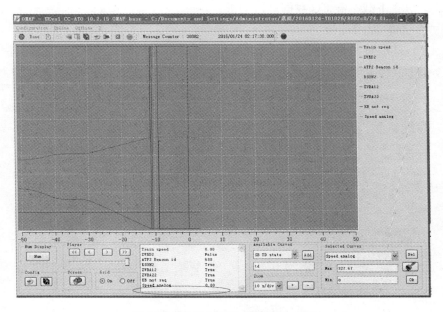

图 3-77 案例 1 原因分析截图（四）

案例 2：江夏桥东站下行屏蔽门未与车门联动故障分析报告 表 3-22

专业	信号
设备系统	CC 系统
故障时间	2015 年 12 月 20 日 18：40
故障地点	江夏桥东站下行
故障现象	2015 年 12 月 20 日 18 点 41 分，01009 车在江夏桥东下行屏蔽门未与车门联动，司机手动开关屏蔽门完成站台作业后，列车未收到速度码，以 RM 模式动车
对运营影响	该列车在江夏桥东发车延误 2′46″，终到高桥西晚点 2′10″

与车门联动司机手动开关屏蔽门完成站台作业后，列车未收到速度码以 RM 模式动车。

（2）影响范围

江夏桥东发车延误 2′46″，终到高桥西晚点 2′10″

（3）处理经过

① 查看联锁 SDM 数据。

② 查看 ATS 回放。

③ 下载车载 CC 数据进行分析。

（4）原因分析

① 联锁数据分析

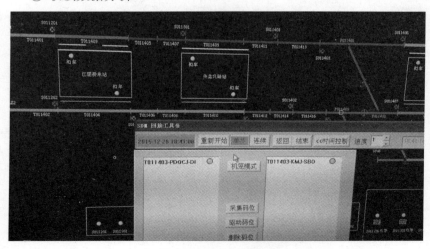

图 3-78　案例 2 原因分析截图（一）

01009车进站停稳后，KMJ没有吸起，司机是手动打开屏蔽门，如图3-78所示。

② 车载数据分析

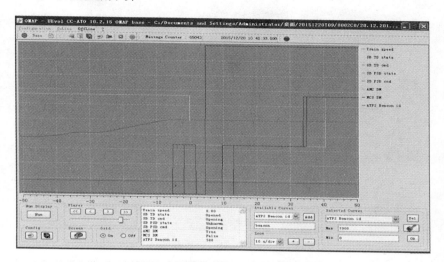

图3-79 案例2原因分析截图（二）

如图3-79所示，可以看出列车以ATO-CBTC模式，停在江厦桥东下行站台，SB PSD cmd=Opening，SB TD cmd=Opening，但是从图中可以看出当时的SB TD state=Opend，因此说明车门开了，但SB PSD state=Unknown，说明PSD状态未知，没有联动，联锁那边收不到车载发送的开门命令，KMJ没有吸起，屏蔽门不会执行车载发送的开门命令。

正常情况下，CI和CC之间交换信息传输周期小于1s，从CC发送请求至CI到CC收到CI的响应不应超过2s，在出现问题时Align Status B= Seq_Start Periodic（图3-80），并且是一直持续的，如果当CC跟联锁发起连接超过5s均没有收到联锁的响应时，CC就认为超时（图3-81）。

18:41:14，01009车载发送车门屏蔽门关门命令，SB PSD cmd=Closing，SB TD cmd= Closing，但是由于SB PSD state=Unknown，因此联锁那边也收不到车载发送的关门命令，GMJ没有吸起，屏蔽门不会执行车载发送的关门命令（图3-82）。

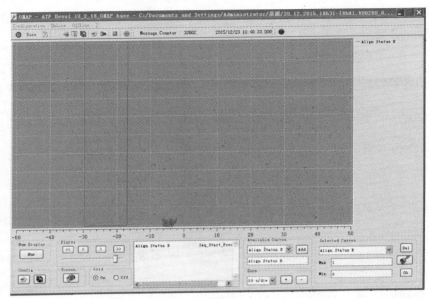

图 3-80　案例 2 原因分析截图（三）

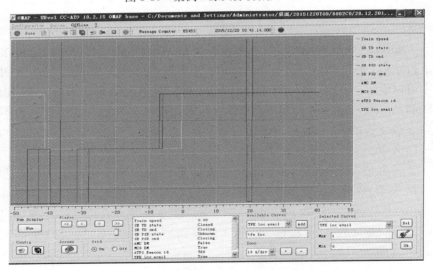

图 3-81　案例 3 原因分析截图（四）

由于车载 CC 不能收到站台屏蔽门的状态信息，SB PSD STATE＝UNKNOWN 因此列车速度码为 0，ATP/ATO 模式不可用（图 3-83）。

第三章 CBTC 信号系统维护

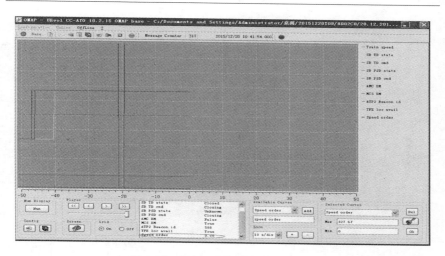

图 3-82 案例 2 原因分析截图（五）

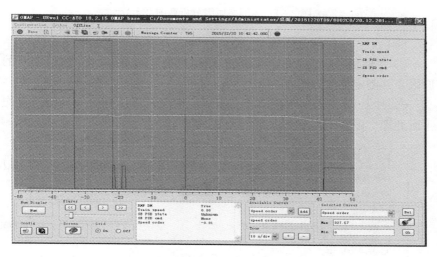

图 3-83 案例 2 原因分析截图（六）

18：42：42，司机选择 RM 模式出站（图 3-84）。

18：43：26，列车收到速度码，转为 ATP 模式动车。

综上所述，当时 01009 车在江厦桥东下行站台屏蔽门状态未知的主要原因为 CC-CI 通信延迟，导致车载 CC 收不到联锁的响应。

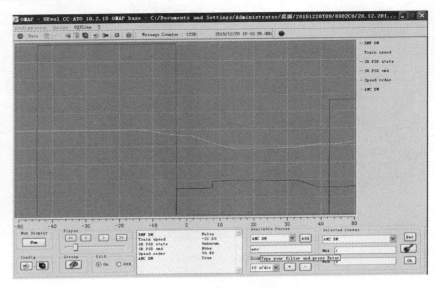

图 3-84 案例 2 原因分析截图（七）

（5）下一步的防范措施

① 督促信号厂商有限公司分析抓包数据，调查 CC-CI 通信中断的原因，并制定整改方案。

② 对于 DMI 出现屏蔽门状态未知的情况，建议有关人员按照操作手册处理（图 3-85）。

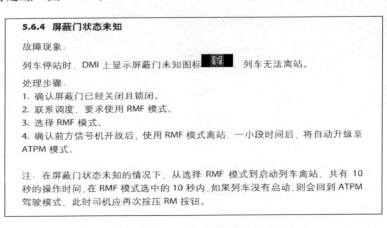

图 3-85 操作手册相关内容截图

(三) 列车冲标欠标类故障

1. 案例 1

故障情况如表 3-23 所示。

案例 1：在五乡上下行站落码故障情况　　　表 3-23

专业	信号
设备系统	ATC 系统
故障时间	2016 年 01 月 01 日 08：00：00
故障地点	01028　01035
故障现象	2016.01.01 8：00 01035 车以 CBTC-ATP 模式巡道至五乡下行站台时落码，01028 车以 CBTC-ATP 模式反向巡道至五乡上行站台时落码（行调报的是欠标）
对运营影响	无

(1) 故障概况

01 月 01 日，01035 车以 CBTC-ATP 模式巡道至五乡下行站台时落码，01028 车以 CBTC-ATP 模式反向巡道至五乡上行站台时落码（行调报的是欠标）。

(2) 影响范围

无。

(3) 处理经过

下载数据进行分析。

(4) 原因分析

① T01028 车以 CBTC-ATP 模式反向巡道至五乡上行站台时落码，这是属于正常现象，因为 S012208 是不可接近信号机，列车反向运行至五乡上行站台 S012208 没有开放，列车是不能正常对标停稳的，遇到这种情况，需要司机转 RM 模式对标。

② T01035 车以 CBTC-ATP 模式巡道至五乡下行站台时落码，这是因为列车是压道车在区间运行速度都是在 25km/h 左右，在区间运行时间比较长，速度又慢，当列车进站过程中，信号机 S012205 的 overlap 有效时间到了，使信号机 S012205 变为不可接近信号机，列车是不能正常对标停稳的，遇到这种情况，需要司机转 RM 模式对标。

AC4；LS_4；24；REMOTE_MONITORING；RM_ZC_SPER_S012205VARIANT_INFO；24 位表示信号机 S012205 状态：1 为信号机开放，0 为信号机关闭。

ZC4；LS_4；25；REMOTE_MONITORING；RM_OL_S012205 VARIANT_INFO；25 位表示信号机 S012205 overlap 是否建立：1 为建立，0 为未建立。

如图 3-86～图 3-88 所示，可以知道列车在进站过程中，08：01：17 之前 S012205 状态是 0 关闭，S012205 overlap 为 1 建立；08：01：17 的时候 S012205 overlap 从 1 变为 0，使 S012205 overlap 未建立，S012205 overlap 有效时间到了，S012205 变为不可接近信号机。

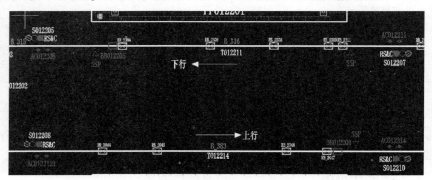

图 3-86 案例 1 原因分析截图（一）

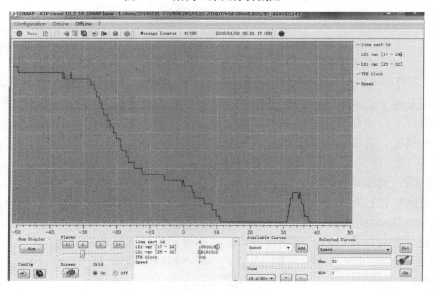

图 3-87 案例 1 原因分析截图（二）

第三章　CBTC 信号系统维护　　459

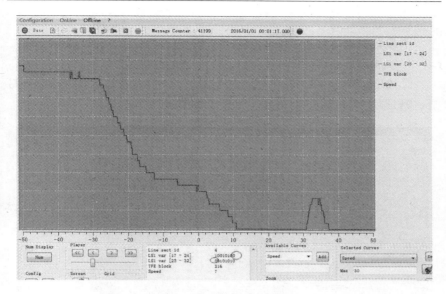

图 3-88　案例 1 原因分析截图（三）

（5）经验（教训）总结及后续措施

无。

2. 案例 2

故障情况如表 3-24 所示，

案例 2：福明路上行对标停站时列车打滑冲标故障情况　　表 3-24

专业	信号
设备系统	ATC 系统
故障时间	2016 年 04 月 23 日 08：33
故障地点	福明路上行站台
故障现象	2016 年 04 月 23 日 01012 车运行至福明路上行对标停站时列车打滑冲标 7m 和 01017 运行至福明路上行对标停站时列车打滑冲标 5m
对运营影响	该列车晚点 1′32″

（1）故障概况

2016 年 04 月 23 日 01012 车运行至福明路上行对标停站时列车打滑冲标 7m 和 01017 运行至福明路上行对标停站时列车打滑冲标 5m。

（2）影响范围

造成该列车晚点 1′32″。

(3) 处理经过

下载数据进行分析。

(4) 故障分析

① 如图 3-89，08∶32∶41，列车以 ATO 模式进站过程中检测到打滑：0x1FD_VM_Slip_slide_ac~0 为 True。

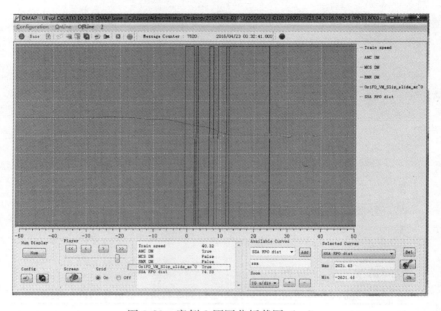

图 3-89　案例 2 原因分析截图（一）

② 从图 3-90、图 3-91、图 3-92 三幅图中可以看出，由于打滑，列车进站冲标到车子停稳时冲标了 7.61m（5.14+877.58-875.11）。

③ 如图 3-93，08∶33∶06 司机以 RMR 模式后退。

④ 如图 3-94 所示，可以看出，由于后退距离超过 5m（880.70-875.11=5.59），根据故障导向安全，信号施加紧制。

⑤ 如图 3-95 所示，可以看出：08∶34∶24，由于后退距离大于 5m，所以切 ATC 倒退进行对标停车。

⑥ 如图 3-96，08∶36∶13，由于 ATC 被旁路后，造成列车失位，列车以 RMF 模式出站，后续升为 ATPM 模式运行。

01017 车冲标 5m 故障与 01012 车故障相同。

第三章　CBTC 信号系统维护

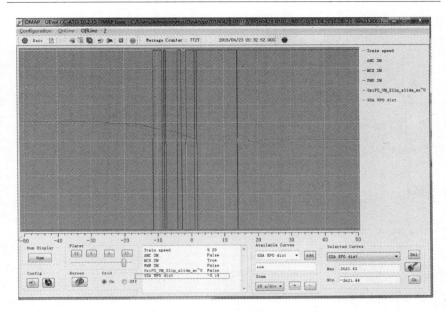

图 3-90　案例 2 原因分析截图（二）

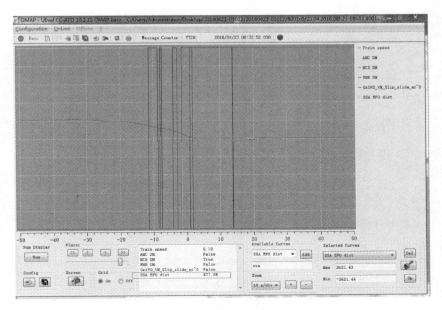

图 3-91　案例 2 原因分析截图（三）

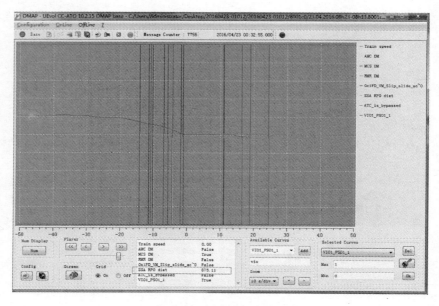

图 3-92 案例 2 原因分析截图（四）

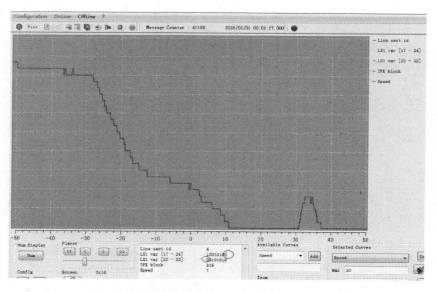

图 3-93 案例 2 原因分析截图（五）

第三章 CBTC 信号系统维护

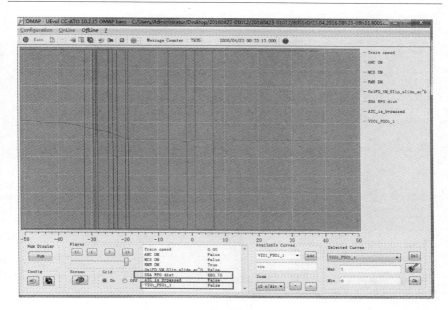

图 3-94 案例 2 原因分析截图（六）

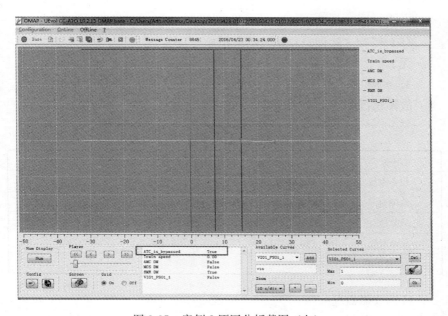

图 3-95 案例 2 原因分析截图（七）

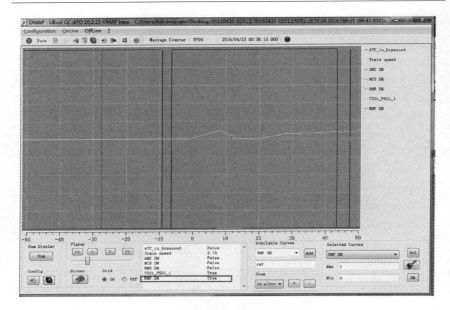

图 3-96　案例 2 原因分析截图（八）

综上所述，信号设备正常。
(5) 经验（教训）总结及后续措施
无。
3. 案例 3
故障情况如表 3-25 所示。

案例 3：海晏北路 ATO 对标不准故障情况　　　　　表 3-25

专业	信号
设备系统	ATC 系统
故障时间	2014 年 05 月 17 日 06：36
故障地点	海晏北下行
故障现象	T20 车 2014.05.17 6：36 10701 次海晏北下行 ATO 冲标
对运营影响	无

(1) 故障概况
T010120 车 2014.05.17 06：36 10701 次海晏北下行 ATO 冲标。

(2) 影响范围

无。

(3) 处理经过

下载数据进行数据分析。

(4) 原因分析

图 3-97 可以看出 T120 车在停站的时候列车使用的是气制动，而非电制动，图中 ZVBA22（橙色线）有 True 和 False 的跳变，当为 True 时说明施加的是气制动，而正常情况下列车使用的是一直是电制动，如果遇到电制动有问题时才会使用气制动，由于列车是在气制动和电制动之间来回切换，有可能导致列车对标不准。

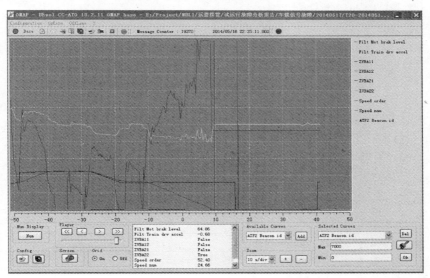

图 3-97　案例 3 原因分析截图（一）

图 3-98 是 T114 车的制动信息，从图中可以看出 ZVBA 的信息一直都是 False，说明列车使用的一直都是电制动，所以列车对标很准，所以建议车辆查一下当时列车电制动有什么问题导致制动在电制动和气制动之间来回切换，从而导致列车对标不准。

(5) 下一步的防范措施

建议车辆查一下当时列车电制动有什么问题，导致制动在电制动和气制动之间来回切换，从而导致列车对标不准。

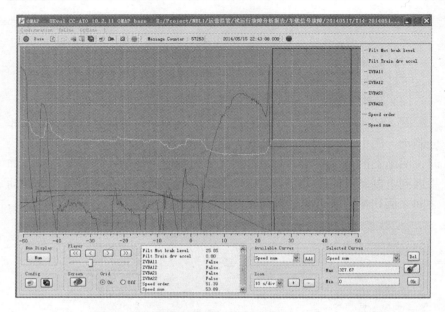

图 3-98　案例 3 原因分析截图（二）

（四）列车无速度码故障分析

1. 案例 1

故障情况如表 3-26 所示。

案例 1：在五乡站反向下行运行 ATO 无法动车故障情况　表 3-26

专业	信号
设备系统	ATC 系统
故障时间	2016 年 01 月 12 日 21：00：13
故障地点	01027
故障现象	01027 车五乡站 S012208 信号机前收到速度码 ATO 无法动车，ATPM 可动；于 S012204 信号机前出现同样情况
对运营影响	无

（1）故障现象：

01027 车五乡站 S012208 信号机前收到速度码 ATO 无法动车，ATPM 可动；于 S012204 信号机前出现同样情况。

（2）影响范围：

无。

(3) 处理经过：

下载数据进行分析。

(4) 原因分析：

第一次 ATO 无法动车原因如图 3-99 所示。

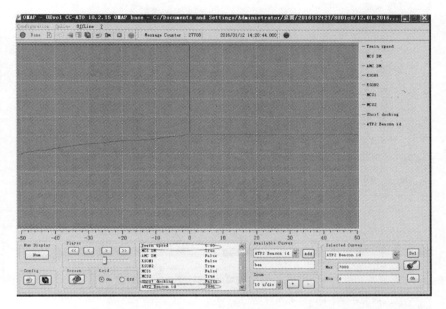

图 3-99　案例 1 原因分析截图（一）

22：20：44 列车停稳后，列车已经进入了停车范围，Short docking＝True，即列车 DMI 出现小红车标（图 3-100）。

23：05：13 列车启动时，列车仍处于停车范围，此时 CC 判断列车整个制动距离已无法再满足以 ATO 模式完成精确停车，故 ATO 模式下无法发车，之后 ATPM 正常动车。

第二次无法 ATO 动车原因如图 3-101 所示。

23：06：05 列车驾驶手柄打到惰性位（NDC2＝TURE），并持续时间 1s（图 3-102）。

23：07：40 驾驶手柄退出惰性位，这期间并未按压，ATO 发车按钮（start-pb），因而 ATO 无法动车。

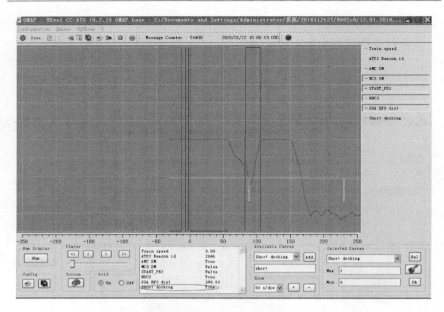

图 3-100　案例 1 原因分析截图（二）

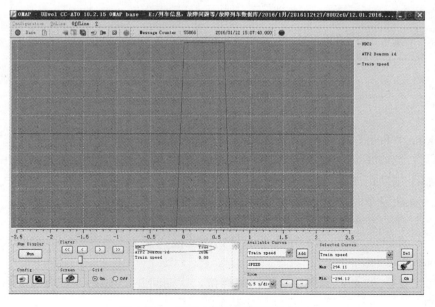

图 3-101　案例 1 原因分析截图（三）

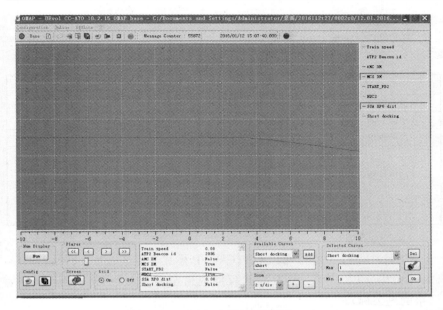

图 3-102　案例 1 原因分析截图（四）

综上所述，第一次 ATO 无法动车原因：22：20：44 列车停稳后，列车已经进入了停车范围，Short docking＝True，即列车 DMI 出现小红车标。23：05：13 列车启动时，列车仍处于停车范围，此时 CC 判断列车整个制动距离已无法再满足以 ATO 模式完成精确停车，故 ATO 模式无法发车。第二次无法 ATO 动车原因，23：06：05 列车驾驶手柄打到惰性位，并持续时间 1s，23：07：40 驾驶手柄退出惰性位，这期间并未按压，ATO 发车按钮（start-pb），因而 ATO 无法动车。此期间信号设备正常。

（5）下一步的防范措施

1）根据《ATC 司机操作手册》中描述：ATO 驾驶模式下，若列车未能在停车点精确停车（欠停导致无法上下客）时，司机应该使用 ATPM 模式以使列车达到精确停车位置。

2）S012208 是不可接近信号机，列车反向运行至五乡上行站台 S012208 若没有开放，列车是不能正常对标停稳的，遇到这种情况，需要司机转 RM 模式对标。

3）ATO 模式驾驶时驾驶手柄应打到惰性位。

2. 案例 2

故障情况如表 3-27 所示。

案例 2：五乡上下行站落码故障情况　　　　表 3-27

专业	信号
设备系统	ATC 系统
故障时间	2016 年 01 月 01 日 08：00：00
故障地点	01028　01035
故障现象	2016.01.01 8：00 01035 车以 CBTC-ATP 模式巡道至五乡下行站台时落码，01028 车以 CBTC-ATP 模式反向巡道至五乡上行站台时落码（行调报的是欠标）
对运营影响	无

（1）故障概况

01 月 01 日，01035 车以 CBTC-ATP 模式巡道至五乡下行站台时落码，01028 车以 CBTC-ATP 模式反向巡道至五乡上行站台时落码（行调报的是欠标）。

（2）影响范围

无。

（3）处理经过

下载数据进行分析。

（4）原因分析

1）T01028 车以 CBTC-ATP 模式反向巡道至五乡上行站台时落码，这是属于正常现象，因为 S012208 是不可接近信号机，列车反向运行至五乡上行站台 S012208 没有开放，列车是不能正常对标停稳的，遇到这种情况，需要司机转 RM 模式对标。

2）T01035 车以 CBTC-ATP 模式巡道至五乡下行站台时落码，这是因为列车是压道车在区间运行速度都是在 25km/h 左右，在区间运行时间比较长，速度又慢，当列车进站过程中，信号机 S012205 的 overlap 有效时间到了，使信号机 S012205 变为不可接近信号机，列车是不能正常对标停稳的，遇到这种情况，需要司机转 RM 模式对标。

ZC4；LS_4；24；REMOTE_MONITORING；RM_ZC_SPER_S012205VARIANT_INFO；24 位表示信号机 S012205 状态：1 为信号机开放，0 为信号机关闭。

ZC4；LS_4；25；REMOTE_MONITORING；RM_OL_S012205 VARIANT_INFO；25位表示信号机S012205 overlap是否建立：1为建立，0为未建立。

从图3-103~图3-105可以知道列车在进站过程中，08：01：17之前S012205状态是0关闭，S012205 overlap为1建立；08：01：17的时候，S012205 overlap从1变为0，使S012205 overlap未建立，S012205 overlap有效时间到了，S012205变为不可接近信号机。

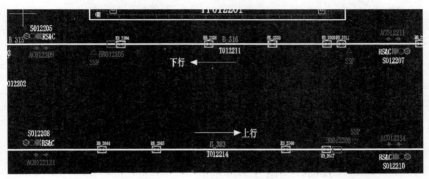

图3-103 案例2原因分析截图（一）

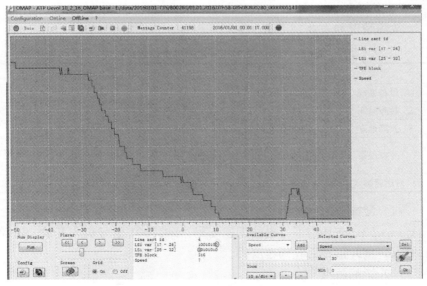

图3-104 案例2原因分析截图（二）

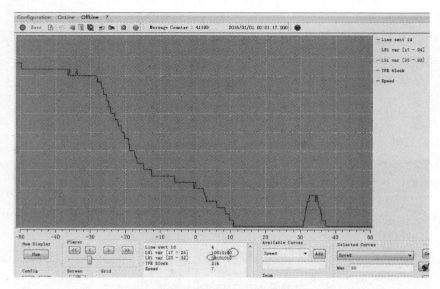

图 3-105　案例 2 原因分析截图（三）

(5) 经验（教训）总结及后续措施

无。

3. 案例 3

故障情况如表 3-28 所示。

案例 3：东环南下行出站无速度码故障情况　　　表 3-28

专业	信号
设备系统	ATC 系统
故障时间	2014 年 06 月 27 日 14：53
故障地点	东环南路站
故障现象	14：53 东环南下行出站无速度码，S012001 信号机未开放，进路已触发，重开信号后收到速度码
对运营影响	无

(1) 故障概况

14：53，东环南下行出站无速度码，S012001 信号机未开放，进路已触发，重开信号后收到速度码。

(2) 影响范围

无。

第三章 CBTC 信号系统维护

(3) 处理经过

下载数据进行分析。

(4) 原因分析

14：49：36，T115 车停靠在东环南路下行折返线，cab1 激活断开，KSON1=Fasle，此时东环南路下行站台出站信号机 S012001 为关闭状态（图 3-105 中 LS1 var 37=0）。

14：50：16，T115 车 cab2 激活，KSON2=True，EOA type=End of overlap，此时东环南路下行站台出站信号机 S012001 依然为关闭状态（图 3-106 中 LS1 var 37=0）。

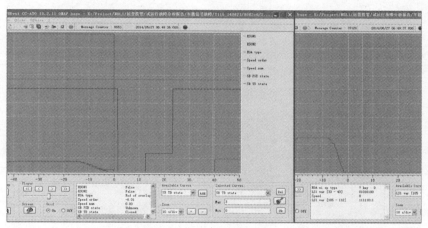

图 3-106　案例 3 原因分析截图（一）

14：50：40，T115 以 ATO-CBTC 模式动车。

14：51：30，T115 车在东环南下行站台停稳后车门屏蔽门打开。此时 EOA type=End of overlap，东环南路下行站台出站信号机 S012001 依然为关闭状态（图 3-107 中 LS1 var 37=0）。

14：52：50 司机按压关门按钮。

14：53：00 车门屏蔽门均关闭，SB PSD state=Closed、SB TD state=Closed，EOA type=End of overlap，但是东环南路下行站台出站信号机 S012001 依然为关闭状态（图 3-108 中 LS1 var 37=0），所以列车没有推荐速度。

14：53：45，EOA type=End of visib，东环南路下行出站信号机 S012001 开放（图 3-109 中 LS1 37=1），应该是重开信号机（从 ATS

回放上看,进路很早就已经触发),于是列车收到推荐速度。

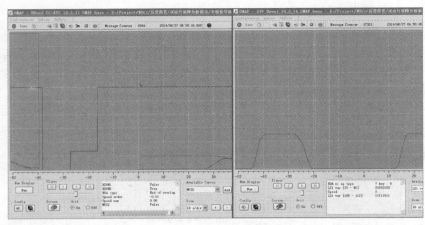

图 3-107 案例 3 原因分析截图(二)

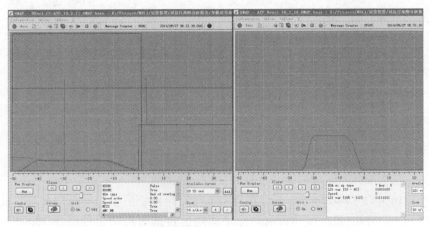

图 3-108 案例 3 原因分析截图(三)

14:53:55,T115 车以 ATO-CBTC 模式出站。

综上所述,T115 车载信号并无异常,可以正常上线运营。

(5) 下一步的防范措施:

无。

(五) ATO 模式无法动车类故障分析

1. 案例 1

故障情况如表 3-29 所示。

第三章 CBTC 信号系统维护　　475

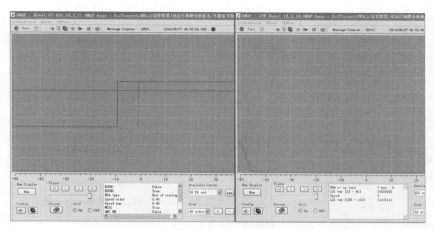

图 3-109　案例 3 原因分析截图（四）

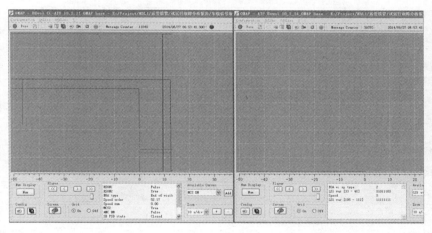

图 3-110　案例 3 原因分析截图（五）

案例 1：宝邬区间下行方向发生 ATO 不明原因紧制故障情况

表 3-29

专业	信号
设备系统	ATC 系统
故障时间	2016 年 5 月 8 日 21：58：17
故障地点	邬隘至宝幢下行区间
故障现象	2016 年 5 月 8 日 11515 次（01032 车）在宝邬区间下行方向发生 ATO 不明原因紧制
对运营影响	无

(1) 故障概况

2016 年 5 月 8 日，11515 次（01032 车）在邬隘至宝幢下行区间发生 ATO 不明原因紧制。

(2) 影响范围

无。

(3) 处理经过

接报故障，列车回江南运用库后，车载人员赶赴 01032 车下载数据，进行分析。

(4) 原因分析

① 如图 3-111 所示，2 头 ATO 数据显示 ATC 请求牵引参数。

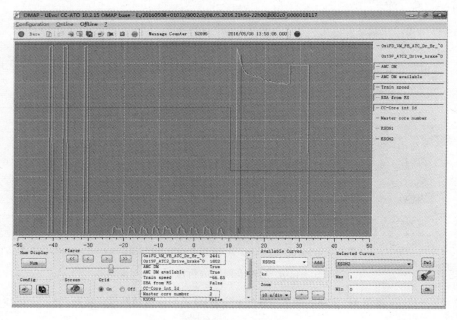

图 3-111　案例 1 原因分析截图（一）

0x19F_ATC2_Drive_brake_setpoint 曲线与车辆反馈回 ATC 的牵引参数 0x1FD_VM_FB_ATC_Dr_Br_setpoint 曲线基本一致。

② 21∶58∶02，1 头 ATO 数据显示 ATC 请求牵引参数（图 3-112）。

0x19F_ATC2_Drive_brake_setpoint＝3178，车辆正常反馈回 ATC 的牵引参数 0x1FD_VM_FB_ATC_Dr_Br_setpoint＝2818。

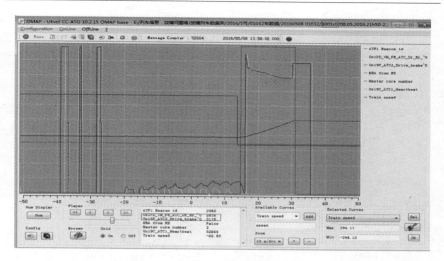

图 3-112 案例 1 原因分析截图（二）

21：58：04（1 头 ATO 数据）ATC 请求牵引参数（图 3-113）0x19F_ATC2_Drive_brake_setpoint=2769，车辆反馈回 ATC 的牵引参数 0x1FD_VM_FB_ATC_Dr_Br_setpoint=0，而在 21：58：05 ATC 请求牵引参数 0x19F_ATC2_Drive_brake_setpoint=4588，即车辆反馈回 ATC 的牵引参数 0x1FD_VM_FB_ATC_Dr_Br_setpoint=1638（图 3-114）。

此后 1 头 ATO 数据显示连续 2 次出现车辆反馈回 ATC 的牵引参数（图 3-115～图 3-118）0x1FD_VM_FB_ATC_Dr_Br_setpoint=0 的情况。

21：58：16，列车由 Master core numbe=2 变为 Master core numbe=1（图 3-119），即列车 ATC 主路控制由 2 头突变为 1 头，而 1 头一直存在牵引参数反馈有误的情况。经询问车辆发现，车辆检测 ATO 模式退出也在此时。

① 21：58：17 车辆给出紧制 EBA from RS=True，信号未给出紧制 VIO1_PSO1_1=True，此时列车的实际速度为 TFE speed=66.60km/h，而告警速度为 Warning speed=76.00km/h，如图 3-120 所示。

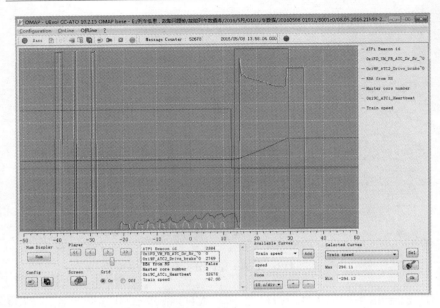

图 3-113　案例 1 原因分析截图（三）

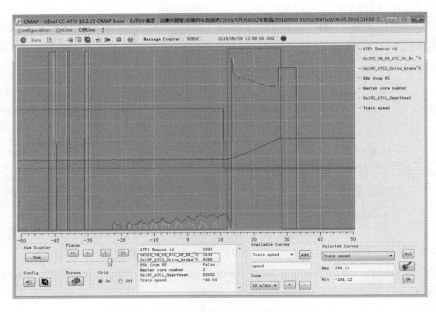

图 3-114　案例 1 原因分析截图（四）

第三章　CBTC 信号系统维护

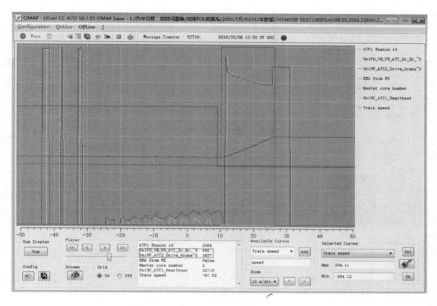

图 3-115　案例 1 原因分析截图（五）

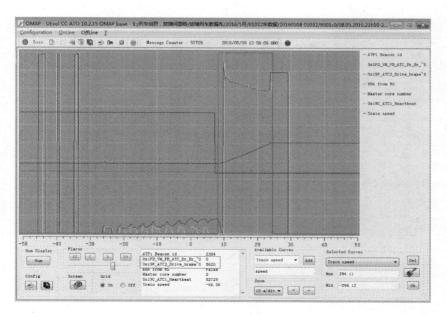

图 3-116　案例 1 原因分析截图（六）

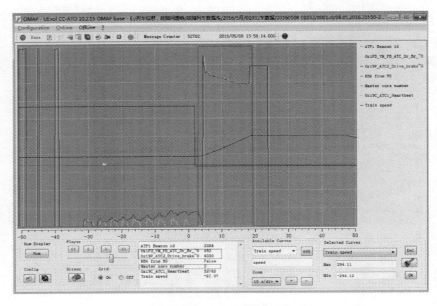

图 3-117 案例 1 原因分析截图（七）

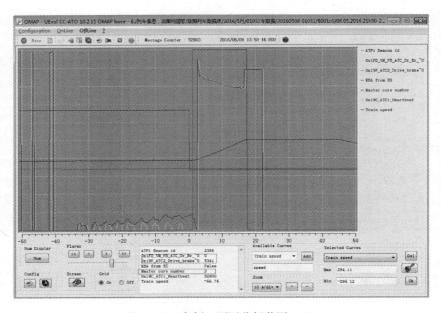

图 3-118 案例 1 原因分析截图（八）

第三章　CBTC 信号系统维护

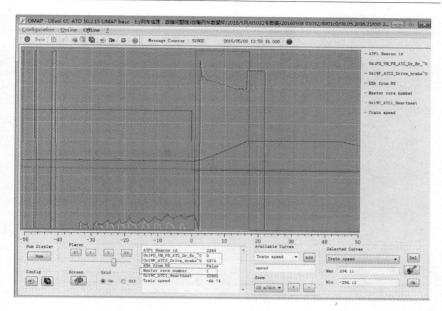

图 3-119　案例 1 原因分析截图（九）

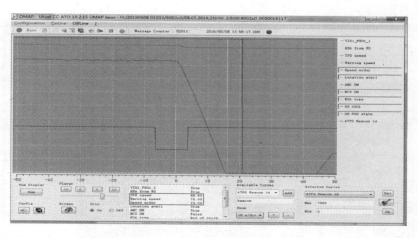

图 3-120　案例 1 原因分析截图（十）

② 21：58：34 列车停稳，车辆给的紧制缓解 EBA from RS＝False，在此期间信号一直未给出紧制 VIO1_PSO1_1＝True，如图 3-121 所示。

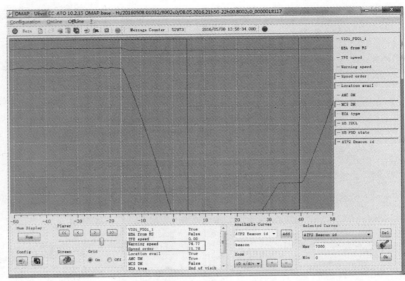

图 3-121　案例 1 原因分析截图（十一）

③ 21：59：02 列车以 ATPM 模式动车 MCS DM＝True，如图 3-122 所示。

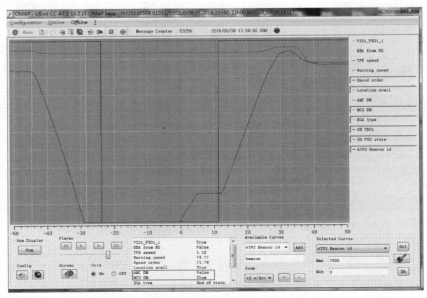

图 3-122　案例 1 原因分析截图（十二）

④ 21∶59∶13 列车转换为 ATO 模式 AMC DM＝True 正常运行，如图 3-123 所示。

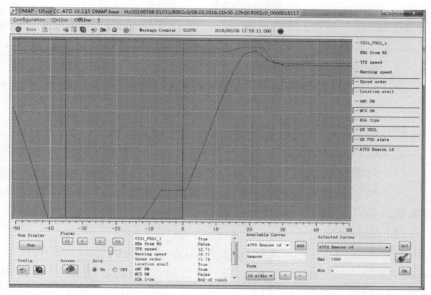

图 3-123　案例 1 原因分析截图（十三）

总结：

01032 车以 ATO 模式在邬隘至宝幢下行区间运行，21∶58∶17 车辆给出紧制 EBAfrom RS＝True，而且信号一直未给出紧制 VIO1_PSO1_1＝True；由此得出，信号设备正常（图 2-123）。

（5）经验（教训）总结及后续措施。

无。

2. 案例 2

故障情况如表 3-30 所示。

案例 2：长江路至霞浦上行区间 DMI 显示限速 30 牵引力不足 96%故障情况

表 3-30

专业	信号
设备系统	ATC 系统
故障时间	2016 年 4 月 17 日 22∶34∶18
故障地点	长江路至霞浦上行区间

续表

专业	信号
故障现象	01007车长江路至霞浦上行区间DMI显示限速30km/h,牵引力不足96%
对运营影响	当列车晚点3′37″

(1) 故障概况

01007车长江路至霞浦上行区间DMI显示限速30km/h牵引力不足96%。

(2) 影响范围

造成该列车晚点3′37″。

(3) 处理经过

22:44接报故障后,23:30车载人员赶赴01007车下载数据并检查车载设备。

(4) 原因分析

① 22:34:17列车在区间以ATO模式运行时,0x19F_ATC2_Drive_brake_setpoint=16302,即ATC请求车辆给的牵引参数为16302,0x1FD_VM_FB_ATC_Dr_Br_setpoint=16384即车辆反馈的牵引参数为16384,train speed=24.95,即列车速度为24.95km/h,此时,speed order=51.94,即推荐速度为51.94km/h,如图3-124所示。

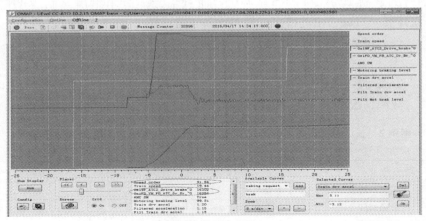

图3-124 案例2原因分析截图(一)

② 22：34：18，0x19F_ATC2_Drive_brake_setpoint=16138，即 ATC 请求车辆给的牵引参数为 16138，0x1FD_VM_FB_ATC_Dr_Br_setpoint=0，即车辆反馈的牵引参数突然跳变为 0。说明车辆在此时没有执行信号要求的牵引力。列车速度为 22.64km/h，此时 speed order=51.98km/h，即推荐速度为 51.98km/h。说明信号没有限速 30km/h，如图 3-125 所示。

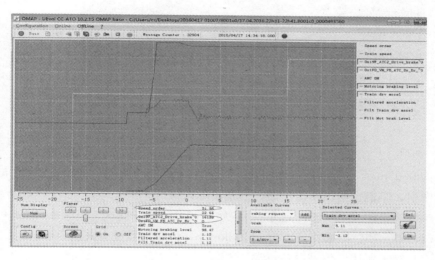

图 3-125 案例 2 原因分析截图（二）

③ 22：34：19，ATC 请求牵引参数 0x19F_ATC2_Drive_brake_setpoint=16040，车辆正常反馈回 ATC 的牵引参数 0x1FD_VM_FB_ATC_Dr_Br_setpoint=16040，而此时列车实际加速度为 0.05，从图 3-126 可以看到后续加速度曲线一直位在 0.05 左右波动。说明信号请求车辆施加牵引，车辆也给出牵引参数反馈，但是实际未执行。

总结：

① 22：34：18，0x19F_ATC2_Drive_brake_setpoint=16138，即 ATC 请求车辆给的牵引参数为 16138，0x1FD_VM_FB_ATC_Dr_Br_setpoint=0，即车辆反馈的牵引参数为 0。说明车辆在此时没有执行信号要求的牵引力。22：34：19，ATC 请求牵引参数 0x19F_ATC2_Drive_brake_setpoint=16040，车辆正常反馈回 ATC 的牵引参数 0x1FD_VM_FB_ATC_Dr_Br_setpoint=16040，而此时列车实际加速度

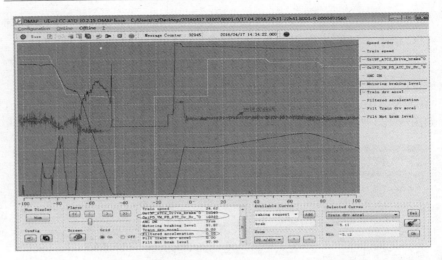

图 3-126 案例 2 原因分析截图(三)

为 0.05m/s^2,后续加速度曲线一直位在 0.05 左右波动。说明信号请求牵引,车辆也给出牵引反馈,但是实际未执行。

② 22:34:19,列车速度为 22.64km/h,此时,speed order = 51.98km/h,即推荐速度为 51.98km/h,说明信号没有限速 30km/h。

综上所述,信号设备正常。

(5) 经验(教训)总结及后续措施

建议车辆查找速度一直无法提升原因。

3. 案例 3

故障情况如表 3-31 所示。

案例 3:五乡站反向下行运行 ATO 无法动车故障情况　　表 3-31

专业	信号
设备系统	ATC 系统
故障时间	2016 年 01 月 12 日 21:00:13
故障地点	01027
故障现象	01027 车五乡站 S012208 信号机前收到速度码 ATO 无法动车,ATPM 可动;于 S012204 信号机前出现同样情况
对运营影响	无

(1) 故障现象

01027 车五乡站 S012208 信号机前收到速度码 ATO 无法动车，ATPM 可动车，于 S012204 信号机前出现同样情况。

(2) 影响范围

无。

(3) 处理经过

下载数据进行分析。

(4) 原因分析

第一次 ATO 无法动车原因，如图 3-127 所示。

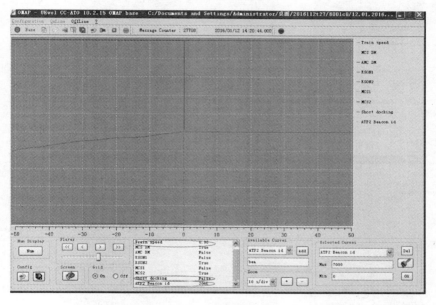

图 3-127　案例 3 原因分析截图（一）

22∶20∶44 列车停稳后，列车已经进入了停车范围，Short docking=True，即列车 DMI 出现小红车标（图 3-128）。

23∶05∶13 列车启动时，列车仍处于停车范围，此时 CC 判断列车整个制动距离已无法再满足以 ATO 模式完成精确停车，故 ATO 模式下无法发车，之后 ATPM 正常动车。

第二次无法 ATO 动车原因如图 3-129 所示。

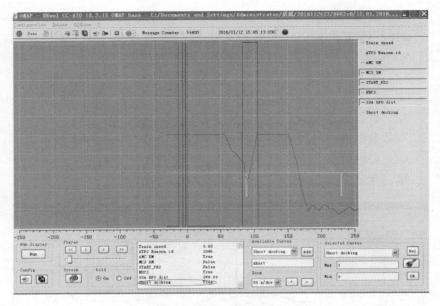

图 3-128 案例 3 原因分析截图（二）

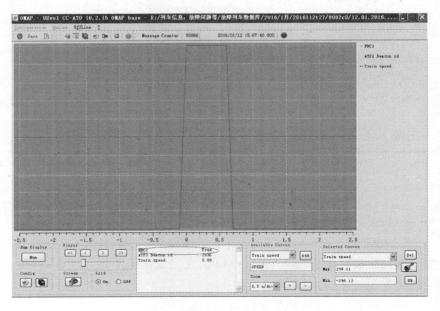

图 3-129 案例 3 原因分析截图（三）

23∶06∶05 列车驾驶手柄打到惰性位（NDC2＝TURE），并持续时间 1s（图 3-130）。

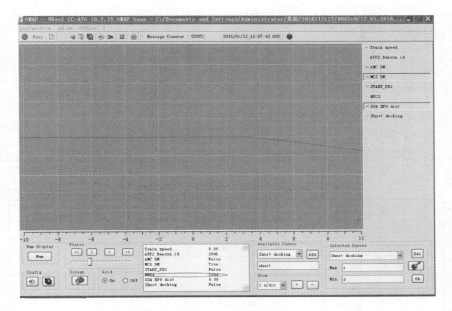

图 3-130　案例 3 原因分析截图（四）

23∶07∶40 驾驶手柄退出惰性位，这期间并未按压，ATO 发车按钮（start-pb），因而 ATO 无法动车。

综上所述，第一次 ATO 无法动车原因：22∶20∶44 列车停稳后，列车已经进入了停车范围，Short docking＝True，即列车 DMI 出现小红车标。23∶05∶13 列车启动时，列车仍处于停车范围，此时 CC 判断列车整个制动距离已无法再满足以 ATO 模式完成精确停车，故 ATO 模式无法发车。第二次无法 ATO 动车原因，23∶06∶05 列车驾驶手柄打到惰性位，并持续时间 1s，23∶07∶40 驾驶手柄退出惰性位，这期间并未按压，ATO 发车按钮（start-pb），因而 ATO 无法动车。此期间信号设备正常。

（5）下一步的防范措施

① 根据《ATC 司机操作手册》中描述：ATO 驾驶模式下，若列车未能在停车点精确停车（欠停导致无法上下客）时，司机应该使用

ATPM 模式以使列车达到精确停车位置。

② S012208 是不可接近信号机,列车反向运行至五乡上行站台 S012208 若没有开放,列车是不能正常对标停稳的,遇到这种情况,需要司机转 RM 模式对标。

③ ATO 模式驾驶时驾驶手柄应打到惰性位。

二、轨旁故障分析

(一)计轴设备故障分析

1. 案例 1

故障情况如表 3-32 所示。

案例 1:望春桥联锁区上行线计轴红光带故障情况　　　表 3-32

专业	信号
设备系统	计轴系统
故障时间	2014 年 11 月 24 日 21:01
故障地点	望春联锁区
故障现象	列车 T01017 行驶在徐家漕长乐站至望春桥站上行区间,芦港站-泽民上行计轴切除,显示棕光带(由于当时上行线计轴 CPU 死机造成)。致使大面积列车紧制
对运营影响	无

(1) 故障概况

2014 年 11 月 24 日 21:01:56,列车 T01017 行驶在徐家漕长乐站至望春桥站上行区间,芦港站-泽民上行计轴切除,显示棕光带(由于当时上行线计轴 CPU 死机造成)。此时列车仍以 CBTC 模式运行,21:02:17 列车通过信号机 S010604 时发生紧制。紧制原因是列车 EOA 类型发生突然变化,移动授权短暂回缩,因授权距离回缩,列车推荐速度由 72.91km/h 降为 0,列车当时运行速度为 68km/h,超速后发生紧急制动(图 3-131)。

列车紧制停稳后,仍有速度码,列车根据速度码动车。21:03:17 列车过信号机 S010612 时再次发生紧制(图 3-132)。

车载数据分析,列车紧制时,列车 EOA 类型发生变化,移动授权短暂回缩,引起速度码突降,列车再次因超速(图 3-133)。

第三章　CBTC 信号系统维护

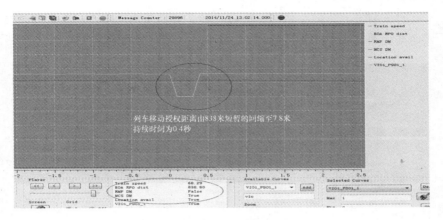

图 3-131　案例 1 原因分析截图（一）

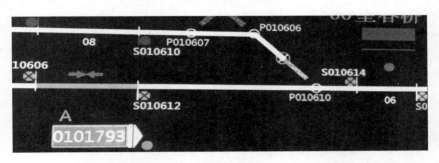

图 3-132　案例 1 原因分析截图（二）

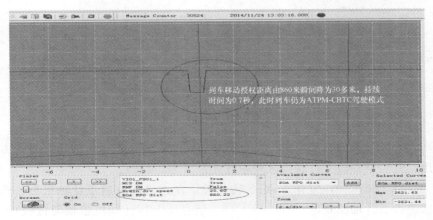

图 3-133　案例 1 原因分析截图（三）

21:04:05,列车转后备运行模式,并以 RMF 模式动车。驾驶模式切换如图 3-134 所示。

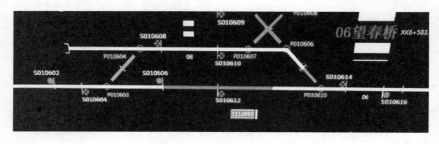

图 3-134　案例 1 原因分析截图(四)

以 RMF 模式经过 P010610 道岔,因此时列车为非通信列车,无法读取轨旁信息,会造成列车失位(图 3-135)。

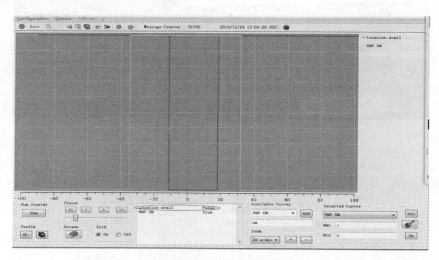

图 3-135　案例 1 原因分析截图(五)

21:06:14,列车失位后,整个望春桥联锁区上行均被粉红光带占用。此时望春桥上行联锁区变粉红光带(图 3-136)。

21:38:40,望春桥 ATS 转站控,在这之前重启了计轴机柜,然后进行了计轴预复位。21:44:44,望春桥上行计轴机柜预复位成功,望春桥联锁区上行恢复正常。

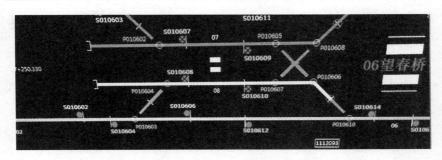

图 3-136　案例 1 原因分析截图（六）

（2）影响范围

望春桥联锁区上行线。

（3）处理经过

① 21 点 08 分，高桥西工班接报故障后，立即前往望春信号设备室。

② 21 点 16 分，信号人员抵达信号设备室，开始确认信号设备状态。

③ 21 点 21 分，回复行调望春桥上行计轴 CPU 板死机，造成上行计轴区段受扰，需要尽快重启计轴 CPU 板。

④ 21 点 31 分，经行调同意后，重启望春桥上行计轴 CPU。

⑤ 21 点 35 分，计轴 CPU 重启完毕，信号人员确认重启后设备显示正常，前往车控室向行调汇报情况，建议尽快对受扰区段进行预复位操作。

⑥ 21 点 37 分，站务人员执行预复位命令。

⑦ 21 点 45 分，预复位操作完成，行调对计轴进行确认有效操作后，待列车经过后，区段恢复正常。

（4）原因分析

① 计轴 CUP 死机原因分析：

经查证，计轴 CPU 板卡死机前，设备房温度维持在 24℃，且长期以来计轴无预防性报警，初步分析为 CPU 板卡死机造成望春桥站上行区段计轴切除。

经过信号厂家进一步排查分析，发现 CPU 板卡死机前曾发出 Under_5V 的故障记录，即计轴电压欠 5V，厂家判断认为受电压波动影响造成 CPU 板卡死机的可能性较高。

② 列车紧制及显示粉红光带原因分析：

21∶02∶14，列车 T01017 收到类型为 Overlap 的 EOA，同时变量指出 S010604 信号机关闭，列车 T01017 车发生紧制（图 3-137、图 3-138）。

* ZC - CC EOA		EOA train front end	1			EOA variant mess age	1.6 s
EOA wi sp type	? key : 9	EOA wi sp block id	108	EOA wi sp absc	6.000 m	EOA data syn	195674
EOA wo sp type	? key : 9	EOA wo sp block id	108	EOA wo sp absc	6.000 m	EOA wo sp syn	195674
EOA loop hour	375469	EOA wi sp syn	195674	EOA CHK C1	afce76	EOA CHK C2	98f751
* ZC - CC Line sect1							
Line sect id	1	Line sect nb variant	214	Line sect synchro	195674		
LS1 var [1 - 8]	01101010	LS1 var [9 - 16]	10101001	LS1 var [17 - 24]	10101010	LS1 var [25 - 32]	10011010
LS1 var [33 - 40]	10101010	LS1 var [41 - 48]	00010110	LS1 var [40 - 56]	10101010	LS1 var [57 - 64]	11011011
LS1 var [65 - 72]	01010101	LS1 var [73 - 80]	11011000	LS1 var [81 - 88]	00000011	LS1 var [89 - 96]	10100011
LS1 var [97 - 104]	01010011	LS1 var [105 - 112]	01101010	LS1 var [113 - 120]	10110011	LS1 var [121 - 128]	01101011
LS1 var [129 - 136]	01001000	LS1 var [137 - 144]	00000000	LS1 var [145 - 152]	00000011	LS1 var [153 - 160]	11111111
LS1 var [161 - 168]	11111111	LS1 var [169 - 176]	11111111	LS1 var [177 - 184]	11111111	LS1 var [185 - 192]	11111111
LS1 var [193 - 200]	11110011	LS1 var [201 - 208]	11111111	LS1 var [209 - 216]	11111100	LS1 var [217 - 224]	00000000

图 3-137　案例 1 原因分析截图（七）

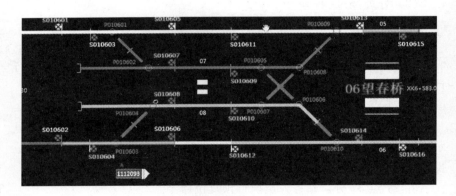

图 3-138　案例 1 原因分析截图（八）

Loophour 为 375469 的位置报告如图 3-139 所示。

* CC - ZC Loc report				Train unit id	17		
Localized status	1	Loc uncertainty	2.00	Monitoring mode	0	Signal override	1
Head cab id	1	Head loc block	106	Head loc min abs	159.50	Head loc orientation	Increasing
Tail cab id	2	Tail loc block	106	Tail Loc min abs	40.00	Tail loc orientation	Decreasing
...oute set not needed	0	Tail coupled status	1	Head coupled status	1	Speed	68
Train Unit Immo Status	False	...Unit Correct Docking	False	Confirmed Localization	True	ATC Controlled Train	True
ZC01 area authorised	True	ZC02 area authorised	True	ZC03 area authorised	True	ZC04 area authorised	False
ZC05 area authorised	False	ZC06 area authorised	False	ZC07 area authorised	False	ZC08 area authorised	False
ZC09 area authorised	False	ZC10 area authorised	False	ZC11 area authorised	False	ZC12 area authorised	False
ZC13 area authorised	False	ZC14 area authorised	False	ZC15 area authorised	False	ZC16 area authorised	False
CC Loop hour loc rep	375469	Synchro date	5607471				

图 3-139　案例 1 原因分析截图（九）

S010604 信号机在 ZC 中的位置如下：

"SIGNAL _ HEADER"; SIGNAL _ NAME; ABSCISSA; DIRECTION

SIGNAL_HEADER; S010602; 12700; 1

SIGNAL_HEADER; S010604; 161590; 0

所以对于 Loophour 为 375469 的位置报告来说，ZC 认为此时最大车头依旧在 S010604 信号机的前方（159.5＋2＝161.5）EOA 变为 S010604 的 Overlap End。

在下一个位置报告中（Loophour 为 375472，如图 3-140 所示），此时列车 T01017 的车头已经越过了这架红灯信号机，EOA 变为 End of Visibility（图 3-141）。

* CC - ZC Loc report				Train unit id	17		
Localized status	1	Loc uncertainty	2.00	Monitoring mode	0	Signal override	1
Head cab id	1	Head loc block	107	Head Loc min abs	8.50	Head loc orientation	Increasing
Tail cab id	2	Tail loc block	106	Tail Loc min abs	51.50	Tail loc orientation	Decreasing
...oute set not needed	0	Tail coupled status	1	Head coupled status	0	Speed	68
Train Unit immo Status	False	...Unit Correct Docking	False	Confirmed Localization	True	ATC Controlled Train	True
ZC01 area authorised	True	ZC02 area authorised	True	ZC03 area authorised	True	ZC04 area authorised	False
ZC05 area authorised	False	ZC06 area authorised	False	ZC07 area authorised	False	ZC08 area authorised	False
ZC09 area authorised	False	ZC10 area authorised	False	ZC11 area authorised	False	ZC12 area authorised	False
ZC13 area authorised	False	ZC14 area authorised	False	ZC15 area authorised	False	ZC16 area authorised	False
CC Loop hour loc rep	375472	Synchro date	5607473				

图 3-140　案例 1 原因分析截图（十）

* ZC - CC EOA		EOA train front end	1			EOA variant mess age	1.2 s
EOA wi sp type	2	EOA wi sp block id	114	EOA wi sp absc	312.500 m	EOA data syn	195675
EOA wo sp type	2	EOA wo sp block id	114	EOA wo sp absc	312.500 m	EOA wo sp syn	195675
EOA loop hour	375472	EOA wi sp syn	195675	EOA CHK C1	61e55a	EOA CHK C2	98a961

图 3-141　案例 1 原因分析截图（十一）

列车 T01017 之所以会发生紧制的原因是，由于上行线的计轴全部切除，此时联锁是以 ATP BLOCK 状态来计算联锁 BLOCK 是否被占用。当列车接近信号机时，因为 AP 比列车先跨压信号机，导致第一区段 CI BLCOK 为占用状态。此时侧防功能启用，进路信号机关闭，列车紧制后冲过禁止信号。待列车紧制停稳后，列车重新获取 EOA，可以正常行驶。

21：03：16，列车 T01017 收到类型为 Overlap 的 EOA，同时变量指出 S010612 信号机关闭，列车 T01017 车 EB（图 3-142～图 3-144）。Loophour 为 375784 的位置报告如图 3-145 所示。

S010612 信号机在 ZC 中的位置如下：

* ZC - CC EOA		EOA train front end	1			EOA variant mess age	1.4 s
EOA wi sp type	? key : 9	EOA wi sp block id	110	EOA wi sp absc	40.000 m	EOA data syn	195861
EOA wo sp type	? key : 9	EOA wo sp block id	110	EOA wo sp absc	40.000 m	EOA wo sp syn	195861
EOA loop hour	375784	EOA wi sp syn	195861	EOA CHK C1	ab8609	EOA CHK C2	a7f740

图 3-142　案例 1 原因分析截图（十二）

* ZC - CC Line sect1							
Line sect id		Line sect nb variant	214	Line sect synchro	195861		
LS1 var [1 - 8]	01101010	LS1 var [9 - 16]	10101001	LS1 var [17 - 24]	10101010	LS1 var [25 - 32]	10011010
LS1 var [33 - 40]	10101010	LS1 var [41 - 48]	00010010	LS1 var [49 - 56]	10010101	LS1 var [57 - 64]	11011000
LS1 var [65 - 72]	01010101	LS1 var [73 - 80]	11001000	LS1 var [81 - 88]	00000011	LS1 var [89 - 96]	10100101
LS1 var [97 - 104]	01001000	LS1 var [105 - 112]	01101010	LS1 var [113 - 120]	10100011	LS1 var [121 - 128]	01001001
LS1 var [129 - 136]	01001000	LS1 var [137 - 144]	00000000	LS1 var [145 - 152]	00000011	LS1 var [153 - 160]	11111111
LS1 var [161 - 168]	11111111	LS1 var [169 - 176]	11111111	LS1 var [177 - 184]	11111111	LS1 var [185 - 192]	11111111
LS1 var [193 - 200]	11110011	LS1 var [201 - 208]	11111111	LS1 var [209 - 216]	11111100	LS1 var [217 - 224]	00000000

图 3-143　案例 1 原因分析截图（十三）

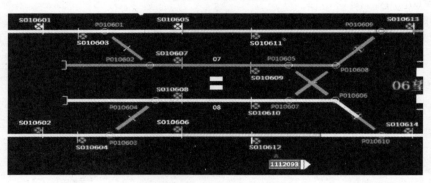

图 3-144　案例 1 原因分析截图（十四）

* CC - ZC Loc report				Train unit id	17		
Localized status	1	Loc uncertainty	1.50	Monitoring mode	0	Signal override	1
Head cab id	1	Head loc block	109	Head Loc min abs	142.00	Head loc orientation	Increasing
Tail cab id	2	Tail loc block	109	Tail Loc min abs	23.00	Tail loc orientation	Decreasing
...oute set not needed	0	Tail coupled status	1	Head coupled status	1	Speed	25
Train Unit immo Status	False	...Unit Correct Docking	False	Confirmed Localization	True	ATC Controlled Train	True
ZC01 area authorised	True	ZC02 area authorised	True	ZC03 area authorised	True	ZC04 area authorised	False
ZC05 area authorised	False	ZC06 area authorised	False	ZC07 area authorised	False	ZC08 area authorised	False
ZC09 area authorised	False	ZC10 area authorised	False	ZC11 area authorised	False	ZC12 area authorised	False
ZC13 area authorised	False	ZC14 area authorised	False	ZC15 area authorised	False	ZC16 area authorised	False
CC Loop hour loc rep	375784	Synchro date	5607658				

图 3-145　案例 1 原因分析截图（十五）

"SIGNAL_HEADER"；SIGNAL_NAME；ABSCISSA；DIRECTION

SIGNAL_HEADER；S010606；12140；1

SIGNAL_HEADER；S010612；144230；0

所以对于 Loophour 为 375784 的位置报告来说，ZC 认为此时最大车头依旧在 S010612 信号机的前方（142＋1.5＝143.5）。

EOA 变为 S010612 信号机的 Overlap end。

在下一个位置报告中（Loophour 为 375787），此时列车 T01017 的车头已经越过了这架红灯信号机，EOA 变为 End of Visibility（图 3-146、图 3-147）。

* CC - ZC Loc report				Train unit id	17		
Localized status	1	Loc uncertainty	1.50	Monitoring mode	0	Signal override	1
Head cab id	1	Head loc block	109	Head Loc min abs	146.50	Head loc orientation	Increasing
Tail cab id	2	Tail loc block	109	Tail Loc min abs	27.00	Tail loc orientation	Decreasing
...oute set not needed	0	Tail coupled status	1	Head coupled status	1	Speed	25
Train Unit Immo Status	False	Unit Correct Docking	False	Confirmed Localization	True	ATC Controlled Train	True
ZC01 area authorised	True	ZC02 area authorised	True	ZC03 area authorised	True	ZC04 area authorised	False
ZC05 area authorised	False	ZC06 area authorised	False	ZC07 area authorised	False	ZC08 area authorised	False
ZC09 area authorised	False	ZC10 area authorised	False	ZC11 area authorised	False	ZC12 area authorised	False
ZC13 area authorised	False	ZC14 area authorised	False	ZC15 area authorised	False	ZC16 area authorised	False
CC Loop hour loc rep	375787	Synchro date	5607660				

图 3-146　案例 1 原因分析截图（十六）

* ZC - CC EOA		EOA train front end				EOA variant mess age	1.4 s
EOA wi sp type	2	EOA wi sp block id	114	EOA wi sp absc	536.000 m	EOA data syn	195863
EOA wo sp type	2	EOA wo sp block id	114	EOA wo sp absc	536.000 m	EOA wo sp syn	195863
EOA loop hour	375787	EOA wi sp syn	195863	EOA CHK C1	a05601	EOA CHK C2	5ec03a

图 3-147　案例 1 原因分析截图（十七）

列车紧制的原因与之前是一样的。

21：06：14，列车切掉 ATC 运行后，由于列车与轨旁失去通信，则列车的防护 AP 顺着切除计轴的区段向外延伸，直至整个望春桥联锁区上行均被粉红光带占用（图 3-148）。

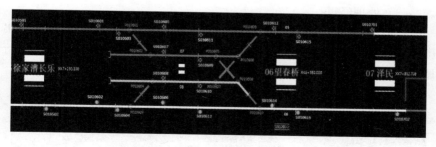

图 3-148　案例 1 原因分析截图（十八）

（5）经验（教训）总结及后续措施
① 督促厂家制定电源屏电源波动原因排查方案，深入查找故障原因。
② 加强故障应急演练，提高应急反应能力。

③ 提高故障处理技能,了解计轴故障的应急处理步骤,发现计轴CPU板卡死机尽快重启计轴设备。

④ 组织学习计轴设备故障维护手册,以本次事故为案例,分析本次故障处理中的可取之处、不足之处,提高全体员工应急反应能力。

⑤ 整理应急处理办法,并组织对运营相关部门人员进行培训,加强运营在信号系统降级或故障模式下的应急处理能力,避免故障问题扩大化。

2. 案例 2

故障情况如表 3-33 所示。

案例 2:东环南路站 T021011 区段棕光带故障情况　　　表 3-33

专业	信号
设备系统	计轴系统
故障时间	2014 年 11 月 24 日 21:01
故障地点	东环南路站
故障现象	东环南路站 T012011 区段在 2015 年 3 月 5 日 17 点 23 分出现棕光带
对运营影响	无

(1) 故障概况

东环南路站 T012011 区段在 2015 年 3 月 5 日 17 点 23 分出现棕光带。

(2) 影响范围

无。

(3) 处理经过

在 2015 年 3 月 5 日 17 点 23 分东环南路站 T012011 发生输入输出锁闭,现场工班人员在 17 点 32 分对此并口板进行热插拔,然后报告行调确认计轴有效,恢复该区段正常工作(图 3-149、图 3-150)。

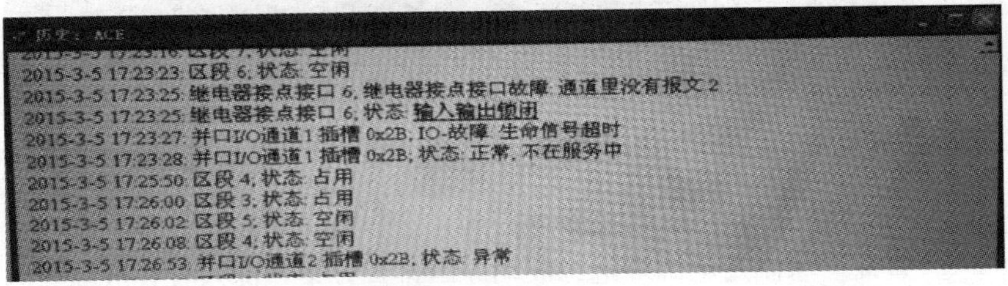

图 3-149　并口板由于没有收到通道 1 的报文,发生输入输出锁闭

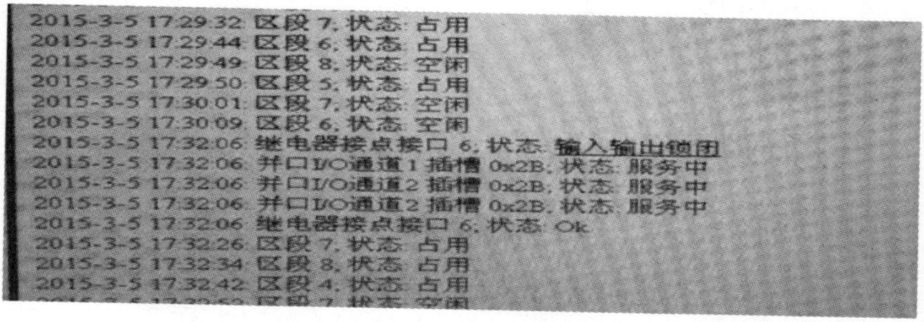

图 3-150　并口板进行热插拔,恢复了正常的工作

(4) 原因分析

自宁波一号线开通以来,东环南路站共发生过三次输入输出锁闭的故障,分别为下行区段 T012005/T012009/T012011,依次在 2014 年 9 月 22 日 (图 3-151)、2015 年 2 月 9 日 (图 3-152)、2015 年 3 月 5 日发生,且发生输入输出锁闭的报文告警都是同一类告警信息,告警信息都为 "Relay-SW-Interface-Fault:No telegram from channel 1/2 (继电器接点接口故障:通道里没有报文)" 通道没有接收到报文。从这三个区段在 ACE 机笼的位置来看,这三个区段的位置都相邻较近 (图 3-153),应该是同一个阻容盒对其进行防护。

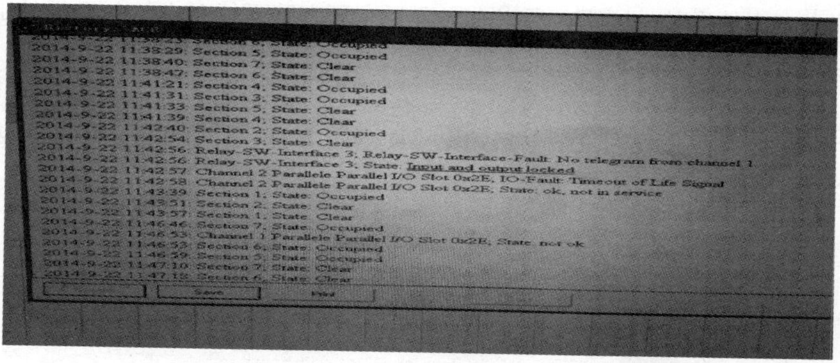

图 3-151　2014 年 9 月 22 日 T012005 区段输入输出锁闭

对于 "通道里没有报文" 这条报文的解读为:"Communication between Parallel I/O card and ACE disturbed (并口板与 ACE 主机之间的通信受到干扰)"。对前面两次发生输入输出锁闭的板卡进行测试,并没

```
2015-2-9 16:33:49; Section 4; State: Occupied
2015-2-9 16:33:59; Section 3; State: Occupied
2015-2-9 16:34:00; Section 5; State: Clear
2015-2-9 16:34:02; Relay-SW-Interface 5; Relay-SW-Interface-Fault: No telegram from channel 1
2015-2-9 16:34:02; Relay-SW-Interface 5; State: Input and output locked
2015-2-9 16:34:03; Channel 2 Parallele Parallel I/O Slot 0x2C; IO-Fault: Timeout of Life Signal
2015-2-9 16:34:04; Channel 2 Parallele Parallel I/O Slot 0x2C; State: ok, not in service
2015-2-9 16:34:06; Section 4; State: Clear
2015-2-9 16:35:02; Section 2; State: Occupied
2015-2-9 16:35:15; Section 3; State: Clear
2015-2-9 16:36:01; Section 1; State: Occupied
2015-2-9 16:36:13; Section 2; State: Clear
2015-2-9 16:36:19; Section 1; State: Clear
2015-2-9 16:37:15; Channel 1 Parallele Parallel I/O Slot 0x2C; State: not ok
2015-2-9 16:40:12; Section 7; State: Occupied
```

图 3-152　2015 年 2 月 9 日 T012009 区段输入输出锁闭

Slot 10	Slot 11	Slot 12	Slot 13	Slot 14
0x2A	0x2B	0x2C	0x2D	0x2E
T012061	T012011	T012009	T012007	T012005

图 3-153　东环南路站发生过输入输出锁闭区段 ACE 机笼位置统计

有发现板卡有问题，在实验室模拟实验故障现象一直不能再现。而现场却在这一区域接连的发生输入输出锁闭的现象，故障具有集中性和规律性，所以厂家认为可能并不与此板卡有关，引起输入输出锁闭的原因可能来自于外界某一因素，所以有必要对东环南路下行对应的并口板外部电路做一个检查，以防止此类故障再次发生。

（5）查找方法

结合并口板到区轨继电器的电路图（图 3-154），需要对各个接点进行测试。

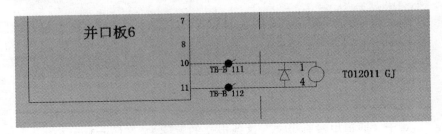

图 3-154　并口板到区轨继电器的电路图

① 检查阻容盒的功能是否完好。

② 检查阻容盒的防护性是否正确，即检查阻容盒到 TB-B 端子排的配线是否与其他强电电缆交叉、并行，TB-B、二极管、阻容盒是否一一对应。

③ 检查 TB-B 的接线接地是否可靠。

④ 检查在继电器处是否有其他电缆线在走线时与此计轴线缆并行。

3. 案例 3

故障情况如表 3-34 所示。

案例 3：计轴设备室通信故障致区段红光带故障情况　　表 3-34

专业	信号
设备系统	计轴系统
故障时间	2012 年 4 月 20 日 06：50
故障地点	望京西站
故障现象	15 号线望京西站 1DG、5G 红光带故障
对运营影响	无

（1）故障概况

① 设备名称或型号：15 号线 BJM15-AzLM。

② 故障现象：15 号线望京西站 1DG、5G 红光带故障。

③ 故障影响程度与等级：影响行车，抢修。

（2）故障处理经过简介

1）信息获得

维修部接用户申告：15 号线望京西站 1DG、5G 红光带故障，综控室行车值班员反复对望京站 1DG、5G 进行计轴复位操作，无效。

2）先期故障与判断及准备内容

15 号线计轴设备故障处理流程如图 3-155 所示。

2012 年 4 月 20 日 6：50，15 号线望京西站 1DG、5G 发生红光带，综控室行车值班员反复对望京西站 1DG、5G 进行计轴复位操作，无效。

初步诊断一下有 5 个方面的原因：

① 室内串口板故障，造成室内外通信中断。

② 室内 PDCU 线缆连接断路，造成室内外通信中断。

③ 室内 PDCU 保险烧毁。

④ 室外 EAK 评估板故障。

⑤ 室外 EAK 线缆连接断路。

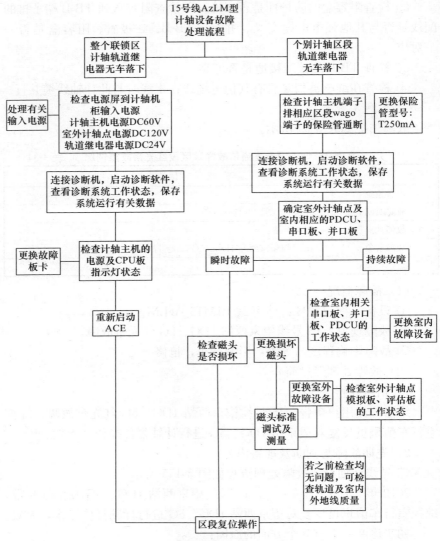

图 3-155 计轴故障处理流程图

准备内容:望京西站计轴设备技术图纸资料、计轴设备故障处理流程、板卡备品备件、抢修工具以及计轴测试调整工具等。

3) 故障实际查找过程及确认

抢修人员通过故障记录软件现场调取 JZ9/JZ11 所在串口板 3 故障

报告，报告显示串口板 3 存在丢包信息，具体如下：

2012-4-20 5：52：42；Channel 1 Preprocessor Slot 0x03；Detection-Point-Transmission；UART fault，amount：17（此时设备检测到丢包量过大，此时出现"红光带"现象）。

经初步分析，故障点为串口板与室外设备通信故障。抢修人员按照以下步骤进行抢修作业：

① 检查室内 JZ9/JZ11 PDCU 保险，保险完好未损坏。

② 抢修人员对 JZ9/JZ11 串口板 3 进行热插拔，待串口板重启成功后要求综控员进行计轴复位操作，故障未恢复。

③ 更换串口板，待串口板重启成功后要求综控员进行计轴复位操作，故障未恢复。

④ 申请临时抢修计划检查室外 EAK，发现计轴电缆 3-13，13 端（负电）线缆断路。对该计轴电缆进行处理后重新接入。

⑤ 综控员再次进行计轴复位操作后，故障恢复。

4）排除方法及结果

下一步设备检查整治过程中，对 EAK 内计轴电缆预留芯线进行重新捆扎和整理。

（3）原因分析

1）故障产生的直接原因与逻辑分析

故障发生时，计轴故障记录显示检测点传输错误（UART Fault），由于多个报文错误时，相关区段受扰最终导致红光带。

分析其可能导致的故障原因：

① 通信电缆出现电磁干扰。

② 通信电缆连接的配线松动，检查配线。

③ 检测点与计轴主机 ACE 间距离过长。

2）故障直接原因产生因素分析

导致故障的直接因素是由于室内计轴 CPU 板检测到 JZ9/JZ11 串口板与室外通信丢包数量过大，判定 1DG、5G 轨道区段为非安全区段，因此根据系统设计导致 1DG、5G 轨道区段红光带。

（4）案例处理优化分析

1）本案例检修人员在前期处理过程中的不妥之处

① 过于重点检查室内计轴设备，在室内设备排查上花费了大量

时间。

② 故障前期对计轴故障种类缺乏认识，经验不足。

2) 故障处理优化解决方案

① 完善计轴处理流程。

② 组织学习 GDI 计轴诊断程序 11 种故障处理说明。

③ 组织计轴故障处理演练以及规范计轴设备检查流程。

(5) 专家提示

1) 此类故障正确处理思路

根据计轴故障处理流程故障分为以下两类：

① 整个联锁区全部计轴轨道继电器无车落下

故障查找步骤：

a. 检查输入电源，DC60V 计轴主机电源，DC120V 室外计轴点电源，DC24V 轨道继电器电源。

b. 连接诊断机，启动诊断软件，诊断系统工作状态，保存系统运行有关数据；检查计轴主机电源板及 CPU 板工作状态。

c. 通过诊断软件和观察电源板、CPU 板面板来检查工作状态，如有故障，更换板卡（不支持热插拔，必须断电操作，断电间隔大于 10s）。

d. 重新启动计轴主机，进行区段复位操作：

e. 若重新启动计轴主机后，CPU 板仍不能正常工作，请运行表式诊断软件的 console 控制台程序，在 console 控制台上输入命令：cat/proc/runlevel 来检查 CPU 的模式（S 或者 -1），如果输出是 S，则表明该 CPU 处于安全模式；如果输出是 -1，则表明处于正常模式。如果是处于安全模式，则输入命令：echo-1>/proc/runlevel 使其进入正常模式，输入命令：cat/proc/runlevel 来确认 CPU 板是否进入到正常模式。

② 一个或几个计轴轨道继电器无车落下

故障查找步骤：

a. 检查计轴主机 B 端子排相对应区段 wago 端子的保险管通断，因陶瓷保险管无法从外观上检查保险丝通断，故需用外用表测试，如有损坏，更换保险管（型号：T250mAH）。

b. 连接诊断机，启动诊断软件，检测故障点状态，保存系统运行有关数据：
- 瞬时故障：例如磁头故障等。
- 持续故障：例如通信中断，检测点断电等。

c. 室内：检查室内相关串口板、并口板、PDCU4、5端子120VDC输入工作状态及PDCU保险管通断（红色熔断指示灯），如有故障，更换相应器件。

d. 室外：检查室外计轴点模拟板、评估板工作状态，如有故障，更换相应器件；检查室外磁头是否有损坏，如有损坏，更换磁头。

e. 若之前检查未发现问题，需检查通道及室内外地线质量，进行通道绝缘测试，环阻测试。

f. 排除故障后，进行区段复位操作：
- 若因受到外界干扰造成的故障（工务影响等），可进行计轴区段复位操作。
- 若因设备问题造成的故障，可更换设备后进行计轴区段复活操作。

2) 其他提示

① 严格按照执表内容定期检查计轴设备各部件电气性能指标。

② 按要求及标准对EAK内计轴电缆预留芯线进行重新捆扎和整理。

(6) 预防措施

鉴于此次故障影响范围，每日利用夜间维修计划查看计轴设备告警记录，避免因告警未及时处理影响次日列车运行。

(二) 转辙机设备故障分析

1. 案例1

故障情况如表3-35所示。

案例1：天童庄车辆段35号道岔无法范围操作故障情况　　表3-35

专业	信号
设备系统	转辙机
故障时间	2016年3月1日 23:05:26
故障地点	天童庄车辆段
故障现象	2016年3月1日，天童庄车辆段35号道岔无法范围操作
对运营影响	无

(1) 故障概况

2016年3月1日下午23:05:26天童庄车辆段35号道岔挤岔报警,信号人员接到故障报告到达现场查看道岔状况并无异常,来回操动检验均无异常。

(2) 影响范围

天童庄车辆段35号道岔无法操动,影响经过35号道岔的进路。

(3) 处理经过

23:14信号值班人员接信号ATS工班报天童庄车辆段出现35号道岔无法范围操作,信号人员与DCC值班人员了解状况后了解是定位操到反位时道岔无法到位,显示红闪,信号人员室内查看电流曲线后确定是道岔反操时没有到位(图3-156)。

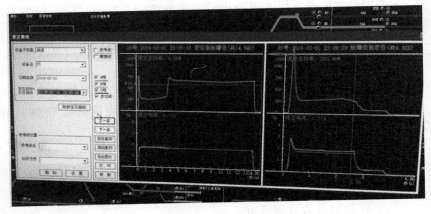

图3-156 案例1原因分析截图

向场调请点后,23:28信号值班人员在劳保齐全的情况下携带好应急抢修工具准备进入轨行区查看35号道岔状态,场调也一同前往查看,同时工班抢修人员也到达现场进行支援,确认好劳保一同进入轨行区。

23:34信号抢修人员和场调到达35号道岔,在查看道岔状态过程中发现钢轨与基本轨间存在石头挤压过的痕迹,并发现碎石渣,如图3-157。

在确认基本轨与钢轨之间无异物后,信号抢修人员请求操动一个来回,发现道岔操动无异常,定反位均有表示。

第三章 CBTC信号系统维护

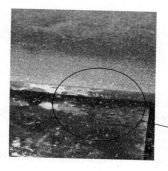

滑床板与尖轨底部有明显的石头碾压痕迹

图 3-157 道岔状况照片

为确保转辙机设备正常,信号抢修人员随即对 35 号道岔进行了彻底的检查和维护,期间发现 35 号道岔有些许吊板,与工务人员沟通后回复本周内进行处理。

在进行彻底的检查和维护后,又来回操动数个来回,道岔均正常,定反位均有表示。

00:21 在工务人员也确认无异常后,与场调,工务一同离开轨行区销点。

(4)原因分析

到达现场后操动道岔均正常,查看信号设备均正常,结合室内道岔曲线和室外石渣痕迹,判断由于基本轨与尖轨间存在异物,导致道岔无法操动到位,导致道岔反位表示红闪,出现挤岔报警。

(5)经验(教训)总结及后续措施

随时做好应急抢修准备,接到故障第一时间赶到现场,做好故障抢修工作。

2. 案例 2

案例 2:高桥西站 P010101、P010102 道岔瞬间失表故障情况

表 3-36

专业	信号专业
设备系统	转辙机系统
故障时间	2016 年 1 月 25 日 22:23 分
故障地点	高桥西站
故障现象	1 月 25 日 22:23 分高桥西站 P010101、P010102 折返道岔瞬间失表
对运营影响	无

(1) 故障概况

1月25日22：23分高桥西站P010101、P010102折返道岔瞬间失表。

(2) 影响范围

无。

(3) 处理经过

22：23 在高桥西信号人员接收到生产调度报高桥西站P010101、P010102折返道岔瞬间失表。

22：25 信号人员赶往信号设备房查看道岔曲线图与相关继电器状态，同时打电话联系工班长报告故障情况。

22：35 信号人员赶往车控室联系行调请求下轨行区查看道岔状态。

22：45 信号人员带工器具和油料下轨行区查看道岔状态，发现道岔在操纵过程中存在异响，随后查看道岔四周，发现道岔滑床板表面缺油，信号人员用机油对滑床板进行涂油润滑，然后多次操动道岔，观察道岔状态无异常。

23：35 信号人员向行调回复信号设备正常，人员工器具都已出清，请求销点。

23：40 行调同意销点，信号人员撤离轨行区。

(4) 原因分析

① 查看SDM道岔曲线图。

由图3-158可知在1月25日22：23分P010102道岔尖1反位操到定位时道岔动作不到位。

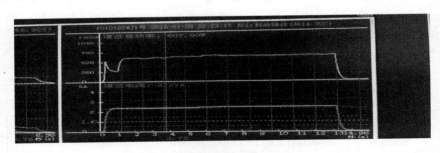

图3-158　SDM道岔曲线图（一）

由图3-159可知在1月25日22：24分P010102道岔尖1反位操到定位时无异常。

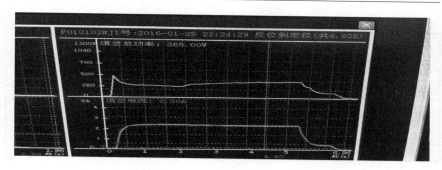

图 3-159　SDM 道岔曲线图（二）

由图 3-160 可知 1 月 25 日 22：27 分 P010101 道岔尖 2 定反位均无异常，后续道岔操纵几个来回均无异常。

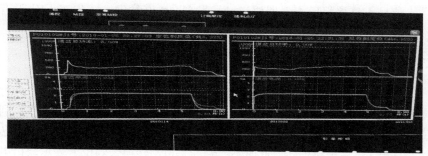

图 3-160　SDM 道岔曲线图（三）

② 查看折返岔道岔状态。

查看高桥西折返道岔 P010101、P010102 号道岔发现道岔在操纵过程中存在异响，滑床板缺油。

（5）经验（教训）总结及后续措施

在外部条件影响严重，特别是在气温变化大的季节，对道岔关键部位进行涂油，联系好工务对滑床板及时进行油润，对高桥西折返岔做好养护工作，加强检修。

3. 案例 3

故障情况如表 3-37 所示。

（1）故障概况

梁祝站 2015 年 8 月 18 日 03：49 运营前检查 1-2♯道岔操反位无表示。随后定操，定位表示正常。

案例3：梁祝站道岔反位无表示故障情况　　　　表 3-37

专业	信号
设备系统	道岔
故障时间	2015 年 8 月 18 日 03：49
故障地点	梁祝站
故障现象	梁祝站 2015 年 8 月 18 日 03：49 运营前检查 1-2♯道岔，操反位无表示。
对运营影响	无

（2）影响范围

无。

（3）处理经过

信号人员接报后查看回放记录，发现 2♯道岔尖一，尖二 FBJ 没有励磁，与行调沟通，得知行调已经将道岔操至定位，表示显示正常。信号人员申请临时天窗点，运营结束后进行故障原因确认。

（4）原因分析

MSS 软件回放显示（图 3-161，图 3-162）在 03：49 是对道岔进行反操，此时室外道岔解锁正常，但是在 7s 左右时道岔本应正常转换到位且锁闭。此时图中显示，2♯道岔尖一、尖二均没有锁闭，电机继续转动，直至 13s 后电机停转，此时不能判断是道岔转换未到位卡表示缺口电机空转 13s，还是由于其他线路条件原因致使道岔没有转换到位造成。

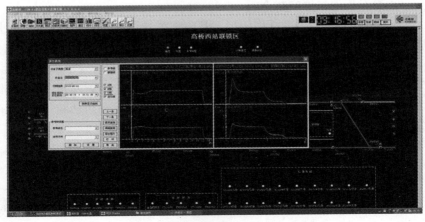

图 3-161　2♯尖一

从图 3-161、图 3-162 所示可以看到行调在 03：51 时将道岔从故障位进行定操，表示正常。曲线显示道岔解锁和锁闭过程只用了 3s。由此可以初步判断尖一、尖二在反操道岔时候并没有转换到位，只有这种没有转化到位才会使得道岔在故障位定操时候动程变短提前锁闭。且尖一、尖二同时出现此类情况，只有尖轨与基本轨中有异物或者线路条件不佳时才会同时出现此类情况。

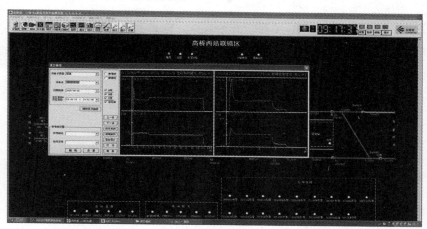

图 3-162　2#尖二

鉴于此初步判断故障原因为道岔未转换到位造成无表示。18 日 23：00 信号人员请点进入轨行区后通知站务室对道岔进行反操，在道岔解锁完成后锁钩与锁闭铁位置出现卡别，用锤子调整锁钩位置后顺利锁闭，随后又进行多个位置的道岔操纵，没有出现该问题。信号人员用方尺，对道岔安装装置进行测量均未见异常，随后松开锁闭铁重新调整安装。对关键锁钩、锁闭杆和滑床板进行油润，然后对道岔进行操纵未见异常。确定判断道岔为偶发性机械卡别。

（5）经验（教训）总结及后续措施

无。

4．案例 4

故障情况如表 3-38 所示。

（1）故障概况

① 设备名称或型号：10 号线 ZDJ9 交流电动转辙机。

案例 4：巴沟站出现挤岔恢复挤脱器　　　　　　　表 3-38

专业	信号
设备系统	道岔
故障时间	2011 年 2 月 15 日
故障地点	巴沟站
故障现象	巴沟站 P04 道岔挤岔
对运营影响	影响列车进站

② 故障现象：巴沟站 P04 道岔挤岔（挤脱器弹出）。

③ 故障影响程度与等级：巴沟 P04 道岔无法电动或手摇转换，列车无法进入巴沟库线折返。

（2）故障处理经过简介

故障处理流程如图 3-163 所示。

1）信息获得

维修部接综控员保修：LOW 机显示巴沟 P04 道岔挤岔故障。

2）先期故障预判断及准备内容

检修人员接报后先期判断有下列 6 种原因：

① 巴沟站 LOW 机显示故障。

② 转辙机控制模块 POM4 板故障。

③ 转辙机控制模块背板故障。

④ 四号道岔室内外线缆故障。

⑤ 四号道岔转辙机静接点或安全接点故障。

⑥ 四号道岔在正常状态下被外力挤岔。

准备工具：螺丝刀、棘轮扳手、活扳手、润滑油、钳子、毛刷等。

3）故障现象确认及初步诊断

巴沟维护部维修人员，首先到达综控室观察 LOW 机显示，检查 LOW 机状态，确认 LOW 机显示正常；再到达巴沟信号设备室内，检查 POM4 板卡状态，工作指示灯位和供电指示灯位显示正常（除道岔位置指示灯异常）；POM4 板卡背板连接正常，室内分线架至联锁机柜配线正常，则故障基本确定在室外。

4）故障实际查找过程及确认

① 值班维护人员到达现场后发现线路单位正在施工中，此时道岔处于四开位置。

第三章 CBTC 信号系统维护

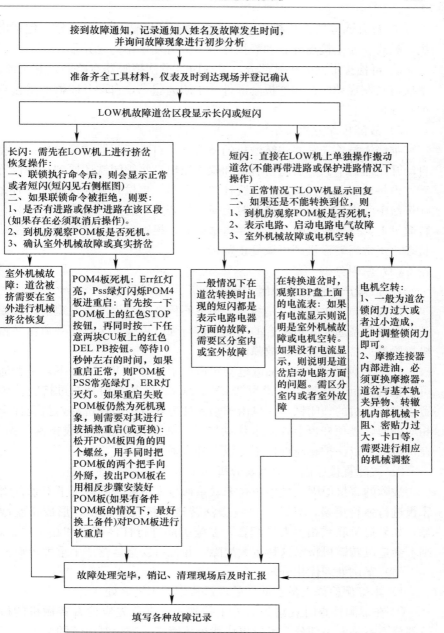

图 3-163 故障处理流程图

② 打开四号转辙机机盖后，首先检查了转辙机电气部分，包括电机、配线、安全接点处、动静接点组、万可端子排均无异常。

③ 再检查道岔的机械部分，发现四号道岔挤脱器有略微顶起现象，手摇道岔发现动作杆和推板套部件处于脱离状态，自动开闭器的动接点被竖顶杆顶起。

5）故障排除方法及结果

维修人员首先需要将转辙机的挤脱柱和自动开闭器的螺栓松开，将自动开闭器拆下。然后将挤脱器和碟簧取出，将锁闭铁还原到正确位置后，再将挤脱器和碟簧放入挤脱柱内并上紧。再检查其他机械杆件有无在挤岔中受损伤，如有必要及时更换。检查完毕后将自动开闭器安装在转辙机上，拧紧故障螺栓。手摇道岔试验，检查表示缺口和四毫米密贴状态，正常后转辙机则可恢复正常。

（3）原因分析

1）故障产生的直接原因与逻辑分析

此次故障产生的原因是线路公司夜间检查四号道岔时发现滑床板断裂，在未联系通号人员配合的情况下进行强行更换，导致四号道岔转辙机挤脱器被挤，形成挤岔故障。

10 号线使用的 ZDJ9 交流电动转辙机型号是 ZDJ9-170/4K，是普通可挤型转辙机，挤脱力设置为 $28kN \pm 2kN$。挤岔结构是通过挤脱柱装置固定转辙机的锁闭铁，一旦由于强大外力导致锁闭铁位移，挤脱柱会相应弹起，竖顶杆也会弹起卡住动接点。从而在电路上形成挤岔状态，在机械上可以保护相应杆件不受强大外力损坏。

2）故障直接原因产生因素分析

故障的直接原因是外单位在未联系通号人员配合的情况下对道岔滑床板进行强行更换，导致四号线道岔转辙机挤脱器被挤，形成挤岔故障，如果提早联系相关人员配合，在施工前进行杆件解除和相关防护，则不会造成转辙机挤岔这种重大故障，并且对安全运营产生重大影响。

（4）案例处理优化分析

1）本案例检修人员在前期处理过程中的不妥之处

① 在下洞检查时观察到有外单位施工，则首先应检查转辙机的机械部分而不是电路部分，可以更快找出故障点，减少对运营的影响。

② 在恢复 ZDJ9 转辙机挤岔时，应先确认转辙机被挤岔程度。如果

锁闭铁未位移到横顶杆外侧,则可以利用工具将其缓慢敲击恢复原位置,这样可以省略拆装自动开闭器的步骤,加快故障恢复时间。

2) 故障处理优化解决方案

优化施工配合的程序和形式,积极配合线路段施工配合。

(5) 专家提示

1) 正确处理的思路

检查此类故障一定要以确定故障发生在室内还是室外、是机械部分故障还是电气部分故障为分类原则,这样能够准确、快速、有效地处理此类故障。

2) 其他提示

① 处理故障时,首先要了解整个信号系统、联锁系统和控制终端的控制结构,这样处理故障时才能减少盲目性。

② 在多个故障现象同时存在时,可通过排除法,去伪存真缩小故障范围,迅速找到故障点。

③ 要对设备的结构、技术指标、恢复方法了如指掌。

(6) 预防措施

鉴于此次故障影响范围较大,应定期组织 ZDJ9 转辙机拆装和挤岔恢复的演练工作,保证在故障发生后能够以最短时间修复故障。

5. 案例 5

故障情况如表 3-39 所示。

案例 5:机场线道岔无法操作到反位、挤岔报警故障情况　表 3-39

专业	信号
设备系统	道岔
故障地点	机场线 T2 站
故障现象	T2 站 21#道岔无法操作到反位、挤岔报警
对运营影响	无

(1) 故障概况

① 设备名称或型号:机场线 1/9 号道岔,S700K 电动转辙机、钩型外锁闭装置。

② 故障现象:T2 站 21#道岔无法操作到反位、挤岔报警。

③ 故障影响程度与等级:报修。

（2）故障处理经过介绍

1）获得

维修部接用户申告：T2 站 21♯道岔无法操作到反位，挤岔报警。

2）故障预判断及准备内容

根据五线制转辙机电路图，可以预先判断故障的成因有以下几种：

① 电源停电，电池供电（机场线 UPS 为 220V）。

② 智能电源屏 D2 模块故障。

③ 联锁机驱动板故障，造成 SJ 或 D/FCJ 无法励磁。

④ 多机牵引道岔中个别转辙机无法转换或转换不到位。

⑤ 多机牵引道岔中个别转辙机表示电路故障。

⑥ 道岔主组合反位表示继电器 FBJ 励磁电路故障。

准备内容：个人工具、数字万用表及配件等。

3）故障现象确认及初步诊断

进行道岔操作试验，观察道岔组合中继电器动作情况和断相保护器工作状态及 JDF 道岔表示灯显示。同时查看系统维护诊断台 SDM 记录的道岔启动电流曲线。故障现象为 21J1、21J2 转换正常，21X1 电动转辙机启动后 13s 停止工作，JDF 道岔表示灯红灯点亮。系统维护台 SDM 记录的道岔启动电流曲线显示 21X1 电动转辙机无法实现锁闭，动作电流持续 13s 后回零。

因此，预先判断故障的成因中只有多机牵引道岔中个别转辙机无法转换到位是故障的原因。

4）故障实际查找过程及确认

接 T2 报 21♯道岔挤岔报警，信号人员赶至现场后发现，21♯道岔心轨定位往反位搬动过程中搬到一半时卡阻，13s 后转辙机电路保护报警，切断启动电路。反复搬动试验，发现是室外锁闭装置反位锁闭铁不能顶到位置，最初怀疑锁闭力过大，将反位密贴片分别撤出 1mm 和 2mm 后不能顺利转换。后将连接体全部卸下，还是不能转换到位。后发现尖轨爬行，动作杆外杆动作不顺畅，将锁闭框卸松，左右来回找位置，道岔依旧不能正常转换。此时，行调要求给出单边位置，遂给出反位表示，行车加钩锁器后，正常跑车。后经专家再次下现场查看故障现场，决定减一片 1mm 密贴片，临时恢复，缓解了转换不到位的现象，随即向行调销点。安排维护人员在道岔旁现场保障，遇到转换不到位现象,人为进行拨动。17:00后道岔转换良好,至末班车时一直未发生转换不到位的现象。8:50至17:00之间发生过19次心轨转换不到位现象。

5) 故障排除方法及结果

当夜信号维修人员及线路公司人员对发生故障的心轨道岔进行全面的检查和测试,信号维修人员在厂家的指导下对外锁闭装置进行拆卸和调整,并在滑床板加注机油。线路工作人员对顶铁与尖轨底部有磨卡的部位,在滑床板加注大量机油,道岔转换阻力明显下降,基本保证道岔正常转换。

(3) 原因分析

1) 故障产生的直接原因

从当晚测试数据和整治情况看:测试心轨道岔转换力伸出1280N、拉入2720N,查看道岔性能发现滑床板吊板比较严重,顶铁与尖轨底部有磨卡的痕迹,道岔安装严重不方正。在滑床板加注大量机油后测试道岔转换力有显著下降,道岔转换力伸出640N、800N、拉入2080N,由此看出滑床板的性能对道岔转换力的影响非常大。

2) 故障直接原因产生因素分析

道岔操作不到位有两方面原因,即电气故障和机械故障。

① 电气故障分析

通过多次搬动试验,基本排除了电气回路开路的可能性。

a. 如果是断相保护器DBQ故障,根据五线制转辙机电动机电路分析A相三相交流电源检查DBQ11-21和1DQJ12-11接通电动机6-1绕组,B、C相三相交流电源检查分别检查DBQ31-41、1DQJF12-11、2DQJ111-113和DBQ51-61、1DQJF22-21、2DQJ121-123接通绕组8-1和7-1:当1DQJ吸起,只接通6-1绕组,电动机不能转动;当1DQJ吸起、2DQJ转极时,电动机由定位向反位转换;当1DQJ再次吸起、2DQJ再次转极时,电动机由反位向定位转换。因此只有当定反位均无法操作时,断相保护器DBQ表示灯闪动时间明显低于5.5s时才应怀疑断相保护器DBQ故障。另外,如果是断相保护器DBQ表示灯闪动时间明显低于5.5s时,定反位操纵都不能使道岔再次转换,道岔处于四开位置。

b. 如果是回路开路或电动机配线接触不良,抑或是遮断开关K

和速动开关组接点接触不良，也不能呈现无法操纵到反位明显的规律性。

② 机械故障分析

a. 机内出现卡阻。

b. 尖轨与基本轨间有异物。

c. 道岔病害严重，如安装不方正、尖轨反弹、滑床板吊板或润滑效果不佳、尖轨顶铁与尖轨底部摩卡等加大了尖轨的转换阻力。

d. 外锁闭装置卡阻或安装不方正。

e. 外锁闭装置调整不当导致定反位尖轨开程严重不均匀。

f. 两个牵引点处尖轨开程严重不均匀。

道岔无法转换、处于四开位置，在分动式外锁闭装置的道岔比较常见，主要是由于在道岔解锁和锁闭时电动转辙机输出的转换力作用于一根尖轨，而在转换中途电动转辙机输出的转换力还是作用于两根尖轨，当两根尖轨同时转换时，其转换阻力无疑是最大的。当尖轨转换阻力大于电动转辙机输出的转换力，道岔无法实现锁闭。

以上分析中提到的安装不方正，使电动转辙机输出的转换力出现了分力，其沿直线作用于尖轨的力要低于电动转换机输出的转换力。尖轨转换阻力是多方面因素决定的，除明显的卡阻外，尖轨反弹、换床板吊板或润滑效果不佳、尖轨顶铁与尖轨底部摩卡以及外锁闭装置调整不当外，对电动转辙机动程和尖轨开程均设定标准的道岔，会增加尖轨反弹力，也会造成尖轨转换阻力增大，造成尖轨无法正常转换到位。

(4) 案例处理优化分析

1) 本案例检修人员在前期处理过程中的不妥之处

① 分析判断此故障可借助系统维护诊断台 SDM 记录的道岔启动电流曲线。

② 查找故障没有看全故障现象，尖轨停留的位置很重要。道岔在解锁、转换、锁闭三个过程中出现故障，其故障原因有极大的不同。

③ 此类故障应该对道岔进行拉力测试。

④ 影响道岔转换力的因素是多方面的，同样，降低道岔转换阻力的手段也是多种多样的。只拘泥于调整外锁闭装置，不如找一些更易检查、更易操作的部位消除故障，分别降低某个部位的阻力，道岔转换阻力这个合力必然下降。

2) 故障处理优化解决方案

① 通过整治道岔减小道岔转换阻力。

② 通过调整摩擦连接器，增大电动机输出的转换力。

(5) 专家提示

1) 此类故障正确处理方法及关键步骤

① 通过进行道岔操作试验，观察道岔组合中继电器工作情况和断相保护器工作状态及 JDF 道岔表示灯显示，同时查看系统维护诊断台 SDM 记录的道岔启动电流曲线，这样很容易判断 21X1 不能转换到位。

② 21X1 电动转辙机启动后 13s 停止工作。尖轨停留在转换中途是因为道岔转换阻力大于电动转辙机输出转换力。

③ 有效地降低道岔转换阻力或人为调整增加电动转辙机的输出转换力均是处理此类故障的方法。

2) 其他提示

① 分析判断故障要从故障现象入手。

② 可借助观察继电器组合中继电器动作情况、断相保护器工作状态、JDF 道岔表示灯显示、系统维护诊断台 SDM 记录分析判断故障。

(6) 预防措施

定期进行拉力测试，出现道岔转换阻力超标时，排查造成道岔转换阻力增大的原因，并配合线路部门人员和综控员联合整治。

6. 案例 6

故障情况如表 3-40 所示。

案例 6：东直门道岔无定位表示故障情况　　　　表 3-40

专业	信号
设备系统	道岔
故障地点	东直门站
故障现象	东直门站 1/2#道岔定位表示故障
对运营影响	影响列车运营

(1) 故障概况

① 设备名称或型号：机场线 S700K-C 交流电动转辙机。

② 设备现象：东直门站 1/2#道岔无定位表示故障。

③ 故障影响程序与等级：故障抢修。

(2) 故障处理经过简介

1) 信息获得

维修部接用户申告：东直门站 1/2♯道岔无定位表示。

2) 先期故障预判断及准备内容

检修人员接报后先期预判断有下列 6 种原因：

① 电源与相关设备故障。

② 联锁机驱动电路故障。

③ 启动电路故障。

④ 表示电路故障。

⑤ 室外机械部分故障。

⑥ 外因导致故障。

准备内容：东直门联锁区信号系统室内设备施工及电缆配线图、万用表、相关工具及转辙机备件。

3) 故障现象确认及初步诊断

信号人员来回扳动 1/2♯道岔进行试验，1DQJ、2DQJ 均动作，机房无电源屏及组合架告警，排除了启动和表示电源及联锁机不驱动故障。扳动过程中，观察道岔启动电路电流曲线图正常，排除室外表示缺口卡扣机械故障、室外尖轨与基本轨间有异物、滑床板不润滑等外因故障。

通过上述排除，故障点集中在：

① 启动电路故障。

② 表示电路故障。

4) 故障实际查找过程及确认

① 检修人员根据控制台扳动试验，观察控制台现象为定位无表示，反位扳动、表示均正常，排除反位电机电路、表示电路故障及公共部分故障。观察继电器状态，发现 1♯道岔心轨 DBJ 不吸，怀疑 1♯道岔心轨定位启动或表示电路故障。

② 1DQJ、1DQJF 吸起，2DQJ 转极，已构成三相交流电动机电路，DBQ 吸起，已沟通电机定子绕组电路，排除 1DQJ 不励磁、2DQJ 不转极和 DBQ 故障，检查电机电路。

③ 在分线柜处测量 1♯道岔心轨输出电压，测得定位启动电压 X1、X2、X5 均为 AC380V，证明定位启动电已送出，排除室内定位启动电路故障。同时室外赶至现场抢修人员观察反位往定位扳动，道岔转换正

常，道岔宏观密贴，且 1/2#道岔机内均已听到落锁声音，初步排除启动电路故障。

经观察 HMI，定位表示在列车经过岔区时闪红，列车出清后恢复，基本排除室内表示电路故障，怀疑室外分线盒或转辙机内表示电路接线端子松动。

④ 开盖检查分线盒端子紧固，转辙机内部检查时发现 TS-1 快速接点 43-44、33-34 对应中接点拉环断裂，导致接点可以接通，但是车通过时震动影响接点接触，所以道岔扳动至定位时，虽然表示能给出，单车通过时震动 33-34 接点虚接，造成车过道岔时无表示故障。43-44 为反位往定位扳动时 B 相启动电路接点，扳动过程中不可能有外部车辆震动引起接点接触不良的现象，故此接点故障未能反映出来。

通过上述操作和判断，基本可以定位故障点是 1#道岔心轨转辙机内部 TS-1 快速接点 43-44、33-34 处拉环簧断裂导致接点接通后遇外力震动接触不良造成。

5) 故障排除方法及结果

检修人员更换 TS-1 快速接点组后故障排除。

(3) 原因分析

1) 故障产生的直接原因与逻辑分析

① 交流转辙机在近年来应用与北京地铁各新线中，作为重要的信号室外设备，其通过室内信号电源屏 AC380V 驱动其启动电路，受联锁机控制，经过室内分线柜、室外分线盒、室外转辙机内部电机驱动其开通定/反位，并通过表示电路回传给室内联锁设备，继而在 HMI 上显示其正确开通方向。

② 转辙机内部 TS-1 快速接点 43-44、33-34 对应的中接点拉簧断裂，导致接点可以接通，但车过时震动影响接点接触，所以道岔扳动至定位时虽然内给出表示，但车过时震动导致 33-34 虚接，造成车过道岔无表示故障。

2) 故障直接原因产生因素分析

转辙机内部 TS-1 快速接点 43-44、33-34 对应中接点拉簧断裂导致该故障。拉簧断裂是由于拉簧自身材质问题导致。

(4) 案例处理优化分析

应先在分线柜处测量表示电路区分室内外故障，避免判断不力造成故障抢修时间延误，若抢修人员足够，可在室内外同时进行故障查找。

(5) 专家提示

1) 此类故障正确处理思路

转辙机表示电路故障首先应在控制台看清故障现象，确认道岔号和定、反位故障及故障发生的时机，再观察室内定、反位继电器状态，确认具体转辙机号和定、反位之后在分线柜处卡启动及表示电区分室内外，确认是启动故障还是表示故障，最后再具体进行故障查找。

2) 其他提示

① 处理故障时，首先要了解交流转辙机电流控制图，并了解定、反位启动及定、反位表示电在分线柜具体位置，并查找测量时机。

② 要明确双机牵引、双动转辙机供电路径。

③ 若瞬时故障采用相应更灵敏的指针式万用表，对于故障的查找更为便捷。

④ 要熟知设备技术指标和设备正常时的实际测量指标。

⑤ 设备修复后要对设备性能指标和功能进行详细确认。

(三) 联锁类故障分析

1. 案例 1

故障情况如图 3-41 所示。

案例 1：ILOCK 微机联锁驱动板故障　　　　表 3-41

专业	信号
设备系统	联锁
故障地点	昌平
故障现象	排列进路后，转辙机未动作到位造成丢失转辙机表示
对运营影响	影响列车运营

(1) 故障概况

① 设备名称或型号：昌平线 iLOCK 型微机联锁信号设备。

② 故障类型及现象：排列进路后，转辙机未动作到位造成丢失转辙机表示。

③ 故障影响程度及等级：报修、复查。

(2) 故障处理经过简介

1) 信息获得及电话中故障现象描述

通过 HMI 排列发车进路时转辙机长时间未给出表示，造成进路未能建立。

2）先期故障预判断与准备内容

维修人员接到综控员报修后首先判断下列 6 种原因：

① 转辙机表示电路故障。

② 转辙机动作电路故障。

③ 联锁驱动板故障。

④ 联锁采集板故障。

⑤ 道岔转换力超过额定范围导致道岔不能转换到位。

⑥ 操作错误。

准备内容：信号图纸、万用表、工具等。

3）故障现象确认及初步诊断

维修人员接报后首先询问了现场操作人员现象，现象未 ATS 触发排列进路后，转辙机长时间未能动作到位，引发表示丢失。到达现场后，首先查询联锁维护及 SDM 回放故障现象，调出当时的相关操作记录，排除了因 ATS 非正常触发及操作存在的问题。

初步判断故障有以下 5 种原因：

① 转辙机表示电路故障。

② 转辙机动作电路故障。

③ 联锁驱动板故障。

④ 联锁采集板故障。

⑤ 道岔转换力超出额定范围造成转辙机无法转换到位。

4）故障实际查找过程

维修人员到达现场后首先查看 SDM 回放记录，观察现场情况及故障后操作及设备运行情况，并未再次出现故障现象，并查看了后续列车通过时相关继电器的动作情况，复查了相关室内道岔组合配线的安装情况，基本排除了转辙机室内继电器组合电路故障。

运营结束后要点现场复查转辙机室外设备情况，表示缺口正常，道岔转换力符合要求，转辙机机械部分运行良好，相关线缆安装正常，基本排除因室外设备问题造成故障的可能。

回到室内继续复查 SDM 回放记录，并调出当时驱动及采集板记录，通过核对故障发生时间，核对联锁相关驱动及采集情况。在故障时间段内查到转辙机启动继电器驱动时间不足，造成动作自保电路未导通,但此时两启动继电器已完成转极,故表示电路被切断。且当时并未针对此转辙机的驱动操作及排列进路操作,故判断为联锁驱动瞬间故障。

5) 故障排查方法及步骤

根据故障查找方法从简至难,应先利用 SDM 记录排除相关模块故障,再进行相关的室内外电路故障情况复查,且如果故障为偶发情况,在运营期间先把联锁相关的驱动采集情况查清。本故障为联锁驱动板故障,更换驱动板后故障排除。

(3) 原因分析

1) 故障分析直接原因

通过回放查看正常的转辙机启动电路继电器驱动时间,发现故障时继电器驱动时间远远小于正常应驱动时间,且当时并未有其他对此道岔的驱动操作以及进路操作。故判断为联锁机驱动板故障。

2) 故障直接原因产生因素分析

由于故障并未反复出现,且更换驱动板后也未再次出现此类故障现象,基本可以判断为驱动板偶发故障。造成此类故障可能的原因总结为以下 4 条:

① 板件老化。
② 板件质量问题。
③ 板件收到瞬间干扰。
④ 短时间内重复操作。

(4) 专家提示

此类故障正确处理的关键步骤及方式方法:

① 尽可能通过 SDM 全面回放故障现象,包括驱动采集的相关情况。
② 如果故障为偶发故障,通过 SDM 相关记录查询驱动及采集信息与正常情况下有何不同。
③ 如果仍未查出故障点或者 SDM 提供的信息无法满足查找故障的需要,可采取加装相关监控装置辅助进行设备运行监测及辅助故障分析。
④ 应及时了解相关继电器的驱动时间信息,有利于快速查找故障原因。
⑤ 在遇到此类单位设备偶发故障时,应抓紧时间首先对 SDM 信息进行全面分析,如没发现问题,再进行别的故障点及现场设备复查,逐

第三章　CBTC 信号系统维护

步扩大故障复查范围，更加高效地进行故障查找。

2. 案例 2

故障情况如表 3-42 所示。

案例 2：望春联锁机自动切换故障情况　　　　表 3-42

专业	信号
设备系统	联锁子系统
故障时间	2015 年 10 月 22 日 00 点 34 分
故障地点	望春信号设备房
故障现象	10 月 22 日 00：34 联锁主机 B 机自动切换到 A 机，联锁 A 机为主机，联锁 B 机为备机
对运营影响	未影响运营

（1）故障现象

联锁机在 00：34：25 由主机联锁 B 机自动切换到联锁 A 机，A 机变为主机，B 机变为备机。

（2）影响范围

无。

（3）处理经过

信号人员在联锁机自动切换时及时联系信号厂商人员去查看情况，信号人员当日在 OCC 中心拷取日志进行分析。

（4）原因分析

如图 3-164、图 3-165 所示。

① 从截图来看，应该是主操作机不断切换导致联锁倒机的。

系统工作继电器自保支路中检查了和主操作机的通信状态 MMICH-AHIVE。

```
4  BOOL SYSA = ((SYSA-INI * MMICH-ALIVE + SDA-DI +
5      SYSBDOWN +
6      .N.INBL-BT * (.N.SYSAYST + SYSBHF)
7      .N.INBLT * INBL-BT * .N.INGZ-BT * (.N.SYSAYST + SYSBHF) * MMICH-ALIVE +
8      .N.INBLT * INBL-BT * .N.INGZT * INGZ-BT * .N.INBAD-BT * (.N.SYSAYST + SYSBHF) * MMICH-ALIVE +
9      (.N.SYSAYST + SYSBHF) * MMICH-ALIVE +
0      .N.INBLT * INBL-BT * .N.INGZT * INGZ-BT * .N.INBADT *
1      INBAD-BT * INMORET * .N.INMORE-BT * (.N.SYSAYST + SYSBHF) * MMICH-ALIVE +
2      AGREE * PERM1P * .N.INBLT * .N.INLESST * .N.INBADT * .N.INGZT *
3      (.N.SYSAYST + SYSBHF) * MMICH-ALIVE +
4      SYSA * SYSA-DI * .N.MMICH-IPSBT +
5      SYSA * SYSA-DI * .N.MMICH-ALIVE-VS2 * .N.MMICH-ALIVE-B * .N.MMI-IPSROKT +
6      SYSA * SYSA-DI * .N.IPB1-PERM1 * .N.MMICH-ALIVE-B +
7      SYSA * SYSA-DI * .N.SYSASTARTOK-VS2 * .N.SYSASTARTOK-B * MMICH-ALIVE +
8      SYSA * SYSA-DI * .N.INBLT * .N.INGZT * .N.INBADT * .N.INLESST * MMICH-ALIVE +
9      SYSA * SYSA-DI * QHF) * .N.SDB-DI * .N.PWRON * VRD) +
```

图 3-164　案例 2 原因分析截图（一）

② 从规则来看，MMICH-ALIVE 应该会在发生通信故障后 5 秒才会落下，正常切换操作机应该不会导致联锁倒机的。

```
TIME DELAY   = 5 SECONDS
BOOL TIME1-A1 = (MMI-CHKBIT)
TIME DELAY   = 5 SECONDS
BOOL TIME1-A2 = (.N.MMI-CHKBIT)
BOOL MMICH-ALIVE1 = (.N.TIME1-A1 * .N.TIME1-A2 * SYSA-ONLINE)
MMICH-CHKBIT1是主HMI发送给ZLC的通信码位，每周期0、1交替变换一次，本周期为0，则下周期为1。发送交替码位是因为联锁机和HMI中断后，联锁机会保持之前的码位，故0、1码位不能作为通信中断或正常的标志。而交替变化的码位联锁能记录，故HMI选用了0、1交替码位作为正常通信标志位，常0或常1码位都认为是通信中断。
MMICH-ALIVE1是主ZLC和HMI的通信判断参数，其表达式检查了SYSA-ONLINE的前接点，只有主ZLC的MMICH-ALIVE1才有可能励磁，备机的MMICH-ALIVE1永远为0。
MMICH-ALIVE1的判断逻辑：
1、当通信正常时主HMI一直发送0、1交替的通信码位，TIME1-A1、TIME-A2参数一直为0，主MMICH-ALIVE1一直为1。
2、当通信中断发送常0码位时，TIME1-A1恒为0，5秒后TIME1-A2变为1，主机的MMI-ALIVE1变为0。判断通信中断。
3、当通信出错发送常1码位时，TIME1-A2恒为0，5秒后TIME1-A1变为1，主机的MMI-ALIVE1变为0。判断通信中断。
```

图 3-165　案例 2 原因分析截图（二）

③ 由于信号厂商 21 日晚和 23 日晚上只升级了 CATS，未升级车站的 LATS 和 HMI，导致 HMI 上会一直报与中心失去连接，所以才会导致联锁自动倒机，后续测试将避免中心和车站软件数据版本不一致的情况。

（5）下一步防范措施

维修人员应加强巡视，发现问题及时上报处理。

3. 案例 3

故障情况如表 3-43 所示。

案例 3：东环南路站联锁机不同步及单网故障情况　　　　表 3-43

专业	通号中心
设备系统	联锁子系统
故障时间	2015 年 10 月 22 日 00 点 34 分
故障地点	东环南路站
故障现象	10 月 22 日 00：34 联锁主机 B 机自动切换到 A 机，联锁 A 机为主机，联锁 B 机为备机
对运营影响	未影响运营

（1）故障现象

2015 年 4 月 11 日，00：53：23，出现双机不同不报警；00：53：28，联锁机 B 机转为备机，A 机转为主机，联锁机出现网络单网连接。

(2) 影响范围

东环南路站联锁机单网工作。

(3) 处理经过

到达现场后查看相应继电器和码位以及联锁 SDM 的回放。

确认联锁机状态为正常工作,但网络为单网(邻站通信灯为黄色),如图 3-166 所示。

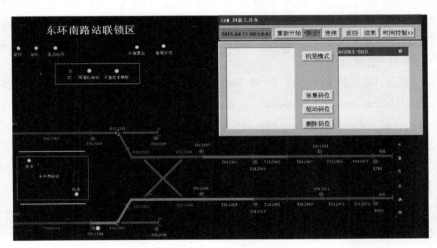

图 3-166　案例 3 处理经过截图(一)

确认联锁 B 机 sdm 码位为 S012004-2dj 不同步,导致联锁机主机切换至 A 机。

由于已经到运营时间现场无法排查,所以联系信号厂商人员现场进行保驾并及时记录故障现象。

当日运营结束后对故障进行排查:

23:16,请点下来后将联锁 A 机倒向联锁 B 机,联锁机 A 机仍然(红网)单网工作(如图 3-167,A 机 com1blue2 码位实时状态持续为 0)。

23:17,将联锁 B 机倒向联锁 A 机,联锁机仍然(红网)单网工作。

23:18,测量联锁 VLE 电压 5.035V(正常范围内)。

23:19,重启联锁 A 机 VLE 板卡,联锁机网络恢复双网工作状态。

初步判断为联锁 VLE 板卡故障,现场更换联锁 A 机的 VLE 板卡返回信号厂商硬件部分析。

图 3-167　案例 3 处理经过截图（二）

23：32，关闭 ZC，开放 s012004 信号的引导信号，SDM 显示联锁机不同步报警，查看 sdm 码位为 S012004-2dj 不同步。接口柜配线 6 层 d2-28→13 柜-802-12 直通配线不通，是导致联锁 B 机无法正常采集的原因。

（4）原因分析

机不同步：s012004 查看 sdm 采集码位为 s012004-2dj 不同步（图 3-168）：

图 3-168　案例 3 处理经过截图（三）

1）现场进行校线，发现接口柜 6 层 d2-28→13 柜-802-12 直通配线不通导致。后续将排查配线不通原因。

2）锁机出现网络单网连接：重启联锁机 A 机 VLE 板卡后故障消失，初步判定为 VLE 板卡异常导致，需返回信号厂商硬件部进行测试。

（5）下一步的防范措施

针对接口柜 6 层 d2-28→13 柜-802-12 直通配线的问题，对线缆进行整改后问题解决。

本章节主要针对轨道交通部分设备的典型故障举例分析，希望通过对不同故障类型的了解，熟悉处理问题的思路。对轨道交通信号专业人员提供部分参考。提高故障处理分析能力和逻辑判断能力。